Dicionário
Histórico-Biográfico
da Propaganda no Brasil

Dicionário
Histórico-Biográfico
da Propaganda no Brasil

ALZIRA ALVES DE ABREU

CHRISTIANE JALLES DE PAULA

Coordenadoras

ISBN 978-85-225-0593-7
Copyright © Associação Brasileira de Propaganda (ABP) e Centro de
Pesquisa e Documentação de História Contemporânea do Brasil (Cpdoc)

Direitos desta edição reservados à

EDITORA FGV
Praia de Botafogo, 190 — 14º andar
22250-900 — Rio de Janeiro, RJ — Brasil
Tels.: 0800-21-7777 — 21-2559-5543
Fax: 21-2559-5532
e-mail: editora@fgv.br — pedidoseditora@fgv.br
web site: www.editora.fgv.br

ASSOCIAÇÃO BRASILEIRA DE PROPAGANDA — ABP
Av. Rio Branco, 14 — 17º andar
20090-000 — Rio de Janeiro, RJ — Brasil
Telefax: 21-2518-4629 / 2518-4630 / 2263-3261
e-mail: abp@abp.com.br
web site: www.abp.com.br

Impresso no Brasil / *Printed in Brazil*
Todos os direitos reservados. A reprodução não autorizada desta publicação,
no todo ou em parte, constitui violação do copyright (Lei nº 9.610/98).
Os conceitos emitidos neste livro são de inteira responsabilidade dos autores.

1ª edição | 2007

Equipe: Ana Flávia Vaz de Oliveira, Joana Lopes da Hora, José Márcio Batista Rangel
Redatora: Maria Lucia Leão Velloso de Magalhães
Colaboradores: Alan Dias Carneiro, André Dantas, João Luiz Faria Netto
Revisores: Marco Antonio Corrêa
Projeto gráfico e diagramação de miolo: Studio Creamcrackers
Capa: Marcelo Cerpa

**Ficha catalográfica elaborada pela
Biblioteca Mario Henrique Simonsen/FGV**

Dicionário histórico-biográfico da propaganda no Brasil /
   Coordenadoras: Alzira Alves de Abreu e Christiane Jalles de
   Paula. - Rio de Janeiro : Editora FGV : ABP, 2007.

272 p.

Inclui bibliografia.

   1. Propaganda - Brasil - Dicionários. I. Abreu, Alzira Alves de.
II. Paula, Christiane Jalles de. III. Fundação Getulio Vargas.
IV. Associação Brasileira de Propaganda.

CDD - 659.103

SUMÁRIO

Apresentação	7
Introdução	9
Dicionário	17
Bibliografia	259

APRESENTAÇÃO

Em julho de 1937, nascia a primeira entidade dedicada ao desenvolvimento da propaganda e à defesa dos interesses das atividades e dos profissionais do setor. Batizada como ABP — Associação Brasileira de Propaganda —, essa entidade tinha entre seus fundadores nomes como Assis Chateaubriand e Roberto Marinho, indicando claramente sua vocação para abraçar não apenas a classe publicitária, que na ocasião ainda engatinhava, mas o negócio da comunicação em seu sentido mais amplo.

Juntos, agências de propaganda, veículos de comunicação e empresas de produção, representados por pessoas físicas e jurídicas, iniciavam uma caminhada que semeou inúmeras outras entidades, inaugurou com os seus concursos o hábito de registrar anualmente o que foi produzido de melhor na comunicação publicitária brasileira e aplainou os caminhos para que chegássemos ao atual estágio de maturidade de um segmento, tão bem concretizado em órgãos como o Instituto Verificador de Circulação (IVC) e o Conselho Nacional de Auto-Regulamentação Publicitária (Conar).

Nestes quase 70 anos, muita coisa mudou, numa velocidade crescente. E alguém tinha a obrigação de documentar quais foram as instituições, os profissionais e as empresas que construíram essa história antes que os perdêssemos de vista.

Naturalmente, a tarefa foi assumida pela ABP. Que, em 2003, decidiu lhe dar a forma de um inédito dicionário histórico-biográfico.

Mas tamanha responsabilidade recomendava também buscar a competência e credibilidade de outro ícone do saber nacional: o Cpdoc — Centro de Pesquisa e Documentação de História Contemporânea do Brasil, da Fundação Getulio Vargas. E agora, agradecida, a ABP reconhece que sem a efetiva participação deste que é o mais importante centro de memória, pesquisa, educação e cultura da história do Brasil, esta tarefa não teria sido possível.

Mais de cinco anos de discussões, pesquisas, entrevistas e análises foram necessários para que chegássemos aos 321 verbetes e às 272 páginas do *Dicionário histórico-biográfico da propaganda no Brasil*. O que, diante da complexidade da tarefa, nem foi tanto tempo assim.

Considerando as naturais dificuldades de encontrar os dados de todos os protagonistas e fatos dessa história, as sobrenaturais complicações de equilibrar verbetes biográficos pessoais e verbetes temáticos institucionais, num mercado em que algumas pessoas são verdadeiras instituições, tudo isso somado à dinâmica das mudanças nesse período de elaboração, é óbvio que não temos o produto perfeito. Temos o possível, o pontapé inicial, o melhor primeiro dicionário que poderíamos fazer com os pesos e riscos inerentes a todo pioneirismo. Mas, acima de tudo, um trabalho absolutamente coerente com o currículo e a razão de ser da ABP.

ARMANDO STROZENBERG
Presidente da ABP
(Gestões 2001-2003 e 2003-2005)

ADILSON XAVIER
Presidente da ABP
(Gestão 2005-2007)

INTRODUÇÃO

O *Dicionário histórico-biográfico da propaganda no Brasil* aqui apresentado tem a finalidade de oferecer aos interessados no tema, assim como aos estudiosos da história da propaganda no Brasil, informações organizadas e sistematizadas. O *Dicionário* deverá se tornar uma obra de referência, facilitando a consulta a uma enorme massa de dados e informações que até hoje se encontrava dispersa em grande número de fontes primárias e secundárias, muitas de difícil acesso e mesmo em vias de desaparecimento.

Nas últimas duas décadas, ocorreu uma grande valorização dos dicionários, que se multiplicaram em todos os países do mundo e hoje abrangem os mais variados temas e áreas do conhecimento. Também no Brasil houve um grande investimento na produção desse tipo de obra. Mas até hoje a propaganda ainda não tinha sido contemplada com o seu dicionário. Tornava-se assim urgente a elaboração de uma obra voltada para a propaganda no Brasil, na medida em que essa atividade se tornou um instrumento fundamental para o desenvolvimento econômico do país, mobilizador de forças que atuam na relação entre consumidores, de um lado, e bens ou serviços, de outro. A propaganda é hoje no Brasil um setor formado por grandes empresas, que contam com profissionais altamente qualificados e que geram um conhecimento instrumental essencial para a administração de empresas e a tomada de decisões empresariais.

UM POUCO DE HISTÓRIA

O *Dicionário* cobre o período que vai da criação da Associação Brasileira de Propaganda (ABP), em 1937, até os dias atuais. Mas a propaganda no Brasil tem uma história que começa muito antes. Para uns, ela teria se iniciado na época do descobrimento, com a carta de Caminha. Mas, para a grande maioria dos autores dedicados ao tema, a sua história deve ser contada a partir do surgimento dos jornais no país. A imprensa chegou aqui com a vinda da corte portuguesa, em 1808. Um decreto de 13 de maio daquele ano permitiu a implantação da tipografia, ao criar a Impressão Régia. O primeiro jornal editado no Brasil, lançado em 10 de setembro de 1808, foi a *Gazeta do Rio de Janeiro*, que circulava somente aos sábados. Nela já se encontram anúncios de vendas de casas e de livros. Vendas e fugas de escravos também foram anunciadas, durante todo o século XIX.

A Independência do Brasil, em 1822, abriu possibilidades de expansão da imprensa. Novos jornais foram lançados na capital e em várias províncias, ampliando com isso a veiculação de anúncios. Surgiu o *Jornal de Anúncios,* que teve apenas sete números e se dedicava exclusivamente à veiculação de textos publicitários. Eram os comerciantes e os profissionais liberais que se destacavam como anunciantes. Apareciam em grande quantidade anúncios de leiloeiros ingleses ao lado de advogados, cabeleireiros, jardineiros e de lojas de varejo.

Em 1825, com o lançamento do *Diário de Pernambuco*, foram introduzidas estratégias inovadoras na apresentação dos anúncios, com a separação por temas como: Compras e Vendas, Leilões, Aluguéis, Arrendamentos, Aforamentos, Roubos, Perdas, Achados, Fugidas e Apreensões de Escravos, Viagens, Amas-de-leite etc. Em 1827 foi lançado, no Rio de Janeiro, o *Jornal do Commercio.* A intenção de seu proprietário, Pierre Plancher, era editar um jornal "dedicado aos senhores negociantes". Em suas páginas se encontravam o movimento de entrada e saída de navios do porto do Rio de Janeiro, preços correntes de gêneros, avisos de leilões e grande número de anúncios.

Aos poucos, foram sendo introduzidos os anúncios pagos. Os anúncios de medicamentos, trazidos da Europa pelos laboratórios farmacêuticos, ocupavam grande espaço nos jornais. Passou-se também a utilizar a poesia para divulgar as vantagens de um produto ou de uma loja varejista. Casimiro de Abreu foi o primeiro poeta a escrever versos publicitários e a assiná-los. Um pouco mais tarde, Olavo Bilac também se dedicou a redigir anúncios em versos, como este:

"Bacalhau feito na brasa/ Com cebolas de Linhães/
Tudo isto tem na casa,/ Na casa dos Guimarães."

De então até hoje, escritores de grande prestígio, como Emílio de Menezes, Bastos Tigre, Hermes Fontes, Coelho Neto, Guimarães Passos, Basílio Viana, Lopes Trovão, Guilherme de Almeida, Orígenes Lessa, Álvaro Moreira, Ribeiro Couto, Menotti Del Picchia, Guilherme Figueiredo, J.G. de Araújo Jorge, foram responsáveis por algumas das mais importantes páginas de propaganda publicadas no país.

No final do século XIX, a propaganda adquiriu novas formas de apresentação. A revista *A Semana*, editada no Rio de Janeiro, a partir de 1885 apresentou um anúncio onde aparecia pela primeira vez o termo *reclame,* para designar publicidade. Em 1891 foi fundado no Rio de Janeiro, por Rodolfo Dantas, o *Jornal do Brasil*, que baseou sua fonte de renda nos classificados (avisos de compra e venda ou oferta de serviços, diferente dos anúncios de venda de um produto por um comerciante ou industrial). Nesse mesmo ano, em São Paulo, foi fundada a primeira agência de propaganda do país, a Empresa de Publicidade e Comércio, dirigida por Honório da Fonseca. No ano seguinte, Honório da Fonseca editou a primeira publicação dedicada exclusivamente a divulgar a técnica publicitária: *A Publicidade*, com artigos traduzidos de revistas norte-americanas. Finalmente, em 1898, o *Mercúrio,* do Rio de Janeiro, introduziu a publicidade gráfica no país. Os grandes anunciantes eram o Peitoral de Cambará, a Emulsão de Scott (com o pescador carregando um bacalhau nas costas) e o Elixir de Nogueira.

No século XX a publicidade passou por grandes transformações, aliadas às mudanças ocorridas na imprensa com a modernização dos equipamentos gráficos, ao surgimento de novos jornais e em especial à busca de um desenvolvimento econômico com base na indústria. No início da década de 1920, o Biotônico Fontoura criou o seu próprio órgão de divulgação — o *Almanaque Fontoura*, que buscava atingir a população da zona rural. Com 40 páginas e distribuído gratuitamente, o *Almanaque* não só trazia propaganda de remédios, como dava ao leitor informações úteis, provérbios etc. Teve entre seus colaboradores Monteiro Lobato, na redação de textos e ilustrações. Foi em suas páginas que Lobato publicou a famosa história do Jeca Tatu, uma das maiores peças publicitárias, que atravessou várias décadas. Foi também nesse período que se destacou Bastos Tigre, outro grande escritor que se dedicou à redação de anúncios publicitários. Foi ele que redigiu os anúncios para a Bayer, o Rhum Creozotado, o Bromil, e a Brahma. A Companhia de Anúncios em Bonds, instalada no Rio de Janeiro em 1927, contratou os artistas plásticos poloneses Henrique Mirgalowsky, o Mirga, e Bruno Lekowski. Os bondes se tornaram um veículo de publicidade que atraiu grandes artistas na confecção de anúncios.

No início do século XX, inúmeras revistas foram lançadas, como a *Revista da Semana* (1900), *O Malho* (1902), *Tico-Tico* (1905), *Fon-Fon* (1907), *A Careta* (1908) e *O Cruzeiro* (1928) — esta última introduziu anúncios em quatro cores nas capas. O surgimento das revistas ampliou o espaço dos anunciantes e introduziu uma nova categoria profissional, o agenciador de anúncios, que era o intermediário entre os anunciantes e os veículos.

Ao final da década de 1920, duas novas agências de publicidade iriam introduzir técnicas modernas de apresentação dos produtos e novas formas de organização gerencial. No Rio de Janeiro, instalou-se em 1929 a A. D'Almeida, do publicitário Armando D'Almeida, que trabalhava no departamento de propaganda da General Electric e criou a sua própria agência, representante no Brasil da norte-americana Foreign Advertising. A A. D'Almeida tinha as contas da Standard Oil, da Chrysler e da Stanco. No mesmo ano, em São Paulo, foi fundada a filial brasileira da J. Walter Thompson, que atendia a conta da General Motors e estava sob a direção de J. Maxwell Kennard. Este contratou para trabalhar na agência os funcionários egressos do antigo departamento de propaganda da GM, entre eles o escritor Orígenes Lessa. O departamento de propaganda da GM, segundo Francisco Teixeira Orlandi, foi o verdadeiro berço da moderna propaganda comercial no Brasil, onde foram introduzidos o planejamento e a técnica de publicidade.

Outro fator de desenvolvimento da propaganda foi a política, que dela passou a se utilizar profissionalmente. Na campanha para a sucessão presidencial de Washington Luís, em 1929, a agência Pettinati promoveu o candidato paulista Júlio Prestes. Os cartazes tinham traços modernos, influência da Semana de 1922. Foi também utilizado o samba "Eu ouço falar", de autoria de Sinhô e gravado por Francisco Alves. Já a campanha de Getúlio Vargas e João Pessoa utilizou cartazes num estilo de propaganda mais tradicional.

A Revolução de 1930, marco na história política brasileira, introduziu transformações profundas na vida econômica e social do país e teve enormes repercussões na publicidade. Esta era uma atividade sem grande prestígio, e os "propagandistas", como eram chamados os publicitários, eram vistos com desconfiança. Mas as agências começaram a se estruturar tomando como modelo os padrões americanos. Assim é que em 1931 a N.W. Ayer, uma das mais antigas agências dos Estados Unidos, estabeleceu uma filial no Rio de Janeiro, atendendo inicialmente a conta da Ford e em seguida as de outras empresas como a Gessy, a General Electric e a Light. Desenvolveu também a propaganda do Departamento Nacional do Café. A N.W. Ayer introduziu grandes mudanças na forma de anunciar um produto, levando as empresas a modernizar as embalagens, que a própria agência redesenhava. Dos seus quadros se destacaram nomes que dariam origem a outras agências, como Renato Castelo Branco, Armando de Moraes Sarmento e Gerhard Wilda, e redatores como Orígenes Lessa. A grande inovação da N. W. Ayer foi a introdução dos programas radiofônicos patrocinados por empresas, como Gessy e Ford. Lançou programas com a participação de Carmem Miranda, Francisco Alves, Mário Reis e outros. O rádio se transformou na grande *mass media*. A N.W. Ayer atuou no Brasil até 1943, com escritórios no Rio e em São Paulo. Nesse período, o mercado publicitário deixou de ser artesanal e adquiriu forma empresarial.

Em 1935 chegou ao Brasil a McCann Erickson, que instalou seus escritórios no Rio de Janeiro e teve como gerente de operações Armando de Moraes Sarmento e como redatores David Augusto Monteiro e Renato Castelo Branco. Sua primeira conta foi a da Standard Oil. A Lintas, agência com sede em Londres, se estabeleceu em São Paulo em 1931, mas seu papel inovador teve início a partir de 1937, quando contratou o radialista Rodolfo Lima Martensen, que utilizou o rádio como o grande veículo de propaganda, produzindo programas, principalmente novelas. A Lintas se destacou no mercado publicitário com as pesquisas de opinião, como instrumento para orientar a propaganda.

O golpe de Estado de 10 de novembro de 1937 implantou no país a ditadura do Estado Novo, que se estenderia até a deposição de Getúlio Vargas em 29 de outubro de 1945. Durante esse período o Congresso permaneceu fechado, foram dissolvidos os partidos políticos e vigorou uma nova constituição em que prevalecia uma visão autoritária de governo. Os meios de comunicação foram submetidos a forte censura.

O Estado Novo criou o Departamento de Imprensa e Propaganda — DIP (1939), que tinha entre outras atribuições difundir a ideologia estado-novista, glorificar a pessoa de Vargas, controlar e censurar os meios de comunicação, bem como divulgar as realizações governamentais e ser o porta-voz do regime. Vargas foi o primeiro chefe de Estado da América do Sul a fazer a promoção do seu governo através de uma agência especial. O DIP era dirigido por Lourival Fontes, utilizando recursos da moderna técnica de propaganda.

Foi nesse contexto que surgiriam as primeiras entidades de classe dos profissionais da publicidade. Foram criadas a Associação Brasileira de Propaganda — ABP (16-7-1937) e a Associação Paulista de Propaganda — APP (29-9-1937). As associações se preocupavam em defender os interesses dos que trabalhavam na profissão, desenvolver a atividade no país e promover a formação e atualização dos publicitários.

Em 1937 começou a circular em São Paulo a revista *Propaganda*, com tiragem de 3 mil exemplares, dirigida por Jorge Mathias e tendo como redator-chefe Orígenes Lessa. Foi editada até 1939. A revista trazia debates sobre questões controversas de publicidade, sobre ética, sobre o papel da propaganda, análise de mercado, controle de circulação de veículos impressos, entre outros.

Uma outra inovação introduzida na publicidade em 1939, pela agência Standard, foi a montagem de um estúdio de gravação de *jingles, spots*, telenovelas e programas humorísticos. Esses produtos eram irradiados diretamente para as emissoras de rádio do Rio de Janeiro, mediante compra de tempo.

Na década de 1930, 50% das verbas de publicidade eram canalizadas para os jornais, 25% para as revistas, e o restante para o rádio, *outdoor*, anúncios em bondes e luminosos. Se olharmos agora para os anos 1940, vamos assistir ao início da era do rádio. A Rádio Nacional instalou seu sistema de ondas curtas e com isso se transformou em uma mídia nacional. Em 27 de agosto de 1941 foi ao ar pela primeira vez na Rádio Nacional o *Repórter Esso*, um marco do radiojornalismo brasileiro. A agência McCann Erickson, responsável por sua produção, uniu a publicidade com o jornalismo. O mundo vivia a II Guerra Mundial, e o noticiário do *Repórter Esso* dava grande cobertura a esse acontecimento. Atento a esse fato, Emil Farhat criou dois *slogans* para o *Repórter Esso* que ficaram famosos: "o primeiro a dar as últimas" e "testemunha ocular da história". A década de 1940 também entrou para a história cultural do país pelas novelas radiofônicas de grande audiência, que trouxeram prestígio publicitário a empresas como Palmolive e Peixe.

Ao final da ditadura de Vargas, em 1945, com as eleições para a Assembléia Constituinte e para a presidência da República, houve uma grande mobilização das agências publicitárias, que se encarregaram da confecção de cartazes e faixas de propaganda. Cresceu o número de agências, novos produtos foram lançados e aumentou o número de empresas que faziam publicidade de seus produtos. A propaganda foi acompanhando o processo de industrialização do país, tornou-se elemento básico para a distribuição dos novos produtos e ajudou no recrutamento de vendedores e gerentes de vendas, bem como na promoção de vendas. Para isso, as agências de publicidade tiveram que organizar cursos para a formação de novos profissionais. A propaganda contribuía assim para a expansão industrial, estimulando a formação de um mercado consumidor.

Também a apresentação dos anúncios sofreu mudanças: passou-se a utilizar mais o espaço em branco como elemento dos anúncios, e as ilustrações se tornaram mais leves, em oposição aos períodos anteriores, quando todo o espaço deveria ser aproveitado. Nas revistas, passou-se a utilizar cores em anúncios. Foi o período de maior desenvolvimento dos *slogans* e dos *jingles*. Houve um movimento intenso de criação de novas associações, como o Sindicato das Empresas de Publicidade Comercial, o Sindicato dos Trabalhadores em Empresas de Publicidade e a Associação Profissional das Empresas de Publicidade Comercial, todos em São Paulo. No final da década, houve uma intensificação dos cursos sobre propaganda, que tinham grande influência americana. No curso de Comércio da Escola Amaro Cavalcanti, no Rio de Janeiro, foi criada uma cadeira de publicidade psicológica, com cursos sobre psicologia dos letreiros, dos cartazes, do anúncio luminoso e do rádio-anúncio. Em setembro de 1940, surgiu a revista *Publicidade*, no Rio de Janeiro. Um pouco mais tarde, em dezembro de 1946, a publicação alterou o nome para *PN — Publicidade & Negócios*. Segundo a revista, em 1940 o país contava com 56 agências em funcionamento.

Os anos 1950 vão ser marcados pela chegada da televisão — a TV Tupi de São Paulo foi inaugurada em setembro de 1950. Começou então a fase da garota-propaganda. Surgiram produtoras comerciais dedicadas à televisão, mas os anunciantes só descobriram as possibilidades do veículo na década seguinte. Em 1951 foi fundada a Escola de Propaganda do Museu de Arte de São Paulo. As associações de classe do Rio de Janeiro e São Paulo, principalmente a Associação Brasileira de Propaganda (ABP), e a Associação Paulista de Propaganda (APP), iniciaram cursos visando à preparação de novos profissionais para as agências. As revistas *Manchete, Visão, Capricho* e *Cinelândia* abriram novas perspectivas de mídia e ampliaram os veículos de anúncios em cores. O desenho animado começou a ser utilizado nas revistas e jornais, como uma forma de transmitir mensagens de utilidade pública, como, por exemplo, sobre medicina preventiva.

Em 1957 foi organizado, no Rio de Janeiro, o I Congresso Brasileiro de Propaganda, de onde saíram a elaboração do Código de Ética dos Profissionais de Propaganda, a criação do Conselho Nacional de Propaganda, a elaboração de normas-padrão para a prestação de serviços pelas Agências e o Instituto Verificador de Circulação. Outra decorrência do I Congresso foi a criação da Associação Paulista de Agências de Propaganda, em dezembro de 1957, com 27 agências fundadoras.

Os anos JK abriram novos horizontes para a publicidade. Ocorreram mudanças significativas na estrutura produtiva do país. A intensificação do processo de substituição de importações determinou a maior diversificação da atividade produtiva, em especial da indústria, e surgiu a necessidade do suprimento de bens intermediários e de bens de capital. O desenvolvimento acelerado da industrialização permitiu o crescimento das áreas urbanas e alterou o mercado consumidor brasileiro. De acordo com Roberto Simões, existiam no país 500 agências de publicidade que empregavam 5 mil pessoas. O setor de atividade que mais investiu em propaganda foi a indústria automobilística (General Motors, Ford, DKW-Vemag, Willys Overland, Mercedes-Benz e Romi-Isetta). O jornal ainda era a mídia principal, com 28% de investimento publicitário. A seguir vinham o rádio com 16%, as revistas com 12% e a televisão, com 6%.

Mas essa situação iria se alterar: a televisão se impôs como o maior veículo de publicidade a partir do final da década de 1960, quando passou a receber 43% das verbas de propaganda. A seguir vinham: revistas (22%), rádio (15%), jornais (14,5%). A TV Globo entrou no ar em abril de 1965 e nos anos seguintes se transformaria em um dos mais importantes veículos de comunicação do país.

O regime militar que se instalou no Brasil em 1964 teve como conseqüência a censura aos meios de comunicação e fortes investimentos econômicos. Assistiu-se então ao chamado "milagre econômico", quando o PIB cresceu a uma média de 10% ao ano. Foram abertas novas fronteiras agrícolas e surgiram grandes centros econômicos na região central e no sul do país. A urbanização foi rápida, com o crescimento de uma classe média urbana que consumia eletrodomésticos e automóveis. As redes de supermercados e cadeias especializadas conheceram um grande desenvolvimento. Essas mudanças tiveram reflexos na propaganda, que passou por um período de crescimento e profissionalização intensivos. A propaganda, na verdade, se tornou um grande negócio e atraiu grupos estrangeiros que vieram para o Brasil para competir no mercado — entre eles, Ogilvy & Mather, Leo Burnett, Foot, Cone & Belding, Blaise, GGK, Siboney e Young & Rubicam. Algumas agências entraram no mercado brasileiro comprando agências nacionais, outras abrindo seus próprios escritórios, e um terceiro grupo associando-se às empresas brasileiras. Além disso, surgiram novas empresas brasileiras, como a DPZ, a CBBA, a Gang e a Premium, no eixo Rio/São Paulo. Na Bahia, DM9; em Minas, L&F e Setembro; Paz no Paraná; Ítalo Bianchi em Pernambuco; Martins & Andrade e Símbolo no Rio Grande do Sul. A integração entre arte e redação foi a grande novidade. As duplas formadas por diretores de arte e redatores passam a conviver no mesmo espaço, e surgiu como conseqüência o Clube dos Diretores de Arte (1965), que daria origem ao Clube de Criação. Atualmente, inúmeras agências, no Brasil e em outros países do mundo, aboliram as duplas fixas, adotaram os grupos de criação, incluindo especialistas em planejamento, mídia, atendimento, ao lado do diretor de arte e redator.

Durante o III Congresso Brasileiro de Propaganda (1978), o Código de Auto-Regulamentação Publicitária foi aprovado. Como resultado, surgiu o Conar, conselho que tem a responsabilidade de zelar pelo Código de Auto-Regulamentação. Nesses anos houve uma grande expansão dos cursos de comunicação social, em nível superior. Além das opções pelo jornalismo, editoração ou relações públicas, os cursos de propaganda atraem grande número de alunos. Surgiram também cursos de propaganda de nível técnico.

O governo militar transformou-se no maior anunciante do país. As empresas brasileiras tornaram-se líderes do mercado publicitário, deixando para trás a hegemonia de empresas estrangeiras como a J. W. Thompson e McCann Erickson. Foi o investimento em propaganda pelo governo federal e estadual que permitiu alterações no *ranking* das agências de propaganda. O governo deu prioridade às agências de capital 100% nacional para atender contas públicas.

Na década de 1980, o Brasil voltou à democracia, mas a escolha do presidente da República ainda seria feita por um colégio eleitoral. Uma grande campanha por eleições diretas tomou as ruas das principais cidades do país e contou com a participação da mídia e das agências de publicidade. O lançamento da candidatura de Tancredo Neves, como candidato de oposição ao regime, reuniu o chamado Comitê Nacional de Publicitários Pró-Tancredo Neves e teve a participação de 19 agências de todo o país. Pode-se considerar essa campanha como o momento definidor da entrada das agências publicitárias na orientação das campanhas eleitorais.

Essa década foi também marcada pela recessão econômica, desemprego e inflação alta. O setor que mais cresceu foi o financeiro. Agora eram os bancos e o setor financeiro que ocupavam posição de destaque na publicidade. A indústria automobilística estava entre os mais fortes anunciantes. A televisão tornou-se o veículo que mais recebia investimentos publicitários. A propaganda tornou-se uma atividade de prestígio, movimentando enorme soma de recursos.

O século XXI se iniciou com uma retomada do mercado publicitário pelas empresas multinacionais. Elas adquiriram empresas nacionais com perfil criativo. A informatização dos departamentos de criação, o crescimento da televisão a cabo e a internet estão alterando o papel dos profissionais de publicidade, já que novas competências são exigidas e novos modelos de agência estão surgindo.

COMO ESTÁ ORGANIZADO O DICIONÁRIO HISTÓRICO-BIOGRÁFICO DA PROPAGANDA NO BRASIL

O *Dicionário* inclui verbetes biográficos de personagens que tiveram destaque nessa atividade profissional a partir de 1937. Seu total atinge 210 biografias. Contém também verbetes temáticos referentes a agências, associações, legislação e periódicos, totalizando 111 entradas. Uma bibliografia sobre o tema está relacionada ao final da obra.

O processo de elaboração do *Dicionário* levou em consideração as regras básicas de construção de biografias, ou seja, a forma narrativa e a ordem cronológica que permitem acompanhar a trajetória de vida profissional dos biografados. O verbete do biografado começa com informações básicas: data e o local de nascimento, profissão dos pais, cursos que freqüentou, entrada na profissão, carreira na atividade publicitária, prêmios que recebeu, cargos que exerceu em associações ligadas à propaganda. O verbete pode terminar com a data e o local de falecimento, informação que nem sempre foi possível obter.

Para elaborar as biografias, foi feito um levantamento exaustivo da bibliografia disponível, incluindo livros que contam a história da propaganda, depoimentos publicados, artigos em revistas e periódicos especializados no tema. Após esse levantamento, constatamos a insuficiência de dados para construir grande parte das biografias. Os dados encontrados nem sempre nos deram informações objetivas nem preencheram as exigências para a construção de um perfil biográfico. Decidimos então buscar um contato direto com os biografados ou com seus familiares, a fim de obtermos um *curriculum vitae* que nos permitisse a elaboração dos verbetes. A resposta às nossas solicitações foi em muitos casos decepcionante; muitos não responderam e outros nos enviaram informações com muitas lacunas, o que inevitavelmente empobreceu algumas biografias.

O número de laudas atribuídas a cada biografia deveria representar o grau de importância e prestígio do biografado, mas isso não está refletido neste *Dicionário* porque o material disponível para algumas biografias foi extremamente limitado.

Na elaboração dos verbetes, procuramos eliminar todas as informações de caráter laudatório e utilizar dados objetivos. Tivemos a preocupação de confrontar dados e informações para dirimir dúvidas sobre a atuação dos biografados e dos temas tratados. Entretanto, a bibliografia existente está repleta de incoerências e os dados são conflitantes entre uma fonte e outra. Em muitos casos, não foi possível dirimir as dúvidas.

Para finalizar, devemos apresentar as pessoas que tiveram um envolvimento direto na confecção deste trabalho. Em primeiro lugar, a concretização deste *Dicionário* muito deve a Armando Strozenberg que, com sua aguda sensibilidade para a preservação da história do setor, nos estimulou a empreender esta obra. Jairo Carneiro nos deu apoio e orientação em todas as etapas do trabalho. Flávio de Andrade viabilizou a execução do *Dicionário* ao contribuir financeiramente através da empresa Souza Cruz, uma das primeiras e maiores anunciantes do país até 1998.

Internamente devemos lembrar o apoio da então diretora do Cpdoc, Marieta de Moraes Ferreira; de Felipe Piqueira Rente, que nos ajudou a vencer todas as dificuldades administrativas; de José Márcio Batista Rangel, Joanna Lopes da Hora, Ana Flávia Vaz de Oliveira, que formaram a equipe dedicada ao levantamento de dados e a redigir parte dos verbetes; de Alan Dias Carneiro, André Dantas e João Luiz Faria Netto, responsáveis pela redação de parte dos verbetes temáticos. Maria Lúcia Leão Velloso de Magalhães se ocupou da padronização dos textos.

Finalmente, Christiane Jalles de Paula participou de todas as etapas do trabalho com competência e dedicação, coordenando grande parte da pesquisa.

Torna-se ainda necessário lembrar que um trabalho como este apresenta lacunas, erros e omissões involuntários, mas isso não impede que ele seja portador de um conhecimento que muito ajudará a reconstituição da história brasileira.

Alzira Alves de Abreu

ABAETÉ PROPAGANDA

Agência pernambucana fundada por Mário Leão Ramos nos anos 1960. Sua razão social é por si só uma peça de marketing, posto que, ao que consta, foi pensada com o intuito de figurar entre os primeiros nomes dos catálogos telefônicos. A agência chegou a dispor de 65 profissionais ainda na década de sua fundação, alcançando certo destaque nacional e ocupando importante posição no eixo Norte-Nordeste.

Considerada o primeiro grande escritório de propaganda do estado de Pernambuco, voltava-se sobretudo para o mercado regional, desenvolvendo muitos de seus trabalhos para clientes de médio porte. Um caso exemplar foi o das Confecções Torre, apontado como o maior êxito publicitário da Abaeté. Em um momento inicial da televisão no Brasil, a agência alugou um horário na TV Jornal do Commercio e criou o *TV-Ringue Torre*, programa que atraía uma multidão de espectadores para a frente dos aparelhos televisores instalados nas praças de várias cidades do estado, para assistir às contendas em que todos os integrantes do espetáculo usavam camisas Torre. Essa ousadia e criatividade terminaram por angariar considerável credibilidade para a marca Abaeté, que, em sua carteira de clientes, chegou a ter ainda empresas como Fiat Lux, Banco Banorte e Casas José Araújo.

De acordo com Nelson Varón Cadena, a Abaeté transferiu-se para o Rio de Janeiro e funcionou até os anos 1980.

André Dantas

FONTES: BARRETO, Aldo Paes. Pernambuco: até os anos 60, os corretores dominaram o mercado. In: CASTELO BRANCO, Renato; MARTENSEN, Rodolfo Lima; REIS, Fernando (planej. e coord.). *História da propaganda no Brasil*. São Paulo: T. A. Queiroz, 1990. (Coleção Coroa Vermelha. Estudos Brasileiros, 21.). p. 398-414; VARÓN CADENA, Nelson. A explosão das agências do interior. In: GRACIOSO, Francisco; PENTEADO, J. Roberto Whitaker. *Cinqüenta anos de vida e propaganda brasileiras*. São Paulo: Mauro Ivan Marketing, 2001; CASTELO BRANCO, Renato; MARTENSEN, Rodolfo Lima; REIS, Fernando (planej. e coord.). *História da propaganda no Brasil*. São Paulo: T. A. Queiroz, 1990. (Coleção Coroa Vermelha. Estudos Brasileiros, 21.). p. 353; *Pronews*. Disponível em: <http://www.revistapronews.com.br/39/entrevista.shtml> e em <http://www.revistapronews.com.br/29/pg-central.shtml>, acesso em 15-11-2004.

ABAP ver ASSOCIAÇÃO BRASILEIRA DE AGÊNCIAS DE PUBLICIDADE

ABOUT

Publicação de propriedade de Rafael Sampaio lançada em 1988, cujo embrião surgiu em 1979, com a revista *Briefing*. O periódico exibia o *slogan* "a revista técnica de comunicação de marketing" e era editado pela Gráfica Editora e Publicidade, sob a direção de

Luiz Carlos Teixeira de Freitas. Tinha periodicidade mensal e tiragem de 6 mil exemplares. O conteúdo de suas matérias era didático e voltado para análises de temas da atualidade. Tornou-se um importante veículo de informação e formação do meio publicitário.

Em julho de 1983, a revista passou à responsabilidade da Norte Editora, dirigida por Rafael Sampaio, e contava com a participação acionária de Ângelo Lastri Neto e Luiz Lastri Jr., que investiram na revista para que esta tivesse uma boa qualidade gráfica. Mas ainda em 1983 foi extinta, cedendo lugar à *Newsletter Brief*, que em 1988 foi adquirida por Rafael Sampaio e chamada de *About*, a fim de indicar a flexibilidade e a variedade de temas abordados em cada edição.

Em 1994, a revista criou o Prêmio *About* de Comunicação Integrada e Dirigida, com o objetivo de contribuir para o aprimoramento das áreas de comunicação especializada, marketing direto e net marketing no Brasil, assim como das atividades de comunicação integrada de marketing realizadas por agências, produtoras, fornecedores e clientes, com destaque para materiais, peças, ações, campanhas e empresas.

Atualmente, a *About* é uma revista semanal, também disponível na web, voltada para os profissionais da área de propaganda e marketing e seus clientes.

Alzira Alves de Abreu

FONTES: VARÓN CADENA, Nelson. *Brasil, 100 anos de propaganda*. São Paulo: Referência, 2001; CASTELO BRANCO, Renato; MARTENSEN, Rodolfo Lima; REIS, Fernando (planej. e coord.). *História da propaganda no Brasil*. São Paulo: T. A. Queiroz, 1990. (Coleção Coroa Vermelha. Estudos Brasileiros, 21.); <http://www.facasper.com.br/pp/site/links/index.php>, acesso em 18-2-2005.

ABP *ver* ASSOCIAÇÃO BRASILEIRA DE PROPAGANDA

ADAG SERVIÇOS DE PUBLICIDADE

Agência fundada em 1970, na cidade de São Paulo, por Aldo Libonati, Albert Chust, Hamilton Fernandes e Luiz Celso de Piratininga. Dos quatro sócios apenas Piratininga permaneceu na agência, associado a Antônio Jefferson Scotti. Entre as campanhas de sucesso da Adag, nos seus 35 anos de história, cabe destacar as desenvolvidas para os chicletes Ploc e Ploc Gigante, o bronzeador Cenoura & Bronze e o refresco em pó Fresh. No plano institucional, a agência atendeu ainda a clientes como Caixa Econômica Federal, BNDES e, recentemente, o Ministério da Educação (MEC), com as campanhas do "Livro didático", da "Bolsa Escola" e do "Dia Nacional da Família na Escola". A agência já foi premiada com o Leão de Ouro em Cannes, o Clio Awards, o Fiap, além de vários prêmios nacionais. Atualmente, sua carteira de clientes inclui empresas como Avon, Kraft, China in Box, Universidade Metodista de São Paulo, Yamaha e Instituto Ethos, entre outras.

André Dantas

FONTES: <http://www.adag.com.br>, acesso em 14-1-2005; informações prestadas pela assessoria de imprensa da agência por telefone e e-mail em 13 e 14-1-2005.

AERP *ver* ASSESSORIA ESPECIAL DE RELAÇÕES PÚBLICAS

AFRICA PROPAGANDA

Agência de propaganda fundada em São Paulo, em 2 de dezembro de 2002, pelo publicitário Nizan Guanaes, como uma das empresas da *holding* YPY, especializada em investimentos em agências e serviços de comunicação. Sua diretoria compunha-se por Guanaes e os sócios: Sérgio Gordilho (criação), Márcio Santoro (atendimento) e Luiz Fernando Vieira (mídia).

A Africa foi concebida por Guanaes como uma butique de comunicação, um escritório de consultoria com atendimento personalizado, que cuida de eventos, marketing direto e também da publicidade em seu modo clássico. Segundo seu fundador, a Africa atende somente a nove clientes e não participa de premiações.

Em março de 2004 a campanha desenvolvida pela Africa para o cliente Brahma provocou muitas críticas. A campanha intitulada "Amor de verão" e estrelada pelo cantor e compositor Zeca Pagodinho — ainda sob contrato com o grupo Schincariol, cuja conta estava nas mãos da Fischer América — resultou na representação da Fischer contra a Africa no Conselho Nacional de Auto-Regulamentação Publicitária (Conar), que decidiu pela suspensão da campanha até setembro de 2004, data final do contrato do cantor com a Schincariol.

No final de 2004, a agência lançou a revista *Africa*.

Christiane Jalles de Paula

FONTES: <http://www.africa.com.br/>, acesso em 15-2-2005; *O Estado de S. Paulo* (24-5-2005).

AGE

Agência de propaganda fundada em dezembro de 1999 por Carlos Domingos, Ana Lúcia Serra e o Grupo Havas, com objetivo de atuar nas áreas de propaganda, internet e *merchandising*.

Em 2001, a AGE foi responsável pelo lançamento do jornal *Valor Econômico*. Ainda nesse ano, a sócia e diretora da agência, Ana Lúcia Serra, foi agraciada, pela segunda vez, com o Prêmio Caboré, na categoria Atendimento e Planejamento.

Dois anos depois, foi eleita a melhor agência de propaganda do país pelo Portal da Propaganda pela campanha do porteiro Zé para a MTV. Ainda em 2003, conquistou seu primeiro Leão em Cannes.

Em 2004, estruturou-se de acordo com o modelo G8, formado pelos sete principais profissionais da agência e um oitavo, convidado e rotativo. Dentro dessa linha de atuação, os sócios Domingos e Ana Serra adquiriram a parte do Grupo Havas, passando a AGE a ser 100% nacional.

FONTES: ABAP — Associação Brasileira de Propaganda/Pyr Marcondes (autor e coordenador responsável). *História da propaganda brasileira*. São Paulo: Talento, 2005. p. 140-141; <http://www.age.com.br>, acesso 1-7-2005.

AGÊNCIA PETTINATI

A Agência de Publicidade Pettinati Ltda. foi fundada na capital paulista em 1920 pelo comendador Francisco Pettinati, um dos organizadores da Semana de Arte Moderna de 1922. Ainda neste último ano, a Pettinati convidou Heitor Villa-Lobos para compor um *jingle* para o Guaraná Espumante Antarctica, o que o maestro e compositor fez, tomando por base versos de Guilherme de Almeida. Em 1925, a agência conquistou a conta da Seagers do Brasil e, três anos depois, outra conta importante — a Cinzano.

Em 1929, encarregou-se da propaganda eleitoral de Júlio Prestes que, eleito presidente da República em março do ano seguinte, só não assumiu o cargo em função da vitória da Revolução de 1930, que levou Getúlio Vargas ao poder.

Coube também à agência a responsabilidade pelo planejamento e execução do plano geral da Grande Exposição Internacional Comemorativa da Imigração Italiana, realizada em São Paulo em 1937. Na época, faziam parte de seu quadro de funcionários, entre outros, Italo Eboli e Italo Bianchi.

Em 1946, a Pettinati desenvolveu uma campanha para o gim Seagers que chegou a ser veiculada na Inglaterra.

Durante 20 anos, a agência foi a responsável, em todo o território nacional, pela propaganda das maiores empresas cinematográficas norte-americanas, entre as quais a Paramount, a Metro Goldwin-Mayer (MGM), a Fox, a United Artists, a Universal e a RKO.

Em 1952, segundo informava o próprio comendador Francisco Pettinati, a agência possuía 22 funcionários e 26 clientes, estando entre os maiores a Philips, a Refinaria de Óleos Brasil, a Plavinil, os Laboratórios Baldassari, a Fábrica de Cigarros Flórida, a Cica e o Sabão Platino.

Alan Carneiro

FONTES: CASTELO BRANCO, Renato; MARTENSEN, Rodolfo Lima; REIS, Fernando (planej. e coord.). *História da propaganda no Brasil*. São Paulo: T. A. Queiroz, 1990. (Coleção Coroa Vermelha. Estudos Brasileiros, 21.);

SIMÕES, Roberto. História da propaganda brasileira. *Propaganda*, v. 26, n. 308, fev. 1982; <http://planeta.terra.com.br/educacao/mauro.laruccia/trabalhos/adminfo.htm>, acesso em 29-11-2004; <http://www.tribuna.inf.br/anteriores/2004/junho/14/intervalo.asp>, acesso em 29-11-2004.

AGNELO PACHECO CRIAÇÃO E PROPAGANDA

Fundada em 1985, na cidade de São Paulo, por Agnelo Pacheco e Dulce Pimentel, a Agnelo Pacheco Criação e Propaganda é representativa de uma tendência mundial, que à época chegava ao Brasil, de surgimento de agências de pequeno e médio portes, donas de estruturas simplificadas e ágeis e formadas por profissionais de reconhecida competência no mercado.

Em 1986, a revista *Advertising Age* dedicou meia página à agência, destacando a primeira campanha de *merchandising* da Agnelo para as calcinhas Hope na novela Roque Santeiro, da Rede Globo, que alcançava altos índices de audiência. Três anos depois, a agência conquistou o prêmio Marketing Best, na área financeira, com a campanha desenvolvida para o cliente BMC.

No ano de 1996 iniciou processo de expansão com a abertura de filial em Brasília. Seguiu-se Belo Horizonte, em 1998, e Curitiba, em 2003. No ano seguinte, a Agnelo abriu escritório no Rio de Janeiro, dirigido por José De Mingo.

A Agnelo associou-se à Magnet, rede mundial de comunicação, com mais de 30 agências independentes.

André Dantas

FONTES: Agnelo Pacheco. Disponível em <http://www.agnelo.com.br>, acesso em 15-11-2004; ARP — Associação Riograndense de Propaganda. *Ranking das agências de todo o Brasil do Ibope Monitor*. Disponível em <http://www.arpnet.com.br/materias_anteriores/materias_ant8.htm>, acesso em 18-11-2004; CASTELO BRANCO, Renato; MARTENSEN, Rodolfo Lima; REIS, Fernando (planej. e coord.). *História da propaganda no Brasil*. São Paulo: T. A. Queiroz, 1990. (Coleção Coroa Vermelha. Estudos Brasileiros, 21.). p. 372-374; <http://www.janela.com.br>, acesso em 15-12-2004; ABAP — Associação Brasileira de Agências de Propaganda. *História da propaganda no Brasil*. São Paulo: Talento, 2005. p. 142-143.

ALCÂNTARA MACHADO PUBLICIDADE *ver* **ALMAPBBDO**

ALCÂNTARA MACHADO, PERISCINOTO PUBLICIDADE *ver* **ALMAPBBDO**

ALMAP *ver* **ALMAPBBDO**

ALMAPBBDO

A Alcântara Machado Publicidade (Almap) foi fundada por Caio de Alcântara Machado e seu irmão, José de Alcântara Machado, na capital paulista em 1954. Em 1956, Caio deixou a sociedade para fundar a Alcântara Machado Comércio e Empreendimentos e associou-se a Samuel Jorge de Mello, que deixou a Almap para fundar sua própria agência, a S. J. de Mello em 1959.

Em 1960, Otto Scherb ingressou na agência como diretor de planejamento e responsável pela recém-adquirida conta da Volkswagen. Alex Periscinoto foi convidado a fazer anúncios para a Volkswagen, como *freelancer*. O trabalho que realizou foi tão bem aceito que os donos da agência, José de Alcântara Machado e Otto Scherb, o convidaram a se tornar sócio dela. Alex Periscinoto deixou a função de diretor de propaganda do Grupo Mappin e foi para a Almap, da qual adquiriu 15% do capital social e se tornou diretor de criação. A Almap foi a primeira agência no Brasil a incluir na direção dos negócios um homem de criação. A entrada de Periscinoto na Almap resultou na completa reformulação da agência, que, a partir de então, foi estruturada com base no tripé criação-planejamento-administração, seguindo o modelo da agência norte-americana DDB — Doyle, Dane & Bernbach. Além disso, graças à intervenção de Periscinoto, a Almap foi pioneira na instituição do sistema de duplas de criação, no qual redação e arte caminham juntas no processo de criação.

As campanhas desenvolvidas para o Fusca pela Almap, a exemplo das criadas pela DDB nos Estados Unidos, instituíram um novo modelo de fazer propaganda no Brasil. Como o Fusca era um tipo de automóvel refrigerado a ar e estava entrando num mercado dominado pela refrigeração a água, a Almap criou o seguinte anúncio: "Aviso a todos os carros refrigerados a água: hoje começa o verão".

Em 1962, Otto Scherb deixou a Almap para fundar a Proeme, levando consigo a conta da Volkswagen e vários profissionais. Dois anos depois, Hélio Silveira da Motta assumiu a Diretoria de Planejamento da Almap. Ainda em 1964, a conta da Volkswagen foi reconquistada pela agência. Pouco depois, Júlio Cosi Júnior assumiu a direção de criação. Os três — Alex, Hélio e Júlio — montaram uma equipe de profissionais que contava com os irmãos Toni, Guga e Boni Oliveira (José Bonifácio de Oliveira Sobrinho), Armando Mihanovich, Hans Dammann, Júlio Xavier da Silveira, Sérgio A. de Oliveira e Souza, Sérgio de Andrade, Luiz d'Almeida Eça, Klaus Isnenghi, Alberto Chust, Joaquim Gustavo Pereira Leite (o Joca), entre outros nomes que se destacaram no mercado publicitário brasileiro.

Em 1965, com a conquista da conta da Gillette do Brasil, a Almap deu grande impulso a seu escritório no Rio de Janeiro, então estado da Guanabara, que passou a ser dirigido por Caio Aurelio Domingues. Também o escritório de São Paulo sofreu uma completa reformulação, conferindo um novo *status* ao Departamento de Tráfego, comandado por Lady Müller. A Almap foi a primeira agência no Brasil a aplicar sistematicamente a técnica de GRP (*gross rating points*), introduzida no país em 1967 por Eugênia Nussinsky, da Gillette.

No início da década de 1970, Alex Periscinoto tornou-se vice-presidente da agência, cargo que acumulou com a direção de criação, e a Almap teve seu nome alterado para Alcântara Machado, Periscinoto Publicidade (ainda Almap). Nessa década, a Almap possuía a maior equipe de criação do país e detinha o maior número de prêmios, recebidos no Brasil e no exterior. A agência contava com 150 profissionais e, em sua carteira de clientes, havia um elenco de empresas de porte: além da Volkswagen e da Gillette, a Anderson Clayton, o Banco da Lavoura de Minas Gerais (atual Banco Real), a Eucatex, a Pereira Lopes, o Leite Glória, a Mercedes-Benz, a Sudamtex, a Xerox, entre outras grandes empresas.

Em 1969 a Almap passou a integrar o Consórcio Brasileiro das Agências de Propaganda, que realizava as campanhas do governo e das estatais, e era formado pela MPM, a Salles, a Norton e a Denison. Essas agências ficaram conhecidas como as "cinco irmãs" e durante os governos militares foram as detentoras das principais contas do governo federal e mesmo de governos estaduais.

Na metade da década de 1970, a Almap assumiu o segundo lugar no *ranking* brasileiro de agências de propaganda e, em 1978, fundou uma nova agência, a RPV, como uma subsidiária destinada especialmente a prestar serviços de relações públicas, assessoria de imprensa e promoção de vendas. A RPV também atuou no marketing político, área em que foi uma das pioneiras. Ainda nos anos 1970 a Almap produziu campanhas que marcaram a propaganda, como: "Theobaldo" e "Boko Moko", para a Antarctica; "Ônibus de padre", para a Mercedes-Benz; Lubrax 4, para a Petrobras; lançamento do Danone e diversas peças para a Vasp e para a Volkswagen.

Em 1986, a Almap começou a buscar um sócio estrangeiro, entabulou negociações com a Saatchi & Saatchi, mas nada foi concretizado. Finalmente, em 1988, a Almap vendeu 19,9% de suas ações à agência BBDO Worldwide, então a quarta maior agência de propaganda norte-americana, detentora da conta da Pepsi-Cola em quase todo o mundo. Pouco depois, essa conta, uma das maiores contas publicitárias do mercado brasileiro, passou para a Almap. A associação com a BBDO também integrou a Almap ao grupo norte-americano Omnicom, controlador da BBDO. Com isso, a Almap se transformou numa agência de porte internacional, tornando-se pioneira na globalização dos negócios da propaganda. A partir de então, a agência passou a operar sob a denominação AlmapBBDO Comunicações Ltda. e com a seguinte constituição acionária: José de

Alcântara Machado, 56,7%; Alexandre José Periscinoto, 24,3%; e a BBDO com 19,9%.

Em 1992, José de Alcântara Machado deixou a agência. Em junho de 1993 a AlmapBBDO contratou Marcello Serpa e Alexandre Gama para a criação e José Luís Madeira para o atendimento, planejamento e negócios, todos vindos da equipe de Nizan Guanaes, da DM9. No ano seguinte, ao comemorar seus 40 anos, a agência reestruturou sua formação societária com a inclusão de Marcello Serpa, Alexandre Gama e José Luís Madeira.

Alexandre Gama deixou a sociedade em 1996. No ano seguinte, Periscinoto passou a presidência da agência a Marcello Serpa e José Luís Madeira. Em 1998, Periscinoto deixou definitivamente a agência. Nesse ano, a AlmapBBDO conquistou o maior número de Leões para o Brasil no Festival de Cannes, na França, além de haver sido consagrada no festival daquele ano como a terceira mais premiada do mundo. Também em 1998, foi a única agência brasileira a ganhar o Lápis de Ouro, com Mizuno, na categoria Televisão, no *The One Show*.

A AlmapBBDO se consagrou como Agência do Ano no Festival de Cannes em 2000. No ano seguinte, ocupou o quarto lugar no *ranking* das 50 maiores agências por investimento em mídia e foi a terceira melhor agência do mundo em Cannes. Em 2002, caiu para o sexto lugar no *ranking* nacional, mas em 2003 foi a segunda melhor agência do mundo em Cannes.

Além dos prêmios conquistados nos festivais de publicidade já citados, a AlmapBBDO também ganhou inúmeros outros prêmios em festivais nacionais e internacionais. Em 2004, a agência conquistou o título de agência mais premiada do mundo pelo *The Gunn Report* — que produz um *ranking* com base nos mais importantes prêmios internacionais —, um feito inédito até então para agências da América Latina.

Alan Carneiro

FONTES: ABAP — Associação Brasileira de Agências de Propaganda. *História da propaganda no Brasil*. São Paulo: Talento, 2005. *Anuário de Propaganda 2004 (Meio & Mensagem)*; CASTELO BRANCO, Renato; MARTENSEN, Rodolfo Lima; REIS, Fernando (planej. e coord.). *História da propaganda no Brasil*. São Paulo: T. A. Queiroz, 1990. (Coleção Coroa Vermelha. Estudos Brasileiros, 21.); MARCONDES, Pyr. *Uma história da propaganda brasileira*. Rio de Janeiro: Ediouro, 2002; RAMOS, Ricardo; MARCONDES, Pyr. *200 anos de propaganda no Brasil; do reclame ao cyber-anúncio*. São Paulo: Meio & Mensagem, 1996; VARÓN CADENA, Nelson. *Brasil, 100 anos de propaganda*. São Paulo: Referência, 2001; SIMÕES, Roberto. História da propaganda brasileira. *Propaganda*, v. 26, n. 308, fev. 1982; *Veja*, 15 jun. 1988; *Folha de S. Paulo*, 20 maio 1994 e 8 mar. 1997; *Meio & Mensagem*, v. 18, n. 713, 8 jul. 1996; <http://www.propmark.terra.com.br>, acesso em 5-6-2004; <http://www.almapbbdo.com.br>, acesso em 5-10-2004; <http://www.bluebus.com.br/cgi-bin/show.pl?p=2&id=56850>, acesso em 16-11-2004.

ALMEIDA, DARIO DE

Dario de Almeida trabalhou em *A Noite* e foi presidente da Associação Brasileira de Propaganda (ABP) entre 1949 e 1951.

FONTE: <http://www.abp.com.br>, acesso 21-2-2005.

ALONSO, GERALDO

Geraldo Alonso nasceu em Pereiras (SP), em 29 de julho de 1925, filho do agricultor espanhol Ciro Alonso e de Carolina Casali Alonso.

A família mudou-se para a capital paulista em 1932 e Alonso, ainda menino, vendeu frangos e ovos pelas ruas. Um de seus primeiros empregos foi como propagandista de laboratório. Por intermédio do amigo da família Oswaldo Pagnillo, que o apresentou a Napoleão de Carvalho, dos Diários Associados, Geraldo Alonso foi trabalhar como redator de matérias pagas no departamento comercial dos jornais *Diário de São Paulo* e *Diário da Noite*. Convidado pelo dono da Gordon Publicidade para ocupar a função de gerente de contas, deixou a agência após uma discussão com seu proprietário.

Ventos de otimismo varriam os países com o fim da II Guerra Mundial (1939-45). No Brasil, a redemocratização e a substituição de importações fomentaram a diversificação da estrutura produtiva. Geraldo Alonso percebeu que havia espaço para a abertura de uma agência de propaganda voltada para os negócios. Assim, em 11 de novembro de 1946, Alonso, José Eeweene e José De Mingo fundaram a Empresa de Publicidade Norton Limitada (uma das explicações para o nome da agência era a crença de Alonso em que um nome estrangeiro impressionaria os clientes).

Em 1947, Alonso afastou-se da Norton e foi trabalhar no Rio de Janeiro, na Galeria Carioca. No ano seguinte, bacharelou-se pela Faculdade de Direito de Niterói, atual Universidade Federal Fluminense. Em 1955, iniciou sua participação na vida associativa, ao ser eleito presidente do Sindicato das Agências de Propaganda do Estado de São Paulo, cargo que ocuparia até 1957. Ainda em 1955, foi também eleito presidente da Associação Paulista de Propaganda (APP, atual Associação dos Profissionais de Propaganda), determinado a imprimir novos rumos à associação. Em sua gestão, a APP ampliou o número de sócios e transferiu-se para uma nova sede.

Em 1957, Alonso participou do I Congresso Brasileiro de Propaganda, realizado no Rio de Janeiro, durante o qual, entre várias resoluções, foi também aprovado o Código de Ética dos Profissionais de Propaganda, mais tarde convertido em lei.

Os anos 1960 foram marcados por graves crises institucionais. A renúncia do presidente da República Jânio Quadros e a oposição dos ministros militares à posse do vice-presidente João Goulart encetaram um quadro de instabilidade política. Várias lideranças civis conspiraram pela destituição do presidente João Goulart. Um dos canais mais expressivos foi o Instituto de Pesquisas Econômicas e Sociais (Ipês), que, em São Paulo, teve em Geraldo Alonso um de seus fundadores.

Geraldo Alonso participou da inserção da propaganda brasileira nas associações internacionais. Em 1961, trouxe para o país, mais especificamente para a cidade de São Paulo, o I Congresso Latino-Americano de Propaganda. Em 1963, abriu o II Congresso, realizado no México.

À frente da Norton, Geraldo Alonso estabeleceu laços muito estreitos com o governador de São Paulo, Adhemar de Barros, que, eleito em 1963, contratou a agência para transformar sua imagem na do líder de valores tradicionais que defenderia o país do comunismo.

Em 1964, passou a escrever uma coluna semanal no jornal *A Gazeta*, sob o pseudônimo de Estácio de Sá: a coluna "A notícia é assim...", que durou cerca de dois anos e tratava de economia, política e negócios. Em 1966, recebeu o título de Cidadão Paulistano.

Em 1968, o país atravessava um período de forte crescimento econômico, mas, ao mesmo tempo, explodiam manifestações estudantis contrárias ao regime militar. Esse quadro levou à decretação do Ato Institucional nº 5, que fechou o Congresso Nacional e aboliu a liberdade de imprensa. Foi nesse clima que, em 1969, Alonso realizou uma revolução na Norton, com a contratação de um grupo de profissionais de criação que se autodenominavam "os subversivos". Ainda nesse ano, foi escolhida a Agência do Ano nos prêmios Profissionais de Publicidade e Revista Propaganda.

Em outubro, Emílio Garrastazu Médici foi escolhido indiretamente presidente da República. Antes da posse, Geraldo Alonso conseguiu uma audiência com o novo presidente e apresentou-lhe uma campanha cívica, a ser patrocinada pela Norton, sem ônus para o governo, que propunha o resgate da bandeira brasileira.

Ainda em 1969, Geraldo Alonso assumiu a presidência da Associação Brasileira de Agências de Propaganda (Abap, atual Associação Brasileira de Agências de Publicidade). De 1971 a 1974, foi reconduzido à presidência da APP e, em 1972, reeleito para a presidência da Abap. Em suas gestões à frente da Abap, definiu a cidade de São Paulo como sede nacional da entidade e liderou um movimento contra a decisão do governo federal de abrir as contas de publicidade das estatais para a Agência Nacional, conseguindo que essa idéia não fosse adiante. No ano seguinte, foi um dos fundadores e o primeiro presidente do capítulo brasileiro da International Advertising Association (IAA).

Em 1973, Alonso decidiu pela instalação de um escritório da Norton em Paris. No ano seguinte, deixou a presidência da Abap. Em 1976, foi concedido pela primeira vez a uma agência brasileira o Clio Award, de Nova York, atribuído à Norton por seu comercial de televisão para os pneus Tropical.

Em 1977, o governo federal ameaçou sancionar um projeto de lei que, na prática, estabeleceria a censura prévia na propaganda brasileira. Geraldo Alonso e outras lideranças do setor organizaram a Comissão Interassociativa da Publicidade Brasileira, que elaborou um documento de auto-regulamentação denominado Código Brasileiro de Auto-Regulamentação Publicitária. Em 1978, o código foi aprovado no III Congresso Brasileiro de Propaganda. A participação de Geraldo Alonso foi decisiva na infra-estrutura da comissão, posto que quase todas as reuniões foram realizadas nas dependências da Norton.

Em 1980, com a Norton consolidada, montou um restaurante: o Santo Colomba. Em quatro anos expandiu o negócio, abrindo outros três: o Saint Germain, o Saint Peter's Pier e o San Marco. A partir daí, passou a se dedicar à administração dos restaurantes e de suas fazendas, deixando a agência aos cuidados de Geraldo Alonso Filho.

Em maio de 1982, sob a presidência de Geraldo Alonso, foi realizado em São Paulo o XXVIII Congresso Mundial de Publicidade. Alonso presidia novamente o capítulo brasileiro da IAA e organizou o congresso no país.

Em 1985, a derrota da emenda das Diretas Já e a definição de que os candidatos na eleição indireta seriam Paulo Maluf, pelo partido governista, e Tancredo Neves, pela oposição, levaram Geraldo Alonso a apoiar publicamente Paulo Maluf.

Ao longo da vida, Geraldo Alonso relacionou-se com diversos políticos, entre os quais, além dos já citados, destacaram-se Jânio Quadros, Carvalho Pinto, Laudo Natel e João Baptista Figueiredo.

Foi também presidente fundador e presidente da Federação Brasileira das Agências de Propaganda (Febrasp) e presidente da Confederación Latinoamericana de la Publicidad (CLP).

Faleceu em São Paulo no dia 2 de dezembro de 1988.

Em sua homenagem, Geraldo Alonso Filho criou o Instituto Geraldo Alonso e foi publicado *Geraldo Alonso: o homem e o mito* (Globo, 1991). No final de 1999, o site Janela Publicitária promoveu um levantamento para escolher os 100 publicitários do século no Brasil: Geraldo Alonso foi o segundo mais votado.

Prêmios: Publicitário do Ano (1969 e 1981).

Christiane Jalles de Paula

FONTES: VARÓN CADENA, Nelson. 45 anos de propaganda. *Propaganda*, n. 598, p. 28-32, mar. 2001; *Veja*, 7 dez. 1988; *Propaganda*, v. 10, n. 120, abr. 1966; *Propaganda*, v. 14, n. 167, abr. 1970; *Propaganda*, v. 15, n. 183, ago. 1971; *Propaganda*, n. 413, dez. 1988; <http://www.appnet.com.br>, acesso em 1-9-2004; <http://www.janela.com.br>, acesso em 1-9-2004; <http://www.publicissallesnorton.com.br>, acesso em 10-9-2004; VARÓN CADENA, Nelson. *Brasil, 100 anos de propaganda*. São Paulo: Referência, 2001; CASTELO BRANCO, Renato; MARTENSEN, Rodolfo Lima; REIS, Fernando (planej. e coord.). *História da propaganda no Brasil*. São Paulo: T. A. Queiroz, 1990. (Coleção Coroa Vermelha. Estudos Brasileiros, 21.); ASSOCIAÇÃO PAULISTA DE PROPAGANDA. *Depoimentos*. São Paulo: Hamburg, s.d. (Série Documentos da Propaganda, 1.); DREIFUSS, René Armand. *1964: a conquista do Estado;* ação política, poder e golpe de classe. Petrópolis: Vozes, 1981; DUPONT, Waldir. *Geraldo Alonso: o homem e o mito*. São Paulo: Globo, 1991.

ALONSO FILHO, GERALDO

Geraldo Alonso Filho nasceu em São Paulo em 5 de novembro de 1948, filho de Geraldo Alonso, fundador da Norton e um dos nomes mais representativos da propaganda brasileira, e de Elza Alonso.

Iniciou-se na propaganda em 1969, na agência do pai. Em 1971, formou-se em publicidade pela Escola Superior de Propaganda e Marketing (ESPM). No ano seguinte, concluiu o curso de arquitetura na Universidade Mackenzie. Ainda em 1972, assumiu a vice-presidência da empresa, sendo o responsável pela instalação do escritório da Norton em Paris. Em 1981, fundou e ocupou a presidência da Norton Rural.

Em 1988, o falecimento do pai levou Geraldo Alonso Filho a assumir a presidência do grupo. Em sua gestão, fundou o Instituto Geraldo Alonso, com o objetivo de preservar a memória do pai e da agência, e ampliou as atividades do grupo, criando as agências Nort\West, em 1990; Bozell Brasil, em 1995; e Internort, em 1996, especializada em publicidade para a Internet.

Em 1992, foi seqüestrado, ficando 36 dias em cativeiro, e só libertado após pagamento de resgate.

Em 1996, vendeu 60% do capital da Norton ao maior grupo de publicidade da França, o Publicis. A partir de então, a agência passou a se chamar Publicis Norton. Essa mudança acionária não implicou alteração na direção da empresa; Geraldo Alonso Filho continuou à frente do grupo, ocupando os cargos de *regional chairman* e *chief executive officer* para a América Latina, e *Brazil country chairman*, até 2001. Em 2003, ocorreu nova alteração acionária no grupo; com a incorporação da Salles D'Arcy, surgiu a Publicis Salles Norton, da qual Geraldo Alonso Filho passou a ser o *Brazil country chairman*. Deixou a agência em 2005.

Alonso Filho foi diretor de várias entidades associativas, como a Associação Brasileira de Agências de Propaganda (Abap, atual Associação Brasileira de Agências de Publicidade), e da Federação Nacional de Agências de Propaganda (Fenapro). De 1991 a 1994, presidiu, por dois mandatos consecutivos, o capítulo brasileiro da International Advertising Association (IAA) e, no período 1994-96, ocupou sua vice-presidência. Geraldo Alonso Filho também presidiu a 1ª Câmara de Ética do Conar — Conselho Nacional de Auto-Regulamentação Publicitária. Além disso, participou do Conselho de Administração da ESPM, do Conar e do Cenp — Conselho Executivo das Normas-Padrão. Prêmio: Publicitário/Homem do Ano — Revista *About* — 1990.

Christiane Jalles de Paula

FONTES: <http://www.norton.com.br/port/equipe/geraldo.htm>, acesso em 28-9-2004; *curriculum vitae* cedido pelo biografado; *Folha de S.Paulo*, 4 fev. 2002.

ALVES, JOSÉ MAURÍCIO PIRES

José Maurício Pires Alves nasceu em Juiz de Fora (MG), em 23 de junho de 1936, filho do contador José Pires Alves Júnior e da dona-de-casa Luzia Palmyra Falci Alves. Concluiu os estudos no Colégio Santo Antônio Maria Zaccaria, no Rio de Janeiro.

Iniciou sua vida profissional como operador de câmera na TV Tupi, transferindo-se posteriormente para Porto Alegre, onde trabalhou como produtor de programas e diretor da TV Piratini. Sua primeira incursão na propaganda foi como redator da filial gaúcha da McCann Erickson.

Passou, então, a atuar mais ativamente em veículos de comunicação, de início como gerente de divulgação da TV Gaúcha de Porto Alegre e, em seguida, como diretor comercial da TV Difusora. Ocupando esse mesmo cargo, transferiu-se para o jornal *Zero Hora* e começou a trabalhar na Rede Brasil Sul de Comunicação — RBS TV e RBS Mídia Eletrônica. Chegou a superintendente de comercialização nacional na RBS paulista, empresa que deixou para assumir cargo análogo na superintendência da Rede Bandeirantes de Televisão.

Ainda no Rio Grande do Sul, fora vice-presidente da seção local da Associação dos Dirigentes de Vendas e Marketing do Brasil (ADVB) e diretor da Associação Rio-grandense de Propaganda (ARP), que o agraciou com o título de Publicitário do Ano em 1981. Também exerceu funções no Conselho Nacional de Auto-Regulamentação Publicitária (Conar), presidindo sua 5ª Câmara de Ética.

Em 1997, trabalhando em São Paulo, foi empossado presidente da Associação dos Profissionais de Propaganda (APP).

Em 2000, fundou a Atalho Comunicação Dirigida, em Porto Alegre. No ano seguinte, foi conduzido à direção comercial da matriz da Central de Negócios em Comunicação (CNC), em São Paulo, cargo que ocupou até 2004, sem deixar de cuidar de sua empresa.

José Márcio Batista Rangel

FONTES: REIS, Fernando. *Cobrões da propaganda 91/92*. São Paulo: Referência, 1991. p. 211; <http://www.adonline.com.br/noticias/noticia.

asp?IDNews=6157>, acesso em 15-6-2004; <http://www.arpnet.com.br/publicitarios_ano.htm>, acesso em 15-2-2005; <http://www.meioemensagem.com.br/mmonline/conteudo/conteudo/3006.html>, acesso em 15-2-2005; *curriculum vitae.*

AMADO, SÉRGIO

Sérgio Amado nasceu em Salvador, em 1948, filho de Irênio Antônio Simões, que foi jornalista de *A Tarde* e militante do Partido Comunista Brasileiro (PCB), e de Teresa Amado Simões. Estudou no Colégio Marista, do qual foi expulso por publicar no jornal estudantil um artigo considerado ofensivo pelos padres responsáveis pelo educandário. Iniciou seus estudos de ciências sociais e história na Universidade Federal da Bahia. Nesse período, foi eleito vice-presidente da União dos Estudantes da Bahia (UEB). Em 1968, participou do encontro da Juventude Comunista realizado em Sófia, capital da Bulgária, como convidado brasileiro. Pouco depois, viajou a Praga para participar de um fórum de debates sobre o Terceiro Mundo. Encontrava-se nessa cidade quando as tropas soviéticas invadiram a Tchecoslováquia, fato conhecido como a Primavera de Praga. Voltou ao Brasil e acabou sendo um dos estudantes presos no XXX Congresso da União Nacional dos Estudantes (UNE), realizado em Ibiúna (SP). Amado teve seus direitos políticos cassados com base no Ato Institucional nº 5, promulgado em dezembro de 1968, sendo impedido de concluir seus cursos universitários.

Em 1969, começou a trabalhar no jornal *A Tribuna*, na editoria internacional. Continuou nessa função por aproximadamente três anos e depois ingressou no mercado publicitário como redator da Vox Propaganda, sediada em Salvador. Passado algum tempo, iniciou sua trajetória na filial baiana da Standard, Ogilvy & Mather, primeiro como estagiário, depois como gerente do escritório e, mais tarde, como vice-presidente para a região Norte-Nordeste da agência.

Em fins de 1979, fundou e presidiu a Divisão Associados, juntamente com Sidney Rezende. Pouco depois, a agência se fundiu com a Engenho Propaganda, dando origem à D&E. Em 1990, a D&E e a DM9 de Salvador também se fundiram, sendo criada a DS 2000. Em 1991, Amado se afastou da agência, mudou-se para São Paulo e, no final do ano, comprou parte das ações da Denison Propaganda e passou a presidi-la. Em 1992, adquiriu o controle acionário da agência.

Em 1997, a Denison foi comprada pela Standard, Ogilvy & Mather, uma das agências do conglomerado WPP. Sérgio Amado assumiu a presidência da Standard e, em julho desse mesmo ano, tornou-se seu vice-presidente regional.

Em 1999, Amado foi eleito presidente do capítulo São Paulo da Associação Brasileira de Agências de Publicidade (Abap), função que ocuparia até 2001.

Em 2000, a Standard, Ogilvy & Mather passou a se chamar Ogilvy & Mather e Sérgio Amado assumiu a presidência da Ogilvy do Brasil.

Em abril de 2001, foi eleito presidente nacional da Abap e também, no mesmo ano, membro do *board* da Ogilvy Worldwide. Deixou a direção da Abap em 2003.

Christiane Jalles de Paula

FONTES: *About*, v. 6, n. 251, 31 ago. 1993; <http://www.ogilvy.com/company/>, acesso em 9-11-2004; *IstoÉ Dinheiro*, 24 ago. 2001 e 24 mar. 2004; <http://revistamarketing.terra.com.br/materia/?id=185>, acesso em 15-2-2005; <http://www.terra.com.br/istoegente/280/reportagens/pers_sergio_amado.htm>, acesso em 15-2-2005.

AMPLA COMUNICAÇÃO

Fundada em Recife (PE), em janeiro de 1976, por Severino Queiroz. Seus primeiros clientes foram a aguardente Pitu, Icopervil e Açúcar Estrela.

Foi pioneira na implantação do conceito de departamentalização na região Norte e Nordeste do país. Destacou-se com a criação do Programa de Responsabilidade Social, cujo objetivo consistia na prestação de atendimento voluntário a organizações não-governamentais (ONGs).

Ao longo de sua trajetória, a Ampla construiu sede própria, fundou a Ampla-Promo — especializada em ações promocionais, ponto-de-venda, eventos e marketing cultural. Além disso, expandiu seus negócios com a abertura de escritório em Vitória (ES) e acordos operacionais com agências parceiras em outros estados do Brasil.

Consolidou-se ao longo do tempo como uma das principais agências de Pernambuco, tendo conquistado inúmeros prêmios em festivais.

FONTES: ABAP — Associação Brasileira de Agências de Propaganda. *História da propaganda no Brasil*. São Paulo: Talento, 2005; CASTELO BRANCO, Renato; MARTENSEN, Rodolfo Lima; REIS, Fernando (planej. e coord.). *História da propaganda no Brasil*. São Paulo: T. A. Queiroz, 1990. (Coleção Coroa Vermelha. Estudos Brasileiros, 21.).

ÂNGELO, AUGUSTO DE

Augusto de Ângelo nasceu em Pirassununga (SP) em 23 de dezembro de 1915, filho do dono de confeitaria Augusto de Ângelo e da dona-de-casa Noemia Cantinho de Ângelo. Mudou-se para o Rio de Janeiro em 1932 e tentou entrar na Escola de Aviação Naval, sem sucesso. Pouco depois, alistou-se na Escola de Aviação Militar, mas também não foi bem-sucedido. Obteve então um emprego de ascensorista no Hotel Paulistano.

Em abril de 1933, a filial da J. Walter Thompson no Rio de Janeiro precisava de um *office-boy* e Augusto foi o escolhido. A Thompson chegara no país em 1929 para cuidar da conta da General Motors (GM). Pouco depois, Augusto de Ângelo foi trabalhar como caixa da agência. Em seguida, foi promovido para a contabilidade; mais tarde, para o Departamento de Mídia, chegando ao Tráfego e a chefe de mídia da agência. Tempos depois, como ele mesmo disse, foi "uma espécie de assistente do gerente" e contato. Durante a II Guerra Mundial atuou como contato da conta da Coordenação de Assuntos Interamericanos para o rádio e programas de rádio.

Em 1949, Augusto de Ângelo foi um dos adaptadores do "padrão de práticas" American Association of Advertising Agencies (AAAA) norte-americano, que estabeleceu normas-padrão para as agências e deu origem à Associação Brasileira de Agências de Propaganda (Abap, atual Associação Brasileira de Agências de Publicidade). Nos anos 1950, a expansão da televisão levou as agências a criar departamentos de rádio e televisão. Augusto de Ângelo também trabalhou com a nova mídia, o que lhe rendeu um estágio nos Estados Unidos.

Quando Renato Castelo Branco assumiu a gerência geral da Thompson Rio, Augusto de Ângelo tornou-se seu braço direito. Em 1960, o então presidente Robert F. Merrick se aposentou e Renato Castelo Branco passou a ocupar o cargo, designando Augusto de Ângelo gerente do escritório carioca da agência. Em 1961, foi agraciado com o título de Publicitário do Ano.

Augusto de Ângelo atuou também nos meios associativos, tendo participado de várias diretorias da Abap. Além disso, foi vice-presidente e secretário da Abap Nacional e presidente do capítulo do Rio de Janeiro no período 1966/67. Foi ainda vice-presidente do Conselho Nacional de Propaganda, criado em 1964.

Em 1969, Augusto de Ângelo e Robert Dennison assumiram a presidência da JWT do Brasil, após a saída de Renato Castelo Branco. De Ângelo deixou o cargo em 1972, mas continuou trabalhando na matriz da agência, em São Paulo, por 14 anos. Aposentou-se em 1983, após completar 50 anos como funcionário da JWT e receber do Conselho Mundial da J. Walter Thompson Company, em Nova York, o título de *director emeritus*. No mês seguinte, foi-lhe oferecido um jantar em sua homenagem, ao qual compareceu Don Johnston — o número um da JWT —, que veio ao Brasil especialmente para a ocasião. De Ângelo continuou prestando serviços de consultoria por mais 12 anos.

Christiane Jalles de Paula

FONTES: Informações prestadas pelo biografado; *Propaganda*, v. 10, n. 120, abr. 1966; *Propaganda*, v. 16, n. 201, 1973; *Propaganda*, v. 24, n. 275, jun. 1979; *PN — Publicidade e Negócios*, 15 jan. 1952; CASTELO BRANCO, Renato; MARTENSEN, Rodolfo Lima; REIS, Fernando (planej. e coord.). *História da propaganda no Brasil*. São Paulo: T. A. Queiroz, 1990. (Coleção Coroa Vermelha. Estudos Brasileiros, 21.); REIS, Fernando. *Cobrões da propaganda 91/92*. São Paulo: Referência, 1991.

ANUÁRIO BRASILEIRO DE PROPAGANDA

Em 1969, a Publinform — Editora Técnica de Manuais de Propaganda Ltda. lançou o primeiro número do *Anuário Brasileiro de Propaganda*, tendo Fernando Reis como editor e Cícero Silveira como colaborador. O primeiro número também contou com a colaboração de Jorge Medauar e foi distribuído no II Congresso Brasileiro de Propaganda, realizado em São Paulo no mesmo ano. Mais tarde, o anuário passou a ser editado pela Editora Meio & Mensagem.

FONTE: CASTELO BRANCO, Renato; MARTENSEN, Rodolfo Lima; REIS, Fernando (planej. e coord.). *História da propaganda no Brasil*. São Paulo: T. A. Queiroz, 1990. (Coleção Coroa Vermelha. Estudos Brasileiros, 21.).

ANUÁRIO DE PUBLICIDADE

Surgiu na década de 1940, publicado pela revista *PN — Publicidade & Negócios*. Era dedicado à divulgação de estimativas do valor da publicidade no Brasil, com base no levantamento do faturamento dos principais veículos e mediante o envio de um questionário aos grandes anunciantes nacionais e locais com perguntas sobre sua propaganda direta. Publica também a relação dos maiores anunciantes do Brasil e informações sobre agências de publicidade, propaganda em vias públicas (cartazes e luminosos), propaganda em cinema, estúdios de desenho, vitrinas e decorações comerciais, gravações para propaganda, fábrica de brindes, propaganda em aviões etc. Outro serviço prestado pelo *Anuário de Publicidade* consistia na transcrição, na íntegra, dos debates travados em mesas-redondas realizadas no Rio de Janeiro e em São Paulo sobre temas e campanhas de publicidade, ressaltando as melhores do ano. Esse serviço permitiu o estabelecimento de inúmeras premiações.

FONTE: CASTELO BRANCO, Renato; MARTENSEN, Rodolfo Lima; REIS, Fernando (planej. e coord.). *História da propaganda no Brasil*. São Paulo: T. A. Queiroz, 1990. (Coleção Coroa Vermelha. Estudos Brasileiros, 21.).

APP ver ASSOCIAÇÃO DOS PROFISSIONAIS DE PROPAGANDA

ARTACHO, JURACY ORLANDI

Juracy Orlandi Artacho nasceu em São Paulo, em 16 de outubro de 1920. Chegou a estudar direito, mas não concluiu o curso.

Iniciou sua vida profissional no jornalismo e na literatura. A primeira agência em que trabalhou foi a Pery de Campos Propaganda Ltda. Foi um dos fundadores do Sindicato das Agências de Propaganda do Estado de São Paulo (Sapesp) em 1943.

Em 1945, ingressou na Standard Propaganda, de São Paulo, na qual chefiou a redação e atuou como contato. Lá permaneceu por quase uma década, saindo para ocupar por seis meses o cargo de redator na J. W. Thompson, função que também desempenhou na Arco-Artusi Propaganda, mas apenas pela metade desse tempo. Na Dória & Associados, voltou a chefiar a equipe de redatores. Ainda em 1955, foi eleito Redator do Ano pela Associação Brasileira de Propaganda (ABP) e pela revista *PN — Publicidade & Negócios*. Em 1956, tornou-se sócio-diretor da Itapetininga Propaganda, já integrada por Hélcio Orlandi Artacho e José Luiz da Silva Pottes. Em 1961, assumiu a presidência da Editora Propaganda S.A. — responsável pela publicação da revista *Propaganda* —, função que exerceu até 1963. Paralelamente, foi empossado presidente na Associação Paulista de Propaganda (APP), e em sua gestão o número de associados mais que duplicou. Na Norton Publicidade, foi assistente da diretoria, responsável pelo setor de novos negócios. Quando a Itapetininga encerrou suas atividades em 1968, Artacho migrou para a S. J. de Mello Publicidade e, finalmente, para a Standard, Ogilvy & Mather, mais uma vez assistindo a diretoria no Departamento de Novos Projetos.

Faleceu em 11 de abril de 1973.

José Márcio Batista Rangel

FONTES: *Propaganda*, v. 18, n. 202, maio 1973; ASSOCIAÇÃO PAULISTA DE PROPAGANDA. *Depoimentos*. São Paulo: Hamburg, s.d. p. 119-123;

Propaganda, v. 10, n. 112, jun. 1965; <http://www.sapesp.org.br/sindica/pagina.htm>, acesso em 17-2-2005; CASTELO BRANCO, Renato; MARTENSEN, Rodolfo Lima; REIS, Fernando (planej. e coord.). *História da propaganda no Brasil*. São Paulo: T. A. Queiroz, 1990. (Coleção Coroa Vermelha. Estudos Brasileiros, 21.). p. 66 e 352.

ARTPLAN

Fundada no Rio de Janeiro, então estado da Guanabara, em 1967, como uma *house agency* da Veplan Imobiliária, para a qual chegou a realizar campanhas para mais de 600 lançamentos. Seu nome é formado pela aglutinação de "arte" e "planejamento".

Em 1972, o controle acionário da agência foi adquirido por Roberto Medina, que, a partir de 1974, promoveu a completa reformulação da empresa. Paralelamente à Artplan Publicidade, surgiu a Artplan Promoções, segundo Roberto Medina, presidente da empresa, em decorrência "da necessidade de se fazer promoção profissionalmente", aproveitando todo o *know-how* do seu pai, Abraham Medina.

Em 1977, a Artplan mudou-se para sede própria, na lagoa Rodrigo de Freitas, no Rio de Janeiro. Em janeiro de 1980, a Artplan Promoções trouxe ao Brasil Frank Sinatra, que realizou um *show* no estádio do Maracanã para 140 mil pessoas, público registrado no *Guiness Book* como "o maior público de um espetáculo musical". Em 1985, a Artplan Promoções realizou no Rio de Janeiro o primeiro grande festival internacional de música no Brasil, que se consagrou com o nome de Rock in Rio.

Ao completar 10 anos de existência, a Artplan tinha em sua carteira clientes como a Companhia de Fumos Santa Cruz, a Philip Morris do Brasil, a Roche (com as linhas Pantene e Eversun), a Seagram, a Fabrimar, o Banco do Brasil, a Caixa Econômica Federal, o Governo do Estado de São Paulo, a Secretaria da Receita Federal, entre outros. E já aparecia no *ranking* das 10 maiores agências brasileiras.

A Artplan contratou grandes diretores de cinema, como Arnaldo Jabor, Bruno Barreto e Carlos Manga, para produzir comerciais. Foi uma das agências responsáveis pela mudança na linguagem dos comerciais de cerveja, com as campanhas para a Malt 90 e a Skol, assim como na linguagem da propaganda de cigarros, com as campanhas do Comander. Em 1984, a Artplan realizou a campanha "Apresentador", para a Caixa Econômica Federal, com o ator Luis Fernando Guimarães. Criação do redator Nizan Guanaes, a campanha teve como *jingle* "Vem pra Caixa e tudo bem/vem pra Caixa você também/vem".

No início da década de 1990, a agência realizou o projeto Anjos do Asfalto, com o apoio da Bradesco Seguros, destinado a prestar socorro a acidentados na rodovia Presidente Dutra. A Artplan também foi responsável pela idéia e pela campanha da Bradesco Seguros de colocar uma árvore de Natal gigante na lagoa Rodrigo de Freitas.

Em 2002, a agência iniciou um processo de reestruturação. O primeiro passo foi a abertura de um escritório em São Paulo, sob o comando de Marcio Pitliuk, que conquistou contas como: Banco Panamericano, Shopping Anália Franco, Heidelberg, Shopping Itaguaçu e concessionárias Peugeot. A matriz carioca da Artplan tinha entre seus clientes o Grupo Renasce, Ourocap, Ministério do Meio Ambiente, Bradesco Seguros, Governo do Estado do Rio de Janeiro, Casa & Vídeo, GE, Ibmec e Rio Ônibus.

Nesse ano, a Artplan ocupava a 27ª posição no *ranking* das 50 maiores agências por investimento em mídia. Em 2003, consolidou seu processo de mudança com a implantação de uma nova filosofia de trabalho baseada na integração das áreas de planejamento, mídia, criação e atendimento, e organizando sua estrutura horizontalmente. Passou então a se chamar Artplan Mais Comunicação.

Em janeiro de 2004 promoveu a primeira edição do Rock in Rio fora do Brasil: o Rock in Rio Lisboa, realizado na capital portuguesa. O evento consagrou definitivamente a marca Rock in Rio, não mais apenas como indicação de um festival de *rock* realizado na cidade do Rio de Janeiro.

Alan Carneiro

FONTES: *Anuário da Propaganda 2004 (Meio & Mensagem)*; CASTELO BRANCO, Renato; MARTENSEN, Rodolfo Lima; REIS, Fernando (planej. e coord.). *História da propaganda no Brasil*. São Paulo: T. A. Queiroz, 1990. (Coleção Coroa Vermelha. Estudos Brasileiros, 21.); *Propaganda*, v. 27, n. 315, p. 14-22, ago. 1982; *O Dia*, 11 abr. 2003; <http://www.janela.com>, acesso em 8-11-2004; <http://epoca.globo.com/edic/20000410/neg3.htm>, acesso em 8-11-2004.

AS PROPAGANDA ver DENISON

AS PROPAGUE ver PROPAGUE SERVIÇOS DE COMUNICAÇÃO

ASA COMUNICAÇÃO

Agência mineira fundada em 1963 por Edgard de Melo e Hélio Jardim Faria, ex-funcionários da McCann Erickson, com o nome de ASA Criação de Publicidade Ltda. Sua razão social, segundo os fundadores, deveu-se ao fato de ambos permanecerem no emprego após o fim do expediente, às 18 horas, quando ainda trabalhavam na McCann, para atenderem a problemas outros, não relacionados à vida da empresa para a qual prestavam serviços. Daí o nome ASA, sigla de After Six Agency.

Pouco a pouco a agência conquistou o mercado do estado, tendo sido seu primeiro cliente a empresa Mobiliário Fiel, responsável por parte significativa do orçamento da agência. Com um crescimento constante e equilibrado, a ASA foi assumindo também outras importantes contas, como as da Prefeitura de Belo Horizonte, das Centrais Elétricas de Minas Gerais (Cemig) e da Hidrominas. Em 1970, passou por grave crise financeira, em função da concordata e posterior falência da Mobiliário Fiel. Na ocasião, Hélio Jardim Faria desligou-se da sociedade. Por seu gabarito profissional e dos profissionais que aglutinou, a agência funcionou como uma grande escola de propaganda no estado de Minas Gerais.

Em 1984, a ASA associou-se à Salles Inter-Americana, que comprou 40% do seu capital. No final da década de 1980, Edgard de Melo recomprou a parte vendida à Salles Inter-Americana e a agência voltou a ser de capital totalmente mineiro. Em 1989, a ASA abriu uma filial na capital capixaba. Em 2002, passou a se chamar ASA Comunicação Ltda. No ano seguinte, fundiu-se com a Rede Marketing e Comunicação, e diversificou seus domínios para as áreas de jornalismo e relações públicas. Além de Edgard de Melo, integraram a diretoria da agência: Evilásio Gonzaga, Américo Antunes, Levi Carneiro e Lúcio Leite de Melo.

André Dantas

FONTES: MELO, Edgard de; REIS, Fernando. Minas Gerais: os estúdios de desenho foram os precursores. In: CASTELO BRANCO, Renato; MARTENSEN, Rodolfo Lima; REIS, Fernando (planej. e coord.). *História da propaganda no Brasil*. São Paulo: T. A. Queiroz, 1990. (Coleção Coroa Vermelha. Estudos Brasileiros, 21.). p. 447-459; MELO, Edgard de; FONSECA, Marta. ASA: vocação para trabalho noturno. *Propaganda*, v. 19, n. 219, p. 19-22, out. 1974; ASA Comunicação. Disponível em: <http://www.asacomunicacao.com.br>, acesso em 29-11-2004; informações prestadas por Antônio Jacinto, em contato telefônico, em 29-11-2004.

ASSESSORIA ESPECIAL DE RELAÇÕES PÚBLICAS (AERP)

A Assessoria Especial de Relações Públicas (Aerp) foi criada em 15 de janeiro de 1968, durante o governo do general Arthur da Costa e Silva. Seu primeiro chefe foi Hernani d'Aguiar (1968/69), assumindo em seguida o cargo Otávio P. da Costa. Tinha como objetivo difundir uma imagem melhor do governo para a opinião pública. Em 1970, o general Emílio Garrastazu Médici instituiu o sistema de comunicação social do Poder Executivo, com a incumbência de "formular e aplicar uma política capaz de, no campo interno, predispor, motivar e estimular a vontade coletiva para o esforço nacional de desenvolvimento e, no campo externo, contribuir para o melhor conhecimento da realidade brasileira". A Aerp continuou atuando. O general Ernesto Geisel, ao assumir o poder em 1974, não manteve a Aerp por considerá-la um "gasto supérfluo e uma característica dos governos totalitários". Mas, em seguida, em janeiro de 1975, implantou a Assessoria de Imprensa e Relações Públicas (Airp), para "coordenar e orientar a política de comunicação social do governo". Em 1976, desmembrou a Airp em Assessoria de Imprensa, sob a responsabilidade de Humberto Barreto, e Assessoria de Relações Públicas (ARP), subordinada à Assessoria de Imprensa e não à Casa Militar, como fora até então. A chefia da ARP foi confiada a José Maria de Toledo Camargo (1976-78) e, depois, a Rubem Ludwig (1978/79). Durante o governo do general João Batista Figueiredo, em maio de 1979, foi criada a Secretaria de Comunicação Social (Secom), assumindo-a Said Farhat, com o *status* de ministro-chefe. A Secom foi extinta em dezembro de 1980.

Ao longo do regime militar instalado em 1964, foram criados órgãos com a finalidade de fazer a propaganda das realizações do governo e transmitir uma imagem positiva dos novos governantes, mas com a preocupação de não exaltar os líderes militares, pois se temiam comparações com o Departamento de Imprensa e Propaganda (DIP), que atuou durante o Estado Novo. Para disfarçar seu caráter de propaganda, os órgãos criados eram designados "assessorias" e "relações públicas".

Essa estruturação em assessorias tinha ramificações nos estados e sucursais no Rio de Janeiro e em São Paulo. A propaganda estava presente também em outros órgãos do governo, como o Instituto Nacional do Cinema, que produzia filmes para serem divulgados, obrigatoriamente, em todos os canais de televisão. As campanhas publicitárias tinham um caráter ufanista, otimista, de mobilização emotiva da população, como "Ninguém segura esse país", ou "Este é um país que vai pra frente".

Outra característica da propaganda política do regime militar foi a utilização de cartazes, adesivos e *slogans*. A televisão foi o veículo que maior atenção recebeu das assessorias. As agências de publicidade produziam grande quantidade de material para a Aerp. Algumas peças publicitárias eram feitas através do Conselho Nacional de Propaganda, mas, em seguida, deu-se a criação de um Consórcio Brasileiro de Agências de Propaganda, reunindo as empresas Alcântara Machado Periscinoto Comunicações Ltda., Denison Propaganda S.A., MPM Propaganda S.A., Norton Publicidade S.A. e Salles Inter-Americana S.A., para atender às contas do governo. Este, por sua vez, incentivou a expansão das agências de publicidade de capital nacional, por exigir que apenas empresas de capital 100% nacional concorressem às licitações da propaganda governamental.

Alzira Alves de Abreu

FONTE: FICO, Carlos. *Reinventando o otimismo; ditadura, propaganda e imaginário social no Brasil*. Rio de Janeiro: FGV, 1997.

ASSOCIAÇÃO BRASILEIRA DE AGÊNCIAS DE PUBLICIDADE (ABAP)

A idéia de criar a associação nasceu na McCann Erickson, com Armando de Moraes Sarmento, fundador e primeiro presidente da McCann, juntamente com Armando d'Almeida, que na época era da Inter-Americana de Publicidade. Em 23 de fevereiro de 1949, 11 proprietários das maiores agências de propaganda do país assinaram um convênio fixando normas de funcionamento calcadas no "padrão de práticas" da American Association of Advertising Agencies (AAAA) norte-americano, adaptadas ao Brasil. O convênio previa a fundação de uma associação de agências, o que veio a ocorrer em 1º de agosto, com a criação da Associação Brasileira de Agências de Propaganda (Abap).

A Abap, com sede no Rio de Janeiro, teve como primeiro presidente Aldo Xavier da Silva, que ficou à frente da associação de 1949 a 1951. Tinha como finalidade defender as agências de publicidade, já que, nesse momento, havia muita insegurança nos negócios de publicidade. Os veículos publicitários não tinham uma tabela de preços; cada um estabelecia sua própria comissão, que variava entre 20% e 40%; e nenhuma agência sabia quanto cobrar do cliente, variando a percentagem de acordo com o veículo. As agências norte-americanas começaram a impor a remuneração internacional de 15%, mantida até hoje fora do Brasil.

A Abap surgiu da necessidade de padronizar a propaganda brasileira como organização, de forma que as agências pudessem se tornar profissionais e deixar de ser vistas e de agir como corretoras. Quando de sua criação, foram instituídas 10 cláusulas definindo o que era uma agência, quais os serviços prestados ao anunciante ou ao veículo, estabelecendo sua independência em relação a ambos e fixando critérios de remuneração — 17,65% na veiculação e 15% sobre as despesas de produção.

A Abap foi uma das organizadoras do I Congresso Brasileiro de Propaganda, realizado no Rio de Janeiro em 1957. Em 1961, encabeçou o trabalho das entidades e profissionais de propaganda na redação de um substitutivo ao projeto do deputado federal Almino Afonso, que propunha a regulamentação da profissão. Esse substitutivo foi aprovado e transformado na Lei nº 4.680, de 1965, que homologou o código de ética e as normas-padrão.

A Abap também participou do II Congresso Brasileiro de Propaganda, realizado em São Paulo em 1969. Em 1972, tornou-se proprietária do título da revista *Propaganda*, que venderia à Editora Referência em 1982.

Liderou os trabalhos que resultaram no Código Brasileiro de Auto-Regulamentação Publicitária em 1977 e foi novamente uma das realizadoras do III Congresso Brasileiro de Propaganda, realizado na capital paulista em 1978, e que aprovou o código. Em 1980, foi uma das entidades fundadoras do Conselho Brasileiro de Auto-Regulamentação Publicitária (Conar), entidade responsável pela aplicação do código.

A Abap estabeleceu uma relação com as redes de televisão que contribuiu para a pesquisa de mídia na televisão brasileira. A Abap/Redes tem servido de base para o funcionamento do Conselho Executivo das Normas-Padrão (Cenp), criado em dezembro de 1998, e que normaliza o relacionamento entre agências, veículos e clientes, reunindo o tripé que sustenta a propaganda brasileira.

Em 1996, durante o governo do presidente Fernando Henrique Cardoso, houve uma proposta do governo de promover mudanças na Lei nº 4.680, que regulamentava o mercado desde 1965. Até então, a remuneração das agências baseava-se na taxa de 17,65% sobre a veiculação e de 15% sobre os serviços de produção prestados. Essa fórmula seguia o princípio norte-americano. A Abap, por solicitação do embaixador Sérgio Amaral, porta-voz do governo, preparou um estudo sobre a desregulamentação da remuneração das agências em etapas. Em maio de 1997, o governo revogou alguns artigos da Lei nº 4.680. Em 1998, a entidade passou a se chamar Associação Brasileira das Agências de Publicidade (Abap). A associação promove cursos, seminários e campanhas em defesa de causas públicas.

Alzira Alves de Abreu

FONTES: SIMÕES, Roberto. História da propaganda brasileira. *Propaganda*, v. 26, n. 308, fev. 1982; *Meio & Mensagem*, v. 21, n. 872, 23 ago. 1999; VARÓN CADENA, Nelson. *Brasil, 100 anos de propaganda.* São Paulo: Referência, 2001; CASTELO BRANCO, Renato; MARTENSEN, Rodolfo Lima; REIS, Fernando (planej. e coord.). *História da propaganda no Brasil.* São Paulo: T. A. Queiroz, 1990. (Coleção Coroa Vermelha. Estudos Brasileiros, 21.).

ASSOCIAÇÃO BRASILEIRA DE PROPAGANDA (ABP)

Entidade civil fundada no Rio de Janeiro, em 16 de julho de 1937, por publicitários e jornalistas. Foi a primeira a ser criada no país. Seus fundadores foram: Cícero Leuenroth, Armando de Moraes Sarmento, Sylvio Behring, Kenneth Peter Wadell, Antonio Herrera, Walter Maya, Aldemar Baer Bahia, Manoel Arroxellas Galvão, Edmar Machado, José Braz Grottera, Almério Ramos, Fernando Caldas, Eugênio Leuenroth, Aldo Xavier da Silva, Charles A. Ullmann, L. C. de Souza e Silva, C. Machado Bittencourt, Antonio A. de Souza e Silva, David A. Monteiro, Jorge Mathias, Rosino Zacchi, Renato Pires Castelo Branco, Júlio Cosi, Pery de Campos, W. A. da Silva, Assis Chateaubriand, Moacyr Jarbas Artusi, Armando D'Almeida e Roberto Marinho.

Os objetivos da entidade eram "trabalhar pelo desenvolvimento e enobrecimento da propaganda, elevando-a, no nosso país, no nível que a profissão já desfruta em quase todo o mundo; incentivar o desenvolvimento das técnicas da propaganda pela divulgação cada vez maior dos benefícios que a propaganda pode trazer às indústrias, ao público, ao comércio, ao governo e ao país e defender os interesses dos que trabalham nesta profissão".

O nome escolhido para primeiro presidente da entidade foi o de Aldo Xavier da Silva, que permaneceu no cargo até 1938. Nesse ano, a ABP foi uma das organizadoras do I Salão Brasileiro de Propaganda, realizado no Rio de Janeiro em 16 de julho. Em 1939, elaborou o primeiro esboço de um Código de Ética Profissional da Propaganda. Em 1947, iniciou o processo de participação da propaganda brasileira em congressos internacionais. O então presidente da ABP, Mário Neiva, foi eleito presidente do Congresso Internacional de Propaganda, realizado em Paris. Em 1949, a entidade promoveu a I Convenção Interamericana de Publicidade, no México, e participou da fundação da Federação Pan-americana de Publicidade.

Em 1951, adquiriu sede própria e, quatro anos depois, criou a premiação "Publicitário do Ano". Em 1957, foi uma das organizadoras do I Congresso Brasileiro de Propaganda, realizado no Rio de Janeiro. Dois anos depois, criou um curso técnico de propaganda, composto de cursos de curta duração, que visava formar novos profissionais para as agências.

Em novembro de 1961, a ABP, sob a presidência de Caio Aurelio Domingues, e contando com o apoio do *Jornal do Brasil*, *Correio da Manhã*, *O Globo*, Bloch Editores, *Visão*, *Seleções*, Mecânica Popular, Denison Propaganda, J. Walter Thompson Publicidade, McCann Erickson Publicidade, Standart Propaganda e Waldemar Galvão Publicidade, atendeu às recomendações do I Congresso Brasileiro de Propaganda e fundou o Instituto Verificador de Circulação (IVC), que passou a funcionar como um departamento da ABP, *status* que manteve até 1965, quando se tornou autônomo.

A ABP participou, juntamente com outras entidades da propaganda, da redação do substitutivo ao projeto do deputado federal Almino Afonso que propunha a regulamentação da profissão de publicitário, e que, em 1965, foi transformado na Lei nº 4.680. Em 1969, organizou e implementou a realização do II Congresso Brasileiro da Propaganda, em São Paulo.

Em 1977, realizou o II Salão Nacional de Propaganda. Dois anos depois, instituiu o Prêmio Comunicação. Em 1981, organizou o I Seminário Internacional de Propaganda Política. Dez anos depois, lançou os filmes premiados nos festivais da associação — *O melhor da década*. Em 1998, criou o Festival Internacional de Publicidade, que acontecia paralelamente ao Festival Brasileiro de Publicidade. Em 2001, os festivais se fundiram e passaram a se chamar Festival Internacional de Publicidade do Rio de Janeiro. Ainda nesse ano, a ABP relançou seu programa de estágios, desenvolvido por Jairo Carneiro, durante a XV Semana Internacional de Criação.

Em 2002, foi realizada sob a responsabilidade da ABP a pesquisa A Imagem da Propaganda Brasileira.

Apoiou a criação e participou ativamente do Cenp — Conselho Executivo das Normas-Padrão sob a presidência de Armando Strozenberg. Criou, em junho de 2003, a Entidade Depositária da Criação de Propaganda, que tem por objetivo a comprovação de anterioridade, a fim de proteger as agências de propaganda contra a cópia e a utilização indevida de idéias por terceiros.

Em 2004 apoiou a elaboração do *Dicionário Histórico-Biográfico da Propaganda no Brasil* e o projeto de História Oral, ambos realizados pelo Cpdoc da Fundação Getulio Vargas.

Alzira Alves de Abreu

FONTES: <http://www.abp.com.br>, acesso em 4-2-2005; SIMÕES, Roberto. História da propaganda brasileira. *Propaganda*, v. 26, n. 308, fev. 1982;

CASTELO BRANCO, Renato; MARTENSEN, Rodolfo Lima; REIS, Fernando (planej. e coord.). *História da propaganda no Brasil*. São Paulo: T. A. Queiroz, 1990. (Coleção Coroa Vermelha. Estudos Brasileiros, 21.).

ASSOCIAÇÃO DOS PROFISSIONAIS DE PROPAGANDA (APP)

Fundada em 29 de setembro de 1937, em São Paulo, por Jorge Mathias, Orígenes Lessa, Júlio Cosi, Arthur de Carvalho Monteiro, Renato Castelo Branco, Francisco Pettinati, Gerhard Wilda, Edgard Leuenroth, entre outros, como Associação Paulista de Propaganda. Em reunião de 16 de outubro de 1937 foi aprovado o estatuto da nova entidade e realizada a primeira eleição, assumindo a presidência Orígenes Lessa e a vice-presidência Jorge Mathias. A APP era uma sociedade civil que tinha como finalidade a divulgação e a prática da propaganda em bases racionais, assim como a defesa dos interesses da classe. Promovia cursos para formar profissionais de propaganda. Em 1951, realizou o I Salão Nacional de Propaganda, em São Paulo, com a colaboração do Museu de Arte de São Paulo. Dessa aproximação com o Masp nasceu, em 1952, a Escola Superior de Propaganda, que evoluiria para Escola Superior de Propaganda e Marketing (ESPM).

Em 2 de junho de 1953, obteve reconhecimento como entidade de utilidade pública, mediante decreto sancionado pelo governador Lucas Garcez, o que lhe possibilitou receber subvenções estaduais e federais. Lançou a Taça Antonio Calmazini, para premiar a melhor campanha publicitária do ano, o que deu origem ao sistema de premiação dos colunistas publicitários. O primeiro prêmio foi concedido à Standard Propaganda e à Agência Pettinati.

Apoiou a realização do I Congresso Brasileiro de Propaganda, realizado no Rio de Janeiro entre 29 e 31 de outubro de 1957. Nos anos 1960, promoveu vários seminários de estudos, e seus membros participaram de diversos congressos no exterior. Promoveu o II Congresso Brasileiro de Propaganda, realizado em 1968.

Em março de 1964, a APP foi convidada a participar, como entidade de classe, da Marcha da Família com Deus pela Liberdade, movimento que reuniu setores de classe média temerosos do "perigo comunista" e favoráveis à deposição de João Goulart. O presidente P. A. Nascimento convocou uma reunião para que a diretoria decidisse se aceitava assinar ou não o manifesto contra Goulart. A diretoria negou a solicitação do presidente e optou pela não-participação da entidade no movimento, observando que a APP era apolítica e que o estatuto não previa tal atitude.

A diretoria que presidiu a associação no período 1971-74 concretizou uma aspiração dos associados: a aquisição da sede própria, em um edifício na marginal do rio Pinheiros, em São Paulo.

Em 1978, a APP promoveu o III Congresso Brasileiro de Propaganda, realizado em São Paulo, em meio a uma disputa entre anunciantes liderados pela Associação Brasileira de Anunciantes (ABA) e as empresas de publicidade representadas pela Associação Brasileira de Agências de Propaganda (Abap, atual Associação Brasileira de Agências de Publicidade).

A APP desenvolveu intensa atividade associativa com entidades congêneres de outros países, como Portugal, Espanha e demais países da América Latina. O resultado desse intercâmbio foi sua participação na Comunidade Ibero-Americana de Comunicação (Ciber) e, em fins de 1979, no I Congresso de Publicidade das Nações Ibero-Americanas, realizado em São Paulo, e no I Festival Ibero-Americano de Publicidade e I Feira Ibero-Americana de Publicidade.

Nos anos 1980, a associação promoveu amplo programa de seminários e cursos para atender às necessidades de informação e atualização dos seus associados. Lançou inúmeras campanhas de interesse e utilidade públicos, participou das atividades de definição e escolha do símbolo oficial do Cinqüentenário da Revolução Constitucionalista de 1932 e tomou parte na campanha contra quaisquer inovações legais no conjunto de leis e decretos que regulam a atividade publicitária no país. Preparou três simpósios internacionais de publicidade no país: o primeiro, que se tornou um grande evento publicitário brasileiro, ocorreu na gestão de Hiran Castello Branco, em 1983; os outros dois foram realizados em 1985, na gestão de José Carlos Salles Neto, e em 1987, na gestão de Guilherme Sztutman. Promoveu ainda vários outros eventos, visando ao desenvolvimento da atividade publicitária.

Juntamente com outras entidades ligadas à publicidade, forneceu subsídios às comissões e ao plenário da Assembléia Nacional Constituinte, sobre a necessidade de garantir a liberdade de expressão e a pluralidade dos veículos de comunicação envolvidos na atividade publicitária e que se encontravam ameaçados por um anteprojeto da Comissão de Sistematização que proibia a propaganda de determinados bens e serviços e que, em termos um tanto vagos, sujeitos a várias interpretações, proibia matérias em jornais, revistas, programas de rádio e de televisão que atentassem contra "os bons costumes".

Em 1989 passou a se chamar Associação dos Profissionais de Propaganda.

Alzira Alves de Abreu

FONTES: ASSOCIAÇÃO DOS PROFISSIONAIS DE PROPAGANDA. *Histórico.* Disponível em : http://www.appnet.com.br>, acesso em jul. 2004; ASSOCIAÇÃO PAULISTA DE PROPAGANDA. *Depoimentos.* São Paulo: Hamburg, s.d. (Série Documentos da Propaganda, 1.); CASTELO BRANCO, Renato; MARTENSEN, Rodolfo Lima; REIS, Fernando (planej. e coord.). *História da propaganda no Brasil.* São Paulo: T. A. Queiroz, 1990. (Coleção Coroa Vermelha. Estudos Brasileiros, 21.).

ASTERISCO *ver* **PROPAGANDA & MARKETING**

ASTERISCO'S *ver* **PROPAGANDA & MARKETING**

AYER *ver* **N. W. AYER & SON**

BARBARÁ, DANIEL

Daniel Barbará nasceu em Uberlândia (MG), em 21 de fevereiro de 1947, filho do fazendeiro José Barbará e da dona-de-casa Amélia Barbará de Jesus. Em 1966 ingressou no curso de veterinária da Universidade Federal Fluminense (UFF), mas não o concluiu.

Iniciou sua trajetória na propaganda na agência Record Propaganda, onde desenvolveu várias atividades: datilógrafo, arquivista, tráfego do programa de rádio *Balança, mas não cai* — que a Record Propaganda retransmitia para as emissoras do Brasil —, assistente de mídia e, por fim, chefe de mídia. No início de 1970, aceitou o convite de Altino João de Barros para trabalhar na McCann Erickson do Rio de Janeiro. Em 1972, passou uma semana na McCann Erickson de São Paulo, onde travou contato com o diretor de mídia Geraldo Tassinari, sendo em janeiro seguinte transferido para a McCann paulista. Retornou ao Rio de Janeiro em 1977.

Em setembro de 1981 deixou a McCann do Rio de Janeiro e foi trabalhar na filial carioca da DPZ. Em 1985, transferiu-se novamente para São Paulo, agora para ocupar a direção de mídia da DPZ paulista. Em 1986 assumiu a presidência do Instituto Verificador de Circulação (IVC), entidade cujo objetivo é autenticar a circulação de publicações e divulgar informações nessa área para as empresas associadas. Ainda nesse ano foi escolhido o melhor profissional de mídia pelo Prêmio Caboré.

Em 1988 assumiu o cargo de diretor comercial da DPZ e tornou-se diretor do Grupo de Mídia de São Paulo, entidade que congrega os profissionais do setor de mídia das agências e da qual foi também membro do Conselho Superior e presidente por três mandatos (1994-96, 1998-2000 e 2000-02).

Daniel Barbará foi ainda vice-presidente nacional da Associação Brasileira de Agências de Publicidade (Abap) entre 2003 e 2005 e jurado brasileiro no Festival de Sawa, em Cannes, em 2000, na categoria Media Lions.

Ganhou prêmio da Associação Paulista de Propaganda (APP, atual Associação dos Profissionais de Propaganda), da *Folha de S. Paulo*, entre outros.

Christiane Jalles de Paula

FONTES: informações prestadas pelo biografado; *About*, 23 jun. 1998 e 18 maio 2004; <http://www.gm.org.br>, acesso em 22-10-2004; *Meio & Mensagem*, 29 abr. 1996.

BARJAS, LOY

Luiz Roberto Pereira Barjas nasceu em 30 de junho de 1949, filho de Oity Barjas, funcionário da Receita Federal, e de Daisy Galvão Pereira Barjas, professora da rede pública de segundo grau. É natural de Guararapes, cidade vizinha de Araçatuba, no interior de São Paulo.

Em 1954, mudou-se para a capital paulista, onde estudou até o final do segundo grau nas escolas do bairro onde morava, o Ipiranga. Em 1973, entrou para a Faculdade de Medicina de Botucatu. Como já trabalhava com Mauro Salles no departamento de pesquisa de mídia da Inter-Americana de Publicidade desde março de 1972, decidiu trancar a matrícula e optou por ficar em São Paulo e ser publicitário.

Ainda em 1973, fez parte do grupo convidado para desenvolver a filial paulista da agência carioca SGB (Sirotski, Guerreiro e Bernstein), onde foi o responsável pela criação da área de pesquisa de mídia. Neste grupo estavam nomes como Neil Ferreira, Carlos Chueiri, José Alves, Francisco Soriani, Nicola Rajo, entre outros. Nesse período, cursou dois anos de economia na Faculdade São Marcos.

Em 1974, trabalhou na área de mídia da DPZ Propaganda. Começou como assistente de mídia e saiu como diretor do setor em 1981. Nesse ano, juntamente com outros profissionais, como Ricardo Van Steen, Márcio Alemão Delgado, Rafic Farah e Mário Cohen, formou o que seria uma das primeiras *hot shops* — agências especializadas em criação — do país, a São Paulo Criação Gráfica e Publicitária. Em 1986, voltou ao mercado convencional de propaganda como diretor de mídia da agência Futura.

Em 1990, Loy Barjas, também como diretor de mídia, foi para a Young & Rubicam, numa gestão conhecida pelo mercado como "mesão de mídia", que reunia numa mesma mesa quatro diretores da área. Lá conheceu Fábio Fernandes, então diretor de criação, com quem se associou em 1994 para criar a F/Nazca Saatchi & Saatchi, à qual se juntou Ivan Marques, proveniente da MPM/Lintas.

José Márcio Batista Rangel

FONTE: *curriculum vitae.*

BARROS, ALTINO JOÃO DE

Altino João de Barros nasceu em 1926, na cidade do Rio de Janeiro, filho do português João de Barros, representante comercial de fábricas de laticínios do interior do estado do Rio de Janeiro e sócio do pai de Armando de Moraes Sarmento, e de Araci de Carvalho de Barros.

Formado pelo curso técnico em comércio e propaganda da Associação Comercial do Rio de Janeiro em 1944, iniciou sua vida profissional como *office-boy* na agência McCann Erickson, em setembro desse mesmo ano. Obteve o emprego por influência de seu pai junto a Armando de Moraes Sarmento, que já era gerente da McCann Erickson. Um ano depois, passou para o departamento de mídia, que controlava os anúncios publicados. Em seguida, tornou-se responsável pelos contatos diretos da agência com os principais órgãos de imprensa do Rio de Janeiro.

Em 1961, participou de um curso de um mês na McCann dos Estados Unidos e verificou que, lá, os departamentos de mídia eletrônica (rádio e TV) e de mídia impressa eram integrados, integração que promoveu em 1965 na McCann brasileira. Ainda nesse ano, Caio Aurelio Domingues tomou posse na presidência da Associação Brasileira de Propaganda (ABP) e implementou a proposta aprovada no I Congresso Brasileiro da Propaganda, realizado em 1957, de criação do Instituto Verificador de Circulação (IVC). Barros, um dos pioneiros na introdução da checagem da circulação dos jornais no Brasil, foi também um dos fundadores do IVC.

Em 1964, formou-se em ciências econômicas pela então Universidade do Estado da Guanabara.

Chefe do departamento de mídia da McCann, em 1974 Altino João de Barros foi transferido para a McCann Erickson em São Paulo a fim de implementar na agência a técnica do *gross rating points* (GPR), introduzida no Brasil em 1967.

Desde a década de 1980 ocupa o cargo de vice-presidente executivo da McCann Erickson. Foi professor de marketing da Fundação Getulio Vargas do Rio de Janeiro (1968/69) e professor de planejamento de mídia na Escola Superior de Propaganda e Marketing de São Paulo (1973). Foi também membro do Conselho Nacional de Auto-Regulamentação Publicitária (Conar) e do conselho do IVC. É co-autor dos capítulos sobre mídia dos livros *Técnica e prática da propaganda* (1960) e *História da propaganda no Brasil* (1990), e co-autor da obra *McCann — cinqüenta anos em dois vividos e contados* (1995). É um dos profissionais mais premiados da McCann, tendo sido agraciado, entre outros prêmios, com o título de Personalidade Publicitária 2001.

Alzira Alves de Abreu

FONTES: BARROS, Altino João de. *Altino João de Barros (depoimento, 2004)*. Rio de Janeiro, Cpdoc-ABP, 2005; OLESEN, Jens; BARROS, Altino João de. *McCann — cinqüenta anos em dois vividos e contados*. São Paulo: Siciliano, 1995; CASTELO BRANCO, Renato; MARTENSEN, Rodolfo Lima; REIS, Fernando (planej. e coord.). *História da propaganda no Brasil*. São Paulo: T. A. Queiroz, 1990. (Coleção Coroa Vermelha. Estudos Brasileiros, 21.); CHAROUX, Mônica; SAMPAIO, Rafael. Entrevista Altino João de Barros, co-autor da história. *About*, v. 15, n. 725, 16 jun. 2003.

BASTOS TIGRE (AGÊNCIA) *ver* **BASTOS TIGRE, MANUEL**

BASTOS TIGRE, MANUEL

Nasceu em Recife no dia 12 de março de 1882. Ainda estudante, mudou-se para o Rio de Janeiro, então capital da República. Engenheiro, geólogo, bibliotecário, escritor, teatrólogo, radialista, jornalista e publicitário, Bastos Tigre ficou famoso pelo tratamento humorístico empregado em suas criações publicitárias, que se iniciaram já na primeira década do século XX.

Considerado um dos pais da propaganda no Brasil, entre os seus numerosos achados, segundo Orígenes Lessa, consta o *slogan* "Se é Bayer, é bom" (1922), adotado também em países de língua espanhola. São de sua autoria ainda a letra de uma canção composta por Ary Barroso e gravada por Orlando Silva em 1935 — que é considerada o primeiro *jingle* da propaganda brasileira —, de nome *Chopp em garrafa*, inspirada no produto que a Brahma passou a engarrafar naquele ano. Os célebres versos acerca do elixir Rhum Creosotado (*Veja ilustre passageiro / O belo tipo faceiro / Que o senhor tem ao seu lado / No entanto acredite / Quase morreu de bronquite / Salvou-o o Rhum Creosotado*), que circularam por décadas afixados nos bondes das cidades do Rio e de São Paulo, cercados de polêmica quanto à autoria, se de Bastos Tigre, Martins Fontes ou de Ernesto de Souza.

Ainda na década de 1930 Manuel Bastos Tigre fundou a agência Bastos Tigre. Em fins da década de 1940, o *Anuário de Publicidade* apontou a Bastos Tigre como uma das principais agências entre as 101 listadas no eixo Rio—São Paulo.

Faleceu em 2 de agosto de 1957, Bastos Tigre recebeu postumamente, em 1982, no ano do seu centenário, uma homenagem especial da Associação Brasileira de Propaganda (ABP).

FONTES: CASTELO BRANCO, Renato; MARTENSEN, Rodolfo Lima; REIS, Fernando (planej. e coord.). *História da propaganda no Brasil*. São Paulo: T. A. Queiroz, 1990 (Coleção Coroa Vermelha. Estudos Brasileiros, 21.). p. 333 e 341; Disponível em: <http://www.abp.com.br/sobre_abp/premiacao_comunicacao.php>, acesso em 18-9-2004; Disponível em: <http://www.bayer.com.br/bsa/home.nsf>, acesso em 12-9-2004; Disponível em: <http://www.geocities.com/aochiadobrasileiro/Biografia/BiografiaBastosTigre.htm>, acesso em 18-9-2004.

BATES BRASIL

Agência criada em fins da década de 1990 pelos publicitários Roberto Justus e Sílvio Matos, como resultado da associação da Newcomm Comunicação Integrada — fundada por Justus em 1998 — e da rede norte-americana Bates Worldwide, um dos gigantes da comunicação no mundo.

A relação de Justus com grupos estrangeiros do ramo da comunicação, no entanto, é anterior. Entre 1985 e 1989, a Fischer, Justus Comunicação — criada em 1981 por ele em parceria com Eduardo Fischer — esteve associada à também norte-americana Young & Rubicam. Desfeita a sociedade, a Fischer, Justus voltou a operar de forma independente, tendo adquirido, no entanto, participação em agências venezuelanas e argentinas. Desse novo desenho estrutural da empresa, que incluía ainda novas subsidiárias no Brasil, formou-se, em 1996, o Grupo Total. Dois anos mais tarde, Justus deixou a sociedade para fundar a Newcomm.

Integrada ao Grupo NewcommBates, a Bates Brasil possui em sua carteira clientes de peso, como Bradesco, Mercedes-Benz, Roche, Wella, Nextel, Perdigão, Casas Bahia e outros, tendo sido considerada em 2003, pelo Ibope Monitor, a maior agência do país. No início de 2004, a Newcomm sofreu nova reformulação, em função de sua associação com o Grupo WPP — controlador da antiga Young & Rubicam e dono atual do Grupo Cordiant, ao qual pertencia a Bates Worldwide. Surgiu a agência Y&R como resultado da fusão da Bates com a Young, que, juntamente com a Wunderman, a Dez Propaganda (Rio Grande do Sul) e a Ação Produções, forma a Newcomm Holding, cujo controle foi igualmente repartido entre a WPP e os sócios Roberto Justus e Sílvio Matos.

André Dantas

FONTES: <http://www.consultores.com.br/noticias.asp?modo=abre&cod_noticia=457>, acesso em 9-1-2005; <http://www.nextel.com.br/w_imprensa1_br.asp?codigo=97>, acesso em 9-1-2005; <http://www.rederecord.com.br/programas/oaprendiz/r_justus.asp>, acesso em 12-1-2005; *IstoÉ Dinheiro*. Disponível em: <http://www.terra.com.br/istoedinheiro/332/midia/>, acesso em 12-1-2005.

BEHRING, SYLVIO

Sylvio Behring nasceu no Rio de Janeiro, em 23 de janeiro de 1908, filho do jornalista e historiador Mário Behring, fundador de publicações como *O Malho*, *A Careta*, o jornal *O Imparcial* e a revista *Paratodos*.

Iniciou sua vida profissional como telegrafista, no Telégrafo Nacional, em 1927. Em 1929, ingressou no jornal *O Globo*. Em 1930, substituiu temporariamente o chefe de propaganda do jornal, tornando-se, no ano seguinte, diretor comercial. Ainda no início da década de 1930, manteve, por dois anos, uma coluna de propaganda em *O Globo*, sendo o primeiro colunista de propaganda na imprensa brasileira. Em 1936, conseguiu que o jornal superasse, em volume de publicidade, o vespertino *A Noite*, até então o jornal com maior número de anúncios do Rio de Janeiro. Em 1937, participou da fundação da Associação Brasileira de Propaganda (ABP), que presidiu no biênio 1944/45.

Foi responsável pelo primeiro Departamento de Arte e Propaganda de *O Globo*, que reuniu artistas plásticos, redatores e desenhistas, com o objetivo de burilar os anúncios que as empresas enviavam, dispensando, nesses casos, a intermediação de agências de publicidade entre anunciante e jornal. Esse departamento foi, posteriormente, transferido para as lojas A Exposição-Clipper, anunciante do jornal e, em 1946, deu origem à agência de publicidade Record, que ficou com a conta de A Exposição.

Em 1953, instituiu no calendário brasileiro a data comemorativa do Dia dos Pais. No ano seguinte, foi eleito Publicitário do Ano por uma campanha que se destacou pelo *jingle* criado por Miguel Gustavo.

Sylvio Bhering participou da elaboração do Código de Ética dos Profissionais de Propaganda e foi um dos fundadores do Instituto Verificador de Circulação (IVC), ambos aprovados no I Congresso Brasileiro de Propaganda, realizado no Rio de Janeiro em 1957. Dois anos mais tarde, foi eleito novamente presidente da ABP. Em 1960, recebeu a Medalha do Jubileu Publicitário, com o título de Amigo do Comércio. Em 1961, encerrou seu mandato na ABP. Em 1966, foi eleito vogal do Conselho Latino-americano e do Caribe da Associação Internacional de Propaganda. Ainda nesse ano, afastou-se do jornal *O Globo*, após 37 anos de trabalho na empresa em que chegou a acumular, simultaneamente, as funções de diretor de publicidade, assessor do *Jornal dos Sports*, diretor da Rádio Globo e assessor da Rio Gráfica Editora.

Trabalhou na Associação Cristã de Moços (ACM), no Rio de Janeiro, assumindo sua presidência em 1974. Foi também, por duas vezes, vice-presidente da ABP.

Joanna Lopes da Hora

FONTES: REIS, Fernando. *Cobrões da propaganda 91/92*. São Paulo: Referência, 1991. p. 280-281; SIMÕES, Roberto. História da propaganda brasileira. *Propaganda*, v. 26, n. 308, fev. 1982; Hall da fama. *Propaganda*, abr. 1976; *Propaganda*, jul. 1966. p. 58; Anuário Brasileiro de Imprensa. *PN — Publicidade & Negócios*, v. 12, p. 12-16, maio 1952; *PN — Publicidade & Negócios*, v. 12, n. 155, 15 fev. 1952; <http://www.quediaehoje.net/destaque/destaque_agosto.asp>, acesso em 17-11-2004; *Propaganda*, dez. 1966, p. 43.

BERBARA, VICTOR

Victor Berbara nasceu no Rio de Janeiro, em 18 de junho de 1928, filho do comerciante Felix Berbara e de Aida Costa Berbara, modelo da Casa Canadá. Formou-se em psicologia pela Columbia University, de Nova York, em 1949.

Nesse mesmo ano, foi levado por Armando de Moraes Sarmento a ocupar a chefia do Departamento de Rádio da McCann Erickson e começou a participar da equipe de produção da Rádio Nacional, então dirigida por Victor Costa, colaborando em inúmeras novelas e programas como *Honra ao mérito*, *Um milhão de melodias* e *Rádio Almanaque Kolynos*. Em 1950, transferiu-se para a Standard como chefe do Departamento de Rádio e de Cinema. Em julho desse ano, participou da inauguração da televisão brasileira, dirigindo o primeiro programa transmitido — uma apresentação do cantor mexicano frei José Mojica.

Formou-se bacharel em direito em 1952, pela Faculdade Nacional de Direito da Universidade do Brasil, atual Universidade Federal do Rio de Janeiro (UFRJ). Em 1953, ingressou na Grant Advertising, para chefiar os departamentos de rádio, cinema e televisão. Nesse mesmo ano, dirigiu o primeiro programa semanal da TV Record: *Repto aos enciclopédios*.

Em 1954, concluiu o mestrado em direito na mesma universidade em que se graduara. Fez cursos de direção e produção de TV em Nova York de janeiro a junho de 1955, quando venceu um concurso de TV pela New York University. Em 1956, fundou a agência Century Publicidade, que conquistou clientes de destaque, como Toddy, Biscoitos Piraquê, Casas José Silva, Lojas Cássio Muniz e Ciba-Geigy. Em 1958, fundou a companhia de teatro Studio A e, no ano seguinte, dirigiu a peça *Society em baby-doll*. A partir de então, dirigiu mais de 100 peças no Brasil, na Argentina, na Espanha e no México. Ainda em 1958, lançou o programa humorístico *Aí vem dona Isaura*, no qual estreou Chico Anísio. Em 1960, Berbara fundou a Network Distribuidora de Filmes, representante da produtora norte-americana ABC Films.

Em 1962, encerrou sua participação na Rádio Nacional e introduziu no Brasil a primeira montagem de teatro musical, com a peça *My fair lady*, encenada por Bibi Ferreira e Paulo Autran, e que ficou em cartaz por cerca de cinco anos no Rio de Janeiro, em São Paulo e em Porto Alegre. Em 1963, criou o programa *E agora... Cássio Muniz*, que ia ao ar na TV Tupi, em horário nobre. Foi presidente da Associação Brasileira de Propaganda no biênio 1965-67.

Através da empresa VTI Network, associou-se a canais de TV por assinatura em todo o mundo. Desde 1983, a VTI é distribuidora exclusiva da Paramount Pictures, integrante do grupo norte-americano Viacom. Em 1987, a empresa criou os estúdios VTI-Rio, que investem em pós-produção para publicidade e cinema.

Joanna Lopes da Hora

FONTES: informações prestadas pelo biografado em 3 e 12-2-2005; *PN — Publicidade & Negócios*, v. 13, n. 176, 20 jan. 1953; <http://www.vtinetwork.com/>, acesso em 27-1-2005; <http://www.abp.com.br/sobre_abp/presidentes.php>, acesso em 27-1-2005; <http://leb.org/v3/display/451/brazil/victor_berbara/>, acesso em 27-1-2005; <http://www.geocities.com/Wellesley/Gazebo/2165/index1.html>, acesso em 27-1-2005; <http://www.30anosdehistoria.hpg.ig.com.br/tv.htm>, acesso em 27-1-2005.

BETTER COMUNICAÇÃO

Agência fundada em 1968, na cidade do Rio de Janeiro, pelo jornalista Sani Sirotski, pelo publicitário Arthur Bernstein e pelo advogado José Guerra com o nome de SBG Propaganda e Promoções. Inicialmente considerada *house* da cadeia de lojas Ponto Frio, experimentou considerável crescimento de negócios e chegou a manter escritórios também nas cidades de

São Paulo, Brasília, Goiânia e Belo Horizonte. Durante os anos 1970 e 1980 esteve entre as 20 maiores agências do Brasil. Em 1978 recebeu o Prêmio Agência do Ano da Associação Brasileira de Propaganda (ABP). Em 1989, as cotas societárias dos fundadores Bernstein e Sirotski foram adquiridas por Carlos Alberto "Calé" Parente, que ingressara no grupo 10 anos antes e de fato estivera no comando efetivo da agência nos últimos anos. A razão social da agência foi então alterada para Better Comunicação.

André Dantas

FONTES: CASTELO BRANCO, Renato; MARTENSEN, Rodolfo Lima; REIS, Fernando (planej. e coord.). *História da propaganda no Brasil*. São Paulo: T. A. Queiroz, 1990. (Coleção Coroa Vermelha. Estudos Brasileiros, 21.). p. 361; <http://www.europanet.com.br/euro2003/index.php?cat_id=418>, acesso em 3-10-2004; FARHAT, Saïd. Política e cidadania. Disponível em: <http://www. politicaecidadania.com.br/site/tornei_lobista4.asp>, acesso em 3-10-2004.

BIANCHI, ITALO

Italo Bianchi nasceu em Milão, na Itália, em 9 de fevereiro de 1924. Filho de Guido Bianchi, que era um escultor, e Guiseppina Giovenco, que era uma cantora lírica. Graduou-se em história da arte em 1946. Dedicou-se profissionalmente a trabalhos gráficos entre os anos de 1946 e 1949 e trabalhou na Fundição Nebiolo de Turim desenhando famílias de tipos gráficos.

A imigração para o Brasil ocorreu em 1949 e Italo Bianchi fixou residência em São Paulo. Entre 1950 e 1954, foi cenógrafo da Cia. Cinematográfica Vera Cruz. Ganhou o Prêmio Saci de Cinema de 1953 pela cenografia do filme: *Uma pulga na balança*. Projetou cerca de 50 *stands* para a Exposição do IV Centenário de São Paulo, participando inclusive da montagem do pavilhão da Itália, e ganhando diversos prêmios. Em 1955 passou o período de um ano em Buenos Aires, Argentina, projetando cenários abstratos para a Cia. de Danças Ana Itelman (teatros Colon e Cervantes), ganhando prêmio da crítica especializada. Desenhou capas para discos de música erudita e capas para livros de diversas editoras. De 1956 a 1961, foi secretário do suplemento literário do jornal *O Estado de S. Paulo* e durante o período teve atuação em projetos de marcas e embalagens por fazer criação publicitária como *freelancer* para várias agências. Teve participação na fundação do Instituto de Artes e Decoração de São Paulo (Iadê), em 1960. Além de professor, trabalhou como *designer* e projetou móveis de linha industrial. Participou do curso de semiologia com Umberto Eco na Faculdade de Arquitetura e Urbanismo (FAU), em São Paulo, em 1965. Dois anos depois, parou de lecionar no Iadê, onde era responsável pelas cadeiras de história da arte e teoria da comunicação, mas continuou proferindo palestras em inúmeras faculdades, associações e seminários.

Em 1968 mudou-se para o Recife. Montou um estúdio de comunicação visual e criação publicitária, realizando trabalhos para Abaeté, MPM, Standard etc. Em seguida, assumiu a direção de criação da Proeme. Em 1971 fundou, com Alfrízio Melo, a Italo Bianchi Publicitários Associados, desenvolvendo especialmente a área de criação e ganhando inúmeros prêmios. Como jurado, participou de premiações nacionais e internacionais.

A partir de 1986 passou a se dedicar à pintura (abstração geométrica). Em 1990 realizou exposição individual na Galeria Ranulpho. Em 1995 desligou-se da Italo Bianchi P.A., vendendo sua participação acionária aos sócios Alfrízio Melo, Jairo Lima e Joca Souza Leão. Em 1997 iniciou sua colaboração com a imprensa, publicando crônicas no *Jornal do Commercio*, no *Diário de Pernambuco* e na revista *About* de São Paulo. Em fevereiro de 1998 assumiu a função de consultor de criação da Ampla Comunicação. A partir de 2002 abre um escritório especializado em consultoria de criação publicitária. Em novembro de 2003 lançou sua primeira coletânea de crônicas, intitulada *Nasceu uma rosa no meu jardim*. A partir de 15 de setembro de 2004 assumiu a função de consultor de comunicação social da Faculdade Maurício de Nassau.

A partir de 10 de dezembro de 2004 assumiu a função de membro do Conselho Editorial da Fundação Joaquim Nabuco. A partir de 31 de janeiro de 2005, como consultor de criação, Italo Bianchi voltou à Italo Bianchi Comunicação, agência que tem como sócios Alfrízio Melo, Joca Souza Leão e Giuliano Bianchi.

Ana Flávia Vaz

FONTES: REIS, Fernando. *Cobrões da propaganda 91/92*. São Paulo: Referência, 1991. p. 76-77; *curriculum vitae*.

BORGHOFF, FRANCISCO

Francisco Julio Borghoff da Rocha nasceu em 1948. Formou-se em bioquímica alimentar e concluiu o curso de pós-graduação em administração de empresas no Brasil e na França.

Entre 1964 e 1967, trabalhou na Nestlé como estagiário internacional — na Suíça e na França —, gerente de promoção de vendas de propaganda, gerente de produtos e gerente-geral de novos projetos. No período 1974-76, esteve à frente do escritório da Norton Publicidade em Paris. De 1977 a 1979, exerceu as funções de diretor e presidente internacional da Companhia Brasileira de Entrepostos e Comércio (Cobec), *trading* de capital misto. E de 1979 a 1995 foi vice-presidente e sócio minoritário da Norton Publicidade. Em 1995, assumiu a presidência da Bozel no Brasil, deixando o cargo em 1999. No ano seguinte viria a ocupar, até 2001, o cargo de vice-presidente da Giovanni FCB — surgida da fusão da Bozel com a FCB. De 2001 até o fim de 2004, foi diretor associado da Equipe Comunicação e, posteriormente, presidente do Grupo Pólo, Equipe & Borghoff.

Ana Flávia Vaz

FONTE: *curriculum vitae*. Disponível em: <http://www.netbabillons.com.br/gente/Borghoff/Borghoff02.htm>, acesso em 22-10-2004.

BRIEF *ver* **ABOUT**

BRIEFING *ver* **ABOUT**

BUKOWINSKI, ANDRÉS

Andrés Bukowinski nasceu em Varsóvia, Polônia, em 1940. Seu pai, Miecilao Bukowinski, oficial da Força Aérea Polonesa, fugiu para a Inglaterra às vésperas do início da II Guerra Mundial e foi piloto da Royal Air Force (RAF). Sua mãe, Apolinária Sniegocka, era farmacêutica. Por nascer durante a guerra, Andrés só conheceu o pai em 1946, após o término do conflito, quando a mãe e a irmã foram para a Inglaterra. Três anos depois, a família imigrou para a Argentina e se instalou na cidade de Rosário, onde Miecilao Bukowinski se associou a uma pequena fábrica de peças.

Andrés optou inicialmente pela faculdade de engenharia, mas abandonou o curso para fazer arquitetura, que só freqüentou até o 2º ano, na Universidad del Litoral de Rosario. Já se dedicava à fotografia e a fazer filmes, o que o levou, aos 18 anos, a ser contratado para realizar seu primeiro filme comercial, para uma revendedora de carros alemães, em 1959.

Em 1961, foi convidado por três amigos a criar a Delta Films, para produzir filmes comerciais em Buenos Aires. A empresa já tinha contratos com a agência J. Walter Thompson. Dois anos depois, saiu da Delta e foi contratado pela agência de publicidade Lowe Argentina, distribuidora e produtora de filmes comerciais, uma empresa de cine-publicidade da qual se tornou sócio. Nela, em 1963 foi responsável pela campanha dos modelos da Kaiser, empresa norte-americana que produzia jipes e *pickups* para o mercado argentino. Produziu também peças para o lançamento dos carros da Renault 4L na Argentina, o que lhe valeu um prêmio no Festival de Cannes de 1964 — o primeiro conferido à América do Sul.

Em 1968, foi contratado para produzir filmes de publicidade para a Braniff International, empresa aérea norte-americana que estava se estabelecendo na América do Sul. Esse trabalho lhe abriu as portas para o Brasil. Em 1973, juntamente com Oscar Caporale, veio para o Brasil e, por indicação de José Maria

Zaragoza, foi trabalhar na DPZ, onde fez filme para a Johnson & Johnson. O cinema publicitário brasileiro passava por um período de grandes transformações, e a experiência de Bukowinski contribuiu para a busca de novos caminhos. Aqui, fundou a Produções Cinematográficas ABA Ltda., hoje Abafilmes. Uma de suas criações de maior sucesso foi uma peça publicitária para a Bombril. Em parceria com Washington Olivetto, fez o filme *Homem com mais de 40 anos* e *Homem frustrado*, para o Banco Bamerindus, filmes que lhe valeram dois Leões de Ouro em Cannes, em 1975 e em 1976.

Bukowinski recebeu inúmeros prêmios ao longo de sua carreira. Destacam-se, no Festival de Cannes, o primeiro e o segundo prêmio de tempo e técnica em 1964, e o Leão de Ouro em 1969, 1970, 1971, 1975 e 1976. Em 2003, no XV Festival de Filmes Poloneses, de Chicago, recebeu o Wings Award (Prêmio Asas), o maior prêmio do festival, concedido todos os anos a um polonês por se destacar na área do cinema fora da Polônia.

Alzira Alves de Abreu

FONTES: *About*, v. 7, n. 349, 5 set. 1995; *About*, n. 726, 23 jun. 2003; *curriculum vitae*.

CAIO *ver* **CAIO DOMINGUES & ASSOCIADOS**

CAIO DOMINGUES & ASSOCIADOS

A Caio Domingues & Associados Publicidade Ltda. foi fundada no Rio de Janeiro, então estado da Guanabara, em 7 de setembro de 1972, por Caio Aurelio Domingues, William John Norman, Hugo Weiss e Carlos Eduardo Meyer, além de outros profissionais oriundos da filial carioca da Alcântara Machado Publicidade (Almap). De acordo com depoimento de Caio Domingues no livro *História da propaganda no Brasil*, a criação da nova agência "surgiu quando percebemos, eu e 17 companheiros, que as intenções administrativas da Almap, no Rio, passaram num dado momento a não corresponder aos desígnios da equipe carioca".

Os fundadores da Caio Domingues & Associados entendiam a propaganda como um segmento do marketing e a definiam como uma "agência de profissionais". A agência funcionou durante algum tempo na residência de Caio Aurelio Domingues. Seus primeiros diretores de criação foram Carlos Eduardo Meyer e José Monserrat Filho. Depois, passaram pela agência Helga Miethke, Joaquim "Joca" Gustavo Pereira, Álvaro Gabriel de Almeida, Alexandre Machado e Jaques Lewkowicz. O primeiro cliente foi a Xerox do Brasil. Depois, o portfólio da agência foi fortalecido com a conquista de contas de importantes empresas, como a R. J. Reynolds (depois Philip Morris), Mills, Merrel-Lepetit, Laborterápica Bristol, SAS, João Fortes Engenharia, Frade Hotéis, entre outras.

Em 1975, o Clube de Criação de São Paulo (CCSP) criou seu anuário e a Caio Domingues conquistou os primeiros ouros, com as peças "Cuide bem do seu pai. Ele não tem cópia", para jornal, e "Fatalidade às vezes é sinônimo de cinismo", criada para revista.

Em 1976 e 1977, a Caio Domingues & Associados fez o lançamento dos cigarros Vila Rica e Chanceller. Para o primeiro, teve o campeão mundial de futebol Gérson como garoto-propaganda. Na peça, Gérson dizia: "Na vida, a gente deve procurar levar vantagem em tudo, certo? Então, você deve comprar Vila Rica e economizar o seu dinheiro". A repercussão foi tanta que o "levar vantagem" da peça deu origem à chamada "Lei de Gérson", de cunho pejorativo.

Na década de 1980, a Caio Domingues criou o personagem Bond Boca, para a Cepacol. O retorno do país à democracia, em 1984, esbarrou na derrota da Emenda Dante de Oliveira, que propunha eleições diretas para a presidência da República, e na decisão de eleger indiretamente o novo presidente, via colégio eleitoral. Nessa época, para coordenar a campanha do candidato da oposição, Tancredo Neves, foi formado um *pool* de agências, no qual a Caio Domingues participou e que recebeu o nome de Comitê Nacional de Publicitários Pró-Tancredo Neves.

Em 1987, foi escolhida a Agência do Ano, no Prêmio Comunicação, da Associação Brasileira de Propaganda (ABP). Em 1994, a agência perdeu seu fundador, Caio Aurelio Domingues, e seu controle passou para as mãos de Eduardo Domingues, seu filho. Em 1995, a Caio disputou uma licitação na Petrobras e cobrou 15% de comissão, contrariando as interpretações das agências da Lei nº 4.680, que estabelecia 20% de comissão para as agências. Com a confirmação do contrato firmado pela agência com a Petrobras, o descontentamento com a decisão da Caio resultou na renúncia de Eduardo Domingues do cargo de vice-presidente da Associação Brasileira de Agências de Propaganda (Abap, atual Associação Brasileira de Agências de Publicidade) e no desligamento da agência da entidade. No ano seguinte, a Caio perdeu a conta da Petrobras, o que lhe trouxe dificuldades financeiras e resultou em contatos com outras agências, como a Propeg e a Giovanni, em busca de uma parceria. Em 1997, a Caio Domingues foi comprada pela DPZ e passou a se chamar Caio Planejamento e Comunicação. Eduardo Domingues foi mantido como presidente e a nova agência continuou sediada no Rio de Janeiro, com filial em São Paulo. Dois anos depois, Eduardo Domingues deixou a agência e, no ano seguinte, a Caio foi fechada pela DPZ.

Alan Carneiro

FONTES: CASTELO BRANCO, Renato; MARTENSEN, Rodolfo Lima; REIS, Fernando (planej. e coord.). *História da propaganda no Brasil*. São Paulo: T. A. Queiroz, 1990. (Coleção Coroa Vermelha. Estudos Brasileiros, 21.); *Folha de S. Paulo*, 12 mar. 1996 e 25 set. 1997; informações prestadas por Eduardo Domingues; PENTEADO, José Roberto Whitaker. *Levar vantagem*. Disponível em: <http://www.abmn.com.br/press/leartigo.asp?ArtigoCodigo=490>, acesso em 4-10-2004; MORAIS, Denis. A dinâmica da publicidade transnacional. *Ciberlegenda*, n. 2, 1999. Disponível em: <http://www.uff.br/mestcii/denis2.htm>, acesso em 4-10-2004; <http://www.abp.com.br/sobre_abp/premiacao_comunicacao.php>, acesso em 4-10-2004; <http://www.ccsp.com.br/anuarios/peca_revista.php?peca_id=1>, acesso em 4-10-2004; <http://www.ccsp.com.br/anuarios/peca_jornal.php?peca_id=15>, acesso em 4-10-2004; <http://www.gibindex.com/enciclopedia/br/b/58>, acesso em 2-12-2004; <http://www.portaldapropaganda.com/vitrine/comunicacao/2004/07/0001>, acesso em 2-12-2004; *Meio & Mensagem*, 11 mar. 1996, 25 ago. 1997 e 29 set. 1997.

CAIO PLANEJAMENTO E COMUNICAÇÃO *ver* **CAIO DOMINGUES & ASSOCIADOS**

CALAZANS, JOSÉ ANTONIO

José Antonio Calazans Rodrigues nasceu na cidade do Rio de Janeiro, em 1º de novembro de 1950, filho de Sidney Calazans Rodrigues, funcionário do Ministério da Marinha, e da dona-de-casa Maria da Glória Breves Calazans Rodrigues.

Seu primeiro emprego foi de auditor *trainee* do escritório carioca da Price Waterhouse, em 1972, antes mesmo de se graduar em ciências contábeis e econômicas na Universidade Federal do Rio de Janeiro (UFRJ) em 1975. Nessa multinacional, teve seu primeiro contato com a propaganda, num trabalho na agência Artplan. Quando já estava formado e ocupava o cargo de auditor sênior, deixou a empresa. Ingressou, então, no Banco Nacional de Desenvolvimento Econômico e Social (BNDES), onde exerceu a função de técnico de análise e acompanhamento de projetos, no âmbito do II Plano Nacional de Desenvolvimento. Em 1980, transferiu-se para o Grupo Docas, onde ficou por três anos. No mesmo ano, finalizou a pós-graduação em finanças, com especialização em auditoria, análise e acompanhamento de projetos e assessoria econômico-financeira, na Pontifícia Universidade Católica do Rio de Janeiro.

Em meados de 1983, recebeu de Armando Strozenberg a tarefa de preparar um *business plan* para a implantação da agência de propaganda que veio a se chamar Contemporânea. Terminado o estudo, foi convidado a integrar o quadro de funcionários da agência como gestor das áreas administrativa e financeira, além de tratar das relações comerciais com fornecedores, veículos e clientes, chegando assim a diretor de operações. Em 1987, José Antonio Calazans passou a compor a sociedade, ao lado de Strozenberg e Mauro Matos.

No final dos anos 1980, participou das negociações salariais do Sindicato das Agências de Propaganda do Rio de Janeiro, e começou a atuar como diretor-tesoureiro da entidade, cargo que exerceu por três mandatos. No início da década seguinte, presidiu o Clube de Diretores Financeiros de Agência, no segundo mandato da instituição. Em 1999, concluiu o MBA em Marketing no Instituto Alberto Luiz Coimbra de Pós-graduação e Pesquisa de Engenharia e Administração (Coppead), da UFRJ. Finalmente, elegeu-se pela segunda vez presidente da Federação Nacional das Agências de Propaganda (Fenapro) em 2004.

José Márcio Batista Rangel

FONTES: <http://contemporanea.com.br/html/capital.htm>, acesso em 12-11-2004; *curriculum vitae*.

CAMARGO, FERNANDO S.

Fernando S. Camargo foi presidente da Associação Paulista de Propaganda (APP, atual Associação dos Profissionais de Propaganda), de 1980 a 1982.

FONTE: ASSOCIAÇÃO DOS PROFISSIONAIS DE PROPAGANDA. *Histórico*. Disponível em: <http://www.appnet.com.br>, acesso em jul. 2004.

CANNES PUBLICIDADE

Agência fundada em maio de 1957, na cidade de Goiânia, por Zander Campos da Silva e Aloísio Neves. À junção pouco precisa do "Can" de Campos com o "Nes" de Neves deve-se o nome da agência. Dois anos mais tarde, em 1959, este último desligou-se da sociedade, em função de outros compromissos profissionais.

Em seu início, a agência editava a *Cine Revista Cannes*, uma publicação mensal que divulgava os filmes a serem exibidos nos cinemas da Empresa Goiana de Cinemas S.A. e da Empresa Teatral Paulista Ltda. A agência editou ainda, entre 1960 e 1963, o *Cine-Jornal Atualidades Cannes*, exibido nas telas dos cinemas de Goiás e de outros estados do Brasil. Considerada uma agência de médio porte, a Cannes tem grande experiência em mercados regionais, mantendo escritórios também em Brasília, Cuiabá, Belo Horizonte, Uberlândia e Campo Grande. De 1984 a 2004 a agência integrou a Rede Publicis Salles Norton e Salles Chemistri de Agências Coligadas. Ainda nesse ano, a agência passou a integrar a rede de coligadas do Grupo BBDO, liderada pela AlmapBBDO.

Conquistou prêmios importantes ao longo de sua trajetória, como o do Festival de Gramado (*short-list*), em 2003, e o AME/New York Festivals, em 2002 e 2003.

André Dantas

FONTES: ABAP — Associação Brasileira de Agências de Propaganda. *História da propaganda no Brasil*. São Paulo: Talento, 2005; SILVA, Zander Campos da. Centro-Oeste, Brasília, Maranhão. In: CASTELO BRANCO, Renato; MARTENSEN, Rodolfo Lima; REIS, Fernando (planej. e coord.). *História da propaganda no Brasil*. São Paulo: T. A. Queiroz, 1990. (Coleção Coroa Vermelha. Estudos Brasileiros, 21.). p. 443-446; PORTAL DA PROPAGANDA. Disponível em: <http://www.portaldapropaganda.com/hottops_agencias/agencias/2004/03/0007>, acesso em 3-10-2004; SILVA JUNIOR, Zander Campos. Legado prazeroso — entrevista concedida a Alexandre Lemos. Disponível em: <http://www.portaldapropaganda.com>, acesso em 27-9-2004.

CARILLO, CLÁUDIO

Cláudio Carillo nasceu na capital paulista, em 31 de janeiro de 1953, filho do publicitário João Carillo e de Bertha Conde Carillo. Graduou-se na Fundação Armando Álvares Penteado (Faap) e especializou-se no curso 21th Annual Creative Problem Solving, do Institute Creative Education Found. Inc., de Buffalo, estado de Nova York, nos Estados Unidos. Cursou ainda criatividade e promoção de vendas na Escola Superior de Propaganda e Marketing (ESPM).

Redator, diretor de criação, compositor de *jingles* e diretor de cinema, Carillo trabalhou na Almap, Denison, McCann, J. Walter Thompson e Fischer, Justus, de onde saiu em 1995 para fundar, juntamente com Dalton Pastore, a Carillo Pastore Comunicações. No ano seguinte, a agência se associou à Euro RSCG, o quinto maior grupo de comunicação do mundo, passando a se chamar Carillo Pastore Euro RSCG e a integrar o *board* criativo mundial da Euro RSCG.

Em 2000 foi agraciado com o Prêmio Caboré na categoria Profissional de Criação. Conquistou outros prêmios em vários festivais nacionais e internacionais, como Profissionais do Ano, Colunistas, Clio, Festival de Londres, Nova York, Cannes e Fiap, em várias edições.

Ana Flávia Vaz

FONTES: REIS, Fernando. *Cobrões da propaganda 91/92*. São Paulo: Referência, 1991; *curriculum vitae*.

CARILLO, JOÃO

João Carillo nasceu na capital do estado de São Paulo em 15 de dezembro de 1916. Seu filho, Cláudio Carillo, também foi publicitário.

Seu primeiro emprego em propaganda foi na Lintas, como aprendiz de redator, chefiado por Rodolfo Lima Martensen e Ribamar Castelo Branco. Pouco tempo depois, ingressou na Panam, onde conviveu com grandes nomes que despontavam na publicidade, como Jean Villin e João Alfredo de Souza Ramos.

Em 1948, estava na Standard Propaganda, levado por João Dória, a quem acabou substituindo na direção da agência, a convite de Cícero Leuenroth. Lá começou no Departamento de Rádio, passando a redator, supervisor de serviços técnicos e vice-presidente, chegando à direção da filial paulista. Participou da época considerada "áurea" da agência, trabalhando com profissionais como Fritz Lessin, Said Farhat, Alex Periscinoto, Ricardo Ramos e Juracy Orlandi Artacho. Esteve presente na elaboração de diversas campanhas históricas, como a do lançamento do Dia das Mães no Brasil, a do IV Centenário da Cidade de São Paulo e a que combatia os quebra-quebras nos ônibus, que ocorriam a cada aumento de tarifas. Redigiu também roteiros para a série de televisão que inaugurou o veículo no país, além de auxiliar na fundação da Escola de Propaganda do Museu de Arte de São Paulo, em 1952. No ano seguinte, conquistou o título de Publicitário do Ano, concedido pela Associação Brasileira de Propaganda (ABP), por um trabalho para a Rhodia, também considerado a Campanha do Ano na categoria nacional. Sua passagem pela Standard também lhe rendeu os prêmios conferidos pela revista *PN — Publicidade & Negócios*.

Em 1956, transferiu-se para a Rádio Excelsior, organizando o Departamento de Divulgação das Emissoras Unidas. Ainda na rádio, passou a cumprir meio expediente na P. A. Nascimento-Acar. Posteriormente, fez parte da equipe inicial da filial paulista da MPM, onde só permaneceu por 11 meses.

Em 1969, fundou a Elenco, que dirigiu junto com o filho, Rubens Condé Carillo. Em 1980, a revista *Propaganda* incluiu João Carillo na série Hall da Fama, em que homenageava os publicitários brasileiros de grande destaque.

José Márcio Batista Rangel

FONTES: REIS, Fernando. *Cobrões da propaganda 91/92*. São Paulo: Referência, 1991. p. 81-82; CARILLO, João. Parece que foi ontem. *Propaganda*, v. 25, n. 294, jan. 1981; CASTELO BRANCO, Renato; MARTENSEN, Rodolfo Lima; REIS, Fernando (planej. e coord.). *História da propaganda no Brasil*. São Paulo, T. A. Queiroz, 1990. (Coleção Coroa Vermelha. Estudos Brasileiros, 21.). p. 35.

CARILLO PASTORE EURO RSCG

Agência fundada na cidade de São Paulo, em outubro de 1995, pelos sócios Cláudio Carillo e Dalton Pastore. Com apenas cinco meses de funcionamento, a agência conquistou alguns clientes importantes e atraiu a atenção de um dos maiores grupos de comunicação do mundo, a Euro RSCG. A parceria concretizou-se já no ano seguinte, alterando a razão social da empresa, que até então se chamava Carillo Pastore Comunicações. Integram a carteira de clientes da agência empresas de diversos setores, como Firestone, Embratel 21, Fox, Revlon, Ticket e Votorantim, entre outras. Foi apontada, em 2004, como a 12ª maior agência do país, em pesquisa realizada pelo Ibope Monitor.

André Dantas

FONTES: ABAP — Associação Brasileira de Agências de Propaganda. *História da propaganda no Brasil*. São Paulo: Talento, 2005; ARP — Associação Riograndense de Propaganda. *Ranking das agências de todo o Brasil do Ibope Monitor*. Disponível em: <http://www.arpnet.com.br/materias_anteriores/materias_ant8.htm>, acesso em 18-11-2004; <http://www.carillopastore.com.br>, acesso em 12-1-2005.

CARMO, ALFREDO DA SILVA

Alfredo Augusto de Carvalho da Silva Carmo nasceu em São Paulo em 26 de abril de 1924. Formou-se em filosofia e psicologia pela Universidade de São Paulo (USP).

Começou sua vida profissional na publicidade em 1951, na McCann Erickson paulista, tendo sido contratado para trabalhar na área de pesquisa de mercado. Integrou o primeiro grupo de profissionais brasileiros voltados para a pesquisa mercadológica, juntamente com Danton de Souza, da McCann carioca, e Júlio César Vercesi, seu companheiro em São Paulo. Alfredo da Silva Carmo desenvolveu vários estudos baseados na pesquisa motivacional que contribuíram para a criação de campanhas da McCann, entre elas a "Ah", para a Kolynos.

Paralelamente a suas atividades profissionais no ramo da publicidade, Alfredo da Silva Carmo foi professor da Escola de Propaganda do Museu de Arte de São Paulo — criado em 1951 —, ministrando aulas de psicologia com ênfase no estudo da pesquisa motivacional.

Em 1957, foi chefiar a empresa de pesquisa Marplan, em São Paulo, agência especializada na área de informações de marketing e que prestava auxílio à McCann. A partir de então dedicou-se a pré-testes de campanha, utilizando para tanto a técnica *advertising sales and conviction test*, desenvolvida nos Estados Unidos e na qual foi um pioneiro.

Em 1960, integrou a equipe da MultiPropaganda, nela trabalhando até a sua extinção, em 1967. Transferiu-se então para a Cia de Incremento de Negócios (CIN), como supervisor da conta das Refinações de Milho Brasil. Em 1968 voltou à Marplan, onde trabalhou até o ano seguinte. Em 1970 foi coordenador de pesquisa de mercado na Universidade Federal do Rio Grande do Norte. Entre 1970 e 1981 foi gerente de pesquisa de mercado das Refinações de Milho Brasil. De 1981 a 1984, exerceu a função de gerente de pesquisa de mercado na Cica, na Fiat Lux e na Philip Morris e, em 1984, foi consultor de pesquisa de mercado dos Laboratórios Anakol (Kolynos). Participou da elaboração do Código de Ética da Sociedade Brasileira de Pesquisa de Mercado (SBPM) em 1983. Em 1991 era diretor de pesquisa de mercado da DPZ Propaganda S.A. Foi também professor em vários estabelecimentos de ensino, como Faculdade de Ciências Econômicas e Administrativas e Escola de Comunicações Culturais.

Escreveu inúmeros artigos sobre pesquisa de mercado para vários jornais do Rio de Janeiro e de São Paulo. E é autor de "Pesquisa na propaganda", capítulo do livro *Técnica e prática da propaganda*, editado pela McCann Erickson em 1960; de "Crítica da pesquisa de propaganda", capítulo do livro *Comunicação publicitária*, organizado por Roberto Simões em 1972, e um dos autores de *Comunicação: as funções da propaganda* (1970).

Faleceu em São Paulo, em 7 de julho de 1997.

Alzira Alves de Abreu

FONTES: REIS, Fernando. *Cobrões da propaganda 91/92*. São Paulo: Referência, 1991; *Propaganda*, v. 15, n. 190, mar. 1972; CASTELO BRANCO, Renato; MARTENSEN, Rodolfo Lima; REIS, Fernando (planej. e coord.). *História da propaganda no Brasil*. São Paulo: T. A. Queiroz, 1990. (Coleção Coroa Vermelha. Estudos Brasileiros, 21.); informações prestadas pela DPZ.

CARNEIRO, JAIRO

Jairo Amaro Carneiro nasceu na capital paulista em 6 de junho de 1937, filho do comerciante Jairo Carneiro e da dona-de-casa Maria Moreira Carneiro. Formou-se na Escola Paulista de Agrimensura em 1957.

Iniciou sua trajetória profissional quando ainda cursava a faculdade, como *office-boy* do Banco Brasileiro de Descontos (Bradesco), chegando a caixa. Em 1959, ingressou na propaganda como calculista do Departamento de Mídia da Companhia de Incremento de

Negócios (CIN), na capital paulista. Nessa agência, foi assistente de mídia e trabalhou no atendimento, ocupando cargos como assistente de grupo de contas e até chefe de grupo de contas.

Em fevereiro de 1962, transferiu-se para a MPM Propaganda, onde exerceu as funções de contato, sendo responsável pelas contas da agência em São Paulo. Em julho de 1963, tornou-se chefe de grupo de contas da Reclam Publicidade. No ano seguinte, foi trabalhar como contato na Editora Abril. Mais tarde, tornou-se gerente de revista e, depois, gerente de grupo de revistas. Foi também gerente do escritório carioca da Abril.

Participou dos dois primeiros encontros brasileiros de mídia, realizados em 1975 e 1976 na cidade de São Paulo. Foi membro da comissão de revistas no III Congresso Brasileiro de Propaganda, que se reuniu na capital paulista em 1978. Em 1982, regressou às agências de propaganda, assumindo o cargo de gerente da Provarejo Propaganda e Produções, do Rio de Janeiro. Em abril de 1984, retornou à MPM, como diretor de mídia do escritório carioca da agência.

Participou ativamente da vida associativa da propaganda brasileira, tendo sido eleito presidente da Associação Brasileira de Propaganda (ABP) em 1985, mesmo ano em que foi um dos debatedores no II Simpósio Internacional de Publicidade, realizado em São Paulo, e em que participou do Seminário de Mídia, promovido pelo capítulo carioca da Associação Brasileira de Agências de Propaganda (Abap, atual Associação Brasileira de Agências de Publicidade). Em 1986, participou do I Encontro Internacional de Criatividade em Mídia. Em 1987, concluiu seu mandato à frente da ABP e deixou a MPM, transferindo-se, em julho, para a Fama Propaganda, da qual foi um dos diretores.

Em 1989, chefiou a delegação brasileira à V Feira de Negócios Brasil-União Soviética, realizada em outubro, em Moscou e Leningrado. Em novembro do mesmo ano, assumiu a diretoria de marketing e vendas da Indústria de Óculos Focal, do Rio de Janeiro. Entre 1992 e 1996, foi sócio-diretor da Intermeios, empresa de negócios na área de comunicação. Nesse período, também fundou e dirigiu uma empresa dedicada à representação de veículos de comunicação: a Mediação Marketing e Negócios. Assumiu novamente a presidência da ABP em 1993, cargo que ocupou até 1995. Em 1997, tornou-se sócio-editor da Ad Business Editora, voltada para o marketing e a comunicação e que publicava um jornal com o mesmo nome. Em 2000, foi o primeiro presidente do Grupo dos Profissionais do Rádio (GPR) do Rio de Janeiro. Deixou os dois cargos em 2001, para assumir a vice-presidência executiva da ABP.

Christiane Jalles de Paula

FONTES: *curriculum vitae*; informações prestadas por carta pelo biografado em 24-2-2005.

CARVALHO, JOÃO NAPOLEÃO DE

Suas atividades nos Diários Associados obtiveram grande notoriedade no mercado publicitário, uma vez que representava alguns dos maiores veículos do país no trato com as agências. Como também era poeta, colaborou, ao lado de Assis Chateaubriand e Pietro Maria Bardi, na criação do Instituto de Arte Contemporânea e da Escola de Propaganda do Museu de Arte de São Paulo, em 1952. Presidiu a Associação Paulista de Propaganda (APP, atual Associação dos Profissionais de Propaganda) em 1954/55. Em 1956, integrou a comissão responsável pelo relançamento da revista *Propaganda*, juntamente com Francisco Teixeira Orlandi e Saulo Guimarães.

José Márcio Batista Rangel

FONTES: ASSOCIAÇÃO PAULISTA DE PROPAGANDA. *Depoimentos*. São Paulo: Hamburg, s.d. p. 109-112; CASTELO BRANCO, Renato; MARTENSEN, Rodolfo Lima; REIS, Fernando (planej. e coord.). *História da propaganda no Brasil*. São Paulo: T. A. Queiroz, 1990. (Coleção Coroa Vermelha. Estudos Brasileiros, 21.). p. 8-9 e 65.

CARVALHO, NAPOLEÃO DE *ver* CARVALHO, JOÃO NAPOLEÃO DE

CARVALHO, PAULO ROBERTO LAVRILLE DE

Paulo Roberto Lavrille de Carvalho trabalhou na Salles/Inter-Americana. Foi presidente da Associação Brasileira de Propaganda (ABP) entre 1977 e 1979. Durante sua gestão, em 1978, foi realizado o III Congresso Brasileiro de Propaganda, sendo Paulo Lavrille de Carvalho membro de sua comissão executiva.

FONTE: CASTELO BRANCO, Renato; MARTENSEN, Rodolfo Lima; REIS, Fernando (planej. e coord.). *História da propaganda no Brasil.* São Paulo: T. A. Queiroz, 1990. (Coleção Coroa Vermelha. Estudos Brasileiros, 21.)

CARVALHO PINTO, CHRISTINA *ver* PINTO, CHRISTINA CARVALHO

CASABRANCA PUBLICIDADE

Em 1973, na capital paulista, ocorreu a fusão das agências de propaganda Lince e JRM — Júlio Ribeiro, Mihanovich, daí surgindo a Casabranca Publicidade S.A., que tinha como sócios Sérgio Graciotti e Júlio Ribeiro. Apesar de considerada pelo mercado publicitário uma agência muito criativa, enfrentou problemas financeiros que resultaram, em 1975, na sua incorporação à MPM, então a quinta maior agência do mercado em faturamento. Dessa incorporação surgiu a MPM-Casabranca.

Alan Carneiro

FONTES: RODRIGUES, André Iribure. A contribuição da MPM Propaganda para o mercado publicitário gaúcho. In: CONGRESSO Brasileiro de Ciências da Comunicação, XXIV, Campo Grande, MS: Intercom — Sociedade Brasileira de Estudos Interdisciplinares da Comunicação, 2001. <http://www.intercom.org.br/papers/xxiv-ci/np03/NP3RODRIGUES.pdf>, acesso em 29-9-2004; CASTELO BRANCO, Renato; MARTENSEN, Rodolfo Lima; REIS, Fernando (planej. e coord.). *História da propaganda no Brasil.* São Paulo: T. A. Queiroz, 1990. (Coleção Coroa Vermelha. Estudos Brasileiros, 21.).

CASALI, LUIZ ARNALDO

Luiz Arnaldo Casali nasceu em 10 de setembro de 1945, na cidade de São Paulo, filho do mecânico de automóveis Túlio Casali e da costureira Clorinda Rosatti Casali.

Iniciou a vida profissional como *office-boy*, em 1958, na empresa Isnard & Cia., de São Paulo. Em 1961, ingressou na área da propaganda, na mesma companhia, como auxiliar do departamento de propaganda dos Refrigeradores Clímax e Champion. Em janeiro de 1964 começou a exercer a função de mídia na agência Loyde Propaganda, localizada em São Paulo, e, no segundo semestre desse mesmo ano, assumiu o cargo de contato de publicidade da empresa HB Produção e Representação de Emissoras Ltda. Em maio de 1969, deixou a empresa para montar a L&C Representação, que se tornou a Rede L&C de Emissoras e chegou a prestar assessoria a 150 estações de rádio no Brasil.

Em 1971, formou-se bacharel em direito pela Faculdade de Direito da Universidade Mackenzie.

Luiz Arnaldo Casali participou da fundação da Central de Rádio, entidade da qual foi vice-presidente em 1979. Quatro anos mais tarde, em 1983, recebeu o Prêmio Roquete Pinto. De 1986 a 1992, presidiu a Associação das Emissoras de Rádio e TV de São Paulo (Aesp). Em 1988, fundou o Escritório de Rádio, do qual se tornou vice-presidente. Em 1992, foi honrado com a medalha Saint Claire Lopes — o maior laurel do setor de radiodifusão de São Paulo — e ocupou o cargo de vice-presidente da Associação dos Profissionais de Propaganda (APP) de 1990 a 1992 e presidente da APP de 1993 a 1995.

Ana Flávia Vaz

FONTE: *curriculum vitae.*

CASTELLO BRANCO, HIRAN

Hiran Amazonas Castello Branco nasceu em 8 de outubro de 1951, na cidade de São Paulo, filho do também publicitário e escritor Renato Pires Castello Branco e de Norma Florisbal Castello Branco.

Em 1971, iniciou sua vida profissional na agência que o pai estava abrindo com outros sócios — a Castello Branco, Borges e Associados (CBBA) —, na função de assistente de pesquisa de mercado.

Formou-se em administração de empresas pela Fundação Getulio Vargas em 1973, quando trabalhava como assistente de atendimento, sendo promovido a executivo de contas no ano seguinte. Após um estágio de aperfeiçoamento na norte-americana BBDO, em Nova York, começou a coordenar o comitê de planejamento da CBBA Propaganda. Em seguida, passou a ocupar, concomitantemente, os cargos de diretor de contas e diretor administrativo.

No III Congresso Brasileiro de Propaganda, em 1978, coordenou a comissão "O publicitário na nova realidade brasileira" e defendeu a tese da importância de uma linguagem brasileira na propaganda, o que levaria à criação do Prêmio Jeca Tatu, instituído pela CBBA em 1982. Nesse mesmo ano, Castello Branco tornou-se diretor superintendente, representando a agência em reuniões internacionais das empresas associadas à BBDO. Foi nesse período que criou uma estratégia de comunicação para a marca de produtos de limpeza Veja, que estava para ser retirada de linha, mas foi reposicionada e passou a ser a mais vendida do cliente.

Em 1981/82, foi vice-presidente da Associação Paulista de Propaganda (APP, atual Associação dos Profissionais de Propaganda), passando a presidente no mandato seguinte. Paralelamente, era membro do Conselho Nacional de Auto-Regulamentação Publicitária (Conar). Assim, por suas atividades associativas, foi reconhecido pelo Prêmio Colunistas Nacional como destaque em 1983, ano em que também recebeu o Prêmio Caboré de Profissional de Planejamento/Atendimento. Ainda na área associativa, assumiu a presidência do Sindicato das Agências de Propaganda do Estado de São Paulo em 1984/85.

Com a venda da CBBA para o Grupo J. Walter Thompson em 1986, Castello Branco tornou-se presidente da agência e membro do comitê de gerência das empresas do grupo, sendo considerado o Publicitário do Ano no Prêmio Colunistas Nacional. Sua participação em instituições de classe não cessou, pois foi eleito vice-presidente da Associação de Dirigentes de Vendas e Marketing do Brasil (ADVB), na qual se manteve como conselheiro, função que também exerceu de 1987 a 1989 na Associação Brasileira das Agências de Propaganda (Abap, atual Associação Brasileira de Agências de Publicidade).

Em 1990, deixou a CBBA para fundar sua própria agência — a HCA Propaganda —, em sociedade com Antal Camargo. Sete anos depois, associou a agência à Giacometti & Farkas, passando logo depois a sócio-diretor da Giacometti Propaganda e Arquitetura de Negócio.

Desde 1982, coordena campanhas do Conselho Nacional de Propaganda (CNP) para o Unicef, chegando a ganhar o Prêmio Top de Marketing de 1989 com a campanha do soro caseiro. Foi presidente do CNP de 1991 a 2004. Durante sua gestão articulou a criação da Associação Parceria contra as Drogas (APCD) e foi responsável pela estratégia das campanhas mais bem-sucedidas da entidade até então.

José Márcio Batista Rangel

FONTES: *curriculum vitae*; <http://www.economiaemdia.com.br/economiaemdia/br/mostranoticias.aspx?id=23636>, acesso em 17-1-2005; REIS, Fernando. *Cobrões da propaganda 91/92*. São Paulo: Referência, 1991. p. 83.

CASTELO BRANCO BORGES E ASSOCIADOS *ver* CBBA

CASTELO BRANCO, RENATO

Renato Castelo Branco nasceu em 14 de setembro de 1914 na cidade de Parnaíba (PI), é filho de Francisco Ferreira Castelo Branco e Orminda Pires Ferreira Castelo Branco. Seu irmão, Ribamar Castelo Branco, e seu filho, Hiram, também seguiram a carreira publicitária.

Em 1933, mudou-se para o Rio de Janeiro e, em 1935, iniciou sua carreira profissional, candidatando-se, através de um anúncio de jornal, a um emprego de assistente de redator do escritor e publicitário Orígenes Lessa na agência de publicidade N. W. Ayer.

Graduou-se em 1937 no curso de direito da antiga Universidade do Brasil, hoje Universidade Federal do Rio de Janeiro. Ainda nesse ano foi um dos fundadores da Associação Paulista de Propaganda (APP, atual Associação dos Profissionais de Propaganda).

Em 1939, ingressou na J. Walter Thompson, no Rio de Janeiro, como redator e, mais tarde, em 1961, transferiu-se para São Paulo. Castelo Branco permaneceria por 30 anos nessa agência, onde foi, além de redator, contato, chefe do departamento de criação, representante, supervisor de contas, supervisor gerencial do escritório paulista e gerente da Thompson carioca.

Voltou a atuar no movimento associativo em 1949, como um dos fundadores da Associação Brasileira de Agências de Propaganda (Abap, Associação Brasileira de Agências de Publicidade).

Na década de 1950, quando teve início a fase de acelerada industrialização no país, Renato Castelo Branco foi um dos pioneiros na introdução e utilização do marketing no Brasil. Em julho de 1954, em São Paulo, foi criada a Associação Brasileira de Relações Públicas (ABRP). No ano seguinte, a ABRP realizou um primeiro ciclo de debates com o objetivo de difundir a natureza da atividade de relações públicas. Castelo Branco criou na Thompson um departamento que logo se transformou em agência de relações públicas.

Em 1951, na capital paulista, foi fundada a primeira escola de propaganda do país, sob a direção de Rodolfo Lima Martensen. A escola funcionava no Museu de Arte Moderna de São Paulo e ministrava um curso com dois anos de duração. Castelo Branco, além de ser um dos organizadores da escola, participou de seu corpo docente e foi um de seus diretores e conselheiros. Mais tarde, a escola passou a se chamar Escola Superior de Propaganda e Marketing (ESPM).

Em 1960, com a aposentadoria de Robert F. Merrick, gerente-geral da Thompson por 20 anos, Renato Castelo Branco o sucedeu, permanecendo no cargo até 1969. Durante sua gestão, abriu escritórios da agência em Porto Alegre, Belo Horizonte e Recife, e nomeou agências correspondentes em Curitiba, Fortaleza e Belém. A instalação desses escritórios tinha por objetivo incentivar o desenvolvimento de negócios regionais a médio prazo, o que os tornaria auto-suficientes.

Entretanto, os escritórios não conseguiram competir com as agências locais e tornaram-se deficitários. Em 1973, a Thompson decidiu fechá-los. Na gestão de Castelo Branco, a agência lançou no mercado o *outdoor* de marquise para atender a uma faixa de clientes de produtos alimentícios, de toucador e farmacêuticos.

Renato Castelo Branco foi um dos fundadores do Conselho Nacional de Propaganda (CNP), em 1964, e seu primeiro presidente. Em 1965, foi eleito vice-presidente da Thompson dos Estados Unidos — o único latino-americano até então a merecer tal distinção.

Ao deixar a Thompson, dedicou-se à literatura e a estudos de arqueologia e teve uma breve passagem pela agência Norton, em 1971.

Em setembro desse ano criou a Castelo Branco, Borges e Associados (CBBA), juntamente com Dirceu de Azevedo Borges, Hilda U. Schützer, Wanderley Saldiva, Roberto Palmari e Geri Garcia. Na CBBA desenvolveu, como linha estratégica da agência, o tema da responsabilidade social da propaganda, engajando-se em várias campanhas de cunho social e de interesse nacional, como a do aleitamento materno, uma campanha pioneira, e a "Integrar para não entregar", para o Projeto Rondon.

Em 1975 associou a CBBA a uma agência norte-americana, a BBDO, que adquiriu 20% do capital da firma brasileira. Três anos depois, a CBBA liderou iniciativa pioneira na propaganda do país, constituindo a União Brasileira de Agências, com o objetivo de disputar com as grandes agências as contas governamentais e das grandes empresas privadas.

Em 1981, ganhou o Prêmio Caboré. Em 1983, deixou a direção da agência e passou a se dedicar à direção de seu Conselho Administrativo. Foi presidente do Instituto Brasileiro de Altos Estudos de Comunicação Social (Ibraco) e presidente do Conselho da HCA Comunicação.

Dedicou-se também ao jornalismo e à literatura, tendo publicado diversos ensaios nas áreas de história, etnografia e economia, o que lhe permitiu participar da Conferência Econômica de Teresópolis, como representante do Piauí. Participou também do I Congresso Brasileiro de Escritores.

Publicou 22 livros, entre os quais se destacam: *Tomei um Ita no Norte*, livro de memórias (1981) e *O comunicador*, livro sobre uma agência de propaganda e seus personagens (1991).

Faleceu em São Paulo, em 19 de setembro de 1995.

Alzira Alves de Abreu

FONTES: VARÓN CADENA, Nelson. *Brasil, 100 anos de propaganda*. São Paulo: Referência, 2001; CASTELO BRANCO, Renato; MARTENSEN, Rodolfo Lima; REIS, Fernando (planej. e coord.). *História da propaganda no Brasil*. São Paulo: T. A. Queiroz, 1990. (Coleção Coroa Vermelha. Estudos Brasileiros, 21.); *Propaganda*, v. 15, n. 155, abr. 1969, *Propaganda*, v. 14, n. 167, 1970; *Propaganda*, v. 14, n. 179, 1971; *Propaganda*, v. 24, n. 275, jun. 1979; <http://www.espm.br/semana castelo branco/home.htm>, acesso em 17-8-2004.

CASTELO BRANCO, RIBAMAR

José Ribamar Castelo Branco nasceu em Parnaíba (PI), em 21 de agosto de 1918, e é filho de Francisco Ferreira Castelo Branco e Orminda Pires Ferreira Castelo Branco. Seu irmão Renato Castelo Branco foi um dos nomes mais importantes da propaganda brasileira.

Ingressou na propaganda em 1938, na N. W. Ayer-Son — conhecida como o "navio-escola" da propaganda brasileira —, como *copy-writer*, convidado por Charles Dulley e por meio da influência de seu irmão, Renato. Em 1941, concluiu o curso de filosofia na Universidade de São Paulo.

Responsável pela redação das peças publicitárias da Ford no início dos anos 1940, Ribamar Castelo Branco transferiu-se para a filial paulista da McCann Erickson, que passou a cuidar da conta desse cliente. Deixou a McCann e, em 1942, foi trabalhar na Grant Advertising Publicidade, de onde saiu para trabalhar na Laminação Nacional de Metais, na função de chefe de propaganda. Durante o período em que esteve na empresa, fez um curso de extensão universitária na Columbia University, dos Estados Unidos, sobre promoção de vendas, propaganda e artes gráficas. Retornou à propaganda na Lintas — (L)ever's (Int)ernational (A)dvertising (S)ervice — e, em 1947, voltou a ser cliente, ao assumir o cargo de chefe de propaganda de Modas A Exposição-Clipper, magazine dos mais importante do período em São Paulo. Ainda em 1947 foi eleito presidente da Associação Paulista de Propaganda (APP, atual Associação dos Profissionais de Propaganda), função que desempenhou até 1949.

Ocupava a direção comercial de Modas A Exposição — Clipper quando, em outra viagem aos Estados Unidos junto com Fritz Lessin, funcionário da Standard Propaganda e um dos responsáveis pela conta dessa cadeia de lojas, teve a idéia de lançar o calendário promocional comemorativo do "Dia das Mães" como forma de aumentar as vendas. Pouco depois foi pioneiro também no lançamento do "Dia dos Namorados".

Em 1970 foi trabalhar nos Supermercados Pão de Açúcar, na função de gerente comercial do grupo, chegando depois a ocupar um cargo de direção na rede.

Presidiu o Clube dos Diretores Lojistas de 1982 a 1986. Aposentou-se em 1992 e faleceu oito anos mais tarde, em 2000.

Christiane Jalles de Paula

FONTES: informações prestadas por Jacyra Castelo Branco e Hiran Castello Branco; ASSOCIAÇÃO PAULISTA DE PROPAGANDA. *Depoimentos*. São Paulo: Hamburg, s. d. (Série Documentos da Propaganda, 1.).

CASTRO, ROBERTO BAHIENSE DE

Roberto Bahiense de Castro nasceu em Vitória (ES), em 9 de janeiro de 1950, filho do segurador Celso Falabella de Figueiredo Castro e da artista plástica Zuleika Bahiense de Falabella de Castro. Graduou-se em sociologia do cinema na École Practique des Hautes Études, da Sorbonne, em Paris, e cursou marketing na Fundação João Pinheiro, de Minas Gerais, e na Columbia University, dos Estados Unidos.

Ingressou na propaganda em 1968, na JMM Publicidade, onde permaneceu por dois anos. De 1971 a 1974, foi executivo de contas e supervisor de atendimento da L&F Publicidade. Entre 1975 e 1985, trabalhou na

Denison Comunicação, do Rio de Janeiro, nas funções de supervisor de atendimento e diretor de atendimento e planejamento. Ocupou a direção executiva do Grupo de Atendimento e Planejamento do Rio de Janeiro em 1982/83. De 1985 a 1992 foi vice-presidente e sócio da Esquire Propaganda, juntamente com Clementino Fraga Netto e Carlos Eduardo Studart. Em 1989, a Esquire se fundiu com a Publicittá, e Bahiense de Castro passou a ocupar a direção geral da Publicittá/Esquire & Alliance, cargo em que permaneceria até 1997.

Nos meios associativos, foi presidente da Associação Brasileira de Propaganda (ABP) de 1995 a 1997. Neste último ano, fundou e presidiu a Roberto Bahiense Comunicações, tendo como sócios Amilcar Comette e Sergio Rocha. Foi reeleito presidente da ABP em 1997. Durante suas duas gestões na ABP, realizou o evento Segmentando em Mídia e o festival Anunciante e Agência. No âmbito político, deve-se a Bahiense de Castro a iniciativa de abrir os debates sobre a realização do IV Congresso Brasileiro de Propaganda, evento que não se concretizou dada a existência de proposta de desregulamentação da Lei nº 4.680, que arbitra a remuneração das agências. Deixou o cargo em 1999 e, no ano seguinte, saiu da Roberto Bahiense Comunicações.

Em 2001, assumiu a diretoria de marketing, circulação e desenvolvimento de produtos do jornal *Gazeta Mercantil*. Dois anos depois, tornou-se diretor nacional de comercialização do *Jornal do Brasil*. A partir de 2004, assumiu a vice-presidência executiva da Editora Contraplano, responsável pela revista *Foco*, especializada em economia e negócios. Foi professor da Escola Superior de Propaganda e Marketing (ESPM) do Rio de Janeiro e da Pontifícia Universidade Católica (PUC-Rio).

Foi um dos diretores do capítulo Rio da Associação Brasileira de Agências de Propaganda (Abap, atual Associação Brasileira de Agências de Publicidade) e membro do conselho consultivo do periódico *Meio & Mensagem*.

Christiane Jalles de Paula

FONTES: REIS, Fernando. *Cobrões da propaganda 91/92*. São Paulo: Referência, 1991. p. 161; *Meio & Mensagem*, 2 dez. 1994 e 7 jul. 1997; *curriculum vitae*; CASTELO BRANCO, Renato; MARTENSEN, Rodolfo Lima; REIS, Fernando (planej. e coord.) *História da propaganda no Brasil*, São Paulo: T. A. Queiroz, 1990. (Coleção Coroa Vermelha. Estudos Brasileiros, 21.). p. 360.

CBBA

Agência paulista, criada em setembro de 1971, por Renato Castelo Branco, Dirceu de Azevedo Borges, Hilda Ulbrich Schützer, Wanderley Saldiva, Roberto Palmari e Geri Garcia — todos egressos da J. W. Thompson —, inicialmente com o nome de Castelo Branco Borges e Associados (CBBeA).

Com pouco mais de três anos de existência foi considerada uma das 15 maiores agências do país. Em 1974, firmou contrato operacional com a Adversiting & Marketing International Network (Amin), então a maior cadeia mundial de agências autônomas de publicidade do mundo, como forma de expandir seus negócios para o exterior. No ano seguinte, associou-se à BBDO International Inc., que tencionava expandir seus negócios na América Latina. Entre 1975 e 1976, Borges, Saldiva e Palmari desligaram-se da sociedade.

Em 1978, Renato Castelo Branco deixou a presidência da CBBA e Hilda Schützer tornou-se a primeira mulher a ocupar esse cargo. Nesse mesmo ano, a agência empenhou-se na constituição da União Brasileira de Agências, integrada por outras sete empresas do ramo, de diferentes estados, com o objetivo de proporcionar ao grupo condições de disputa no mercado, em pé de igualdade com as grandes agências. A par dos interesses comerciais, a agência, ao longo de sua trajetória, caracterizou-se pelo engajamento em diversas campanhas de cunho social e de interesse nacional, como o Projeto Rondon e o aleitamento materno. Em 1980, a CBBA readquiriu 20% da participação acionária da BBDO em seu capital e Hiram Castello Branco tornou-se sócio da agência.

Nesse mesmo ano, a agência expandiu seus negócios, abrindo escritório no Rio de Janeiro e, em 1981, absorveu a agência carioca Franco, Paulino, Moraes. Em 1982, a agência criou o Prêmio Jeca Tatu, em homenagem ao personagem "Jeca Tatuzinho" — que fez sua aparição em 1924, inspirado na obra *Urupês*, de Moteiro Lobato —, para promover o célebre Biotônico Fontoura, cuja peça publicitária é considerada um dos maiores sucessos na história da propaganda brasileira.

Em 1984, na 14ª posição no *ranking* nacional, anunciou uma *joint venture* com a GFM/Propeg, surgindo a CBBA/Propeg. No ano seguinte, a J. Walter Thompson adquiriu a totalidade das ações da empresa, mantendo como seu presidente Hiram Castello Branco, filho de seu principal fundador, Renato Castelo Branco. Em 1992, o Grupo WPP — controlador da Thompson — desativou a CBBA.

André Dantas

FONTES: CASTELO BRANCO, Renato; MARTENSEN, Rodolfo Lima; REIS, Fernando (planej. e coord.). *História da propaganda no Brasil*. São Paulo: T. A. Queiroz, 1990. (Coleção Coroa Vermelha. Estudos Brasileiros, 21.). p. 317, 368-370; *Correio da Bahia*. Disponível em: <http://www.correiodabahia.com.br/2002/11/15/noticia>, acesso em 28-11-2004; <http://lobato.globo.com/jecatatuzinho.html>, acesso em 28-11-2004; *Propaganda*, v. 16, n. 200, mar. 1973; SOCORRO, Francisco. *O legado de Renato Castelo Branco*. Disponível em: <http://www.espm.br/semanacastelobranco/vidaeobra/legado.htm>, acesso em 8-10-2004; STROZENBERG, Ilana; HEYMANN, Luciana. Entrevista com Hilda Schutzer. In: *A propaganda brasileira — trajetórias e experiências dos publicitários e das instituições de propaganda*. São Paulo, 14-7-2004.

CBBA/PROPEG *ver* **PROPEG;** *ver também* **CBBA**

CCRJ *ver* **CLUBES DE CRIAÇÃO**

CCSP *ver* **CLUBES DE CRIAÇÃO**

CENP *ver* **CONSELHO EXECUTIVO DAS NORMAS-PADRÃO**

CHIESA, CARLOS

Carlos Augusto Hardt Chiesa nasceu em São Paulo, em 23 de janeiro de 1949, filho do professor de filosofia Ennio Chiesa e da advogada Sulamita Hardt Chiesa.

Iniciou sua vida profissional em 1965 como estagiário na fábrica de caminhões Scania. Em 1971, ingressou na publicidade como estagiário de redator na Alcântara Machado, Periscinoto (Almap), sendo contratado no ano seguinte.

Em 1972, formou-se em direito pela Universidade Mackenzie e em propaganda pela Escola Superior de Propaganda e Marketing (ESPM).

Após um ano e oito meses na Almap, transferiu-se para a Proeme, onde ficou apenas um mês. A convite de Sergino Augusto de Oliveira e Souza foi trabalhar na Cosi, Jarbas & Sergino, agência em que permaneceria até 1976.

Chiesa foi um dos fundadores do Clube de Criação de São Paulo (CCSP) em 1975. Conquistou prêmios nos primeiros anuários do CCSP. Redigiu o primeiro regulamento do clube e teve aceita sua proposta de incluir o "aprovado por", destinado a registrar os clientes que aprovaram as peças publicitárias.

Em novembro de 1976, foi trabalhar na J. Walter Thompson, na equipe de Hans Dammann. Em agosto do ano seguinte transferiu-se para a Leo Burnett. Em 1978, foi para a SGB, onde conquistou prêmios no anuário do CCSP. Em 1979, deixou a SGB e ingressou na Sell, agência subsidiária da Lintas, onde permaneceu até o mês de março do ano seguinte. Teve uma rápida passagem de dois meses pela Norton e retornou à Lintas, como encarregado do escritório carioca. Em 1982, foi para a Novagência, onde conquistou seu primeiro Grand Prix no anuário do CCSP com o anúncio "O povo da Bolívia agradece a visita do presidente do Canadá". Dois anos depois, ingressou na McCann Erickson, no cargo de diretor associado de criação. Em 1987, conquistou o prêmio The Harrison K. McCann Worldwide Award for Creative Excellence, prêmio máximo da agência. Em novembro desse ano, transferiu-se para a W/GGK como diretor de criação/redação, e conquistou seus primeiros prêmios no Festival de Cannes. Com a compra das ações da multinacional GGK por Washington Olivetto, a agência passou a se chamar W/Brasil.

Em fevereiro de 1992, assumiu a vice-presidência e a direção nacional de criação da Salles. Em 1994, foi jurado em Cannes. No ano seguinte deixou a Salles. Nesse período de três anos ocupou a presidência do CCSP e realizou palestras com publicitários estrangeiros, criou o Festival do Anuário e lançou o livro *História da propaganda criativa no Brasil*.

Vice-presidente executivo e diretor de criação da Leo Burnett, Carlos Chiesa deixou a agência em 1996. Dois anos depois, fundou a Chiesa & Cia.

Além dos prêmios citados, Carlos Chiesa conquistou prêmios nos principais festivais nacionais e internacionais como: Clio, Fiap, Ibero-Americano, Colunistas, Profissionais do Ano.

Christiane Jalles de Paula

FONTE: *curriculum vitae*.

CHUEIRI, PAULO

Paulo Fernando Chueiri Gabriel nasceu em 11 de março de 1944, em Joaquim Távora, norte do Paraná, filho do médico Alfredo Gabriel e da dona-de-casa Edith Rocha de Chueiri Gabriel. Estudou no Colégio Rio Branco.

Iniciou sua carreira na Companhia de Incremento de Negócios (CIN), em 1962, como assistente de diretoria, e, em 1964, formou-se em administração de empresas pela Pontifícia Universidade Católica de São Paulo (Esan/PUC-SP). Dois anos mais tarde, especializou-se em mídia na Escola Superior de Propaganda e Marketing (ESPM), migrando para essa área na CIN. Em 1973, deixou a diretoria de mídia da agência, quando esta se tornou Leo Burnett, para ir para a Alcântara Machado, Periscinoto (Almap), onde permaneceu por três anos. Assumiu, então, a vice-presidência de mídia, desenvolvimento e novos negócios da CBBA, agência da qual era sócio. Com a entrada da BBDO na sociedade, teve a oportunidade de estagiar no escritório nova-iorquino da multinacional.

Durante os anos 1970, Chueiri enveredou pela área acadêmica, lecionando na ESPM e escrevendo o livro *Perfil da mídia brasileira*, lançado em 1979. Na década seguinte, continuou trabalhando como acadêmico, lecionando no Curso de Administração de Agências da ESPM, e se tornou membro do Conselho Consultivo das Faculdades Anhembi Morumbi. Em 1985, lançou novo livro — *Mídia no computador* — e coordenou a Comissão de Mídia do II Simpósio Internacional de Publicidade.

Nos anos 1980, atuou como diretor do Instituto Verificador de Circulação (IVC) de 1980 a 1992, como presidente da Associação Brasileira das Agências de Propaganda (Abap, atual Associação Brasileira de Agências de Publicidade) de 1987 a 1990 e como diretor da Associação dos Profissionais de Propaganda (APP) a partir de 1988. Além disso, foi diretor-presidente do Grupo de Mídia de São Paulo, do qual foi co-fundador, e criou o Grupo de Mídia Nacional durante sua gestão de 1988 a 1990. Finalmente, recebeu dois prêmios Caboré na categoria Profissional de Mídia, em 1984 e 1988.

Em 1992, com a compra e desativação da CBBA pelo Grupo WPP, Paulo Chueiri passou a vice-presidente de desenvolvimento e novos negócios da agência J. Walter Thompson, função que desempenhou até 1995, quando foi para a S&A Associados como sócio e diretor de mídia e negócios. A nova agência foi adquirida pela *holding* Totalcom Comunicação e Participações, controladora da Fischer América e da UPgrade Comunicação Total, entre outras, em 1997, Chueiri foi integrado à última agência. No mesmo ano, passou a compor o Conselho de Ética do Conar e, dois anos depois, assumiu a presidência da APP.

Em 2001, ocupou o cargo de vice-presidente executivo da ST Marketing e, em 2002, fundou sua própria empresa — a Paulo Chueiri Negócios de Comunicação e Mídia —, que presta assessoria e consultoria a agências, veículos, anunciantes e fornecedores.

José Márcio Batista Rangel

FONTES: *curriculum vitae*; REIS, Fernando. *Cobrões da propaganda 91/92*. São Paulo: Referência, 1991. p. 174.

CIN ver COMPANHIA DE INCREMENTO DE NEGÓCIOS

CIURET, JAVIER LLUSSÁ ver **LLUSSÁ CIURET, JAVIER**

CLUBE DE CRIAÇÃO DE SÃO DE PAULO ver **CLUBES DE CRIAÇÃO**

CLUBE DE CRIAÇÃO DO RIO DE JANEIRO ver **CLUBES DE CRIAÇÃO**

CLUBE DE DIRETORES DE ARTE ver **CLUBES DE CRIAÇÃO**

CLUBES DE CRIAÇÃO

Em 1975 foi fundado o primeiro clube de criação do país, na capital paulista, com o nome de Clube de Criação de São Paulo (CCSP).

A proposta de criação de uma entidade que congregasse esses profissionais surgiu em 1965, ano em que foi fundado o Clube dos Diretores de Arte, também em São Paulo. Os objetivos desses profissionais eram o registro da memória da propaganda brasileira num anuário nos moldes do *Modern Publicity*, do *Graphis* ou do *Anuário do Clube de Diretores de Arte de Nova York*. O clube teve duração efêmera.

No início dos anos 1970, a crescente resistência dos profissionais de criação a terem seus trabalhos julgados por jornalistas especializados no Prêmio Colunistas, criado em 1967, atingiu o ápice com a conquista de três Leões na primeira participação brasileira no Festival de Sawa, e levou à constatação de que cabia aos profissionais de criação julgar seus pares. Inicialmente, os profissionais de criação instituíram a chamada prévia do mês na revista *Propaganda*. Todavia, em 1975, um grupo de publicitários da área de criação, preocupados com a preservação e a valorização da criatividade na propaganda brasileira e motivados, sobretudo, pela publicação de um anuário de criação que premiasse anualmente os melhores da propaganda brasileira, fundou o CCSP. Ainda em 1975 foi criado também o Clube de Criação do Rio de Janeiro (CCRJ).

Desde 1976, o CCSP organiza o Festival do Anuário, com o objetivo de registrar em livro as idéias mais criativas dos profissionais de propaganda do país. Nesse ano também foi editado o primeiro *Anuário de Criação* do CCSP.

Entre 30 de março e 2 de abril de 1978, ocorreu no Rio de Janeiro o I Encontro Nacional de Criação, evento promovido pelo CCRJ e pelo Conselho Nacional dos Clubes de Criação, do qual participaram associações de criadores dos estados da Bahia, Ceará, Minas Gerais, Pará, Paraná, Rio Grande do Sul, Rio de Janeiro e São Paulo, e que reuniu centenas de profissionais e estudantes, tendo como bandeira "Pela ampliação do mercado de criação". Foram realizadas palestras, apresentações de teses e debates de temas referentes à criação e à publicidade.

Poucos dias depois, na capital paulista, aconteceu o III Congresso Brasileiro de Propaganda. O CCSP integrou a chapa eleita por unanimidade que presidiu o congresso. No mesmo evento, o CCRJ apresentou moção pedindo o restabelecimento do Estado de direito no país. A moção foi lida na sessão de encerramento pelo presidente do Congresso, Oriovaldo Vargas Löffler, e conclamada pelos participantes.

Ao longo dos anos, outros clubes de criação foram fundados por profissionais de criação de vários estados brasileiros.

Christiane Jalles de Paula

FONTES: CASTELO BRANCO, Renato; MARTENSEN, Rodolfo Lima; REIS, Fernando (planej. e coord.). *História da propaganda no Brasil*. São Paulo: T. A. Queiroz, 1990. (Coleção Coroa Vermelha. Estudos Brasileiros, 21.); <http://www.dpto.com.br/especial/mm/edicoes/0478.htm>, acesso em 15-2-2005.

CNP ver **CONSELHO NACIONAL DE PROPAGANDA**

CÓDIGO DE DEFESA DO CONSUMIDOR

Instituído pela Lei nº 8.078, de 11 de setembro de 1990, o Código de Defesa do Consumidor — única legislação codificada aprovada por lei ordinária — é a primeira norma legal do país a tratar da "proteção contra a publicidade enganosa e abusiva e métodos comerciais coercitivos e desleais", aproveitando em muito nesse campo o que havia sido incluído pelos publicitários em seu Código de Ética, instituído no I Congresso Brasileiro de Propaganda, e no Código Nacional de Auto-Regulamentação Publicitária.

A grande inovação em termos de publicidade encontra-se no capítulo referente à oferta, que estabelece que "toda informação ou publicidade, suficientemente precisa, veiculada por qualquer forma ou meio de comunicação, com relação a produtos e serviços oferecidos ou apresentados, obriga o fornecedor que a fizer veicular ou dela se utilizar e integra contrato que vier a ser celebrado".

O código dedica uma seção à publicidade, estabelecendo que deve "ser veiculada de tal forma que o consumidor, fácil e imediatamente, a identifique como tal" e exigindo que o "fornecedor, na publicidade de seus produtos ou serviços, mantenha em seu poder, para informação dos legítimos interessados, os dados fáticos, técnicos e científicos que dão sustentação à mensagem". Proíbe a publicidade enganosa ou abusiva, definindo a primeira como "qualquer modalidade de informação ou comunicação de caráter publicitário, inteira ou parcialmente falsa, ou, por qualquer outro modo, mesmo por omissão, capaz de induzir em erro o consumidor a respeito da natureza, características, qualidade, quantidade, propriedades, origem, preço e quaisquer outros dados sobre produtos e serviços", e a segunda como "dentre outras, a publicidade discriminatória de qualquer natureza, e que incite à violência, explore o medo ou a superstição, se aproveite da deficiência de julgamento e experiência da criança, desrespeite valores ambientais, ou que seja capaz de induzir o consumidor a se comportar de forma prejudicial ou perigosa à sua saúde ou segurança", estabelecendo ainda que "a publicidade é enganosa por omissão quando deixar de informar sobre dado essencial do produto ou serviço". Segundo o código, o "ônus da prova da veracidade e correção da informação ou comunicação publicitária cabe a quem a patrocina".

A imposição da contrapropaganda é a principal pena administrativa para os casos de publicidade abusiva ou enganosa, cabendo ainda, pelas mesmas infrações, punições penais de três meses a um ano de detenção para quem "fizer afirmação falsa ou enganosa, ou omitir informação relevante sobre a natureza, característica, qualidade, quantidade, segurança, desempenho, durabilidade, preço ou garantia de produtos ou serviços", incorrendo na mesma pena quem patrocinar a oferta. Mesma pena ainda terá quem "fizer ou promover publicidade que sabe ou deveria saber ser enganosa". A pena é elevada para seis meses a dois anos no caso de quem fizer ou promover "publicidade que sabe ou deveria saber ser capaz de induzir o consumidor a se comportar de forma prejudicial ou perigosa a sua saúde ou segurança" e, finalmente, estabelecida em um a seis meses de detenção para o fato de "deixar de organizar dados fáticos, técnicos e científicos que dão base à publicidade".

João Luiz Faria Netto

FONTE: PINTO, Antonio Luiz de Toledo; WINDT, Márcia Cristina Vaz dos Santos; CÉSPEDES, Livia (orgs.). *Código de Proteção e Defesa do Consumidor.* 13. ed. São Paulo: Saraiva, 2002. 265p.

CÓDIGO DE ÉTICA

Aprovado pelo I Congresso Brasileiro de Propaganda, realizado no Rio de Janeiro, na sede da Associação Brasileira de Imprensa (ABI), em outubro de 1957, o Código de Ética compõe-se de cinco pontos com declaração de propósitos, oito definições sobre a atividade publicitária, 13 normas a serem seguidas pelo segmento e seis recomendações de comportamento ético. Vigorou de 1957 até 1965 como pacto entre as partes envolvidas na atividade publicitária, passando, então, por força do art. 17 da Lei nº 4.680, sancionada em 18 de junho de 1965, a ter força de lei, complementando as disposições sobre o exercício da profissão de publicitário, de agenciador de propagan-

CÓDIGO DE ÉTICA

da e sobre a atividade das agências de publicidade e propaganda, estando essa legislação ainda em vigor.

Eis o código na íntegra: "1º — A propaganda é a técnica de criar opinião pública favorável a um determinado produto, serviço, instituição ou idéia, visando a orientar o comportamento humano das massas num determinado sentido. 2º — O profissional da propaganda, cônscio do poder que a aplicação de sua técnica lhe põe nas mãos, compromete-se a não utilizá-la senão em campanhas que visem ao maior consumo dos bons produtos, à maior utilização dos bons serviços, ao progresso das boas instituições e à difusão de idéias sadias. 3º — O profissional da propaganda, para atingir aqueles fins, jamais induzirá o povo a erro; jamais lançará mão da inverdade; jamais disseminará a desonestidade e o vício. 4º — No desempenho de seu mister, o profissional da propaganda agirá sempre com honestidade e devotamento com seus comitentes, de modo a bem servir a eles e à sociedade. 5º — Nas relações entre seus colegas, o profissional da propaganda pautará sua conduta pela estrita observância das definições, normas e recomendações relativas à ética da profissão, restringindo sua atividade profissional ao setor de sua escolha, elevando, pelo respeito mútuo, pela liberdade e pela nobreza de atitude, o nível de sua profissão no país. Definições, normas e recomendações: I — Definições: 1º. São considerados profissionais da propaganda somente os componentes, empregados e colaboradores das entidades mencionadas nos artigos 2º, 3º, 4º, 5º e 6º das definições, e cuja função seja exercida no setor de propaganda da entidade. 2º. O anunciante, também chamado cliente, é a entidade, firma, sociedade ou indivíduo que utiliza a propaganda. 3º. Agência de propaganda é a firma organizadora para exercer as funções definidas pela Abap e que realiza a propaganda para o cliente e promove negócios para os veículos de propaganda, que a reconhecem como tal e a ela pagam comissão. 4º. Veículos de propaganda são os jornais, revistas, estações de rádio, TV, exibidores de cartazes e outras entidades que recebem autorizações e divulgam a propaganda, aos preços fixados em suas tabelas. 5º. Representantes de veículos são organizações especializadas, ou indivíduos, que tratam dos interesses dos seus representados, em geral sediados em outra praça, dos quais recebem remuneração e para os quais também contratam propaganda. 6º. Corretor é o indivíduo registrado no veículo, onde funciona como intermediário da publicidade remunerada, estando sujeito à disciplina e à hierarquia do veículo. 7º. Publicidade remunerada pode ser ou não ser propaganda. 8º. Comissão é a retribuição, pelos veículos, do trabalho profissional, devida exclusivamente às agências e aos corretores de propaganda. A comissão se destina à manutenção das agências e dos corretores de propaganda e não poderá ser transferida aos anunciantes. II — Normas: 9º. Os veículos de propaganda reconhecem a necessidade de manter os corretores e as agências como fontes de negócios e progresso dos seus empreendimentos e, por isso, a eles reservam o pagamento da comissão com exclusão de quaisquer outros indivíduos ou entidades. 10. A tabela de preços dos veículos é pública e igual para todos os compradores, dentro de iguais condições, incumbindo ao veículo observá-la e fazê-la observar por todos os seus agentes ou prepostos, cujo reconhecimento como tal poderá ser cancelado por infração deste dispositivo. 11. Aos veículos de propaganda fica naturalmente reservado o direito de dar ou não crédito à agência, não sendo lícito, porém, negar-lhe a comissão ou recusar-lhe a divulgação do anúncio quando pago à vista. Excetuam-se os casos em que a matéria não se enquadre dentro da ética ou quando a agência haja deixado de ser reconhecida pelo veículo, do que lhe deve ser dado aviso com 90 dias de antecedência. 12. A comissão recebida pelo corretor não é, necessariamente, a mesma concedida às agências que dão *del-credere* efetivo e fazem as cobranças das contas dos veículos aos anunciantes. 13. Todo trabalho profissional de propaganda faz jus à paga respectiva nas bases combinadas, na falta destas prevalecendo o preço comum para trabalhos similares. Em caso de dúvida, poderá ser o preço avaliado por três profissionais indicados, a pedido, pelo presidente da ABP ou suas similares estaduais. É proscrita por desleal a prestação de serviços profissionais gratuitos ou por preços inferiores aos da concorrência, a qualquer título, excetuados, naturalmente, os casos em que o beneficiário seja entidade incapaz de remunerá-los e cujos fins sejam de inegável proveito social coletivo. 14. Os veículos faturarão sempre em nome dos anunciantes, enviando as contas às agências por elas responsáveis, para cobrança. 15. Com o objetivo de incentivar a produção de idéias novas, de que tanto necessita a propaganda, presume-se sempre que a idéia pertence à empresa criadora e não pode ser explorada sem que esta dela se beneficie. 16. É imoral deturpar ou apresentar de maneira capciosa elementos de pesquisa ou estatística. Recomenda-se também que sempre que tais dados sejam utilizados como elemento fundamental de persuasão, mencione-se sua fonte de origem. 17. O plágio ou a simples imitação de outra propaganda é prática condenada e vedada ao profissional. 18. O profissional de propaganda deve conhecer a legislação relativa a seu campo de atividade, e como tal é responsável pelas infrações que, por negligência ou omissão intencional, levar o cliente a cometer na execução do plano de propaganda que sugeriu e recomendou. 19. O profissional de propaganda respeita as campanhas de seus competidores, jamais procurando destruí-las por atos ou impedindo a sua divulgação. Nos textos que usa, exalta as vantagens do seu tema, sem que isso envolva críticas ou ataques diretos ao competidor. 20. A propaganda é sempre ostensiva. A mistificação e o engodo que, escondendo a propaganda, decepcionam e confundem o público são expressamente repudiados pelos profissionais de propaganda. 21. A obrigação do veículo para com o anunciante limita-se exclusivamente à divulgação da matéria autorizada no espaço determinado de acordo com as especificações técnicas ou o uso do tempo contratado pelo anunciante, não devendo este, de forma alguma, pretender influir na opinião do veículo. As obrigações mútuas são de caráter estritamente comercial. 22. É taxativamente considerada imoral a alegação do volume de verbas de propaganda a fim de obter mudanças de atitude dos veículos, influenciar decisões ou conseguir vantagens não obtidas por outrem, em igualdade de condições. III — Recomendações: 23. O profissional de propaganda que trabalha para uma determinada entidade não deve emprestar sua colaboração a outra empresa que, por vezes, está competindo com aquela que lhe paga o salário e lhe enseja a oportunidade de progredir na profissão. 24. Todos os profissionais de propaganda se comprometem, nos limites de sua competência, a assegurar, por suas ações, por sua autoridade e influência, o cumprimento deste Código, devendo empenhar-se pela neutralização dos menos escrupulosos, que comprometem a seriedade da profissão. 25. É imoral, por prejudicar o povo, qualquer fixação de verbas de propaganda imposta por convênios, entre anunciantes, indicada direta ou indiretamente pelos sindicatos, associações, cartéis ou pelos governos federal, estaduais ou municipais. Outrossim, a firma, representante ou vendedor que receber verbas, percentagens ou bonificações para propaganda, não poderá, sem quebra da honestidade comercial, deixar de aplicá-las em propaganda, quer dando-lhes outro destino, ou, simplesmente, as incorporando aos seus lucros. 26. É imoral a utilização de idéias, planos ou material de uma agência de propaganda por parte do cliente que porventura dela se venha a desligar, quer tal utilização seja feita diretamente, quer por intermédio de terceiros, sem o consentimento prévio da agência criadora. 27. A utilização da propaganda deve ser incentivada, pois o ideal seria que todas as idéias, todos os serviços e todos os produtos fossem, simultaneamente, apregoados em todos os pontos do País, na mais livre concorrência, para a mais livre escolha de todos os cidadãos. 28. Recomenda-se que as associações de propaganda em cada cidade do País tomem a iniciativa de instituir comissão local de Ética de Propaganda, a qual terá como orientadora de suas normas os princípios estabelecidos neste Código."

João Luiz Faria Netto

FONTE: ABP. *Anais do I Congresso de Propaganda* (documentos dispersos).

CÓDIGO NACIONAL DE AUTO-REGULAMENTAÇÃO PUBLICITÁRIA ver **CONSELHO NACIONAL DE AUTO-REGULAMENTAÇÃO PUBLICITÁRIA**

COELHO, EDESON E.

Edeson E. Coelho nasceu em Campinas (SP), em 31 de maio de 1929, filho de João Ernesto Coelho Junior, farmacêutico, que se dedicava a fazer publicidade de produtos farmacêuticos. Contava 10 anos quando a família transferiu-se para a capital paulista.

Começou a trabalhar em 1945, como propagandista médico, na Companhia Jotapires, de São Paulo, empresa mais tarde absorvida pela Laborterápica. Seu trabalho consistia em entregar caixas de amostras e fazer a publicidade dessas amostras.

Fez o curso de técnica de propaganda da Associação Paulista de Propaganda (APP, atual Associação dos Profissionais de Propaganda), o que lhe possibilitou ser contratado pela empresa McCann Erickson em 1947. Tornou-se assistente de Italo Éboli, à época chefe de redação e contato da agência. Decidiu ingressar no curso de jornalismo da Faculdade Católica de São Paulo, mas não terminou o curso.

Pouco tempo depois, mudou-se para o Rio de Janeiro para trabalhar na Arco-Artusi Propaganda. Ao deixar a empresa, em 1951, tornou-se assistente de publicidade da Rádio Globo, onde revia textos. Entre 1952 e 1953 trabalhou na Sears Roebuck, onde ingressou como redator e saiu como chefe de propaganda. Foi para a Continental como vendedor de tempo, permanecendo por pouco tempo na emissora. Ainda em 1953, foi contratado pela *Seleções* do Reader's Digest como gerente de circulação.

Logo após seu casamento, decidiu se mudar para os Estados Unidos, onde cursou relações públicas na Universidade de Nova York. Fez também o curso de produção em TV na School of Radio and Television.

Ainda nos Estados Unidos, trabalhou no Escritório Comercial do Brasil como editor de um boletim semanal e como responsável pelas relações públicas. Nessa ocasião, em 1957, conheceu, em Nova York, Nascimento Brito, que estava renovando o *Jornal do Brasil*. Voltou ao Brasil e trabalhou durante quatro anos e meio no *JB* com a função de definir a política comercial da empresa. Sua atuação no jornal lhe valeu o título de Publicitário do Ano em 1959. Durante esse período foi eleito vice-presidente da Associação Brasileira de Propaganda (ABP), na chapa encabeçada por Caio Domingues, e colaborou ativamente na implantação do Instituto Verificador de Circulação (IVC).

Ao sair do *JB* foi ser diretor da revista *Senhor*. Em 1963, foi contratado pela TV Globo para trabalhar em seu departamento comercial, no setor de publicidade e promoções.

Em 1966, foi indicado por Caio Domingues para a gerência de relações públicas e publicidade da Ford do Brasil. No lançamento do carro Ford Galaxie fez uma peça publicitária de grande sucesso "Faça como a Ford, compre a Willys".

Em 1968 deixou a Ford e ingressou na Standard, de São Paulo, como diretor adjunto, sendo responsável pela conta da Rhodia. Quatro meses depois foi nomeado para o cargo de diretor-geral dos escritórios da empresa em São Paulo.

Em 1973, foi para a DPZ, saindo em 1979 para ocupar o cargo de diretor da agência Salles/Inter-Americana. Em 1982, deixou a Salles e retornou à DPZ para fazer a campanha publicitária da cerveja Kaiser.

Durante a gestão de Moreira Franco à frente do governo do estado do Rio de Janeiro (1987-91), foi convidado a assumir a Secretaria de Comunicação. Ao deixar o cargo, foi nomeado diretor de marketing da Embratur.

Logo depois voltou para a agência Salles, como vice-presidente da empresa no Rio de Janeiro. Deixou a Salles para retornar mais uma vez à DPZ, para fazer propaganda para McDonald, Volkswagen, Unimed, BNDES, Petrobras, BR Distribuidora, entre outras.

Aposentou-se em 2000 ao completar 71 anos de idade.

Alzira Alves de Abreu

FONTES: *Propaganda*, v. 14, n. 145, jun. 1968; COELHO, Edeson E. *Edeson E. Coelho (depoimento, 2004)*. Rio de Janeiro, Cpdoc-ABP, 2005.

COMPANHIA DE INCREMENTO DE NEGÓCIOS (CIN)

Agência paulista fundada em agosto de 1954 por Samuel Vilmar, Rankin Roberts IV e Luiz Carlos (Jack) Vilmar, tendo mais tarde se incorporado ao grupo de sócios o publicitário Antônio Nogueira — dono de longa carreira na J. Walter Thompson. A CIN manteve escritórios também no Rio de Janeiro, em Porto Alegre e em Salvador, alcançando certo destaque nacional. Entre seus mais importantes clientes, cabe destacar: Avon, Cinzano, Vasp, British United e ITT. Pioneira na adoção de técnicas de planejamento estratégico, em 1960 foi apontada como uma das principais agências do eixo Rio-São Paulo pelo *Anuário de Publicidade*. Foi responsável também pela campanha publicitária do primeiro automóvel inteiramente produzido no Brasil: o DKW Vemag. Em 1975, a CIN foi comprada pela norte-americana Leo Burnett.

André Dantas

FONTE: CASTELO BRANCO, Renato; MARTENSEN, Rodolfo Lima; REIS, Fernando (planej. e coord.). *História da propaganda no Brasil*. São Paulo: T. A. Queiroz, 1990. (Coleção Coroa Vermelha. Estudos Brasileiros, 21.). p. 349-350.

COMUNICAÇÃO CONTEMPORÂNEA *ver* CONTEMPORÂNEA

CONAR *ver* CONSELHO NACIONAL DE AUTO-REGULAMENTAÇÃO PUBLICITÁRIA

CONGRESSO BRASILEIRO DE PROPAGANDA, I

O I Congresso Brasileiro de Propaganda realizou-se no Rio de Janeiro, entre 29 e 31 de outubro de 1957, na Associação Brasileira de Imprensa (ABI). A idéia de um congresso que reunisse empresários da propaganda e publicitários, anunciantes, fornecedores e veículos era antiga, vinha da década de 1930.

O primeiro congresso se reuniu sob a presidência de Armando D'Almeida. Mas como D'Almeida não compareceu por problemas de saúde, as sessões foram presididas pelos vice-presidentes, em rodízio: Italo Éboli, Armando de Moraes Sarmento e Paulo Arthur Nascimento. O congresso contou com 427 inscritos e a presença de mil congressistas. Havia oito comissões técnicas: Código de Ética, presidida por Aldo Xavier da Silva; Jurídica, presidida por João Dória; Regulamentação, presidida por Saulo Guimarães; Padronização, presidida por Millo Gambini; Contabilidade, presidida por Rosino Zacchi; Controle de Circulação, presidida por Alírio Salles; Técnica de Propaganda, presidida por Rodolfo Lima Martensen, e Eficiência, presidida por Renato Castelo Branco. O total de teses inscritas foi de 61, sendo 14 sobre código de ética, quatro sobre problemas legais, 10 sobre regulamentação profissional, cinco sobre padronização, uma sobre contabilidade, oito sobre controle de circulação, 10 sobre eficiência, nove sobre técnica publicitária e mais dois ofícios.

Os resultados do congresso foram a elaboração das normas-padrão para a prestação de serviços pelas agências, o Instituto Verificador de Circulação (IVC), o Código de Ética dos Profissionais da Propaganda, o Conselho Nacional de Propaganda (CNP) e a implantação definitiva do colunismo publicitário no Brasil.

Alzira Alves de Abreu

FONTES: SIMÕES, Roberto. História da propaganda. *Propaganda*, v. 26, n. 308, fev. 1982; VARÓN CADENA, Nelson. *Brasil, 100 anos de propaganda*. São Paulo: Referência, 2001; CASTELO BRANCO, Renato; MARTENSEN, Rodolfo Lima; REIS, Fernando (planej. e coord.). *História da propaganda no*

Brasil. São Paulo: T. A. Queiroz, 1990. (Coleção Coroa Vermelha. Estudos Brasileiros, 21.).

CONGRESSO BRASILEIRO DE PROPAGANDA, II

Realizado em São Paulo, em fevereiro de 1969, sob a presidência de Mauro Salles. Contou com a participação de 804 congressistas e a apresentação de 50 teses sobre problemas da propaganda brasileira. A palestra de abertura foi proferida pelo então ministro Delfim Neto.

Dos assuntos abordados no congresso, os que provocaram debates mais acirrados ocorreram na Comissão de Legislação e Regulamentação. Uma das teses apresentadas a essa comissão — de autoria do então presidente da Associação Brasileira de Anunciantes (ABA), Gerd Tykocinski — propunha a alteração das taxas de remuneração das agências e foi rejeitada pelo plenário. Outra questão polêmica também reprovada pelos congressistas foi uma tese propondo a filiação compulsória dos veículos ao Instituto Verificador de Circulação (IVC). Já entre as propostas aprovadas pelo congresso destacaram-se as teses sobre defesa do consumidor.

Simultaneamente aos trabalhos do congresso, foi realizada a I Feira Brasileira de Propaganda, endossada pela organização do evento maior e que ocupou uma área de 10 mil metros quadrados, reunindo agências, fornecedores, anunciantes e veículos. Segundo Varón, uma das contribuições desse encontro foi a percepção de que o marketing da propaganda já se tornara viável no país.

Christiane Jalles de Paula

FONTES: SIMÕES, Roberto. História da propaganda brasileira. *Propaganda*, v. 26, n. 308, fev. 1982; VARÓN CADENA, Nelson. *Brasil, 100 anos de propaganda*. São Paulo: Referência, 2001.

CONGRESSO BRASILEIRO DE PROPAGANDA, III

Realizado na capital paulista, em abril de 1978, foi presidido por Orivaldo Vargas Löffler, da Associação Brasileira de Agências de Propaganda (Abap, atual Associação Brasileira de Agências de Publicidade), eleito por unanimidade. Teve como vice-presidentes Luiz Celso Piratininga, Carlos Roberto Chueiri, Paulo Roberto Lavrille de Carvalho e Jarbas José de Souza.

O congresso foi organizado por Luiz Celso Piratininga, à época presidente da Associação Paulista de Propaganda (APP, atual Associação dos Profissionais de Propaganda), que propôs a realização do congresso em seu discurso de posse na presidência da APP em 1976. Após percorrer o país em busca de apoio para a realização do evento, Luiz Celso Piratininga obteve a adesão do presidente da Associação Brasileira de Anunciantes (ABA), Gilberto de Barros, e das lideranças da propaganda, principalmente da Abap, que se tornou a principal patrocinadora do evento.

Antes do início dos trabalhos das comissões, foram definidos os temas que não seriam abordados no congresso, ficando assim excluídas as teses que tratassem da remuneração das agências, da reforma da Lei nº 4.680; das *house agencies*, dos custos de produção, das *fees* e bonificações de volume.

A principal contribuição do III Congresso Brasileiro de Propaganda foi a aprovação do Código de Auto-Regulamentação Publicitária, elaborado pela Comissão Interassociativa da Publicidade Brasileira, presidida por Geraldo Alonso e tendo como relatores, primeiro, Mauro Sallles e, depois, Caio Domingues. Nos debates que precederam a aprovação do código, o Sindicato dos Publicitários do Rio de Janeiro e outros participantes do evento manifestaram-se contrários aos trabalhos da comissão, mas o código foi endossado pela maioria.

Ainda durante o congresso foi aprovada uma moção do Clube de Criação do Rio de Janeiro propondo o restabelecimento do Estado de direito no país, moção que foi lida na sessão de encerramento pelo presidente do congresso e conclamada pelos participantes. No congresso, as agências regionais também propuseram a federalização da Abap, o que acabou não sendo levado a cabo.

Christiane Jalles de Paula

FONTES: *Propaganda*, v. 22, n. 261, abr. 1978; CASTELO BRANCO, Renato; MARTENSEN, Rodolfo Lima; REIS, Fernando (planej. e coord.). *História da propaganda no Brasil*. São Paulo: T. A. Queiroz, 1990. (Coleção Coroa Vermelha. Estudos Brasileiros, 21.); VARÓN CADENA, Nelson. *Brasil, 100 anos de propaganda*. São Paulo: Referência, 2001.

CONSELHO EXECUTIVO DAS NORMAS-PADRÃO (CENP)

Entidade criada em 1998 pelo mercado publicitário para fazer cumprir as "Normas-padrão da atividade publicitária", documento básico que define as condutas e as regras das melhores práticas éticas e comerciais entre os principais agentes da publicidade brasileira. O conselho é dirigido por uma diretoria executiva e tem como seu principal gestor um conselho executivo, composto de 22 representantes de agências de propaganda, anunciantes, veículos de comunicação e governo federal, além de um conselho de ética.

FONTE: <http://www.cenp.com.br/>, acesso em 15-2-2005.

CONSELHO NACIONAL DE AUTO-REGULAMENTAÇÃO PUBLICITÁRIA (CONAR)

O conselho tem sua origem no Código Nacional de Auto-Regulamentação Publicitária que surgiu no III Congresso Brasileiro de Propaganda, realizado em 1977, no Anhembi, em São Paulo, e no qual se discutiram, com destaque, teses relacionadas com a censura exercida, à época, aos meios de comunicação de maneira geral, e que ameaçava a atividade publicitária. O código, cópia abrasileirada das normas auto-reguladoras praticadas ainda hoje na Inglaterra, seria aplicado por uma comissão de ética criada pelos publicitários e que chegou a iniciar seus trabalhos de maneira informal, sendo atropelada, no entanto, pela iniciativa do governo de nomear uma comissão interministerial, com a participação de representantes de veículos, agências e anunciantes, para dar forma a uma autarquia controladora da publicidade, cuja minuta de ato de criação chegou a ser formulada pelo Ministério da Indústria e do Comércio.

Contra essa iniciativa se colocaram, especialmente, os veículos de comunicação liderados pela Associação Nacional de Jornais, presidida pelo jornalista Roberto Marinho. A alternativa, apoiada por todos os setores envolvidos na atividade publicitária, foi a criação, em 1980, de uma entidade civil, a primeira organização não-governamental (ONG) do país a cuidar de questões éticas da atividade de comunicação, o Conselho Nacional de Auto-Regulamentação Publicitária (Conar), instituído e fundado pela Associação Nacional de Jornais (ANJ), pela Associação Brasileira de Emissoras de Rádio e Televisão (Abert), pela Associação Brasileira de Agências de Propaganda (Abap, atual Associação Brasileira de Agências de Publicidade), pela Associação Brasileira de Anunciantes (ABA), pela Central do Outdoor e, devido à inexistência de uma associação que reunisse os editores de revistas, por um compromisso firmado em escritura pública, pelas editoras Abril e Manchete, de criação de uma entidade que congregasse as revistas, o que resultou na criação da Associação Nacional de Editores de Revistas (Aner).

O código, além de tratar da ética publicitária nas relações de consumo, dispõe também sobre as relações éticas da própria atividade, isto é, as relações entre agências, entre anunciantes, e sobre o respeito à propriedade intelectual, representada por marcas, expressões de propaganda e a criação da arte incluída nas peças publicitárias. O código, em seus princípios gerais — respeitabilidade, decência, honestidade, medo/superstição/violência, apresentação verdadeira, identificação publicitária, propaganda comparativa, segurança e acidentes, proteção da intimidade, poluição e ecologia, crianças e jovens, direito autoral e plágio —, cuida, em capítulo especial, das chamadas categorias especiais de anúncios, tratados em anexos que são atualizados de acordo com o tempo e as circunstâncias sociais, como bebidas alcoólicas; educação, cursos e ensino; empregos e oportunidades; imóveis — venda e aluguel; investimentos, empréstimos e mercado de capitais; lojas e varejo; médicos, dentistas, veterinários, parteiras, massagistas e enfermeiros; serviços hospitalares, paramédicos e para-hospitalares; produtos protéticos e tratamentos; produtos alimentícios; produtos farmacêuticos isentos de prescrição; produtos de fumo; produtos inibidores de fumo; profissionais liberais; reembolso postal ou vendas pelo correio; turismo e viagens, excursões, hotelaria; veículos motorizados; cervejas e vinhos; testemunhais, atestados, endossos; defensivos agrícolas; armas de fogo; *ices* e bebidas assemelhadas.

Trata ainda das responsabilidades de anunciantes, agências e veículos, e lista as punições por infração: advertência; recomendação ou correção do anúncio; recomendação aos veículos no sentido de que sustem a divulgação do anúncio; divulgação da posição do Conar com relação ao anunciante, à agência e ao veículo, através da divulgação pública condenatória pelo não-cumprimento das medidas e providências preconizadas. Os julgamentos do Conar seguem o princípio do devido processo, do contraditório e da ampla defesa, através de câmaras de ética integradas, paritariamente, por representantes de anunciantes, agências e veículos, além de representação da chamada sociedade civil.

O Conar não é um organismo de defesa do consumidor, defendendo-o, no entanto, na medida em que defende a liberdade de comunicação publicitária e assegura o cumprimento de princípios éticos na comunicação. No conteúdo dos anúncios, é o executor da legislação resultante da incorporação do Código de Ética pela Lei nº 4.680/65.

João Luiz Faria Netto

FONTE: BITELLI, Marcos Sant'Anna (org.). *Constituição Federal: coletânea de legislação de comunicação social*. 3. ed. ver. atual. amp. São Paulo: Revista dos Tribunais, 2003.

CONSELHO NACIONAL DE PROPAGANDA (CNP)

Fundado em 5 de novembro de 1964, em decorrência das recomendações do I Congresso Brasileiro de Propaganda, realizado no Rio de Janeiro entre 29 e 31 de outubro de 1957. Foi criado com o objetivo de elaborar campanhas para esclarecer a função da propaganda. Teve Renato Castelo Branco como um de seus fundadores e primeiro presidente. A assembléia de constituição foi conduzida por David Augusto Monteiro, assistido por Paulo Arthur Nascimento e Petrônio Corrêa. Sua primeira diretoria organizou três campanhas: "Exportar é a solução", a dos sanatórios de Campos do Jordão e a de estímulo ao consumo.

Alzira Alves de Abreu

FONTES: SIMÕES, Roberto. História da propaganda brasileira. *Propaganda*, v. 26, n. 308, fev. 1982; VARÓN CADENA, Nelson. *Brasil, 100 anos de propaganda*. São Paulo: Referência, 2001.

CONTEMPORÂNEA

Agência fundada em 1983, no Rio de Janeiro, por Armando Strozenberg, Mauro Matos e José Antônio Calazans Rodrigues com o nome de Comunicação Contemporânea Ltda. A agência surgiu em um contexto de derrocada do regime militar e luta pela redemocratização no qual o país conheceu um período de grande mobilização popular. Foi nessa época que a agência realizou a campanha *Democracia*, para o cliente *Jornal do Brasil*, que marcou a linguagem publicitária de veículos de comunicação no país e foi agraciado com o Leão em Cannes, em 1986, e o Comercial do Ano de 1985/86 pelo Prêmio Colunistas Brasil, ganhou prêmio no Festival do Filme Publicitário da Associação Brasileira de Propaganda (ABP).

No final da década de 1980, produziu a campanha da nova coleção da *De Millus*, líder do mercado de *lingerie*, na qual um time de futebol, formado por mulheres vestidas apenas de calcinhas e sutiãs disputavam partidas contra um time de homens. Essa campanha rendeu à agência o terceiro Leão, em Cannes, e o Grande Prêmio Profissionais do Ano de 1989 promovido pela Rede Globo de Televisão. Em 1991, conquistou o título de Agência do Ano, do Prêmio Comunicação, da Associação Brasileira de Propaganda (ABP).

Em 1995, a agência, em *joint venture* com a SLBB, abriu escritório em São Paulo — a Contemporânea, SLBB —, tendo como sócios: Ercílio Tranjan, Plínio Pereira e Benjamim Steinbruch, além dos fundadores da matriz. No ano de 1998, foi pioneira na forma de lançar jornais populares sendo uma das responsáveis pela campanha de lançamento do jornal *Extra* que, seis anos depois, se tornou o mais vendido em bancas de jornais do país, segundo as pesquisas. Em 1999, integrou-se ao Grupo Interpublic. Em 2004, a agência abriu filial em Vitória (ES). No final de 2005, os sócios fundadores recompraram, em Nova York, a totalidade das ações que detinham originalmente na Contemporânea. No curso de sua trajetória, a Contemporânea firmou acordos operacionais com agências locais em 11 estados brasileiros, expandindo, assim, suas atividades.

A Contemporânea investiu na informatização da agência com a utilização de softwares próprios para atendimento, mídia, criação, produção e estação gráfica. Além disso, implantou técnicas próprias de pesquisa, planejamento e *consumer insights* e a criação de intranet que permite comunicação direta com os clientes.

Ao longo de sua história, conquistou mais de 1.300 prêmios em festivais regionais, nacionais e internacionais, o que a colocava entre as 10 mais premiadas do país nas décadas de 1980 e 90 no país.

Alan Carneiro

FONTES: ABAP — Associação Brasileira de Agências de Propaganda. *História da Propaganda Brasileira*. São Paulo: Talento, 2005; CASTELO BRANCO, Renato; MARTENSEN, Rodolfo Lima; REIS, Fernando (planej. e coord.). *História da propaganda no Brasil*. São Paulo: T. A. Queiroz, 1990. (Coleção Coroa Vermelha. Estudos Brasileiros, 21.); MARCONDES, Pyr. *Uma história da propaganda brasileira*. Rio de Janeiro: Ediouro, 2002; <http://www.contemporanea.com.br>, acesso em 6-12-2004; <http://www.portaldapropaganda.com/hottops_agencias/agencias/2004/03/0009>, acesso em 6-12-2004; *Meio & Mensagem*, 13 nov. 1995.

CORRÊA, FLÁVIO

Flávio Antônio Artur Oscar Alcides Corrêa nasceu em Porto Alegre em 1935, filho de Ernesto Corrêa, professor e diretor do *Diário de Notícias* de Porto Alegre.

Ingressou no jornalismo como fotógrafo aprendiz do *Diário de Notícias* aos 14 anos. Promovido a redator, assinou a coluna dominical "Gente nova faz notícia" e, devido a ela, ficou conhecido pelo apelido de infância — Faveco. Também trabalhou no vespertino *A Hora*. Formou-se em direito e jornalismo pela Universidade Federal do Rio Grande do Sul e, em 1959, quando foi inaugurada a primeira emissora de televisão gaúcha, a TV Piratini, Flávio Corrêa deixou a imprensa escrita e foi trabalhar na redação do noticiário *Grande Jornal Ipiranga*. Também criou e produziu programas, como *Grandes reportagens Banmércio*.

Iniciou sua carreira na publicidade associando-se a um amigo do pai, proprietário de uma loja de roupas femininas, e abrindo uma pequena agência. Pouco depois, deixou a sociedade e fundou a Vox, agência associada à MPM, então a maior agência gaúcha e líder do *ranking* nacional por vários anos. A Vox, porém, teve duração efêmera. Em 1963, Flávio Corrêa fundou a Sociedade Gaúcha de Promoções e Publicidades (Sogapp). No ano seguinte, abriu a filial da Denison Propaganda em Porto Alegre. Três anos depois, transferiu-se para a Standard, encarregado do comando da agência. Deixou a Standard após desentendimentos com Cícero Leuenroth, dono da agência. Em 1971, Flávio Corrêa deixou a propaganda e tornou-se diretor da Rede Record de Televisão, em São Paulo.

Com a compra da Standard pelo grupo inglês Ogilvy & Mather, em 1972, Flávio Corrêa retornou à Standard, então Standard Ogilvy & Mather, e assumiu a presidência. Durante sua gestão, a agência voltou a crescer e a figurar entre as maiores do país. Em 1982, tornou-se membro da diretoria mundial da Ogilvy & Mather Worldwide. Em 1984, foi escolhido Publicitário do Ano pelos colunistas. Cinco anos depois, foi eleito presidente da Ogilvy para a América Latina e o

Caribe. Em 1989, tornou-se membro do Comitê Executivo da Ogilvy & Mather, com sede em Nova York.

Flávio Corrêa retornou ao Brasil em 1998 e ocupou a presidência da Propeg, cargo que deixou em maio de 2000 para constituir sua consultoria de marketing e comunicação, a FAR Comunicação.

Presidiu a Associação Brasileira de Agências de Publicidade (Abap) e, em janeiro de 2001, foi o primeiro presidente executivo da entidade. Em março de 2002, renunciou às presidências da Soluziona e da Abap para integrar o novo departamento comercial do Sistema Brasileiro de Televisão (SBT), segunda maior rede de TV do país, posição que deixou em setembro de 2002 para ser sócio da Hollywood Movie Magic Brasil, multinacional que opera em promoção de vendas com cupons de entrada de cinema.

Foi também presidente para a América Latina da Results International Consulting e Comunicação, membro do Conselho de Administração da Bombril S.A., vice-presidente e membro do Conselho da Associação Comercial de São Paulo. Fundou várias organizações não-governamentais.

Christiane Jalles de Paula

FONTES: VARÓN CADENA, Nelson. *Brasil, 100 anos de propaganda*. São Paulo: Referência, 2001; CASTELO BRANCO, Renato; MARTENSEN, Rodolfo Lima; REIS, Fernando (planej. e coord.). *História da propaganda no Brasil*. São Paulo: T. A. Queiroz, 1990. (Coleção Coroa Vermelha. Estudos Brasileiros, 21.); *Propaganda*, n. 415, fev. 1989; informações prestadas pelo biografado; <http://www.grupos.com.br/mensagens/upclip/completa.phtml?indice=9&ano=2003&mes=08&total=18>, acesso em 17-5-2004; <http://www.extra.inf.br/happyhour.asp?happyhour=17>, acesso em 17-5-2004; <http://www.fadelcursos.com.br/Conf/flavio_correa.htm>, acesso em 17-5-2004; <http://www.monitormercantil.com.br/scripts/materia.cfm?Doc_id=1415514564>, acesso em 17-5-2004.

CORRÊA, PETRÔNIO

Petrônio Corrêa nasceu em 29 de dezembro de 1928, em São Sepé (RS). O pai, João Brum Corrêa, começou como operário e, depois, passou a funcionário médio da Companhia Brasileira de Fumos, subsidiária da Souza Cruz, onde trabalhou por 40 anos até se aposentar na função de classificador de fumo. A mãe, Anadege Cunha Corrêa, dedicava-se exclusivamente ao lar.

Aos seis meses de idade, mudou-se com a família para Santo Ângelo, região das Missões, onde viveu até os 16, quando foi para Porto Alegre para trabalhar e fazer o curso clássico.

Petrônio Corrêa começou sua vida profissional ainda em Santo Ângelo, onde trabalhou como bancário por um ano. Seus conhecimentos de datilografia fizeram com que conseguisse seu primeiro emprego em Porto Alegre, em 1948, em uma editora católica — o Centro da Boa Imprensa do Rio Grande do Sul. Passou por vários setores da empresa, até assumir a gerência da livraria. Nessa função, recebeu convite para ser secretário do então presidente da Varig, Rubem Berta. O presidente da editora, como contraproposta, ofereceu-lhe a gerência de publicidade do semanário católico *A Nação*, incumbência que decidiu aceitar.

Apesar de demonstrar vontade de ser advogado desde o curso ginasial e de ter passado no vestibular de direito, Petrônio Corrêa desistiu da carreira jurídica ainda no primeiro ano da faculdade. Envolvia-se cada vez mais com a área publicitária, conseguindo duas representações no mercado gaúcho: da revista carioca *PN — Publicidade & Negócios* e, por intermédio desse trabalho, da agência Grant Advertising. Em 1954, quando a Grant decidiu converter a representação em uma filial da agência em Porto Alegre, Petrônio Corrêa foi convidado a gerenciar esse escritório.

Em 1957, deixou a Grant para abrir, junto com Luiz Macedo e Antônio Mafuz, a MPM Propaganda. Levou consigo uma das principais contas da Grant no Rio Grande do Sul: a da A. J. Renner. A MPM chegou a ser a maior agência do Brasil, com 10 unidades operacionais pelo país e 900 funcionários. As principais sedes eram a do Rio de Janeiro, coordenada por Macedo; a de Porto Alegre, por Mafuz; e a de São Paulo, aberta em 1962, que passou a ser gerenciada por Corrêa quatro anos mais tarde. Em 1975, o escritório paulista incorporou a Casabranca Publicidade, dos publicitários Júlio Ribeiro, Armando Mihanovich e Sérgio Graciotti. A partir de então, durante 15 anos consecutivos a MPM ocupou o 1º lugar entre as agências brasileiras, feito jamais alcançado por nenhuma outra. Também integrou o *ranking* das 50 maiores agências mundiais. Em 1991, o Grupo Interpublic comprou-a de Petrônio Corrêa e seus sócios, mas logo a agência perdeu a liderança.

Suas atuações foram nas áreas de atendimento e de conciliação dos interesses do mercado. Foi presidente da Federação Brasileira de Publicidade (Febrasp) em 1964/65, época em que participou da elaboração do anteprojeto apresentado ao Congresso Nacional que resultou na promulgação da Lei nº 4.680, reguladora do ofício do publicitário. Foi ainda fundador e primeiro presidente do Conselho Nacional de Auto-Regulamentação Publicitária (Conar) de 1981 a 1988, e presidente da Associação Brasileira de Agências de Propaganda (Abap, atual Associação Brasileira de Agências de Publicidade) por duas vezes, nos triênios 1979-81 e 1990-92. Também por duas vezes foi homenageado com o título de Publicitário do Ano: em 1964, pela Associação Rio-Grandense de Propaganda, e em 1967, com o Prêmio Colunistas. A ABP agraciou-o com o Prêmio Comunicação em 1998, como homenagem especial, e, em 2000, com o título de Personalidade do Ano.

Em 1997, fundou o Instituto para Acompanhamento Publicitário (IAP), prestador de serviços para a Secretaria de Comunicação Social da Presidência da República, e do qual se tornou presidente. Também ajudou a fundar, em 1999, o Conselho Executivo das Normas-Padrão (Cenp), sendo seu primeiro presidente, cargo para o qual já foi reeleito duas vezes.

José Márcio Batista Rangel

FONTES: Tempos de articulação. *Marketing*, 25 maio 2004; <http://www.lmscounseling.com.br/teste/quemsomos.htm>, acesso em 21-6-2004; <http://www.arpnet.com.br/publicitarios_ano.htm>, acesso em 21-6-2004; RODRIGUES, André Iribure. A contribuição da MPM Propaganda para o mercado publicitário gaúcho. In: CONGRESSO Brasileiro de Ciências da Comunicação, XXIV, Campo Grande, MS: Intercom — Sociedade Brasileira de Estudos Interdisciplinares da Comunicação, 2001 <http://www.intercom.org.br/papers/xxiv-ci/np03/NP3RODRIGUES.pdf>, acesso em 29-9-2004; *About*, v. 10, n. 512, 5 jan. 1999; *About*, v. 10, n. 514, 19 jan. 1999; CASTELO BRANCO, Renato; MARTENSEN, Rodolfo Lima; REIS, Fernando (planej. e coord.). *História da propaganda no Brasil*. São Paulo: T. A. Queiroz, 1990 (Coleção Coroa Vermelha. Estudos Brasileiros, 21.); CORRÊA, Petrônio. *Petrônio Corrêa (depoimento 2004)*. Rio de Janeiro, Cpdoc- ABP, 2005.

COSI, JULIO

Júlio Cosi nasceu em São Paulo em 29 de março de 1895, filho de Orlando Cosi e Anna Ricci Cosi.

Estudou desenho no Liceu de Artes e Ofícios, de São Paulo, e no Instituto de Ciências Econômicas Caetano Grieco.

Começou a trabalhar em 1910, no Serviço de Agrimensura e Levantamento de Terras Devolutas da Secretaria de Agricultura do Estado de São Paulo. Em 1912, chefiou o departamento de contabilidade da Domingos Leardi. Dois anos depois, transferiu-se para a Byinton & Cia. Cosi também trabalhou na Cia. de Calçados Rocha e, em 1917, gerenciou a filial paulista.

Cosi ingressou na propaganda em 1918, quando se associou ao cunhado, Eugênio Leuenroth, para fundar a Leuenroth & Cosi, responsável por *A Ecléctica* — agência fundada em 1914 por Jocelyn Bennaton e João Castaldi, que pouco tempo permaneceram na empresa. Julio Cosi ficou responsável pela direção da matriz, em São Paulo, enquanto Leuenroth, após ser transferido para o Rio de Janeiro como representante de *O Estado de S. Paulo*, passou a responder pela filial carioca. Segundo Rodolfo Lima Martensen, em *História da propaganda no Brasil*, *A Ecléctica* "viria a tornar-se um verdadeiro marco do empresariado publicitário brasileiro".

Em 1922, Cosi tornou-se sócio da Associação Brasileira de Imprensa (ABI). Dois anos mais tarde, ele e Afonso Schmidt lançaram a publicação bimestral *Romance-Jornal*, de divulgação de obras literárias. Em 1925, Cosi fundou o *Jornal dos Jornais*; o *Informativo*

Comercial, junto com Nereu Pestana; e o Serviço de Assinaturas de Jornais e Revistas. Em abril do ano seguinte, participou do I Congresso Pan-Americano de Jornalismo, realizado em Washington, EUA.

Em 1932, fundou a *Revista Idort*, do Instituto de Orientação Racional do Trabalho, atendendo a pedido de Armando Sales de Oliveira. No ano seguinte, foi um dos fundadores da Associação Paulista de Imprensa (API). Também organizou o I Congresso Paulista de Imprensa. Em 1934, fundou a empresa Sila, representante das publicações dos Diários Associados, de Assis Chateaubriand, em São Paulo e no Rio de Janeiro. Cosi dirigiu o "Suplemento de Rotogravura" de *O Estado de S. Paulo (Oesp)*.

O ano de 1937 marcou o início do movimento associativo da propaganda brasileira. Cosi foi membro atuante da fundação das duas entidades que passaram a congregar os profissionais da área: a Associação Brasileira de Propaganda (ABP), criada em 16 de julho, e a Associação Paulista de Propaganda (APP, atual Associação dos Profissionais de Propaganda), fundada em 29 de setembro.

Em novembro desse mesmo ano foi lançada em São Paulo a revista *Propaganda*. Cosi, um dos colaboradores da revista, foi também secretário da revista.

Em 1938, dirigiu, juntamente com Fernando Caldas, a seção de anúncios classificados do *Oesp*. Deixou o cargo de secretário da *Propaganda* pouco antes do encerramento das atividades da revista, em 1939. Ainda nesse ano, assumiu a presidência da APP, tendo sido o segundo presidente da entidade. Também adquiriu os direitos da revista *Propaganda* e abrigou-a em A Ecléctica. Deixou a presidência da APP em 1940. Em março desse ano, o jornal *O Estado de S. Paulo*, dirigido por Francisco Mesquita, foi invadido pela polícia e fechado, sob a acusação de que, nele, se conspirava contra o Estado Novo. Cosi, um dos presos, ficou detido por 23 dias na Fortaleza de Santa Cruz e no Regimento de Cavalaria do Rio de Janeiro. Ainda em 1940, assumiu a presidência da agência, que foi transformada em sociedade anônima.

Em 1943, fundou e presidiu a Associação Profissional das Empresas de Publicidade Comercial, em São Paulo, e descobriu o rádio, sendo sócio fundador da Rádio Pan-Americana de São Paulo (atual Rádio Jovem Pan), junto com Maurício Goulart, Vicente Ancona Lopes e José Dias Gomes.

Em 1945, fundou o Sindicato das Empresas de Publicidade Comercial. Dois anos depois, expandiu seus negócios no meio radiofônico, ao assumir o cargo de diretor superintendente da Rádio América, ao lado de Oscar Pedroso Horta. No ano seguinte fundou e passou a ser o diretor secretário executivo da Associação das Emissoras de São Paulo (Aesp), juntamente com Edmundo Monteiro e Paulo Machado de Carvalho.

Nos anos 1950, Cosi, convidado por Samuel Wainer, tornou-se diretor da Rádio Clube do Brasil, no Rio de Janeiro, do matutino paulista *Diário de Notícias* e da Companhia Paulista Editora de Jornais e Revistas de São Paulo, editora do vespertino *Última Hora*.

No início da década de 1960, A Ecléctica encerrou suas atividades. Nesse mesmo período, Cosi expandiu sua rede de emissoras de rádio com a fundação, em 1961, da Rádio Clube de Fronteira, em Fronteira (MG) e, no ano seguinte, da Rádio Independente de São José do Rio Preto. Em 1968, montou a "Voz da Catanduva". Cosi também atuou no ramo de repetidoras das emissoras de televisão Globo, Tupi e Record. Foi sócio fundador do Serviço Autônomo Municipal de Retransmissão de Televisão de São José do Rio Preto e Alta Araraquarense.

Em 1972, seu filho, Júlio Cosi Júnior, fundou a agência Cosi, Jarbas e Sergino. Julio Cosi ocupou a diretoria administrativa da agência, cargo no qual permaneceu até 1978.

Faleceu em São Paulo no dia 1º de setembro de 1982.

Christiane Jalles de Paula

FONTES: CASTELO BRANCO, Renato; MARTENSEN, Rodolfo Lima; REIS, Fernando (planej. e coord.). *História da propaganda no Brasil*. São Paulo: T. A. Queiroz, 1990. (Coleção Coroa Vermelha. Estudos Brasileiros, 21.). p. 302-304; ASSOCIAÇÃO PAULISTA DE PROPAGANDA. *Depoimentos*. São

Paulo: Hamburg, s.d. (Série Documentos da Propaganda, 1.); *Propaganda*, n. 316, set. 1982; *Propaganda*, v. 22, n. 225, out. 1977; *Veja*, 8 set. 1982; informações prestadas pelo filho do biografado, Júlio Cosi Júnior, em out. 2004.

COSI JÚNIOR, JÚLIO

Júlio Cosi Júnior nasceu em São Paulo em 2 de maio de 1932, filho de Julio Cosi, co-proprietário da agência de propaganda Ecléctica, e de Elisa Costa Cosi.

Bacharel em ciências jurídicas e sociais pela Faculdade de Direito de Niterói, atual Universidade Federal Fluminense (UFF), também concluiu o curso da Escola de Propaganda do Museu de Arte de São Paulo, atual Escola Superior de Propaganda e Marketing (ESPM).

Ingressou na propaganda em 1949, na Ecléctica, na função de contato. Mais tarde foi promovido a supervisor de contas e diretor de criação. Em setembro de 1957, Cosi Júnior começou a trabalhar na multinacional McCann Erickson Publicidade. Nessa agência foi supervisor de contas e membro do Comitê do Planejamento.

Cosi Júnior deixou a McCann e, em janeiro de 1959, foi para a Standard Propaganda. Nessa agência ocupou a chefia do grupo de contas, depois a gerência do escritório da agência em São Paulo e, mais tarde, a vice-presidência e a direção de criação. Foi o primeiro profissional de propaganda no país a produzir, a partir de recortes dos anúncios publicados em revistas americanas, um livro que mostrava exemplos da boa propaganda produzida nos Estados Unidos. Permaneceu na Standard até dezembro de 1967. Nesse período ocupou a presidência da Associação Brasileira de Agências de Propaganda (Abap, atual Associação Brasileira de Agências de Publicidade).

Após sair da Standard, Cosi Júnior foi para a Alcântara Machado Publicidade (Almap) na função de diretor de criação e de atendimento. Sua transferência para a Almap foi considerada pelos jurados do I Prêmio Colunista a mais importante do ano de 1967. Em sua passagem pela Almap, Cosi Júnior foi um dos mentores, junto com Alex Periscinoto, dos trabalhos para a lâmina Gillette Platinum-Plus. Em 1970, recebeu o Prêmio Colunistas de Grandes Homenagens.

Deixou a Almap em 1972 para fundar a Cosi, Jarbas, Sergino Propaganda, em sociedade com Jarbas José de Souza e Sergino A. de Oliveira. Em janeiro de 1977, Cosi Júnior e seus sócios venderam 60% das ações da agência à multinacional Young & Rubicam. Em outubro do ano seguinte, desfizeram-se do restante das ações e, conseqüentemente, da agência.

Em janeiro de 1979, Cosi Júnior foi trabalhar na Editora Abril, onde ocupou os seguintes cargos: diretor de escritórios, *publisher* das revistas *Exame*, *Melhores & Maiores*, *Harvard Business Review*, *Brasil em Exame* e *Agendas*. Em agosto de 1990 retornou à propaganda, com a fundação da Cosi & Associados Propaganda.

Em 2000, deixou o Conselho da ESPM, escola onde também foi professor substituto de redação. Além disso, estagiou na DDB — Doyle Dane Bernbach —, considerada a agência mais criativa do mundo; na General Foods, em White Plains, Nova York, empresa-mãe do cliente Kibon, na Gillette Corp., em Boston, e na subsidiária Paper Mate Pen Co., em Chicago.

Publicou os livros *Pratos inesquecíveis na opinião de 3 maridos*, *Oba! Foi um sucesso. E me pediram a receita* e *Oba! Todo mundo adora macarrão*.

Christiane Jalles de Paula

FONTES: CASTELO BRANCO, Renato; MARTENSEN, Rodolfo Lima; REIS, Fernando (planej. e coord.). *História da propaganda no Brasil*. São Paulo: T. A. Queiroz, 1990. (Coleção Coroa Vermelha. Estudos Brasileiros, 21.); *curriculum vitae*; <http://www.acontecendoaqui.com.br/co_penteado41.php>, acesso em 19-10-2004; <http://www.colunistas.com/propaganda/prbr01ata1968.html>, acesso em 19-10-2004; <http://www.colunistas.com/propaganda/prbr03ata1970.html>, acesso em 19-10-2004.

COSTA, LICURGO RAMOS DA

Licurgo Ramos da Costa nasceu em Lages (SC) em 4 de outubro de 1904, filho de Octacílio Vieira da Costa, fazendeiro, e de Adélia Ramos da Costa.

Fez seus estudos secundários em Florianópolis. Em 1922, mudou-se para o Rio de Janeiro, onde concluiu o curso no Colégio Pedro II. Estudou na Faculdade Nacional de Medicina da antiga Universidade do Brasil, hoje Universidade Federal do Rio de Janeiro, e na Faculdade Nacional de Direito, da mesma universidade, onde concluiu o curso em 1931. Estudou também no Instituto Internazionale de Economia, de Roma, em 1952.

Ao chegar ao Rio de Janeiro, no início dos anos 1920, conseguiu um emprego de repórter no jornal *A Pátria*, dando início a sua carreira de jornalista. Trabalhou em alguns dos jornais mais importantes do Rio de Janeiro, como *O Jornal*, *Diário da Noite*, *O Radical*, onde foi diretor secretário, *A Noite*, *A Tarde*, *A Nação*, onde chegou a redator-chefe, *A Manhã* e *Gazeta de Notícias*. Foi colaborador durante vários anos das revistas *Para Todos* e *Ilustração Brasileira*. Em São Paulo, foi redator de *A Gazeta*. Colaborou também em alguns jornais no exterior, como o *Excelsior*, do México, o *Herald Tribune*, de Nova York, e o jornal espanhol *Madrid*.

Em 1934, foi um dos fundadores do sindicato União dos Trabalhadores do Livro e do Jornal. Nesse mesmo ano foi criado o Departamento Nacional de Propaganda e Difusão Cultural (DPDC), com o objetivo de organizar a propaganda oficial e que englobava os setores de rádio, cultura e cinema. Lourival Fontes, chefe do novo departamento, convidou Licurgo para trabalhar no órgão.

Em março de 1937, Licurgo Ramos da Costa fundou, juntamente com outros, a Agência Nacional, na qual passou a atuar como diretor. Em novembro desse ano, com a instauração do Estado Novo e o fechamento do Congresso, o DPDC foi transformado no Departamento Nacional de Propaganda, com as funções de censurar e controlar os meios de comunicação. Lourival Fontes permaneceu à frente do órgão. Em 1939, o departamento passou a se chamar Departamento de Imprensa e Propaganda (DIP), ainda sob a chefia de Lourival Fontes, e tendo Licurgo como diretor administrativo. Entre outras funções, cabia-lhe distribuir as verbas de publicidade entre os diversos jornais e, segundo declarações suas, uma verba secreta para subvencionar jornais do Rio de Janeiro, de São Paulo, Minas Gerais, Rio Grande do Sul e Bahia. O jornal *Correio da Manhã* só aceitava verbas de publicidade e *O Estado de S. Paulo* não aceitava receber nem mesmo verbas de publicidade.

Licurgo Ramos da Costa foi presidente da Associação Brasileira de Propaganda (ABP) em 1938/39 e entre 1943 e 1945.

Em 1941, tornou-se adido comercial do Brasil no México. Em seguida, ocupou cargos nas embaixadas de Lisboa, Milão, Roma, Washington, Nova York, Madri, Buenos Aires e Montevidéu, aposentando-se em 1973.

Tem 18 livros publicados e era membro da Academia de Letras de Santa Catarina e do Instituto Histórico e Geográfico de Santa Catarina.

Foi o fundador e diretor de *Publicidade*, do Rio de Janeiro, a primeira revista de propaganda e publicidade da América Latina.

Faleceu em julho de 2002.

Alzira Alves de Abreu

FONTES: <http://an.uol.com.br/grande/licurgo/0gra1.htm>, acesso em 16-6-2004; *Valor Econômico*, 14 nov. 2002.

D'ALMEIDA, ARMANDO

Em 1924, Armando D'Almeida ingressou na General Electric (GE), na fábrica de lâmpadas Mazda. Algum tempo depois, foi transferido para o departamento técnico da empresa, onde sua fluência na língua inglesa o levou a traduzir para o português os manuais de instrução dos produtos GE. Em 1926, foi transferido para o departamento de publicidade, tornando-se responsável por sua organização. Durante os anos que trabalhou na GE, fez várias viagens aos Estados Unidos, que o colocaram em contato com a propaganda desse país.

A grave crise que atingiu o mercado mundial não impediu que, em 1929, D'Almeida deixasse a GE e fundasse a D'Almeida Serviços de Publicidade, detentora da representação do Foreign Advertising Service Bureau Inc., que tinha como clientes, entre outros, a Motores Continental, a Chrysler e a Standard Motor Oil.

Armando D'Almeida foi um dos pioneiros da institucionalização da propaganda brasileira. Em 1937, foi um dos fundadores da Associação Brasileira de Propaganda (ABP), que viria a presidir em 1941/42.

Em 1938, a D'Almeida, conhecida como a companhia do Almeida, transformou-se em Inter-Americana de Publicidade S.A. Nesse mesmo ano, D'Almeida viajou para os Estados Unidos para divulgar o Brasil. A campanha, planejada por ele e Orlando Dantas, proprietário do *Diário de Notícias*, teve como objetivo a divulgação do produto Brasil entre os norte-americanos. Nessa viagem, D'Almeida estabeleceu contatos com nomes importantes da política norte-americana, como Franklin Delano Roosevelt.

No ano seguinte, eclodiu a II Guerra Mundial (1939-45). No decorrer do conflito, o governo brasileiro oscilou entre o apoio aos países do Eixo (Alemanha, Itália e Japão) e aos Aliados (Inglaterra, França e Estados Unidos). Armando D'Almeida, porém, desde o início do conflito, se revelou pró-Aliados. Sob sua orientação, a Inter-Americana abandonou a propaganda comercial e desenvolveu um serviço de relações públicas e de imprensa que distribuía uma média de 20 mil palavras aos jornais do Brasil com matérias favoráveis à frente de batalha aliada. Com o término da guerra e o surto industrialista brasileiro, os negócios da propaganda foram impulsionados, o que mostrou a importância da criação, em 1949, da Associação Brasileira de Agências de Propaganda (Abap, atual Associação Brasileira de Agências de Publicidade), que teve em D'Almeida um de seus fundadores.

Armando D'Almeida presidiu a Abap por três mandatos consecutivos, entre 1956 e 1965. Ainda em sua primeira gestão, foi realizado o I Congresso Brasileiro de Propaganda, no Rio de Janeiro, em 1957. D'Almeida, um de seus organizadores, formulou e defendeu a tese de criação do Instituto Verificador de Circulação (IVC), que foi aprovada. Ainda à frente da Abap, também atuou nos meios associativos internacionais, tendo sido vice-presidente regional da International Advertising Association (IAA) — fundada em 1938 nos Estados Unidos —, para a América do Sul, entre 1961 e 1966, ano em que foi eleito presidente da IAA para a região do Brasil.

No final da década de 1960, D'Almeida se associou a Mauro Salles para criar a Salles/Inter-Americana, e depois se aposentou. Foi membro do Conselho Diretor da IAA e um dos delegados do Brasil ao Congresso Mundial da entidade. Além disso, foi eleito um dos diretores do Conselho Latino-Americano e do Caribe da IAA. Foi também membro da United Geophysical Company. Em 1973, Armando D'Almeida foi homenageado pelo capítulo brasileiro da IAA por ter sido o primeiro associado da entidade fora dos Estados Unidos e o primeiro latino-americano a ingressar na associação.

Faleceu em 1976.

Christiane Jalles de Paula

FONTES: Hall da Fama. *Propaganda*, v. 21, n. 237, abr. 1976; VARÓN CADENA, Nelson. *Brasil, 100 anos de propaganda*. São Paulo: Referência, 2001; CASTELO BRANCO, Renato; MARTENSEN, Rodolfo Lima; REIS, Fernando (planej. e coord.). *História da propaganda no Brasil*. São Paulo: T. A. Queiroz, 1990. (Coleção Coroa Vermelha. Estudos Brasileiros, 21.).

DAMMANN, HANS

Hans F. T. Dammann nasceu em 11 de junho de 1933 na capital paulista. Filho do construtor Teodoro Dammann e de Antonia Dammann. Iniciou seus estudos na escola alemã Olinda Schüle e, em seguida, no Colégio Benjamim Constant e no Arquidiocesano. Chegou a freqüentar a escola de jornalismo da Fundação Cásper Líbero e a Escola Superior de Propaganda e Marketing, mas não concluiu nenhum dos dois cursos.

Sua carreira na publicidade começou na Dória & Associados em 1958, como estagiário, assistente de Juracy de Orlandi Artacho. Já atuava como redator quando deixou a agência para trabalhar na Itapetininga Propaganda e, depois, na Publitec. Em 1960, ingressou na Alcântara Machado Publicidade, como redator, e nela permaneceu por oito anos, ocupando também os cargos de diretor associado de criação e diretor de criação.

Em 1968, ingressou na Rony Lage Publicidade, numa ação que deu origem à Lage, Dammann Propaganda, agência à qual foi conferido o título de Agência do Ano pelo Prêmio Colunistas em 1972. Retornando às grandes agências em 1976, assumiu o cargo de vice-presidente de criação da J. Walter Thompson e, dois anos mais tarde, foi ocupar a mesma função na Denison. Paralelamente, tornou-se um profissional conhecido internacionalmente, sendo chamado a presidir o Festival Chileno de Publicidade e a compor os júris do Festival de Cannes, em 1980, e do Festival Ibero-Americano de Publicidade (Fiap), em 1982 e 1983.

Em 1984, voltou a abrir uma sociedade, desta vez com Roberto Grad, inaugurando a Grad, Dammann. Na década de 1990, foi sócio de outra agência — a Dammann, Soriani —, antes de iniciar sua carreira de consultor e diretor de criação da Z+Grey — rebatizada de Z+Comunicação a partir de 2002 —, dos publicitários Zezito Marques da Costa, Alan Strozenberg e Miguel Villalobos.

Em 2003, Dammann entrou para o Hall da Fama do Clube de Criação de São Paulo, do qual fora fundador e primeiro vice-presidente.

José Márcio Batista Rangel

FONTES: <http://www.guiaparana.com.br/noticias/1049889837.shtml>, acesso em 14-1-2005; *curriculum vitae* enviado pelo biografado; REIS, Fernando. *Cobrões da propaganda 91/92*. São Paulo: Referência, 1991. p. 88.

DE MINGO, JOSÉ

José De Mingo nasceu em São Paulo, em 7 de julho de 1925, filho do comerciante Luiz De Mingo e da dona-de-casa Cecília Gentile De Mingo.

Iniciou sua vida profissional em 1939, como escriturário, na Companhia de Pneumáticos Michelin e, em 1942, formou-se perito-contador na Academia Comercial de São Paulo. Ingressou no mundo publicitário em 1944 como propagandista médico do

Laboratório Silva Araújo. No ano seguinte, foi trabalhar na Gordon Publicidade, agência que deixou, juntamente com Geraldo Alonso, para fundarem a Norton, onde De Mingo ocupou o cargo de diretor administrativo. Em 1948, concluiu o curso de economia na Faculdade Álvares Penteado, em São Paulo.

Com a expansão da Norton para Minas Gerais, em 1957, José De Mingo foi designado a comandar o escritório da agência. Três anos mais tarde, assumiu a coordenação das filiais da Norton em Salvador, Recife e Fortaleza e as representações em Belém e Manaus. Também participou dos movimentos associativos, tendo ocupado a presidência da Associação Mineira de Propaganda (AMP) entre 1964 a 1967.

Em 1970 transferiu-se para o Rio de Janeiro, onde ocupou o cargo de diretor-geral, e dois anos mais tarde, em 1972, desfez-se de sua parte na Norton para assumir, em 1973, as funções de diretor de operações da Premium Propaganda. Entre 2002 e 2004, José De Mingo ocupou o cargo de diretor secretário do Sindicato das Agências do Rio de Janeiro. Em 2004, instalou a filial carioca da Agnelo Pacheco e ocupou o cargo de diretor administrativo.

Faleceu no Rio de Janeiro no dia 11 de abril de 2005.

Christiane Jalles de Paula

FONTES: *curriculum vitae*; <http://www.bluebus.com.br>, acesso em 11-4-2005.

DENISON

Agência de propaganda fundada no Rio de Janeiro, então Distrito Federal, em 1957, por J. U. Arce e Sepp Baendereck. O embrião da Denison foi a AS Propaganda, uma pequena agência também fundada por Arce e Baendereck no início da década de 1950. A Denison surgiu praticamente como uma *house agency* da Ducal, uma cadeia de lojas de roupas masculinas com várias unidades instaladas no Rio de Janeiro e em São Paulo. A equipe inicial da agência no Rio era formada, além dos fundadores, por Oriovaldo Vargas Löffler, Sérgio Ferreira, Demóstenes da Silveira Lobo e Romildo Carregosa, entre outros.

O desenvolvimento da Denison foi rápido, acompanhando o crescimento da Ducal. Seus primeiros clientes foram as Confecções Sparta (integrante do grupo Ducal e sua fornecedora de roupas feitas), a Braspérola (linhos), a Vulcabrás (calçados), a Moinho Santista (casimiras), as Camisas Torre e Marajó e a E. Mosele (champanha). A estes, posteriormente, juntaram-se clientes do porte da Swift, da Quimbrasil, da gravadora RCA Victor, do frigorífico Armour, das Indústrias Alimentícias Cabeça Branca (da Otker), entre outros.

Em 1958, a Denison abriu escritório em São Paulo, sob a direção de Hélio Silveira da Motta, tendo ainda como equipe Otto Scherb, Domingos Barone, Júlio Ribeiro, Hélcio Emerich e Héctor Brener, entre outros. Em pouco tempo tornou-se uma das grandes agências do mercado paulista. No ano seguinte, conquistou a conta dos automóveis Simca.

Em 1962, a Denison abriu nova filial em Belo Horizonte, em decorrência do início das atividades da Ducal na capital mineira. O escritório ficou sob a direção de Hercílio da Luz Malburg e contou em seus quadros com profissionais como Celso Japiassú, José Alberto Fonseca e Lúcio Portela. Em Minas Gerais, a Denison ampliou sobremaneira sua atuação, passando a atender a vários outros clientes importantes, como a Bemoreira e, posteriormente, a Guanabara/Inglesa-Levy (Embrava). Foi da agência a campanha desenvolvida em 1965, no final do governo de Magalhães Pinto (1961-66), cujo *slogan* se celebrizou em todo o país: "Minas trabalha em silêncio".

Ainda em 1965, houve uma cisão no *staff* da Denison, causada pela rejeição ao nome de um novo diretor designado para o escritório paulista em substituição a Hélio Silveira da Motta. Com isso, vários profissionais importantes deixaram a agência, entre eles Hélcio Emerich, Carlos Roberto F. Chueiri, Emerson Allegrini, José Carlos Pires e outros, que constituíram uma nova agência, à qual deram o nome de Grupo Oito, e levaram consigo vários clientes da Denison. No ano seguinte, a agência tornou-se independente, comprando as ações pertencentes ao grupo Ducal, e poucos anos depois, com o crescimento do escritório de São Paulo, transferiu sua matriz para a capital paulista.

No final da década de 1960 e início da seguinte, a Denison apresentou considerável desenvolvimento, que se configura na admissão de novos profissionais, como Dirceu Bonturi, Ercílio Tranjan, Fernando Gracie, Hélio Aboud e Ugo Georgetti, entre outros, bem como na conquista de alguns clientes muito importantes, como a Colgate-Palmolive, a Hering, a Artex, a Trol e a Union Carbide.

Após a encampação da Simca pela Chrysler do Brasil, a Denison realizou campanhas visando à recuperação do automóvel Simca no mercado.

Em 1970, a agência, além dos escritórios do Rio de Janeiro, São Paulo e Belo Horizonte, já abrira filiais em Porto Alegre, Salvador, Recife e Fortaleza. Situava-se nos primeiros lugares no *ranking* das agências, mantendo-se sempre entre as 10 maiores do país. Ainda no início dessa década, o escritório de Belo Horizonte foi desativado.

Em junho de 1978, Sepp Baendereck decidiu deixar a presidência da Denison para se dedicar exclusivamente à pintura. Na oportunidade foi substituído na função por Oriovaldo Vargas Löffler. Sérgio Ferreira assumiu a chefia do escritório do Rio de Janeiro e Héctor Brener, a de São Paulo.

Em 1982, a estrutura administrativa da agência passou por significativa mudança. Oriovaldo Löffler foi substituído na presidência da Denison por Héctor Brener, e foram criadas cinco vice-presidências: Fernando Gracie assumiu a chefia do escritório de São Paulo; Celso Japiassú, a do Rio de Janeiro; Domingos Pereira assumiu a área de desenvolvimento; Domingos Barone, a de criação e Hélio Abud, a de mídia. O conselho da agência passou a ser composto por Sepp Baendereck, Oriovaldo Vargas Löffler e Sérgio Ferreira.

Com a saída de Héctor Brener da presidência da Denison em 1985, Sepp Baendereck reassumiu o comando executivo da agência. No ano seguinte, convidou Carlos Ziegelmeyer para a superintendência do escritório de São Paulo. Ainda em meados dos anos 1980, Sepp vendeu o escritório carioca para seus executivos, mantendo sob seu controle apenas a unidade paulista. Em 1988, com o falecimento de Sepp Baendereck, a Denison cindiu-se em duas empresas independentes: a Denison Propaganda, em São Paulo, sob o controle acionário dos herdeiros de Sepp Baendereck — Peter e Nicky —, tendo como presidente Carlos Ziegelmeyer e como vice-presidentes Raul Cruz Lima e Plínio Pereira; e a Denison Rio Comunicação e Marketing Ltda., tendo como sócios-diretores Celso Japiassú, Oriovaldo Vargas Löffler e Sérgio Ferreira. Celso Japiassú tornou-se presidente da agência.

Em 1989, foi estabelecida uma associação entre a Denison Rio e a Graciotti & Associados, que não foi bem-sucedida. Em 1990, a Denison Rio passou a integrar o Intergrupo Mercolatino, rede de agências de publicidade com presença em todos os países da América Latina, fundada por Celso Japiassú, que a presidiria até 1997. Na Denison Propaganda o final de 1991 foi momento de mudança com a compra de 20% de suas ações por Sérgio Amado, que assumiu sua presidência e no ano seguinte adquiriu o controle acionário da agência. Sérgio Amado e Celso Japiassú iniciaram negociações para unificar as agências, que não foram bem-sucedidas.

A última tentativa de reunificação das empresas ocorreu em 1996, mas a Denison Propaganda se associou ao grupo Bates, o que inviabilizou o processo. A agência paulista passou então a se chamar Denison/Bates. No ano seguinte, a agência foi comprada pela Standard, Ogilvy & Mather, uma das agências do conglomerado WPP, e passou a ser conhecida como Denison Brasil, tendo como presidente Raul Cruz Lima. Em 1998, Celso Japiassú deixou a presidência da Denison Rio e os sócios, Oriovaldo e Sérgio Ferreira, decidiram pelo fechamento da agência.

Alan Carneiro

FONTES: *Anuário de Propaganda 2004* (*Meio & Mensagem*); CASTELO BRANCO, Renato; MARTENSEN, Rodolfo Lima; REIS, Fernando (planej. e coord.). *História da propaganda no Brasil*. São Paulo: T. A. Queiroz, 1990. (Coleção Coroa Vermelha. Estudos Brasileiros, 21.); informações prestadas por Celso Japiassú em 8-11-2004; *Meio & Mensagem*, 15 abr. 1996 e 3 mar. 1997; <http://www.ogilvy.com/company/>, acesso em 9-11-2004; *About*, ano 6, nº 251, 31 ago. 1993.

DENISON/BATES ver **DENISON**

DENISON BRASIL ver **DENISON**

DENISON PROPAGANDA ver **DENISON**

DENISON RIO COMUNICAÇÃO E MARKETING ver **DENISON**

DEPARTAMENTO DE IMPRENSA E PROPAGANDA (DIP)

Órgão criado em 27 de dezembro de 1939, durante a vigência do Estado Novo, com o objetivo de difundir a ideologia estado-novista e promover pessoal e politicamente Getúlio Vargas, bem como as realizações de seu governo. Constituiu-se, dessa forma, no porta-voz oficial do regime. Foi extinto em 25 de maio de 1945.

Logo após a vitória da Revolução de 1930, os revolucionários iniciaram a organização da propaganda política no plano nacional. Foi criado em 1931 o Departamento Oficial de Publicidade (DOP), órgão vinculado ao Ministério da Justiça e Negócios Interiores, que atuava basicamente no setor de radiodifusão. Suas atividades estavam voltadas para o fornecimento de informações oficiais à imprensa. Em 10 de julho de 1934, foi criado o Departamento de Propaganda e Difusão Cultural (DPDC), sendo extinto o DOP. O novo órgão ficou sob a direção de Lourival Fontes, jornalista e escritor e admirador do fascismo italiano. Estava voltado para os setores de cultura e cinema, tendo estimulado a produção de filmes educativos.

Com o golpe de 1937 e a instalação do Estado Novo, o DPDC foi transformado em Departamento Nacional de Propaganda (DNP) e passou a atuar em todos os campos relacionados com o que se denominava "educação nacional", tornando-se o órgão de censura e controle dos meios de comunicação. Continuou vinculado ao Ministério da Justiça, e Lourival Fontes foi mantido na direção. Em 1939, com o objetivo de ampliar suas atividades, foi criado o Departamento de Imprensa e Propaganda (DIP). A partir de sua criação, todos os serviços de propaganda e publicidade dos ministérios, departamentos e estabelecimentos da administração pública federal ficaram sob sua responsabilidade. O DIP passou a centralizar as verbas de publicidade do Banco do Brasil e de outras instituições, distribuindo-as entre os jornais de sua preferência. Em maio de 1938, o Decreto nº 431 determinou o registro, junto às secretarias estaduais de segurança pública, dos nomes, nacionalidades e residências de todos os diretores, redatores, empregados e operários de empresas de publicidade. Em 1941, 160 agências de publicidade tinham obtido registro.

Alzira Alves de Abreu

FONTE: ABREU, Alzira Alves de et al. (coord. geral). *Dicionário histórico-biográfico brasileiro pós-30*. Rio de Janeiro: FGV, 2001. 5v.

DIP ver **DEPARTAMENTO DE IMPRENSA E PROPAGANDA**

DM9 ver **DM9DDB**

DM9DDB

A agência DM9 Propaganda foi fundada em Salvador (BA), em 1975, por José Eduardo Cavalcanti Mendonça, conhecido como Duda Mendonça, cujas iniciais deram nome à empresa, acrescidas do número 9 "por motivos estéticos", de acordo com Duda.

A DM9 iniciou suas atividades com a conta da incorporadora Ciplan, na qual Duda Mendonça trabalhara como corretor. A Bahia vivia um momento de *boom* imobiliário e aumento dos investimentos do governo em propaganda. A DM9, em poucos meses, ampliou sua carteira de clientes com contas do porte da Imobiliária Correia Ribeiro. Em 1976, a DM9 ganhou o título de Agência do Ano Regional, do Prêmio Colunistas, e mais duas medalhas de ouro, na disputa nacional.

No ano de 1977 a DM9 cresceu rapidamente, conquistando contas de empreendimentos como Banco do Estado da Bahia, Construtora Gatto, Construtora WM, Tio Correa, Cachaça Saborosa, Discoteca Maria Phumaça, Incabasa, Indeba, Karmag, Doll Modas, Mutirão Comercial e Shopping Center Iguatemi. Além disso, ampliou seu quadro de funcionários de 22 para 46, atraindo para Salvador talentos do eixo Rio-São Paulo, o centro criativo da propaganda brasileira. Ainda nesse ano, a utilização de linguagem regional e de símbolos brasileiros angariou para a DM9 o reconhecimento nacional. A campanha "Cajaíba do Sul", para o governo baiano, foi escolhida a melhor campanha do ano pelo júri do Prêmio Colunistas. E, numa disputa acirrada com a Denison, a DM9 ganhou o título de Agência do Ano. Entre os vários profissionais que passaram pela DM9, destaca-se o estagiário Nizan Guanaes, que deixou a agência nos primeiros anos da década de 1980 para voltar anos mais tarde como sócio majoritário.

Em 1984, a DM9 conquistou seu primeiro Leão de Ouro no Festival de Sawa, em Cannes, e criou a campanha da pomada anestésica Gelol, "Não basta ser pai, tem que participar, não basta ser pomada, tem que ser Gelol". Ainda nesse ano, a DM9 integrou o chamado Comitê Nacional de Publicitários Pró-Tancredo Neves, que reuniu 19 agências do país, responsáveis pela coordenação da campanha de Tancredo Neves à presidência da República nas eleições indiretas de 1985.

Entre 1978 e 1988, a DM9 conquistou prêmios em festivais nacionais e internacionais. Em setembro de 1988, a agência redefiniu seus objetivos e realizou uma recomposição acionária. Nizan Guanaes e Domingos Logullo tornaram-se sócios de Duda Mendonça, com a proposta de expandir para outros estados a agência. No ano seguinte, a DM9 abriu escritório em São Paulo, sob a responsabilidade de Nizan Guanaes. Em 1990, a DM9 Bahia e a DM9 São Paulo se separaram. A DM9 Bahia juntou-se à D&E, dando origem à DS/2000, a marca DM9 foi comprada por Nizan em sociedade com João Augusto Valente (Guga) e o Banco Icatu, que entrou com o aporte financeiro. Poucos meses depois também ingressou na sociedade Afonso Serra Júnior.

Em 1993, a DM9 ganhou o primeiro *Grand Prix* (GP) do Brasil no Festival de Cannes, na França, na categoria *Press & Outdoor*, com uma campanha para o guaraná *diet* Antarctica. No ano seguinte, conquistou a conta da Parmalat, para a qual desenvolveu a campanha "Mamíferos", que se tornou o maior *case* de comunicação da agência, superando em várias ocasiões o índice de *recall* de marcas até então mais lembradas pelo público. Ainda em 1994, foi fundada a DM9 Institucional, destinada a desenvolver campanhas para governos, estatais e marketing político. A agência foi a responsável pela campanha publicitária da coligação que elegeu Fernando Henrique Cardoso presidente da República nas eleições de outubro desse mesmo ano. Em 1996, a DM9 incorporou novo sócio, Tomás Lorente, diretor de arte, e lançou a campanha "Super 15", da Telefônica.

Em 1997, Nizan Guanaes, Affonso Serra, Guga, Tomás Lorente e o Banco Icatu venderam parte de suas ações para a maior agência dos Estados Unidos e quinta maior do mundo, a DDB Needham, e a agência passou a se chamar DM9DDB. Ainda em 1997, a DM9DDB conquistou a terceira posição entre as agências mais premiadas do Festival de Cannes e foi a mais premiada do Festival Ibero-Americano de Propaganda (Fiap) e do Anuário do Clube de Criação de São Paulo. Na parte operacional, inaugurou a DM9,99, voltada para o varejo. No ano seguinte, a DM9DDB foi escolhida a *Agency of the Year* no Festival de Sawa, em Cannes, e lançou a campanha "i" digital para o Banco Itaú. Em 1999, pelo segundo ano consecutivo, a agência voltou a ganhar o título de *Agency of the Year*, em Cannes.

Em março de 2000, Nizan Guanaes vendeu integralmente sua participação na agência para a rede DDB. Assumiu a presidência Afonso Serra. Em 2000, a DM9DDB fechou o ano ocupando a terceira posição no *ranking* nacional do setor. No ano seguinte caiu para o sexto lugar no *ranking* das 50 maiores agências por investimento em mídia e, em 2002, para o oitavo. Esses resultados ocasionaram insatisfação na rede DDB, controladora da agência, que propôs a Nizan Guanaes e a Guga Valente que retornassem à agência. Em março, a DM9DDB passou por uma reestruturação que resultou em demissão de funcionários, redução de custos, ida de Guga para a presidência da agência e de Sérgio Valente para o comando da criação. Além disso, foram contratados Ricardo Chester e Alexandre Peralta.

Em 2003 foi premiada em Cannes, ganhou o Clio Awards, o Festival CCSP, o One Show, o Prêmio Abril e o Prêmio Folha/Revista da Criação de Publicidade. No ano seguinte, contava em seu portfólio com 22 clientes, entre os quais, além dos já destacados, Esso, Philips, Honda, Ministério da Saúde, Fiesp/Ciesp e Ponto Frio.

Em setembro de 2004, a DM9DDB completou 15 anos, tendo na direção Guga Valente, como vice-presidente de atendimento e planejamento, Alcir Gomes Leite, e como vice-presidente de criação, Sérgio Valente.

Inúmeros profissionais trabalharam na DM9DDB, como Marcello Serpa, Erh Ray, Alexandre Gama, Eugênio Mohallem, Ana Serra, Camila Franco, Pedro Capeletti, Jader Rossetto, José Luiz Madeira, entre muitos outros.

O reconhecimento internacional do talento criativo da DM9DDB fez com que a agência integrasse o *Top Ten in Advertising*, um dos mais conceituados anuários de propaganda e *design* dos Estados Unidos.

Além dos já citados, a DM9 também conquistou outros prêmios, como o do Festival Ibero-Americano de Publicidade (Fiap), o do The New York Festival, o Clio Awards, o One Show, o Caboré, o Marketing Best, sendo várias vezes eleita Agência do Ano nas premiações nacionais.

Alan Carneiro

FONTES: ABAP — Associação Brasileira de Agências de Propaganda. *História da propaganda no Brasil*. São Paulo: Talento, 2005; *Anuário de Propaganda 2004 (Meio & Mensagem)*; CASTELO BRANCO, Renato; MARTENSEN, Rodolfo Lima; REIS, Fernando (planej. e coord.). *História da propaganda no Brasil*. São Paulo: T. A. Queiroz, 1990. (Coleção Coroa Vermelha. Estudos Brasileiros, 21.); MARCONDES, Pyr. *Uma história da propaganda brasileira*. Rio de Janeiro: Ediouro, 2002; <http://www.dm9.com.br>, acesso em 28-10-2004; <http://www.propmark.terra.com.br/publique>, acesso em 25-9-2004; *Folha de S. Paulo*, 20 nov. 1996 e 28 jun. 1998; GUANAES, Nizan; SERRA, Afonso. Duplas que valem por nove. *Folha de S. Paulo*, 22 set. 1997; *Meeting & Negócios*, v. 2, n. 4, p. 31, 2000; VARÓN CADENA, Nelson. *Brasil, 100 anos de propaganda*. São Paulo: Referência, 2001.

DNA PROPAGANDA

A DNA foi fundada em outubro de 1982, em Belo Horizonte, por Daniel Freitas, José de Paula dos Reis e Ildefonso Magalhães Bassani. O objetivo inicial era o atendimento de contas de empresas privadas, buscando resultados positivos no mercado publicitário, integrando a criatividade ao planejamento de marketing. A primeira conta conquistada pela agência mineira foi a segunda maior rede varejista de calçados do país, a Elmo Calçados S.A., com 46 lojas em Minas Gerais, no Espírito Santo e no Distrito Federal.

No segmento de marketing político, a DNA consolidou sua experiência ao fazer, em conjunto com a SMP&B e a Opção Propaganda, a campanha vitoriosa do então senador Itamar Franco ao governo de Minas Gerais em 1986. Nesse mesmo ano foi a responsável pela campanha publicitária de despedida do governador Hélio Garcia da chefia do Executivo mineiro. Juntamente com a Setembro Propaganda, criou e produziu toda a campanha presidencial de Fernando Collor em 1989. No início da década de 1990, com as transformações na economia brasileira — decorrentes da entrada de empresas multinacionais na aquisição do comércio local e do alinhamento internacional dessas contas publicitárias —, a DNA passou a participar de concorrências públicas. A primeira conta conquistada foi do Banco do Estado de Minas Gerais (Bemge). Em 1994, a DNA ganhou a conta do

Banco do Brasil, abriu mão do Bemge e instalou escritório no Distrito Federal. Em 1997, associou-se à SMP&B Comunicação. Em 2002, Daniel Freitas faleceu e o controle da agência passou a Francisco Castilho, que se associara à agência.

Alan Carneiro

FONTES: ABAP — Associação Brasileira de Agências de Propaganda. *História da propaganda no Brasil*. São Paulo: Talento, 2005; *Anuário de Propaganda 2004 (Meio & Mensagem)*; CASTELO BRANCO, Renato; MARTENSEN, Rodolfo Lima; REIS, Fernando (planej. e coord.). *História da propaganda no Brasil*. São Paulo: T. A. Queiroz, 1990. (Coleção Coroa Vermelha. Estudos Brasileiros, 21.); *Folha de S. Paulo* 12-6-2005; *Imprensa*, nov. 2004; MARCONDES, Pyr. *Abap — História da Propaganda Brasileira*. São Paulo: Abap/Talento, 2005. p. 158-159; *Meio & Mensagem*, 8 jul. 1997.

DOMINGUES, CAIO AURELIO

Caio Aurelio Domingues nasceu em Recife, em 2 de maio de 1923. Em 1934, mudou-se para o Rio de Janeiro, então capital da República, onde concluiu seus estudos no Colégio Santo Inácio e no Liceu Francês. Após complementar o curso de direito, Caio Domingues iniciou carreira jornalística como secretário da revista *Sombra*.

Em 1942, chegaram a bom termo as negociações do Brasil com os Estados Unidos e a Inglaterra para a construção de uma companhia de exploração e exportação de minério de ferro e siderurgia. Foi então fundada a Companhia Vale do Rio Doce, sediada em Minas Gerais, e Caio Domingues foi trabalhar na empresa como intérprete dos geólogos norte-americanos. Mais tarde, retornou à capital da República para ocupar o cargo de redator das publicações da Câmara de Comércio Norte-americana.

Ingressou na carreira publicitária em 1946, como redator da Grant Advertising do Rio de Janeiro, agência que alcançou posição de destaque no país. No ano seguinte, assumiu a chefia da redação. Mais tarde, foi promovido a contato. Em 1950, foi transferido para a capital paulista, a fim de gerenciar o escritório da Grant.

Em outubro de 1951, foi criada a primeira escola de propaganda do país, a Escola de Propaganda do Museu de Arte de São Paulo (Masp), atual Escola Superior de Propaganda e Marketing (ESPM). Em 1953, Caio Domingues assumiu a função de professor, tendo lecionado as cadeiras de mídia e de elementos da propaganda. Foi também um dos diretores da escola, permanecendo nessas atividades extra-agência até 1957.

Em 1958, mudou de agência e foi trabalhar na filial paulista da multinacional J. Walter Thompson, então a principal agência do país, no cargo de redator. Domingues foi um dos responsáveis pela campanha da Ford e participou da realização de um dos primeiros comerciais filmados do país.

Caio Domingues também teve papel de destaque na consolidação da Escola de Propaganda. De acordo com Rodolfo Lima Martensen, em 1955, quando o diretor do Masp, Pietro Maria Bardi, comunicou-lhe que a Escola de Propaganda não poderia continuar funcionando nas dependências do museu, foi graças à dedicação e ao esforço de, entre outros, Caio Domingues que a escola continuou a existir.

Em 1957, Domingues tornou-se responsável pelas principais contas do escritório carioca da Thompson. No final de 1960 deixou a propaganda e foi conhecer a realidade dos clientes, trabalhando como gerente da Ducal. Seis meses depois, retornou à Thompson, onde acumulou as funções de subgerente do escritório carioca, chefe de grupo e supervisor de redação e criação.

Com destacada atuação em entidades representativas dos publicitários, Caio Domingues assumiu a presidência da Associação Brasileira de Propaganda (ABP) em 1961. Durante sua gestão criou o Instituto Verificador de Circulação (IVC), que fora aprovado pelo I Congresso Brasileiro de Propaganda (1957), mas ainda não havia sido implementado. O IVC funcionou inicialmente como um departamento da ABP, mas, depois, foi transformado em entidade sem fins lucrativos e, em 1965, se tornou independente.

Domingues também teve importante atuação na redação do substitutivo da Lei nº 4.680, que seria aprovada em 1965. Em 1963, deixou a presidência da ABP e voltou a gerenciar o escritório carioca da Thompson. Durante os 13 anos em que esteve na Thompson chegou aos cargos de diretor-gerente e membro do Conselho de Administração.

Em 1965, trocou a multinacional norte-americana pela Alcântara Machado Publicidade (Almap), para ocupar a gerência do escritório carioca da agência e ser o responsável pela conta da Gillette, que acabara de ser conquistada pela Almap. Ainda nesse ano foi um dos responsáveis pela criação do Clube dos Diretores de Arte.

Em 1972, insatisfeito com os rumos dados pela direção da Almap, Caio Domingues e outros 17 profissionais da filial carioca deixaram a agência e fundaram a Caio Domingues & Associados, que figurou entre as mais importantes agências de propaganda do Brasil.

Na qualidade de vice-presidente da Associação Brasileira de Agências de Propaganda (Abap, atual Associação Brasileira de Agências de Publicidade), Caio Domingues foi um dos integrantes da Comissão Interassociativa da Publicidade Brasileira, instituída em 1976, com o objetivo de formular o documento de autodisciplina que viria a se denominar Código Brasileiro de Auto-Regulamentação Publicitária, após ser aprovado no III Congresso Brasileiro de Propaganda, em 1978. Caio Domingues foi o relator do código, depois da desistência de Mauro Salles. Dois anos depois, foi instituída a Comissão Nacional de Auto-Regulamentação Publicitária, como instância de aplicação do código, da qual Caio Domingues foi um dos integrantes. Essa comissão foi o embrião do Conselho de Auto-Regulamentação Publicitária (Conar), fundado em 1980.

Em 1983, Domingues assumiu novamente a presidência da ABP, onde permaneceu até 1985. Entre agosto de 1992 e 1993, presidiu a Abap, após a renúncia de Petrônio Corrêa, por motivos pessoais. Caio Domingues foi membro do Conselho Superior da ESPM, do Conselho de Ética do Conar, segundo vice-presidente da Ibraco e vice-presidente de Assuntos Jurídicos da Abap de 1976 até o seu falecimento.

Em 1993 a ABP agraciou-o com o Prêmio Comunicação na categoria Homenagem Especial.

Caio Domingues é autor de *Elementos de propaganda*, lançado em 1958. Faleceu no Rio de Janeiro em 13 de janeiro 1994.

Christiane Jalles de Paula

FONTES: *About*, 12 jan. 1993; *Propaganda*, v. 38, n. 493, fev. 1994; *Propaganda*, v. 5, n. 64, jul. 1961; *Propaganda*, v. 10, n. 115, out. 1965; *Veja*, 19 jan. 1994; *Folha de S. Paulo*, 15 jan. 1994; CASTELO BRANCO, Renato; MARTENSEN, Rodolfo Lima; REIS, Fernando (planej. e coord.). *História da propaganda no Brasil*. São Paulo: T. A. Queiroz, 1990. (Coleção Coroa Vermelha. Estudos Brasileiros, 21.); REIS, Fernando. *Cobrões da propaganda 91/92*. São Paulo: Referência, 1991; VARÓN CADENA, Nelson. *Brasil, 100 anos de propaganda*. São Paulo: Referência, 2001.

DÓRIA & ASSOCIADOS *ver* DÓRIA, JOÃO

DÓRIA, JOÃO

João Agripino de Costa Dória nasceu em Salvador no dia 21 de dezembro de 1919, filho de Nélson da Costa Dória e de Maria Geraldina de Oliveira Dória. Sua mãe pertencia à tradicional família Barbosa de Oliveira, sendo prima de Rui Barbosa.

Foi jornalista e deputado federal e iniciou-se na propaganda como redator da Standard Propaganda S.A. em 1944, na capital federal. Ascendeu na empresa, sendo nomeado diretor de sua filial em São Paulo em 1945 e, em 1948, diretor-vice-presidente. Em 1951, deixou a Standard Propaganda e fundou a Dória & Associados, junto com Rogério Severino. Assumiu a presidência da agência.

A agência foi inaugurada com o lançamento da Campanha de Combate à Sonegação de Impostos, promovida pelo governo de São Paulo. Esta foi a primeira campanha, tecnicamente realizada, relativa a um serviço público. Foi vencedora de vários concursos e mesas-redondas promovidas pela revista

PN — Publicidade & Negócios. Com criação de Dória, a agência fez a campanha de Cid Sampaio ao governo do estado de Pernambuco em 1958. Em 1960, na convenção da UDN para a escolha do candidato à presidência da República, criou para Juracy Magalhães, que disputava com Jânio Quadros, o *slogan* "A UDN não precisa de vassoura, Juracy é limpo".

Vice-líder do bloco parlamentar dos pequenos partidos na Câmara a partir de setembro de 1963, foi incluído na primeira lista de punições do Ato Institucional nº 1 (9-4-1964), tendo seu mandato cassado e seus direitos políticos suspensos por 10 anos no dia 10 de abril de 1964. Após a cassação, João Dória encerrou as atividades da agência em 1966 e partiu para o exílio em Paris. Bacharel em psicologia pela Sorbonne, em 1967, fez o mestrado nessa área do conhecimento na Universidade de Sussex, na Inglaterra, concluindo o curso em 1969. Diretor comercial de uma empresa exportadora de vinhos na Argentina, retornou ao Brasil em 1974. Nesse ano, montou a empresa Pro-Service Editora, em sociedade com o ex-deputado federal José Aparecido de Oliveira, e inaugurou no Brasil o Instituto Mind Power, do qual tornou-se presidente. Ficou à frente dessa entidade até dezembro de 1992. Ao longo desses anos ocupou por um período a vice-presidência internacional do Institute for Mind Power Development.

Foi também filiado à Sociedade Brasileira de Estatística, à Associação Paulista de Propaganda e à Associação Brasileira de Imprensa.

Alan Carneiro

FONTES: CASTELO BRANCO, Renato; MARTENSEN, Rodolfo Lima; REIS, Fernando (planej. e coord.). *História da propaganda no Brasil*. São Paulo: T. A. Queiroz, 1990. (Coleção Coroa Vermelha. Estudos Brasileiros, 21.); ABREU, Alzira Alves de et al. *Dicionário histórico-biográfico pós-30*. 2. ed. rev. atual. Rio de Janeiro: FGV, 2002; Coluna de Sebastião Nery. Disponível em:<http://www.pernambuco.com/diario/2004/04/07/brasil6_0.html>, acesso em 9-12-2004; <http://www.doriassociados.com.br/#>, acesso em 9-12-2004.

DPZ

A história da DPZ começou em um estúdio de comunicação visual chamado Metro 3 na capital paulista, onde trabalhavam Francesc Petit, José Zaragoza, Ronald Persichetti e Roberto Duailibi, como redator *freelancer*. Com uma proposta afinada com a semiótica de Umberto Eco, os sócios fundadores do Metro 3 elegeram o *design* como fundamento da propaganda. Em meados dos anos 1960, Duailibi uniu-se aos sócios do Metro 3 e a DPZ — Duailibi, Petit, Zaragoza Propaganda Ltda. — foi fundada na capital paulista, em julho de 1968.

Em 1971, foi apontada pela *Idea*, prestigiosa revista japonesa, "a mais representativa agência latino-americana". Voltaria a ser destacada em 1980, quando seria consagrada pela revista referência da publicidade mundial, a *Advertising Age*.

O primeiro Leão de Ouro do Brasil foi ganho pela DPZ no Festival de Cannes, na França, em 1975, com a peça publicitária "Homem com mais de 40 anos". Em 1978, a DPZ criou, com trabalho de sua dupla de criação formada por Washington Olivetto e Francesc Petit, o garoto Bombril, interpretado por Carlos Moreno, para o lançamento do lava-louças Bril. O garoto Bombril transformou-se no garoto-propaganda mais longevo da propaganda brasileira, o pioneiro no uso da coloquialidade nos comerciais e um dos mais premiados, com quatro Leões no Festival de Sawa, Cannes, sendo um de ouro (1981) e dois de bronze (1978 e 1986); e quatro prêmios Globo/Profissionais do Ano (1979, 1988, 1989 e 1991), sendo dois na categoria Campanha Nacional.

Em 1981, a DPZ introduziu a técnica do aplique em *outdoor*, uma novidade no meio publicitário nacional. O retorno do país à democracia, em 1984, esbarrou na derrota da Emenda Dante de Oliveira, que propunha eleições diretas para a presidência da República, e na decisão de que o novo presidente seria eleito indiretamente por um colégio eleitoral. Nessa época, foi formado um *pool* de agências para coordenar a campanha do candidato da oposição, Tancredo Neves, no qual a DPZ participou, e que recebeu o nome de Comitê Nacional de Publicitários Pró-Tancredo Neves.

Em 1986, a DPZ perdeu Washington Olivetto, que saiu para fundar agência própria e levou consigo a conta da Bombril. Nesse mesmo ano, a DPZ lançou o comercial "Banheiro", que mostrava o "baixinho da Kaiser" urinando no banheiro e que conquistou um Leão de Ouro no Festival de Cannes de 1987, sendo apontado pela rede de televisão norte-americana CBS como um dos melhores comerciais de todos os tempos.

Em 1992, a DPZ assumiu a liderança do *ranking* das maiores agências brasileiras, dois anos mais tarde perdeu essa posição para a McCann Erickson, retomando-a em 2001. Nesse mesmo ano, a DPZ associou-se ao grupo DDB Needham, com participação de 50%, e fundaram a filial brasileira da DDB. Em 1996, a DPZ expandiu ainda mais seus negócios associando-se com a agência argentina Capurro. No ano seguinte, a DDB comprou parte da DM9, o que levou a DPZ a vender sua participação na DDB brasileira para os sócios norte-americanos. Meses depois, a DPZ fez um acordo com a Bates, sem venda de ações. Ainda nesse ano, a DPZ comprou a tradicional agência brasileira Caio Domingues e se associou à mexicana Zeta Publicidade. A década de 1990 marcou a entrada da agência no mercado do entretenimento com a DPZ Entertainment.

O crescimento da DPZ levou sua direção a diversificar seus investimentos e a agência passou a ter duas empresas associadas: a IMK — Relações Públicas, dirigida por Fraterno Vieira e Glaudiston Eisenloh, conhecido como Tom Eisenlohr, e a Beautiful People, especializada na contratação de modelos. Além disso, possui ainda uma divisão de *design*, dirigida por Alberico Cilento. No ano 2000 criou a DPZ.com.

Além das campanhas já citadas, a DPZ realizou muitas outras premiadas, como: "Morte do orelhão", para a Telesp; "Menino de olhos vendados", para o presunto Sadia; "Leão do Imposto de Renda"; "O passarinho" para as cuecas Zorba; "Menino sorrindo", para a Seagram.

A DPZ teve em seus quadros profissionais renomados da publicidade brasileira, como Neil Ferreira, Paulo Ghirotti, Helga Miethke, Murilo Felisberto, Flávio Conti, José Carlos Piedade, José A. Negrini, Daniel Barbará, J. Waldemar Lichtenfels, Alfredo Carmo, Marcello Serpa, Ruy Lindenberg, Nizan Guanaes, Afonso Serra, entre inúmeros outros.

Ao longo de sua história, a DPZ conquistou uma infinidade de prêmios tanto em festivais nacionais quanto em internacionais.

Alan Carneiro

FONTES: ABAP — Associação Brasileira de Agências de Propaganda. *História da propaganda no Brasil*. São Paulo: Talento, 2005; *Anuário da Propaganda 2004 (Meio & Mensagem)*; CASTELO BRANCO, Renato; MARTENSEN, Rodolfo Lima; REIS, Fernando (planej. e coord.). *História da propaganda no Brasil*. São Paulo: T. A. Queiroz, 1990. (Coleção Coroa Vermelha. Estudos Brasileiros, 21.); MARCONDES, Pyr. *Uma história da propaganda brasileira*. Rio de Janeiro: Ediouro, 2002; *IstoÉ Dinheiro*, 21 dez. 2001; *Folha de S. Paulo*, 25 jul. 1997 e 29 jun. 1998; *Meio & Mensagem*, 4 ago. 1997; ZARAGOZA, José. *Zaragoza layoutman*. São Paulo: DPZ, 2003; VARÓN CADENA, Nelson. *Brasil, 100 anos de propaganda*. São Paulo: Referência, 2001; RAMOS, Ricardo; MARCONDES, Pyr. *200 anos de propaganda no Brasil: do reclame ao cyberanúncio*. São Paulo: Meio e Mensagem, 1995.

DRUMMOND, THEO

Theo Drummond iniciou sua carreira como jornalista e radialista nas décadas de 1940 e 50. Foi repórter, redator e colunista de vários jornais cariocas. Trabalhou na Esso Brasileira de Petróleo, onde exerceu diversas funções de chefia nas áreas de relações públicas e vendas. Saiu da empresa em 1969, quando ocupava o cargo de gerente de promoção e vendas para o Brasil.

Trabalhou na área de publicidade da Bloch Editores, de *O Globo* e do *Jornal dos Sports*, sendo, respectivamente, coordenador, vice-diretor e diretor comercial dessas empresas.

De volta ao Brasil depois de dois anos como assessor político em Angola, Theo Drummond fundou, em 1975, a Gênesis Propaganda e RP Ltda. A empresa, da qual era diretor superintendente, em 2000, incorporou duas outras agências — entre as quais a Sperroni & Ferrari Associados — do mercado publicitário carioca, surgindo a Agência 3, que passou a presidir.

Drummond tem 12 livros publicados — *Tempo de poesia* (1990), *Palavras de outono* (1992), *Vôo de nuvem* (1993), *Versos antigos* (1995), *Caçador de estrelas* (1997), *As pegadas de Deus* (1998), *Vrindavam* (1999), *Dedetize sua vida* (2000), *Adeus a mim* (2002), *Palavras de observante* (2002), *Os velhos precisam morrer* (2003) e *A formiga e eu* (2005) — e destina toda a renda arrecadada com a venda de seus livros a instituições sociais.

Ana Flávia Vaz

FONTES: <http://www.oliberal.com.br/plantao/noticia/default.asp?id_noticia=51603>, acesso em 5-2-2004; <http://netpropaganda.terra.com.br/materia/?id=318>, acesso em 5-2-2004; <http://www.papelvirtual.com.br/autor.asp?IDProduto=215&IDAutor=1137>, acesso em 5-2-2004.

DS/2000 *ver* **MENDONÇA, DUDA;** *ver também* **AMADO, SÉRGIO**

DUAILIBI, PETIT, ZARAGOZA PROPAGANDA *ver* **DPZ**

DUAILIBI, ROBERTO

Roberto Duailibi nasceu em Campo Grande (MT), atual Mato Grosso do Sul, em 8 de outubro de 1936, filho do farmacêutico libanês Wadih Galeb Duailibi e de Cecília Fadul Duailibi.

No final dos anos 1940, a família mudou-se para São Paulo. Duailibi estudava no Colégio Bandeirante, quando foi trabalhar no BankBoston. Pouco depois ingressou no Departamento de Propaganda da empresa Colgate-Palmolive como tradutor de anúncios e analista de mídia. Ainda nesse período criou anúncios para o candidato a vereador Jânio Quadros.

Em 1953, foi aprovado na segunda colocação para a Escola de Propaganda do Museu de Arte de São Paulo, atual Escola Superior de Propaganda e Marketing (ESPM) e concluiu o curso no ano seguinte. Em 1956, deixou a Colgate-Palmolive e iniciou sua trajetória em agências de propaganda. Entrou para a Companhia de Incremento de Negócios (CIN, atual Leo Burnett Publicidade) como redator. Deixou essa agência e foi trabalhar na multinacional McCann Erickson, onde ficou por breve período, pois recebeu proposta da CIN duplicando seu salário e retornou à agência, onde permaneceu até 1959.

Duailibi participou do I Congresso Brasileiro de Propaganda, no qual apresentou tese sobre educação profissional em 1957. Em 1959, concluiu a Escola de Sociologia e Política de São Paulo, ligada à época à Universidade de São Paulo (USP). Nesse mesmo ano, ingressou na Standard Propaganda de São Paulo, então uma das maiores agências do país, na função de redator. Integrou a equipe de Júlio Cosi Júnior, um dos pioneiros no tipo de propaganda que mais tarde viria a ser feita no Brasil. Depois, transferiu-se para a matriz da agência, localizada no Rio de Janeiro, com a função de recuperá-la.

Em 1960, Duailibi foi para a J. Walter Thompson, onde ocupou o cargo de chefe de redação, em substituição a Ricardo Ramos. Dois anos depois, voltou para a Standard Propaganda de São Paulo, inicialmente na redação e, posteriormente, no cargo de gerente do escritório. Ainda em 1962, José Zaragoza, Francesc Petit e Ronald Persichetti fundaram o estúdio de comunicação visual Metro 3, e Duailibi, sem deixar de lado suas atividades na Standard, passou a fazer trabalhos como *freelancer* para a Metro 3, como a campanha de lançamento do Galaxie, da Ford.

Em 1965, Duailibi disputou a presidência da Associação Paulista de Propaganda (APP, atual Associação dos Profissionais de Propaganda), tendo por adversário Amador Galvão de França, que foi eleito. No mesmo ano, apresentou tese no XVII Congresso da International Advertising Association (IAA), em Londres. Em 1968, pediu demissão da Standard e associou-se a Francesc Petit, José Zaragoza e Ronald Persichetti para fundar a DPZ, que se tornaria uma das agências brasileiras mais premiadas no exterior e formaria vários nomes importantes da propaganda brasileira, como Washington Olivetto, Marcello Serpa e Nizan Guanaes.

A par seu trabalho na DPZ, Duailibi envolveu-se com atividades associativas. Em 1977, o governo federal ameaçou sancionar um projeto de lei que, na prática, estabeleceria a censura prévia na propaganda brasileira. Duailibi integrou a Comissão Interassociativa da Publicidade Brasileira que elaborou um documento de auto-regulamentação denominado Código Brasileiro de Auto-Regulamentação Publicitária. Em 1978, o código foi aprovado no III Congresso Brasileiro de Propaganda. Em 1984, foi eleito presidente da Associação Brasileira de Agências de Propaganda (Abap, atual Associação Brasileira de Agências de Publicidade). Deixou a presidência da Abap em 1986 e a presidiu novamente em 1993-95.

Os ventos da redemocratização sopravam no país e Duailibi participou do movimento Diretas Já, fazendo campanha para o candidato oposicionista Tancredo Neves. Com a derrota do movimento e a confirmação das eleições indiretas, engajou-se novamente na campanha de Tancredo Neves para a presidência da República em 1985. Fez também campanhas para Franco Montoro, Mário Covas, Wilson Barbosa Martins, entre outras.

Duailibi também foi professor de redação da ESPM, diretor de cursos da Escola de Comunicações e Artes da USP e vice-presidente do Conselho Diretor da Escola de Administração de Empresas de São Paulo, da Fundação Getulio Vargas.

Além disso, foi um dos articuladores da campanha que permitiu a construção do Hospital Sírio-Libanês e do Instituto do Tratamento do Câncer Infantil (Itaci), de São Paulo, entre outras iniciativas. Foi vice-presidente da Fundação Bienal de São Paulo, presidente do Museu Casa Brasileira e do Conselho de Curadores da Fundação Cultural Exército Brasileiro, bem como membro do Conselho Superior da ESPM, da Fundação Bienal de São Paulo, do Fundo Social de Solidariedade do Governo do Estado de São Paulo e da Associação Arte Sem Fronteiras.

Christiane Jalles de Paula

FONTES: *curriculum vitae*; DUAILIBI, Roberto. *Roberto Duailibi (depoimento, 2004)*. Rio de Janeiro, Cpdoc-ABP, 2005; *Janela Publicitária*, 28 jan. 2000; <http://www2.correioweb.com.br/cw/edicao_20020619/pri_opi_190602_138.htm>, acesso em 22-6-2004; CASTELO BRANCO, Renato; MARTENSEN, Rodolfo Lima; REIS, Fernando (planej. e coord.). *História da propaganda no Brasil*. São Paulo: T. A. Queiroz, 1990. (Coleção Coroa Vermelha. Estudos Brasileiros, 21.); *Propaganda*, v. 9, n. 107, fev. 1965; ASSOCIAÇÃO PAULISTA DE PROPAGANDA. *Depoimentos*. São Paulo: Hamburg, s. d.; REIS, Fernando. *Cobrões da propaganda 91/92*. São Paulo: Referência, 1991.

DUDA MENDONÇA & ASSOCIADOS ver MENDONÇA, DUDA

ÉBOLI, ITALO

Pioneiro da propaganda brasileira, Italo Éboli construiu sua trajetória na McCann Erickson. Em 1948, a agência conquistou a conta da Anakol e desenvolveu pesquisa que propiciou o lançamento do creme dental Kolynos. A criação de tal campanha ficou a cargo da equipe comandada por Éboli, que concebeu a expressão "Ah, Kolynos", utilizada pela marca nos 30 anos que se seguiram. Também atendeu à conta da Arno, para a qual participava da redação de radionovelas patrocinadas pelo cliente.

Quando a McCann se tornou uma sociedade anônima, em 1951, era um de seus diretores, ao lado de Edmur Castro Cotti, Arthur Moss Martins e M. A. Mendes. Em 1956, participou da fundação da Associação dos Dirigentes de Vendas do Brasil (ADVB).

O ano de 1957 foi de grande importância para a carreira de Éboli. Atuou como vice-presidente do I Congresso Brasileiro de Propaganda, junto com Armando de Moraes Sarmento, presidente da McCann no Brasil, e Paulo Arthur Nascimento. No mesmo ano, assumiu a presidência da revista *Propaganda*, constituindo-se em um dos maiores incentivadores da retomada da publicação. Em substituição a Caio Aurelio Domingues, tomou posse como diretor administrativo da Escola de Propaganda de São Paulo, onde já lecionava desde o tempo em que esta funcionava no Museu de Arte de São Paulo (Masp). Por fim, tornou-se gerente da filial paulista da McCann, ainda em 1957, com a migração de David Monteiro para a MultiPropaganda, e convidou Francisco Gracioso para fazer parte dos quadros da agência.

Faleceu prematuramente em 1963, e teve seu nome dado a uma rua do bairro do Butantã, na capital paulista. Foi a primeira vez que um publicitário recebeu tal homenagem.

José Márcio Batista Rangel

FONTES: <http://www.geocities.com/marcosamatucci/espmy50.htm>, acesso em 27-1-2005; <http://www.sentineladovale.com.br/historias.htm>, acesso em 1-2-2005; <http://www.netpropaganda.terra.com.br/materia/?id=366>, acesso em 1-2-2005; <http://www.advbfbm.org.br/site/historia.aspx>, acesso em 1-2-2005; PENTEADO, José Roberto Whitaker. Entrevista com Francisco Gracioso. *Revista da ESPM*, maio 1999; Rua Dr. Italo Éboli. *Propaganda*, v. 12, n. 133, maio/jun. 1967; CASTELO BRANCO, Renato; MARTENSEN, Rodolfo Lima; REIS, Fernando (planej. e coord.). *História da propaganda no Brasil*. São Paulo: T. A. Queiroz, 1990. (Coleção Coroa Vermelha. Estudos Brasileiros, 21.). p. 66, 129, 320 e 323.

ECLÉCTICA, A

Fundada por volta de 1913/14, na capital paulista, por Jocelyn Bennaton e João Castaldi. De acordo com Juarez Bahia, A Ecléctica é considerada a primeira agência de propaganda do país organizada em moldes profissionais. Segundo Rodolfo Lima Martensen, em *História da propaganda no Brasil*, a Ecléctica "viria a tornar-se um verdadeiro marco do empresariado publicitário brasileiro".

Jocelyn Bennaton e João Castaldi permaneceram por pouco tempo na empresa. Com a saída de Bennaton, Eugênio Leuenroth associou-se ao empreendimento. Entre 1918 e 1919 foi a vez de Castaldi deixar a sociedade e Júlio Cosi entrou na sociedade, ficando responsável pela direção da matriz, em São Paulo, enquanto Leuenroth, após ser transferido para o Rio de Janeiro como representante de *O Estado de S. Paulo*, passou a responder pela filial carioca. Em 1933 Eugênio deixou a Ecléctica após desavença com Júlio Cosi.

A Ecléctica atendeu as contas mais importantes das primeiras décadas do século XX, tais como as da Ford Motor Co. e a Texaco. Para esta última empresa, realizou trabalho pioneiro ao elaborar mapas das principais estradas brasileiras com a sinalização dos seus postos de gasolina.

Na feitura de suas peças publicitárias A Ecléctica serviu-se de trabalhos *freelancer* de escritores como Guilherme de Almeida, Orígenes Lessa, Afonso Schmidt e Menotti del Picchia e de ilustradores da tarimba de Belmonte, Vicente Caruso, Pery de Campos, entre outros.

A Ecléctica estruturou-se com departamentos próprios como arte, criação, texto. Além disso, investiu na criação de um departamento de pesquisa e na representação de jornais de outros estados.

Por intermédio de Júlio Cosi, participou do início do movimento associativo da propaganda brasileira. Cosi foi membro atuante da fundação das duas entidades que passaram a congregar os profissionais da área em 1937: a Associação Brasileira de Propaganda (ABP), criada em 16 de julho, e a Associação Paulista de Propaganda (APP), atual Associação dos Profissionais de Propaganda, fundada em 29 de setembro.

No final da década de 1930, A Ecléctica organizou um anuário da imprensa brasileira, que foi proibido pelo Departamento de Imprensa e Propaganda (DIP). Ainda nesse período, a Ecléctica abrigou a revista *Propaganda*, fundada em 1937 e que teve o próprio Júlio Cosi como um dos seus colaboradores. Em 1940, Cosi assumiu a presidência da agência, que foi transformada em sociedade anônima.

No início da década de 1960, A Ecléctica encerrou suas atividades.

Christiane Jalles de Paula

FONTES: CASTELO BRANCO, Renato; MARTENSEN, Rodolfo Lima; REIS, Fernando (planej. e coord.). *História da propaganda no Brasil*. São Paulo: T. A. Queiroz, 1990. (Coleção Coroa Vermelha. Estudos Brasileiros, 21.), p. 302-304; ASSOCIAÇÃO PAULISTA DE PROPAGANDA. *Depoimentos*. São Paulo: Hamburg, s.d. (Série Documentos da Propaganda, 1.); SIMÕES, Roberto. História da propaganda brasileira. *Propaganda*, v. 26, n. 308, fev. 1982.

ECLÉTICA ver ECLÉCTICA, A

EHRLICH, MÁRCIO

Nasceu no Rio de Janeiro no dia 4 de julho de 1950. Filho de Daniel Ehrlich e Aída Ehrlich. Formou-se no ano de 1974 em medicina pela Universidade Federal do Rio de Janeiro.

Durante o regime militar foi cartunista e ilustrador, sob o codinome "Cid" ou "Márcio Sidnei", teve suas tiras publicadas na revista *O Cruzeiro, O Pasquim, Tribuna da Imprensa*, entre outros veículos de comunicação.

Em junho de 1977, Márcio iniciou sua trajetória como colunista especializado em publicidade na *Tribuna da Imprensa* com a coluna Janela Publicitária, que com o advento da internet tornou-se site. Escreveu também em *O Globo, Jornal do Commercio*. Atuou em rádio: *Programa Propaganda & Marketing, Panorama FM* e *Jornal do Brasil AM*; e na televisão: no programa da TVE (*Intervalo*), na TVS (*Programa de Domingo*) e na TV Bandeirantes (*Programa Propaganda & Marketing*).

Trabalhou no atendimento da V&S Propaganda, onde chegou a gerente de comunicação.

Ao lado de suas atividades no colunismo publicitário, Márcio foi diretor de planejamento da Dinâmica Promoções, agência especializada em marketing promocional.

Foi também diretor da Associação Brasileira de Propaganda (ABP), da Associação Brasileira de Marketing (ABM), diretor de eventos do capítulo Rio de Janeiro da Associação Brasileira de Agências de Publicidade (Abap), vice-presidente executivo da Associação Brasileira dos Colunistas de Marketing e Propaganda (Abracomp). Presidiu a Associação de Marketing Promocional (Ampro) e foi um dos fundadores do Grupo de Atendimento e Planejamento (GAP).

Foi coordenador nacional do Prêmio Colunistas, tendo participado de mais de uma centena de julgamentos de premiação.

FONTES: <http://www.janela.com.br>, acesso 1-7-2005; informação do biografado.

EMERICH, HÉLCIO

Hélcio Emerich nasceu na cidade mineira de Varginha, em 13 de agosto de 1934. Cursou a Faculdade de Jornalismo Cásper Líbero e a Escola Superior de Propaganda e Marketing.

Iniciou-se profissionalmente na publicidade no escritório paulista da Grant Advertising, onde se tornou chefe do departamento de rádio e TV no início da década de 1950. Em seguida, foi para a J. W. Thompson assumir o cargo de supervisor de contas, participando da equipe chefiada por Robert Merrick. Passou a gerenciar a filial gaúcha da agência, onde permaneceu até 1960, quando se transferiu para a Denison Propaganda, em São Paulo, para trabalhar como diretor de contas.

Deixou a Denison em 1967, devido a divergências quanto à indicação do novo diretor da agência, e fundou o Grupo Oito, com outros profissionais que também estavam deixando a empresa, levando algumas das contas com que trabalhavam. Em 1974, ingressou na Almap, onde foi responsável por contas importantes, como a da Volkswagen, e conquistou prêmios, como o Caboré de Melhor Profissional de Planejamento/Atendimento de 1985. Ocupou funções de destaque na agência — mesmo após sua fusão com a BBDO em 1988 —, como a vice-presidência e a diretoria de planejamento estratégico.

Emerich também atuou como jornalista, redigindo matérias especializadas na indústria automobilística para os jornais *Diário de São Paulo* e *Jornal do Brasil* e as revistas *Mecânica* e *Autoesporte*, além de uma coluna sobre marketing e comunicação para a *Folha de S. Paulo*.

José Márcio Batista Rangel

FONTES: <http://www.maxxie.hpg.ig.com.br/pepsi-br/noticias/1995/1995-08-14.htm>, acesso em 28-1-2005; <http://www.netpropaganda.terra.com.br/materia/?id=336>, acesso em 28-1-2005; REIS, Fernando. *Cobrões da propaganda 91/92*. São Paulo: Referência, 1991. p. 166; CASTELO BRANCO, Renato; MARTENSEN, Rodolfo Lima; REIS, Fernando (planej. e coord.). *História da propaganda no Brasil*. São Paulo: T. A. Queiroz, 1990. (Coleção Coroa Vermelha. Estudos Brasileiros, 21.). p. 313 e 345.

EMPRESA DE PROPAGANDA POYARES

A Empresa de Propaganda Poyares foi fundada em 1942, por Walter Ramos Poyares, no Rio de Janeiro. Durante seus 10 anos de existência teve entre seus clientes a Aerovias Brasil e a British Overseas Air Corporation (Boac). Manteve escritórios também nas cidades de São Paulo, Buenos Aires e Santiago do Chile. Em fins da década de 1940, o *Anuário de Publicidade* apontou a agência como uma das principais entre as 101 listadas no eixo Rio-São Paulo, ocupando a terceira posição no *ranking* de faturamento, ao lado de algumas outras empresas do ramo, como Panam, Inter, Grant, Lintas e Record. Em 1952, ano em que encerrou suas atividades em função de dificuldades financeiras, seu fundador presidiu a Associação Brasileira de Agências de Propaganda (Abap, atual Associação Brasileira de Agências de Publicidade).

André Dantas

FONTES: CASTELO BRANCO, Renato; MARTENSEN, Rodolfo Lima; REIS, Fernando (planej. e coord.). *História da propaganda no Brasil*. São Paulo: T. A. Queiroz, 1990. (Coleção Coroa Vermelha. Estudos Brasileiros, 21.). p. 340-341; *PN — Publicidade & Negócios*, v. 12, n. 168, set. 1952.

ESCOLA DE PROPAGANDA DE SÃO PAULO ver **ESCOLA SUPERIOR DE PROPAGANDA E MARKETING**

ESCOLA DE PROPAGANDA DO MUSEU DE ARTE DE SÃO PAULO ver **ESCOLA SUPERIOR DE PROPAGANDA E MARKETING**

ESCOLA SUPERIOR DE PROPAGANDA E MARKETING ver **ESCOLA SUPERIOR DE PROPAGANDA E MARKETING (ESPM)**

ESCOLA SUPERIOR DE PROPAGANDA ver **ESCOLA SUPERIOR DE PROPAGANDA E MARKETING**

ESPM ver **ESCOLA SUPERIOR DE PROPAGANDA E MARKETING**

ESCOLA SUPERIOR DE PROPAGANDA E MARKETING (ESPM)

Em fins de 1950, durante o I Salão Nacional de Propaganda, Rodolfo Lima Martensen foi convidado por Pietro Maria Bardi, presidente do Museu de Arte de São Paulo (Masp), a montar um curso sobre propaganda para o Instituto de Arte Contemporânea, mantido pelo museu. Após nove meses e várias viagens aos Estados Unidos, França e Inglaterra, Martensen apresentou o projeto de uma escola profissionalizante de propaganda que, com o apoio de Assis Chateaubriand, foi aprovado pela direção do Masp em 27 de outubro de 1951. Surgiu então a Escola de Propaganda do Museu de Arte de São Paulo, da qual Martensen passou a ser o diretor-presidente. A primeira turma iniciou o curso em 1952, tendo como primeiros professores, todos voluntários, executivos e diretores de criação das melhores agências de propaganda.

Em 1955, Pietro Maria Bardi comunicou a Martensen que, dado o crescimento da escola, o Masp não mais a comportava e ela precisava deixar as dependências do museu. Martensen, juntamente com o publicitário Italo Éboli e Edmundo Monteiro, diretor dos Diários Associados, conseguiu então alugar um novo local para a escola, que passou a se chamar Escola de Propaganda de São Paulo. Em 1964, a escola assumiu o nome de Escola Superior de Propaganda de São Paulo.

Em 1971, a percepção de que o mercado publicitário mudara, de que havia a necessidade de um investimento maior da escola no marketing e de que somente uma nova geração de publicitários imprimiria na escola o ritmo adequado aos novos tempos levou Martensen, e a diretoria da escola, à renúncia coletiva. A direção da escola passou então a Otto Hugo Scherb. Foi na gestão de Scherb que a Escola Superior de Propaganda obteve o reconhecimento de curso superior do Ministério da Educação e Cultura (MEC). Scherb também foi responsável pela nova orientação da escola: o ensino do marketing, até então pouco valorizado pelas escolas de propaganda do país. Esse novo enfoque levou à mudança do nome da escola para Escola Superior de Propaganda e Marketing (ESPM).

Em 1974, Scherb expandiu o raio de ação da ESPM e abriu a primeira unidade fora da capital paulista, na cidade do Rio de Janeiro. Em 1978, a ESPM criou o primeiro curso de pós-graduação *lato sensu* sobre gestão publicitária e mercadológica.

Em abril de 1981, após o falecimento repentino de Scherb, Francisco Gracioso foi escolhido para presidir a escola. Em sua gestão, a ESPM adquiriu sede própria e expandiu suas atividades para o Rio Grande do Sul, abrindo uma unidade em Porto Alegre em 1984.

Nos anos 1990, a escola assumiu seu perfil atual como centro de ensino de comunicação, marketing e administração: diversificou e expandiu suas atividades, criando cursos de duração especial (intensivos), abrindo outra unidade na cidade de São Paulo e em Campinas, e criando cinco regionais, em Alphaville e São Bernardo do Campo (Grande São Paulo), Brasília, Salvador e Recife. Também abriu cursos de pós-graduação em várias cidades do país e instituiu a Escola de Criação da ESPM, a Agência de Publicidade ESPM e a ESPM Júnior.

A escola teve participação ativa na divulgação de conceitos que resultaram, por exemplo, na criação de órgãos como o Conselho Nacional de Auto-Regulamentação Publicitária (Conar) e, mais recentemente, do Código de Ética de Marketing.

Em 2004, a ESPM instituiu o Prêmio Renato Castelo Branco de Reponsabilidade Social, com o objetivo de promover a responsabilidade social na comunicação promocional.

A escola é administrada por um conselho deliberativo de 11 membros, eleitos por um conselho pleno de 30 membros. O Conselho Deliberativo dá apoio à presidência, que tem ampla liberdade de ação.

Christiane Jalles de Paula

FONTES: <http://www.espm.br/ESPM/pt/Home/Global/Institucional/MensagemPresidente/>, acesso em 15-2-2005; <http://www.espm.br/ESPM/pt/Home/Outros/SalaImprensa/Clipping/Edicao/Gazeta.htm>, acesso em 15-2-2005; *Propaganda*, v. 13, 1970; *Propaganda*, v. 17, fev./mar. 1974; *About*, n. 689, 19 ago. 2002; PENTEADO, J. Roberto Whitaker. Entrevista com Francisco Gracioso. *Revista da ESPM*, v. 6, n. 3, maio/jun. 1999; <http://www.geocities.com/marcosmatucci/espmy50.htm>, acesso em 13-10-2004; CASTELO BRANCO, Renato; MARTENSEN, Rodolfo Lima; REIS, Fernando (planej. e coord.). *História da propaganda no Brasil*. São Paulo: T. A. Queiroz, 1990. (Coleção Coroa Vermelha. Estudos Brasileiros, 21.); VARÓN CADENA, Nelson. *Brasil, 100 anos de propaganda*. São Paulo: Referência, 2001; MARTENSEN, Rodolfo Lima. Uma escola de devoção. In: GRACIOSO, F.; PENTEADO, J. Roberto Whitaker (orgs.). *50 anos de vida e propaganda brasileiras*. São Paulo: Mauro Ivan Marketing, 2001; SIMÕES, Roberto. História da propaganda brasileira. *Propaganda*, v. 26, n. 308, fev. 1982.

ESQUIRE ver PUBBLICITÁ/ESQUIRE & ALLIANCE

ESTRUTURAL

A Propaganda Estrutural foi fundada em março de 1975 por Rogério Steinberg e Armando Strozenberg, no estado da Guanabara, atual Rio de Janeiro. Os clientes iniciais da Estrutural foram duas empresas do ramo imobiliário — a MG 500 e a Servenco —, ligadas à família de Steinberg.

Em pouco tempo, a Estrutural firmou-se no mercado e ampliou seu quadro de clientes, com contas como: Du Loren, Rachel, Sapasso, Adônis e Formiplac. Entre suas várias campanhas, a Estrutural produziu a peça em que vestiu Grande Otelo de ET para anunciar o lançamento de uma construção imobiliária. Suas campanhas conquistaram centenas de prêmios nacionais e internacionais, entre os quais destaca-se Agência do Ano em 1982.

Em 1983, Armando Strozenberg deixou a Estrutural para fundar sua própria agência, a Comunicação Contemporânea. Dois anos depois, a Estrutural concebeu o "Projeto Zico", com vistas à volta ao Flamengo do craque rubro-negro, cujo passe fora vendido anos antes a um time italiano — a Udinese. O projeto rendeu um filme publicitário que ganhou a medalha de ouro do Festival de Nova York. Foi também a agência responsável pelo retorno de Sócrates ao Brasil e pela utilização do videoteipe em superproduções comerciais.

Em outubro de 1986, Rogério Steinberg faleceu, vítima de um acidente automobilístico, fato que determinou o encerramento das atividades da Estrutural e o desaparecimento de seu nome do mercado publicitário.

Alan Carneiro

FONTES: CASTELO BRANCO, Renato; MARTENSEN, Rodolfo Lima; REIS, Fernando (planej. e coord.). *História da propaganda no Brasil*. São Paulo: T. A. Queiroz, 1990. (Coleção Coroa Vermelha. Estudos Brasileiros, 21.); BASTOS, Gustavo. Definitivamente, o mercado carioca não é sério. *Vox News*, 28 maio 2002. Disponível em: <http://www.voxnews.com.br/dados_artigos.asp?CodArt=97>, acesso em 9-12-2004; <http://www.irs.org.br/rogerio.htm>, acesso em 9-12-2004; <http://www.coumiotis.hpg.ig.com.br/uruba.htm>, acesso em 9-12-2004.

EXCLAM COMUNICAÇÃO

Agência paranaense fundada em 1965, inicialmente como *house agency* das Lojas Prosdócimo. Ainda na década de 1960 passou a atender outros clientes, como Servopa e Refrigeração Paraná. Em 1980, Carlos Roberto F. Chueiri, Carlos Rabelo Pougy e Ernani Buchmann integraram-se à empresa como novos diretores. Dois anos mais tarde, Hiram Silva de Souza, que assumira a presidência da empresa quando da aposentadoria de Rody Janz, uniu-se a Buchmann e aos diretores Antônio de Freitas e Rubens França e adquiriu o controle acionário da empresa, que deixou de ser *house*. Desde então, a Exclam assumiu o posto de principal agência do estado, segundo a Federação Nacional das Agências de Propaganda (Fenapro).

Em 1984, envolvida na campanha pela redemocratização do país, a agência, através dos profissionais Sérgio Mercer e Bira Menezes, forneceu o símbolo da campanha pelo voto direto para presidente, popularizada como *Diretas Já*. Em função de seu rápido crescimento, em 1988, a agência já contava com 46 clientes, possuía 150 funcionários e mantinha 18 escritórios de representação em diversas partes do país. Nos anos 1990, a Exclam iniciou um processo de reestruturação de sua filosofia de trabalho, objetivando o desenvolvimento de uma nova política de atuação. Assim, em 1998, deu início a um programa de desenvolvimento contínuo chamado "Projeto século XXI", com vistas à manutenção da agência na vanguarda do segmento da comunicação. Dois anos mais tarde, em 2000, a empresa assinou um acordo operacional com a McCann Erickson. Fundou também a Exclam Norte e a Exclam Sul, fazendo-se presente no norte do Paraná e também no estado de Santa Catarina.

André Dantas

FONTES: ABAP — Associação Brasileira de Agências de Propaganda. *História da propaganda no Brasil*. São Paulo: Talento, 2005; Exclam Propaganda Ltda. Disponível em: <http://www.exclam.com.br>, acesso em 20-11-2004; RIC.com.br. Disponível em: <http://www.ric.com.br/entrevista_mauro_cesar_souza.asp>, acesso em 16-11-2004; SOUZA, Ney Alves de. Paraná: as agências começaram com "A Propagandista". In: CASTELO BRANCO, Renato; MARTENSEN, Rodolfo Lima; REIS, Fernando (planej. e coord.). *História da propaganda no Brasil*. São Paulo: T. A. Queiroz, 1990. (Coleção Coroa Vermelha. Estudos Brasileiros, 21.). p. 425-432.

F/NAZCA SAATCHI & SAATCHI

Em 1994, Fábio Fernandes, em sociedade com Ivan Marques, Loy Barjas e Rodrigo Andrade, fundou a F/Nazca, na capital paulista. A Nazca Saatchi & Saatchi constituía uma rede, formada pela associação do executivo de publicidade Angel Collado Schwarz com o grupo de comunicação inglês Saatchi & Saatchi e agências de publicidade da América Latina.

Em seis meses de atividades a agência conquistou 10 novas contas, entre as quais Motorola, Philco, Phytoervas e Banco Sudameris. Ainda no primeiro ano de existência, foi a agência mais premiada no festival da Associação Brasileira de Propaganda (ABP) e uma das que mais tiveram peças selecionadas no anuário do Clube de Criação de São Paulo (CCSP).

No ano seguinte, produziu para a Philco a peça "Formigas", considerada uma das melhores campanhas do século pela *CB News*. Além disso, ganhou a conta da cerveja Skol, para a qual criou "A cerveja que desce redondo". Em 1996, a F/Nazca Saatchi & Saatchi abriu uma divisão voltada para a Internet, a AdverSiting. Em 1997, com a conquista, entre outras, da conta da Brahma, com o *slogan* "Refresca até pensamento", passou a constar do grupo das 15 maiores agências nacionais.

Em 2001, foi a Agência do Ano no Festival de Cannes, na França. Dois anos depois, a F/Nazca Saatchi & Saatchi passou por uma reestruturação que resultou na diminuição de seu quadro de funcionários e na adequação da agência ao modelo atendimento/mídia. Também conquistou suas primeiras contas públicas: Petrobras e governo do Paraná. Além da matriz paulista, a F/Nazca Saatchi & Saatchi abriu escritórios no Rio de Janeiro e em Curitiba e criou o departamento Action Marketing para serviços de criação e produção de eventos, promoção, marketing direto e *merchandising*.

Além dos prêmios já citados, a F/Nazca Saatchi & Saatchi conquistou muitos outros, nacionais e internacionais, entre os quais se destaca o de Agência das Américas, concedido pela *Advertising Age*.

Alan Carneiro

FONTES: ABAP — Associação Brasileira de Agências de Propaganda. *História da propaganda no Brasil*. São Paulo: Talento, 2005; *Anuário da Propaganda 2004 (Meio & Mensagem)*; MARCONDES, Pyr. *Uma história da propaganda brasileira*. Rio de Janeiro: Ediouro, 2002; <http://netpropaganda.terra.com.br/materia/index.php?id=164>, acesso em 21-2-2005; *Folha de S. Paulo*, 21 abr. 1994; <http://www.fnazca.com.br/>, acesso em 20-12-2004.

F/NAZCA S&S *ver* F/NAZCA SAATCHI & SAATCHI

FARHAT, EMIL

Emil Farhat nasceu em Maripá (MG), em 25 de setembro de 1914, filho de Salim Farhat. Mudou-se para o Rio de Janeiro em 1932.

Seguiu a carreira jornalística, trabalhando nos jornais *O Globo, O Jornal, Diário da Noite* e *Diário de Notícias*. Nos *Diários Associados* foi repórter político, chegando a secretário de redação. Bacharelou-se pela Faculdade Nacional de Direito da antiga Universidade do Brasil, no Rio de Janeiro, em 1938 e, no ano seguinte, lançou o livro *Cangerão*, que lhe valeu o Prêmio Lima Barreto.

Em 1941, abandonou o jornalismo para se dedicar à publicidade. Ingressou na McCann Erickson do Rio de Janeiro como redator, permanecendo na agência por 31 anos. A McCann era responsável pela publicidade da Esso, empresa norte-americana de petróleo. Em 28 de agosto de 1941, a Rádio Nacional lançou o *Repórter Esso*, programa de radiojornalismo criado pela McCann Erickson e que se baseava em noticiário fornecido pela United Press International (UPI). Foi Farhat o criador do *slogan* do *Repórter Esso*: "O primeiro a dar as últimas". O *Repórter Esso* era o noticiário mais popular e de maior audiência, com três transmissões diárias regulares e edições extraordinárias, sempre que necessário. Durante a II Guerra Mundial, informava sobre o desenrolar das operações de guerra. Nesse período, Farhat criou o *slogan* "*Repórter Esso*, testemunha ocular da história". O programa só saiu do ar em 31 de dezembro de 1967.

Durante toda a sua gestão à frente da McCann, Farhat investiu fortemente no Departamento de Rádio, sendo considerado um dos inovadores e responsável pela modernização do rádio no Brasil.

No período 1957-74, Farhat assumiu vários cargos de direção na McCann. Em 1º de fevereiro de 1969, tornou-se presidente da empresa. Em sua gestão, a agência, embora mantendo forte presença no Rio de Janeiro, com clientes como Esso e Coca-Cola, transferiu sua sede para São Paulo, que passara a responder pela maior parte da receita. Essa também foi uma época de avanços, como o GRP, sigla de *gross rating point*, ou pontos de audiência somados, que deu amparo técnico à propaganda.

Em 1967, Farhat recebeu o título de Publicitário do Ano da Associação Paulista de Propaganda (APP, atual Associação dos Profissionais de Propaganda). Em 1974, deixou a McCann Erickson e retornou ao jornalismo, como diretor da sucursal do jornal *O Globo* em São Paulo, onde permaneceu até 1985.

Foi membro do Conselho Administrativo da Escola Superior de Propaganda de São Paulo e o coordenador da equipe que redigiu o livro *Técnica e prática da propaganda*. Além deste, Farhat publicou também: *Os homens sós*; *Dinheiro na estrada* — que lhe rendeu o Prêmio Jabuti, da Câmara Brasileira do Livro —; *O país dos coitadinhos*, que teve quatro edições; *Educação, a nova ideologia*, que teve três edições, e *O paraíso do vira-bosta*, com duas edições.

Recebeu o troféu O Mascate como Homem de Vendas do Ano, concedido pela Confederação Nacional do Comércio. Faleceu em 22 de maio de 2000.

Alzira Alves de Abreu

FONTES: *Revista da Escola Superior de Propaganda e Marketing*, abr. 1995. p. 89-91; RAMOS, Ricardo. *Do reclame à comunicação: pequena história da propaganda no Brasil*. São Paulo: Atual, 1985; *Propaganda*, abr. 1965 e fev. 1969; FARHAT, Emil. *Histórias ouvidas e vividas: memórias*. São Paulo: Scrinium, 1999; REIS, Fernando. *Cobrões da propaganda 91/92*. São Paulo: Referência, 1991; <http://www.amcham.com.br/revista/revista2002-12-09a/materia2002-12-10e/pagina2002-12-10f>, acesso em 23-12-2004.

FALCÃO, CELSO ALMIR JAPIASSÚ LINS *ver* **JAPIASSÚ, CELSO**

FAVECO *ver* **CORRÊA, FLÁVIO**

FEDERAÇÃO NACIONAL DAS AGÊNCIAS DE PROPAGANDA (FENAPRO)

Em 1977, no I Encontro de Presidentes de Sindicatos e Associações de Agências de Propaganda, com o apoio dos sindicatos de São Paulo e do Rio de Janeiro, das associações do Rio Grande do Sul e de Brasília e, ainda, da Associação Brasileira de Agências de Propaganda (Abap, atual Associação Brasileira de Agências de Publicidade), foi assinada a Carta de Porto Alegre, lançando publicamente a idéia de criar a federação.

Após os procedimentos legais cabíveis, os seis sindicatos então existentes — São Paulo, Rio de Janeiro, Rio Grande do Sul, Distrito Federal, Minas Gerais e Goiânia — firmaram o protocolo de fundação da Federação Nacional das Agências de Propaganda (Fenapro) em 13 de dezembro de 1979. O processo chegou a termo em dezembro de 1981, com a assinatura da carta sindical pelo então ministro do Trabalho, Murillo Macedo, que a entregou a Luiz Marcelo Dias Sales em março de 1982.

Christiane Jalles de Paula

FONTES: <http://www.fenapro.org.br/fenapro/fenapro.shtml>, acesso em 4-2-2005; CASTELO BRANCO, Renato; MARTENSEN, Rodolfo Lima; REIS, Fernando (planej. e coord.). *História da propaganda no Brasil*. São Paulo: T. A. Queiroz, 1990. (Coleção Coroa Vermelha. Estudos Brasileiros, 21.).

FENAPRO *ver* FEDERAÇÃO NACIONAL DAS AGÊNCIAS DE PROPAGANDA

FERNANDES, FÁBIO

Fábio Fernandes nasceu no Rio de Janeiro em 19 de agosto de 1962, filho de Vinicius Garcia de Souza, médico, e de Maria Thereza Fernandes de Souza, professora de catecismo.

Em 1982 formou-se em comunicação social pela Pontifícia Universidade Católica do Rio de Janeiro (PUC-Rio). Começou a trabalhar como repórter *free-lancer* na extinta Bloch Editores.

Ingressou na propaganda em janeiro de 1983, na MPM Propaganda do Rio de Janeiro, como estagiário na área de criação e logo foi efetivado como redator. Contratado como redator pela Artplan Rio, foi promovido, aos 23 anos, a diretor de criação. Depois disso foi diretor de criação e vice-presidente de criação da Young & Rubicam, de São Paulo.

Em abril de 1994, fundou em São Paulo a F/Nazca, em sociedade com a agência inglesa Saatchi & Saatchi. Entre as campanhas criadas por Fábio Fernandes destacam-se: "Formiguinhas", para a Philco; toda a campanha da "Cerveja que desce redondo", da Skol, com mais de 50 comerciais; o comercial "Mordidas," para a margarina Bonna, que conquistou um Leão de Ouro no Festival de Cannes; os "Siris" e a "Tartaruga" da Brahma. Em 2001, Fábio Fernandes foi escolhido pelo jornal *Valor Econômico* como Empresário de Valor do ano na área de Propaganda & Marketing.

Conquistou inúmeros prêmios em festivais: Fiap, Profissionais do Ano da Rede Globo, Clube de Criação de São Paulo, Caboré, Cannes, Clio Awards, *The One Show*, D&DA, Festival de Nova York, entre outros.

Fábio Fernandes é membro do *board* mundial de criação da rede Saatchi & Saatchi e uma das 100 maiores personalidades do mundo, segundo a mais prestigiosa revista de propaganda mundial, a *Advertising Age*.

Christiane Jalles de Paula

FONTES: *curriculum vitae*; *Época*, 11 jun. 2001.

FERRAZ, ROSE

Rose Ferraz nasceu em Vitória (ES), em 13 de maio de 1951, filha do aviador Paulo Bahiense Ferraz e de Nilza do Carmo Netto Ferraz.

Iniciou sua trajetória na propaganda brasileira em 1968, na agência Rino, no cargo de redatora. Em 1971/72 trabalhou na Message. Formou-se em publicidade e propaganda na Faculdade de Comunicação Social Anhembi em 1973. Nesse mesmo ano começou a trabalhar na agência de propaganda Club. Em 1974/75 ingressou na Ad e, em 1976, foi contratada pela multinacional suíça GGK, na função de redatora. Em 1986, a GGK associou-se a Washington Olivetto e a Javier Llussá Ciuret, dando origem à W/GGK, que em apenas um ano de existência tornou-se a agência mais premiada do país. Em 1987, Rose Ferraz e Camila Franco foram as redatoras da campanha "Primeiro sutiã", para a Valisère, que conquistou um Leão de Ouro no Festival Sawa, em Cannes. Ainda nesse ano foi agraciada com o Prêmio Profissionais do Ano e com o *Gran Prix* do Clube de Criação de São Paulo (CCSP).

Em 1988, transferiu-se para a Fischer, Justus, Young & Rubicam, onde permaneceu até 1990. Durante sua passagem pela agência criou o conceito "O melhor

Danone é o Danone da Danone". De 1990 a 1992 foi redatora da DPZ e, depois, se transferiu para a S&A, na função de diretora de criação. Em 1993 assumiu o mesmo cargo na agência de propaganda Futura. Permaneceu nessa agência por um ano e, então, voltou ao cargo de redatora na Standard, Ogilvy & Mather. Em 1995, deixou a Standard e tornou-se diretora de criação da Colucci, onde também ficou por um ano, transferindo-se para a multinacional francesa Publicis, onde assumiu a direção de criação. Deixou a Publicis em 2000 e, no ano seguinte, ocupou o mesmo cargo na Ogilvy. Retornou à Colucci em 2002 para ocupar o mesmo cargo de sua primeira passagem. Em 2004, assumiu a direção de criação da Z+ Comunicação.

Também foram criações suas as seguintes campanhas: "Te vejo na MTV" (1990), "Alumni. Aqui você aprende" (1995), "Quero ver você no Pão de Açúcar" (1995), "Você faz mais gostoso com Maggi" (1996), "Nestlé. Nossa vida tem você" (1999), "Tá na cara que é gostoso. Tá na cara que é saudável. Tá na cara que é Nestlé" (2000), "Seja Extra" (2001), "Osesp. Pode aplaudir que a Orquestra é sua" (2002).

Além dos prêmios já citados, conquistou também mais um Leão de Ouro e outro de Prata no Festival de Cannes, além de inúmeros prêmios em festivais nacionais.

Christiane Jalles de Paula

FONTES: *curriculum vitae*; VARÓN CADENA, Nelson. *Brasil, 100 anos de propaganda*. São Paulo: Referência, 2001.

FERREIRA, NEIL

Neil Ferreira nasceu em Cerqueira César (SP), em 18 de abril de 1943, filho do comerciante Antônio Ferreira e da dona-de-casa Lilian Lopes Ferreira.

Iniciou sua vida profissional na imprensa escrita como *office-boy* nos Diários Associados. Mais tarde, trabalhou como jornalista na *Folha de S. Paulo* e na sucursal paulista do *Jornal do Brasil*.

Ingressou na propaganda em 1964, como *trainee* de redator, na agência CIN — Cia. de Incremento de Negócios. Em 1º de abril desse ano começou a trabalhar como assistente de Roberto Duailibi na Standard Propaganda, onde mais tarde assumiria a direção de criação. Em sua passagem pela Standard, foi um dos responsáveis pela campanha de lançamento da revista *Veja*, em 1968. Deixou a Standard ainda nesse ano e se transferiu para a Alcântara Machado Publicidade. Em 1969, foi para a Norton, onde integrou o grupo "Os subversivos", junto com Jarbas José de Souza, José Fontoura da Costa, Aníbal Guastavino e Carlos Wagner de Moraes, responsável pela revolução criativa ocorrida nessa agência. Permaneceu na Norton até 1972, quando foi trabalhar na SBG Propaganda e Promoções. Nessa agência, produziu mais de 100 comerciais para a Estrela. Deixou a SBG e, temporariamente, o mercado de agências de propaganda para trabalhar aproximadamente quatro anos como *freelancer*.

Em fevereiro de 1977, ingressou na DPZ, onde trabalhou com José Zaragoza. A dupla de criação Neil Ferreira e José Zaragoza foi uma das mais importantes da propaganda brasileira, tendo sido responsável por várias campanhas bem-sucedidas, como "Morte do orelhão", campanha de 1980, executada para a Telesp, denunciando as conseqüências da depredação de telefones públicos; "O menino de olhos vendados", para promover o presunto da Sadia; e o "Leão do imposto de renda", entre outras.

Outra campanha marcante de Neil Ferreira foi "O baixinho", que transformou o motorista José Valion em garoto-propaganda da cervejaria Kaiser. Entre os inúmeros comerciais da série, aquele em que o personagem aparece num banheiro ao lado de outros bebedores de cerveja cantarolando a trilha sonora criada para a marca ganhou o Leão de Ouro no Festival de Cannes de 1987 e foi apontado pela CBS Network Television como um dos melhores comerciais de todos os tempos. Em 1988, Ferreira resolveu deixar a DPZ. Numa tentativa de impedir sua saída, José Zaragoza publicou um anúncio dizendo: "Neil, queridinho: volte pra casa. Tudo está perdoado. Z". Mas não adiantou, Neil Ferreira voltou a trabalhar como *freelancer*.

Em 1990, assumiu as funções de vice-presidente e diretor de criação da Salles/Inter-Americana. Em abril de 1992, retornou à DPZ, em dupla novamente com José Zaragoza, e lá ficou até 1997, quando voltou a trabalhar como *freelancer*.

Neil Ferreira conquistou inúmeros prêmios em festivais nacionais e internacionais, como Fiap, Profissionais do Ano da Rede Globo, Clube de Criação de São Paulo, Caboré, Cannes, Clio Awards, *The One Show*, D&DA, Festival de Nova York, entre outros.

Christiane Jalles de Paula

FONTES: informações prestadas pelo biografado; REIS, Fernando. *Cobrões da propaganda 91/92*. São Paulo: Referência, 1991; VILLALTA, Daniela. O surgimento da revista *Veja* no contexto da modernização brasileira. In: CONGRESSO BRASILEIRO DE CIÊNCIAS DA COMUNICAÇÃO, XXV., 2002, Salvador. *Anais...* Salvador: Sociedade Brasileira de Estudos Interdisciplinares da Comunicação (Intercom), 2002; <http://www.meioemensagem.com.br/mmonline/conteudo/conteudo/22546.html>, acesso em 3-2-2005; <http://www.maxdicas.com.br/303/m13.htm>, acesso em 3-2-2005; ZARAGOZA, José. *Layout man*. São Paulo: DPZ, 2003.

FERREIRA, SÉRGIO

Sérgio Aurelino Leal Ferreira nasceu no Rio de Janeiro, em 27 de maio de 1926, filho do médico sanitarista Manuel José Ferreira e de Ruth Bittencourt Leal Ferreira. Seu avô materno foi presidente da Bahia na República Velha, deputado federal pelo mesmo estado e ministro no governo de Venceslau Brás. Estudou no Colégio Pedro II e fez o clássico no Liceu Fluminense, em Petrópolis. Fez o curso de aviador da Força Aérea Brasileira (FAB).

Sérgio Ferreira ingressou na propaganda em 1949, por influência de Guilherme Figueiredo, que o convenceu a trabalhar na McCann Erickson, onde ocupou cargos no departamento de *cheking*, na mídia e na produção.

Na Copa do Mundo de 1950, foi o responsável pela produção do folheto promocional da Esso, conta atendida pela McCann, que contava a história do futebol, de todas as suas regras, e que teve tiragem de 1 milhão de exemplares. Deixou a McCann por volta de 1954 e foi contratado pela Grant Advertising, tendo sido o organizador do Departamento de Rádio e Televisão da agência. Mais tarde, transferiu-se para a Standard Propaganda, onde permaneceu até 1957, na função de administrador de contas e campanhas. Ainda em 1957, aceitou o convite de José Luís Moreira de Souza para organizar a recém-criada agência Denison Propaganda. Nesse mesmo ano, foi realizado no Rio de Janeiro o I Congresso Brasileiro de Propaganda, cujos organizadores quiseram vetar a participação da Denison, por esta ser uma *house agency* das lojas Ducal. Após intervenção de Ferreira, a agência foi aceita no congresso, tendo Ferreira participado de várias comissões.

Sérgio Ferreira participou da fundação, e foi diretor do primeiro consórcio brasileiro de agências de propaganda — o Consórcio das Agências Brasileiras —, que ficou responsável pela campanha do Instituto Brasileiro do Café (IBC).

Em 1966, adquiriu da Ducal as ações da Denison, juntamente com Sepp Baendereck, Oriovaldo Vargas Löffler e Hercílio da Luz Malburg. Em junho de 1978, assumiu a chefia do escritório do Rio de Janeiro. Em 1982, a estrutura administrativa da agência passou por significativa mudança: Héctor Brener assumiu a presidência, foram criadas cinco vice-presidências e o conselho da agência passou a ser integrado por Sepp Baendereck, Oriovaldo Vargas Löffler e Sérgio Ferreira.

Em meados dos anos 1980, Sepp Baendereck vendeu o escritório carioca a seus executivos, mantendo sob seu controle apenas a unidade paulista. Em 1988, com o falecimento de Baendereck, a Denison cindiu-se em duas empresas independentes: a Denison Propaganda, em São Paulo, sob o controle acionário dos herdeiros de Sepp Baendereck — Peter e Nicky —, tendo como presidente Carlos Ziegelmeyer e como vice-presidentes Raul Cruz Lima e Plínio Pereira; e a Denison Rio Comunicação e Marketing Ltda., tendo como sócios-diretores Celso Japiassú, Oriovaldo Vargas Löffler e Sérgio Ferreira.

De 1985 a 1988, Sérgio Ferreira tornou-se assessor de comunicação do ministro Rafael Archer. Em 1998,

Sérgio Ferreira e seus sócios Oriovaldo Vargas Löffler e Celso Japiassú desativaram a agência.

Sérgio Ferreira foi ainda vice-presidente do capítulo brasileiro da International Advertising Association (IAA) e presidente do Conselho Nacional de Propaganda (CNP).

Christiane Jalles de Paula

FONTE: FERREIRA, Sérgio. *Sérgio Ferreira (depoimento, 2004)*. Rio de Janeiro: Cpdoc-ABP, 2005.

FERRENTINI, ARMANDO

Armando Crisóstomo Ferrentini nasceu em São Paulo, em 27 de janeiro de 1943. Seu pai também se chamava Armando e sua mãe, Ignez Panini Ferrentini. Formou-se em direito na Universidade Mackenzie.

Em 1963, tornou-se diretor comercial da Empresa Jornalística Diário Popular, jornal no qual passou a publicar a coluna "Asterisco", especializada em propaganda. Foi o único redator da coluna por 15 anos. Em 1968, juntamente com Cícero Silveira e Eloy Simões, instituiu o Prêmio Colunistas, apoiado pela Associação Brasileira de Colunistas de Marketing e Propaganda (Abracomp). A comenda, uma das mais importantes premiações do meio publicitário, foi incorporando categorias regionais ao longo do tempo. Paralelamente, dirigia outro veículo, a revista *Propaganda*, que passou a editar em 1972, adquirindo-a 10 anos depois. Também atuou como presidente da Associação dos Dirigentes de Vendas e Marketing do Brasil (ADVB) durante toda a década de 1970.

Em 1984, deixou o *Diário Popular*. À frente da Editora Referência, editou outras publicações, como a revista *Marketing* e o jornal *Propaganda & Marketing*.

Ferrentini lançou e coordenou outros prêmios, como o anual Marketing Best, em parceria com a Fundação Getulio Vargas e a Madia Marketing Internacional, além da Semana Internacional da Criação Publicitária. Assumiu em 2003 a presidência do Conselho Superior da Escola Superior de Propaganda e Marketing (ESPM).

José Márcio Batista Rangel

FONTES: *curriculum vitae*; <http://www.espm.br/ESPM/pt/Home/Outros/SalaImprensa/PressReleases/Edicao/Escola_negocios.htm>, acesso em 26-1-2005; REIS, Fernando. *Cobrões da propaganda 91/92*. São Paulo: Referência, 1991. p. 238-239.

FIDALGO, ALCIDES

Alcides Angeli da Cruz Fidalgo, conhecido como Cidão, nasceu em 1937. Formou-se em direito, mas passou a se dedicar à publicidade quando conseguiu um emprego, em 1961, como revisor da empresa McCann Erickson, em São Paulo. Em 1963, transferiu-se para a Denison, onde chegou a chefe de redação.

Na década de 1970, estava na agência Almap, onde se destacou como um dos redatores premiados com um Leão, de Cannes, por desenvolver a publicidade do Vick Vaporub. Também se destacou, ao lado de João Galhardo e Alex Periscinoto, com a campanha publicitária da Petrobras em que todos os personagens mostravam os quatro dedos da mão estendidos para cima (com o polegar dobrado) numa referência ao óleo Lubrax-4 da empresa. Esse gesto seria depois utilizado em outras campanhas publicitárias, como a da cerveja Brahma, com o nº 1, e a do Rock in Rio, com o nº 3.

Em 1976, foi o segundo presidente do Clube de Criação de São Paulo.

Da Almap de São Paulo veio para a Almap-Rio, saindo para ser diretor de criação da agência SGB. Deixou essa empresa para trabalhar na MPM-Rio, comandando as mais de 10 duplas da agência. Criou nessa época a campanha "Vem pra Caixa você também", para a Caixa Econômica Federal.

Entre 1982 e 1983, presidiu o Clube de Criação do Rio de Janeiro.

Ainda trabalhou para a Publicittá & Esquire, para a Caio Domingues, onde atuou como planejador, e para a Next. Foi também diretor de criação da Versatta, de Nelson Sirotsky.

Seus trabalhos receberam prêmios em quase todos os certames nacionais e internacionais, com destaques para o Clio (três estatuetas, 15 diplomas), o Festival Brasileiro de Cinema Publicitário (duas Lâmpadas de Ouro, seis diplomas), o Profissionais do Ano (dois diplomas), o Festival de Cannes (Leão de Prata, cinco diplomas), o Fiap e os prêmios Colunistas e Anuário do Clube de Criação de São Paulo.

Faleceu no Rio de Janeiro em 2 de novembro de 2004.

Alzira Alves de Abreu

FONTES: *Propaganda*, v. 8, n. 82, jan. 1963; <http://www.ccsp.com.br/clubeonline/index>, acesso em 23-11-2004; <http://www.janela.com.br>, acesso em 23-11-2004.

FIGUEIREDO, AYLTON DE

Aylton de Figueiredo nasceu na cidade do Rio de Janeiro, em 18 de fevereiro de 1932, filho do comerciante Octávio Pereira de Figueiredo e da dona-de-casa Virgínia da Silva Figueiredo. Concluiu o ensino médio e realizou diversos cursos nas áreas financeira, publicitária e de marketing.

Iniciou sua trajetória na propaganda em 1958, como contato da Grant Advertising Publicidade. Em junho de 1960, transferiu-se para a MPM Propaganda, onde exerceu a mesma função. Dois anos depois, tornou-se diretor executivo do escritório carioca da MPM e membro do conselho diretor da agência.

Em 1975, foi eleito presidente da Associação Brasileira de Propaganda (ABP). Durante sua gestão, foi realizado o III Encontro de Propaganda de Brasília, no qual foi um dos palestrantes. Deixou o cargo em 1977 e retornou à MPM, onde permaneceu até 1980.

Faleceu no Rio de Janeiro em 15 de agosto de 1985.

Christiane Jalles de Paula

FONTES: informações fornecidas por Luciane de Figueiredo, filha do biografado; *Jornal de Brasília*, 23 out. 1976.

FIGUEIREDO, GUILHERME

Guilherme Figueiredo nasceu em 1914, filho do general Euclydes de Oliveira Figueiredo, eleito deputado pelo Distrito Federal em 1946, e de Valentina Silva Oliveira Figueiredo. Irmão mais velho do ex-presidente da República João Figueiredo, era considerado o intelectual da família.

Seu pai destacou-se como comandante das tropas rebeldes do vale do Paraíba durante a Revolução Constitucionalista de 1932. Guilherme lutou a seu lado, ajudando o movimento armado a exercer forte oposição ao governo de Getúlio Vargas.

Seu trabalho na McCann Erickson foi marcante, por ter sido ele um dos primeiros a redigir um *slogan* brasileiro para a Coca-Cola, nos anos 1940: "Coca-Cola borbulhante, refrescante, 10 tostões". Guilherme Figueiredo foi também responsável pela introdução de novos hábitos no consumo do refrigerante no país, como o de bebê-lo diretamente no gargalo da garrafa, o que até então era considerado um deslize de etiqueta. Para tanto, criou anúncios com pessoas ilustres reproduzindo tal atitude, pois considerava melhor consumir Coca-Cola assim do que "em copos mal lavados que interfeririam no seu sabor".

Guilherme Figueiredo obteve reconhecimento nacional e internacional como dramaturgo. Autor da peça *A raposa e as uvas*, estreou na literatura em 1936 com o livro de poemas *Um violino na sombra*. Candidatou-se à Academia Brasileira de Letras em 1963, mas não foi eleito, decepção que o fez escrever um livro contra a entidade.

Ocupou cargos de confiança durante o governo do irmão: foi presidente da Fundação das Artes do Rio de Janeiro e diretor do Banco de Desenvolvimento do mesmo estado. Em 1979, desempenhou importante papel na fundação da Universidade Federal do Estado do Rio de Janeiro (UniRio), sendo seu primeiro reitor, função a que se dedicou por quase uma década, até 1988.

Faleceu em 24 de março de 1997.

José Márcio Batista Rangel

FONTES: ABREU, Alzira Alves de; BELOCH, Israel (coord. geral). *Dicionário histórico-biográfico brasileiro pós-1930*. 2. ed. rev. atual. Rio de Janeiro: Fundação Getulio Vargas, 2002; *Veja*, 4 jul. 1979 e 4 jun. 1980; *IstoÉ*, 4 jun. 1997; <http://prograd.unirio.br/graduacao/arquivos/atos.pdf>, acesso em 20-9-2004; Coca-Cola no Brasil. Disponível em: <http://www.cocacolabrasil.com.br/quemsomos/ historia/brasil/coca-cola_brasil.pdf>, acesso em 29-9-2004.

FIGUEIREDO, LUIZ CELSO DE PIRATININGA ver **PIRATININGA, LUIZ CELSO**

FISCHER AMÉRICA

Agência fundada em São Paulo em julho de 1978, com o nome de Fischer & Gabus Mendes, por Gregório Fischer, seu filho, Eduardo Fischer, e Luiz Otávio Gabus Mendes. Gabus Mendes deixou a agência em abril de 1981 e esta alterou sua razão social para Fischer & Associados. No ano seguinte, Roberto Luiz Justus ingressou na sociedade, o que motivou nova mudança no nome da empresa, que passou a Fischer & Justus Comunicação Ltda.

A agência teve como primeiros clientes Olivetti, Climax, Shell, Basf, Marlboro, Calvin Klein, Brittania, Pierre Cardin e O Barateiro. A Fischer & Justus introduziu no Brasil um novo conceito em comerciais, que ficou conhecido como propaganda comportamental. O *case* para o *jeans* Calvin Klein foi exemplar desse conceito de propaganda que primou por textos e imagens nos quais a juventude aparecia expressando inquietação e questionando padrões sociais.

Em 1985, Eduardo Fischer e Roberto Justus iniciaram negociações com a multinacional Young & Rubicam. No ano seguinte, venderam parte de sua participação acionária na agência ao grupo norte-americano e surgiu a Fischer, Justus, Young & Rubicam Comunicações S.A. Em 1987, os sócios da Fischer decidiram expandir os negócios e formaram a UpGrade, que ficaria independente em 1997. Em 1989, devido a problemas decorrentes do gigantismo da multinacional, entre eles os realinhamentos de contas, a sociedade com a Young & Rubicam foi desfeita e a Fischer & Justus voltou a operar no mercado publicitário somente com capital nacional.

Em 1994, a Fischer & Justus criou para a cerveja Brahma a campanha "Número 1" para promover a marca durante a Copa do Mundo de Futebol, mas que permaneceu no ar durante sete anos. Esse *case* de marketing foi escolhido o *Case* da Década pelo Prêmio Colunistas e também foi Medalha de Ouro do Advertising Marketing Effectiveness (AME) de Nova York, uma das mais importantes premiações de marketing do mundo.

No ano seguinte, associou-se à agência Quintana, de Buenos Aires, Argentina, e à Nölck, de Caracas, Venezuela. Esse braço do negócio ganhou o nome de Fischer América. No ano seguinte, o braço nacional mudou sua razão social de Fischer & Justus para Fischer, Justus Comunicação Total, interligando com um conceito a agência de publicidade à prestação de serviços de comunicação e de marketing. Em 1997, a *holding* Totalcom, que controlava a Fischer, Justus, comprou a S&A, que passou a se chamar NewComm, sob a direção de Roberto Justus.

Em 1998, a Fischer adquiriu a agência carioca D'. Nesse mesmo ano, Roberto Justus deixou a sociedade e a agência passou a se chamar Fischer América Comunicação Total. A *holding* Totalcom, sob o controle de Eduardo Fischer, tornou-se controladora da Fischer América, da Upgrade e da D'. A NewComm ficou com Justus. A expansão da *holding* continuou com a aquisição da Dez, de Porto Alegre (RS); da Sette Graal, de Brasília, e da Heads, de Curitiba. O grupo é composto pela rede de agências de Comunicação Total® Fischer América e D' Brasil e pelas empresas One Stop e Spirit. Durante a realização da Copa do Mundo de Futebol que ocorreu na França em 1998, a Fischer América foi uma das organizadoras da feira "É tempo de Brasil", em Paris, com o intuito de divulgar os produtos brasileiros.

Em 1999, Antônio Fadiga tornou-se sócio-diretor e a Fischer América criou a unidade de Agronegócio. Em 2001, conquistou para o Brasil o *Grand Prix* do Festival de Nova York, um prêmio criativo inédito, com os anúncios "Garoto" e "Mulher" para o Banco de Olhos. Em 2003, a Fischer América Rio criou o *case* de comunicação para a cerveja Schincariol.

Alan Carneiro

FONTES: ABAP — Associação Brasileira de Agências de Propaganda. *História da Propaganda no Brasil*. São Paulo: Talento, 2005; .*Anuário da Propaganda 2004 (Meio & Mensagem)*; CASTELO BRANCO, Renato; MARTENSEN, Rodolfo Lima; REIS, Fernando (planej. e coord.). *História da propaganda no*

Brasil. São Paulo: T. A. Queiroz, 1990. (Coleção Coroa Vermelha. Estudos Brasileiros, 21.); MARCONDES, Pyr. *Uma história da propaganda brasileira*. Rio de Janeiro: Ediouro, 2002; <http://www.fischeramerica.com.br>, acesso em 15-2-2005; informações fornecidas pela agência; VARÓN CADENA, Nelson. *Brasil, 100 anos de propaganda*. São Paulo: Referência, 2001; *Folha de S. Paulo*, 14 jun. 1997, 10 e 29 jun. 1998, 8 fev. 1999.

FISCHER AMÉRICA COMUNICAÇÃO TOTAL *ver* **FISCHER AMÉRICA**

FISCHER, EDUARDO

Eduardo Fischer nasceu em São Paulo, em 18 de novembro de 1956, filho do industrial do setor têxtil Gregório Fischer e de Berta Fischer.

Eduardo Fischer ainda cursava comunicação social nas Faculdades Integradas Alcântara Machado, em São Paulo, quando obteve um estágio no Departamento de Projetos Especiais da Rede Globo de Televisão. Em 1977, iniciou sua trajetória no mundo publicitário brasileiro com a fundação da própria agência — a Fischer, Gabus Mendes —, em sociedade com Gregório Fischer, seu pai, e Luiz Otávio Gabus Mendes. Três anos depois, concluiu a faculdade.

Em abril de 1981, Gabus Mendes deixou a sociedade e a razão social da agência passou a ser Fischer & Associados. No ano seguinte, Roberto Justus entrou para a sociedade e, a partir de então, a agência passou a se chamar Fischer, Justus Comunicação. Eduardo Fischer era o responsável pela direção criativa da agência. Em 1983, criou, para o *jeans* Calvin Klein, uma campanha de estilo comportamental que rompeu com os paradigmas da propaganda brasileira. Nesse mesmo ano, o comercial "Vagabundo", para o mesmo cliente e na mesma filosofia, foi proibido pelo Conselho Nacional de Auto-Regulamentação Publicitária (Conar).

Em 1986, Eduardo Fischer e Roberto Justus venderam parte de suas ações à multinacional Young & Rubicam. Nesse mesmo ano, Fischer participou do grupo de jurados que escolheu os 10 maiores comerciais de todos os tempos no Brasil. Em 1989, foi desfeita a sociedade com a Young & Rubicam.

A conquista da conta da Brahma pela agência de Eduardo Fischer resultou na criação do conceito "Brahma, a nº 1" por Fischer e Cláudio Carillo, e que consistia na logo de um dedo indicador. A campanha chegou ao ápice na Copa do Mundo de 1994, porque a cervejaria foi preterida na comercialização de cotas para o evento, o que levou Fischer e Carillo a desenvolverem uma série de ações promocionais com os principais jogadores da seleção brasileira. A campanha também patrocinou eventos carnavalescos, tudo dentro do conceito "Número 1". O *case* permaneceu no ar por sete anos e resultou no desenvolvimento, por Eduardo Fischer, do conceito Comunicação Total®, pilar das ações publicitárias de sua agência. Além disso, foi escolhido o *Case* da Década pelo Prêmio Colunistas e também Medalha de Ouro do Advertising Marketing Effectiveness (AME) de Nova York, uma das mais importantes premiações de marketing do mundo.

Após a experiência malsucedida com a Young & Rubicam, Eduardo Fischer consolidou a tese de que era preciso expandir os limites de sua agência para o mercado latino-americano e implementar um conceito que interligasse a agência de publicidade à prestação de serviços de comunicação e de marketing. Dessa forma, em 1995, sua agência associou-se à Quintana, de Buenos Aires, na Argentina, e à Nölck, de Caracas, na Venezuela. Esse braço do negócio recebeu o nome de Fischer América. No ano seguinte, o braço nacional mudou sua razão social para Fischer Justus Comunicação Total e foi criada a Holding Totalcom, primeira multinacional brasileira no setor. Nesse mesmo ano Eduardo Fischer foi agraciado com o Prêmio Publicitário Latino-americano pela Associação Latino-americana de Agências de Publicidade (Alap). Em 1998, Roberto Justus deixou a sociedade e Eduardo Fischer passou a controlar a então chamada Fischer América Comunicação Total.

Em 1998, Fischer foi um dos responsáveis pelo evento "É tempo de Brasil", realizado na França durante a Copa do Mundo de Futebol. O reconhecimento internacional da atuação empresarial de Eduardo

Fischer aconteceu no ano seguinte, quando foi um dos palestrantes do 46th World Federation Advertisers Congress, realizado na Coréia do Sul, e foi eleito líder empresarial pelos assinantes do jornal *Gazeta Mercantil*.

Em 2003, Fischer foi um dos criadores do *case* "Nova Schin", para a cerveja Schincariol, considerado um dos mais importantes do ano. A campanha "Experimenta" contou com a participação de personalidades famosas, como o cantor e compositor Zeca Pagodinho, que quebrou contrato com a Fischer América e virou atração da campanha da concorrente Brahma, cuja conta estava com a Africa, de Nizan Guanaes. O caso foi parar no Conar, que suspendeu a propaganda feita pela Africa.

Foi também jurado brasileiro em prêmios como Clio Awards, em Amsterdã e Nova York, e Sawa, em Cannes, e conquistou inúmeros prêmios, em festivais tanto nacionais quanto internacionais.

Christiane Jalles de Paula

FONTES: informações fornecidas pelo biografado; <http://www.fischeramerica.com.br/#>, acesso em 28-12-2004; VARÓN CADENA, Nelson. *Brasil, 100 anos de propaganda*. São Paulo: Referência, 2001; CASTELO BRANCO, Renato; MARTENSEN, Rodolfo Lima; REIS, Fernando (planej. e coord.). *História da propaganda no Brasil*. São Paulo: T. A. Queiroz, 1990. (Coleção Coroa Vermelha. Estudos Brasileiros, 21.); GRACIOSO, F.; PENTEADO, J. Roberto Whitaker (orgs.). *50 anos de vida e propaganda brasileiras*. São Paulo: Mauro Ivan Marketing, 2001; *Folha de S. Paulo*, 23 nov. 2003.

FISCHER & GABUS MENDES *ver* **FISCHER AMÉRICA**

FISCHER & JUSTUS COMUNICAÇÃO *ver* **FISCHER AMÉRICA**

FISCHER, JUSTUS COMUNICAÇÃO TOTAL *ver* **FISCHER AMÉRICA**

FISCHER, JUSTUS, YOUNG & RUBICAM COMUNICAÇÕES *ver* **FISCHER AMÉRICA**

FLORISBAL, OCTÁVIO

Octávio Florisbal nasceu em São Paulo em 20 de maio de 1943, filho de Elegardo Pico Florisbal e de Josephina Frioli Florisbal. Seu pai, gaúcho de Bagé, era proprietário de uma granja em São Paulo. Seu bisavô foi herói da guerra do Paraguai e seus tios também seguiram a carreira militar. O avô materno, italiano, foi pintor nos anos 1940 e 50.

Em 1958, aos 15 anos, por influência paterna, ingressou no Colégio Naval com o intuito de seguir a carreira militar, mas não terminou o curso porque foi expulso em 1960 por problema disciplinar.

Voltou para São Paulo e seu tio, Renato Castelo Branco, em 1961, deu-lhe um emprego na J. Walter Thompson, onde era diretor. Foi trabalhar na área financeira da agência, como auxiliar administrativo. Mais tarde foi transferido para o departamento de mídia, com a função de verificar se os anúncios programados tinham sido veiculados. Trabalhou com Nelson Fernandes, o precursor das transmissões de futebol no rádio. Depois de dois anos de trabalho, resolveu estudar na Escola Superior de Propaganda, onde teve contato com nomes de grande prestígio na publicidade, como Francisco Gracioso, Roberto Duailibi, Otto Scherb, Geraldo Santos, Rodolfo Lima Martensen. Tornou-se gerente de planejamento.

Nos anos 1960, a publicidade passou por grandes mudanças, sendo a Thompson a introdutora de muitas inovações. Nessa época a mídia ganhou mais espaço nas decisões estratégicas. No final dessa década, Florisbal foi convidado por Geraldo Alonso para estruturar o departamento de mídia da agência Norton, assumindo o cargo de diretor de mídia.

Em 1969, numa reunião informal promovida por Wanderley Fucciolo, superintendente de mídia da Thompson que atendia a revista *Seleções*, surgiu o Grupo de Mídia, voltado para a valorização do profissional da área e para a democratização das informações de pesquisas de mídia e dos novos desenvolvimentos técnicos. A mídia, então, ganhou novo espaço, não dependendo mais da intermediação do diretor de contas, que passou a dividir o trabalho de visita aos clientes com o responsável pela mídia e com o profissional de criação.

Em 1971, com a saída de Wanderley Fucciolo da superintendência de mídia da Thompson — por ter sido convidado a ocupar o cargo de vice-presidente dos estúdios da Universal para a América Latina —, Octávio Florisbal foi indicado para substituí-lo na Thompson, para onde retornou com o cargo de diretor de mídia. Nesse cargo, reorganizou a área de mídia da agência, na qual permaneceu por um ano, saindo para trabalhar na Lintas Internacional. Nessa agência trabalhou por 10 anos, tendo criado o departamento de planejamento, negociação e execução e sido seu diretor de planejamento.

Em 1982, transferiu-se para a Rede Globo, para consolidar o setor de marketing da empresa, em um período de grandes dificuldades para o Brasil, devido a inflação elevada e recessão econômica. Montou a Central Globo de Marketing, com três áreas de atuação: planejamento comercial, para tratar de preços e formatos comerciais; comunicação *business-to-business* com agências e anunciantes; e uma divisão para cuidar dos grandes projetos de comunicação da Globo, como futebol, fórmula 1 e eleições. Em 1991 assumiu a superintendência comercial da Rede Globo, juntamente com José Luiz Franchini, introduzindo inúmeras mudanças, entre as quais o treinamento dos profissionais da área; plano de carreira; e reestruturação, racionalização e informatização do setor comercial.

Em outubro de 2002, assumiu interinamente o cargo de diretor-geral da TV Globo, em substituição a Marluce Dias da Silva, sendo efetivado em agosto de 2004.

Ainda neste último ano foi escolhido o Publicitário do Ano pelo Prêmio Colunistas Brasil.

Octávio Florisbal foi também membro do Conselho Nacional de Auto-Regulamentação Publicitária (Conar), professor da Escola Superior de Propaganda e Marketing (ESPM), e um dos diretores da Associação Brasileira de Propaganda e da International Advertising Association (IAA).

Alzira Alves de Abreu

FONTES: *Curriculum vitae*; *About*, v. 10, 22 fev. 1999; <http://www.bluebus.com.br/capa.shtml>, acesso em 12-8-2004; <http://www.colunistas.com/propaganda/prbr37ata2004.html>, acesso em 6-10-2004; CASTELO BRANCO, Renato; MARTENSEN, Rodolfo Lima; REIS, Fernando (planej. e coord.). *História da propaganda no Brasil*. São Paulo: T. A. Queiroz, 1990. (Coleção Coroa Vermelha. Estudos Brasileiros, 21.).

FRANÇA, AMADOR GALVÃO DE

Amador Galvão de França começou sua vida profissional no jornalismo. Em 1943, decidiu trabalhar em propaganda, quando foi contratado pela agência Standard Propaganda. Na ocasião, as agências pagavam salários muito melhores do que a imprensa. Trabalhou em várias agências.

Em 1956, juntamente com outros colegas da publicidade, como Artur Otelo Piccinini, Humberto Gargiulo, Arturo Alésio e José Caruso, formou um grupo de oposição ao comando da então Associação Paulista de Propaganda (APP). Lançou-se candidato à presidência da associação, mas foi derrotado. Em 1965, novamente apresentou-se como candidato à presidência da APP, tendo como adversário Roberto Duailibi, e acabou sendo eleito. Durante sua gestão, em 1966/67, criou uma escola de comunicação na APP e reformou a sede da associação.

Alzira Alves de Abreu

FONTE: ASSOCIAÇÃO PAULISTA DE PROPAGANDA. *Depoimentos*. São Paulo: Hamburg, s. d.

FRANCHINI, JOSÉ DALTRO

José Daltro Franchini, em conjunto com José Salimen, inaugurou a agência Salimen e Franchini, em novembro de 1965, no Rio Grande do Sul. Três anos após a fundação da S & F, em 1968, a Denison entrou na sociedade e surgiu a Denison RGSul. Em 1969, Salimen deixou a nova agência, no que seria seguido pela

Denison um ano depois. Assim, em 1970, Daltro Franchini abriu a Símbolo Propaganda, atuando como seu presidente, e com ela conquistou o título de Publicitário do Ano, concedido pela Associação Riograndense de Propaganda (ARP) em 1973.

Em 1983, liderou a iniciativa de criar a Associação Latino-americana de Agências de Publicidade (Alap), com sede em Porto Alegre, tornando-se mais tarde seu presidente. No final da década de 1980, assumiu a presidência da Federação Nacional das Agências de Propaganda (Fenapro), cargo para o qual foi reeleito em 1992.

José Márcio Batista Rangel

FONTES: CASTELO BRANCO, Renato; MARTENSEN, Rodolfo Lima; REIS, Fernando (planej. e coord.). *História da propaganda no Brasil*. São Paulo: T. A. Queiroz, 1990. (Coleção Coroa Vermelha. Estudos Brasileiros, 21.). p. 439-441; <http://www.alap.poa.terra.com.br/>, acesso em 4-2-2005; <http://www.arpnet.com.br/publicitarios_ano.htm>, acesso em 4-2-2005.

FRANCO, CAMILA

Camila Franco nasceu na capital paulista em 10 de abril de 1962, filha do dramaturgo Jorge Andrade, que escreveu, entre outras peças, *Os ossos do barão* e *Moratória*, e da dona-de-casa Helena de Almeida Prado Franco.

Ingressou no curso de economia da Pontifícia Universidade Católica (PUC), mas não o concluiu. Ainda na PUC, ingressou na DPZ, em 1985, como redatora júnior.

Em 1986, Washington Olivetto, que também era da DPZ, saiu para fundar a W/GGK e Camila Franco o acompanhou. Pouco depois, escreveu, juntamente com Rose Ferraz, o roteiro do comercial "Primeiro sutiã", para a Valisère, vencedor de inúmeros prêmios e incluído entre os 100 Melhores Comerciais de Todos os Tempos, de Bernice Kanner. Em 1989, a W/GGK passou a se chamar W/Brasil, após a compra das ações da multinacional suíça GGK pelos sócios brasileiros, Javier Llussá Ciuret e Gabriel Zellmeister. Na sua passagem pela W/Brasil, Camila Franco conquistou vários prêmios, entre os quais se destaca o Caboré de Profissional de Criação em 1991. Depois de nove anos na W/Brasil, Camila Franco aceitou o convite de Nizan Guanaes e tornou-se diretora de criação da DM9. Em agosto de 1997, assumiu a vice-presidência da Standard Ogilvy & Mather e o comando do departamento da agência em São Paulo. Dois anos depois, retornou à DM9, nessa época já DM9DDB. Em 2000, com a saída de Nizan da presidência da agência, Camila Franco, Sergio Valente, Erh Ray, Jader Rosseto e Pedro Capeletti tornaram-se diretores de criação. Permaneceu na DM9DDB até 2001, quando abandonou as agências de propaganda para, no ano seguinte, abrir um escritório de projetos infantis, o Cabeças Voadoras.

Camila Franco também foi responsável pela criação de peças como: "Pensa em mim", para a Bombril; "Medo do escuro", para a Santista; e "Pero Vaz de Caminha". E conquistou prêmios em vários festivais nacionais e internacionais, inclusive alguns Leões em Cannes.

Christiane Jalles de Paula

FONTES: *curriculum vitae*; *Meio & Mensagem*, 4 ago. 1997; *Propaganda*, ano 45, n. 587, abr. 2000; *Propaganda*, ano 49, n. 640, set. 2004.

FRANCO, ROSENILDO

Trabalhou na Mendes Publicidade como redator e diretor de arte, sendo, em meados dos anos 1970, premiado no primeiro anuário do Clube de Criação de São Paulo. Rosenildo Franco tornou-se diretor de criação da Galvão Propaganda e membro do Clube de Criação Publicitária do Pará.

Joanna Lopes da Hora

FONTES: <http://www.revistapronews.com.br/edicoes/52/historia.html>, acesso em 16-2-2005; <http://www.ccsp.com.br/anuarios/peca_outdoor.php?peca_id=608>, acesso em 16-2-2005; <http://www.portaldapropaganda.com/hottops_agencias/agencias/2004/03/0017>, acesso em 16-2-2005; <http://www.ccpp.com.br/3recriando1.htm>, acesso em 16-2-2005.

FREIRE, RICARDO

Ricardo Freire nasceu em Porto Alegre, em 29 de outubro de 1963, filho do bancário Walfredo Cardoso Freire e da dona-de-casa Maria Eluza Schmitt Freire.

Iniciou sua vida profissional como estagiário na agência Marca, em Porto Alegre, em novembro de 1981 e, em fevereiro do ano seguinte, passou à função de redator júnior.

Graduou-se em comunicação social com habilitação para relações públicas e publicidade pela Universidade Federal do Rio Grande do Sul (UFRGS) em 1983, ano em que deixou a agência Marca e ingressou no escritório da DPZ, em Porto Alegre, como redator. Permaneceu na agência até 1985, quando se mudou para São Paulo, onde trabalhou como redator na GGK, posteriormente W/GGK, até 1986.

Voltou a ser redator da DPZ já em São Paulo, em 1987 e 1988, ano em que se transferiu para a S&A Comunicação para exercer a função de diretor de criação até o ano seguinte. Em 1990/91 trabalhou na Talent como redator. Ganhou o Leão de Bronze em Cannes em 1992 com a campanha "Não é nenhuma Brastemp", um dos destaques de sua carreira. De 1991 a 1995 foi redator da W/Brasil e, um ano antes de deixar a agência, foi contemplado com novo Leão de Bronze em Cannes.

De 1996 a 1998 presidiu a Propaganda Registrada em São Paulo e, em 1999, voltou a ser redator da W/Brasil, também em São Paulo. Entre 2000 e 2002 esteve na Lew, Lara, ocupando as funções de redator e diretor de criação. Em 2003/04, retornou mais uma vez à W/Brasil como redator.

Além das campanhas citadas, merecem destaque a elaborada para a *Folha de S. Paulo* — "Não dá pra não ler" —, realizada num dos períodos em que esteve na W/Brasil, e a campanha para o Banco Real — "O banco da sua vida" —, quando trabalhava na Lew, Lara.

Ana Flávia Vaz

FONTE: *curriculum vitae*.

FREITAS, ANTONIO LUIS DE

Antonio Luis de Freitas nasceu em Palmeira (PR) em 29 de agosto de 1944. Graduou-se pela Faculdade de Direito da Pontifícia Universidade Católica do Paraná (PUC-PR) e fez mestrado em *comunication management* na University of Southern California, nos Estados Unidos, entre 1979 e 1981. Foi secretário de Comunicação do governador Jaime Canet Júnior, do Paraná, entre 1975 e 1979.

Ingressou no mercado publicitário como diretor de operações da Exclam Propaganda em 1982, onde permaneceu até 1988. Em 1989, fundou a Master Comunicação e Marketing. Exerceu atividades didáticas, sendo professor de teoria da comunicação no curso de publicidade e propaganda da PUC-PR, e foi representante, junto à Federação Nacional das Agências de Propaganda (Fenapro), do Sindicato das Agências de Propaganda do Paraná, em 1990.

Alzira Alves de Abreu

FONTE: REIS, Fernando. *Cobrões da propaganda 91/92*. São Paulo: Referência, 1991.

FREITAS, CECÍLIA

Cecília Freitas nasceu em 3 de março de 1947, em Pesqueira, ao pé da serra do Ororubá, no agreste pernambucano. Filha do empresário Jurandyr Britto de Freitas e da dona-de-casa Clarisse Valença de Freitas, teve dupla formação universitária, concluindo o curso de biblioteconomia em 1968 e o de comunicação social em 1975, ambos na Universidade Federal de Pernambuco.

A partir de 1966 trabalhou como bibliotecária no extinto Instituto Brasileiro de Reforma Agrária — incorporado pelo Instituto Nacional de Colonização e Reforma Agrária (Incra) em 1970 — e, posteriormente, como secretária do governador do estado de Pernambuco. Paralelamente, integrava a primeira turma de graduandos em publicidade e propaganda da Universidade Federal de Pernambuco (UFPE), que, insatisfeita com a metodologia implementada no curso, tomou a iniciativa pioneira no ambiente universitário brasileiro de criar uma agência-laboratório chamada Meio Publicidade. Dessa forma, em 1974, Cecília deixou o serviço público para, juntamente com outras oito colegas, fundar a Gruponove Comunicação.

Mesmo trabalhando como profissional de criação apenas nos três anos iniciais da agência, conquistou o primeiro prêmio nacional da propaganda pernambucana: a Medalha de Prata do Prêmio Colunistas de 1977, na categoria "Campanha Institucional", para o Banco Mercantil de Pernambuco. Essa mesma campanha ainda conquistou os títulos de "Campanha do Ano" estadual e regional.

Em 1979, Cecília Freitas foi eleita presidente do capítulo de Pernambuco da Associação Brasileira de Agências de Propaganda (Abap, atual Associação Brasileira de Agências de Publicidade) e, em 1985, do Sindicato das Agências do Estado de Pernambuco. Voltou a ser premiada com o Prêmio Colunistas, desta vez do Norte/Nordeste, nas categorias "Fato do Ano" de 1986 e "Publicitária do Ano" de 1991.

José Márcio Batista Rangel

FONTE: *curriculum vitae*.

FULL JAZZ COMUNICAÇÃO E PROPAGANDA

Agência paulista fundada em 14 de agosto de 1996 por Christina Carvalho Pinto e Luiz Antônio Machado de Sousa. A Full Jazz Propaganda integra o Grupo Full Jazz de Comunicação, composto ainda pelas empresas Full Tecno, Full Jazz Comunidade e Full Direct.

Concebida por seus fundadores como uma banda de jazz, a agência não tem departamentos isolados, onde "profissionais de diferentes áreas trabalham reunidos em células circulares, cada uma atendendo a um número específico de clientes". Pioneira em consultoria de cidadania corporativa no país, a Full Jazz teve, desde a fundação, entre seus clientes a conta da WWWF-Brasil.

Conquistou prêmios no Anuário do Clube de Criação de São Paulo (CCSP) e no Marketing Best, entre outros.

André Dantas

FONTES: ARP—Associação Riograndense de Propaganda. *Ranking das agências de todo o Brasil do Ibope Monitor*. Disponível em: <http://www.arpnet.com.br/materias_anteriores/materias_ant8.htm>, acesso em 18-11-2004; ASSOCIAÇÃO DE MÍDIA INTERATIVA. *Ranking das agências*. Disponível em: <http://www.ami.org.br/bnews3/images/multimidia/pdf/agencias.pdf>, acesso em 18-11-2004; Full Jazz Propaganda. Disponível em: <http://www.fulljazz.com.br>, acesso em 18-11-2004; <http://www.portaldapropaganda.com/hottops_agencias/agencias/2004/03/0016>, acesso em 3-10-2004; <http://revistamarketing.terra.com.br/materia/?id=169>, acesso em 20-12-2004.

FUTURA/SCALI, MCCABE, SLOVES PROPAGANDA

A história da agência multinacional no Brasil começou em 1984 com a aquisição da Gang e ganhou impulso quatro anos depois com a aquisição da Publitec-Futura, então de propriedade de Mário Cohen. A Publitec fora fundada em 1946, na cidade de São Paulo, por Gino Carraresi, antigo corretor de anúncios de rádio. Manteve um escritório também na cidade do Rio de Janeiro e, ao longo dos anos 1950, crescera em tamanho e prestígio em função dos novos clientes para os quais passou a trabalhar, entre os quais se destacavam a Aerolineas Argentinas e a Pirelli. Em fins da década de 1940 e também no ano de 1960, o *Anuário de Publicidade* destacara a agência como uma das principais entre as mais de 100 listadas no eixo Rio-São Paulo. Em 1988, a Publitec-Futura sofreu nova alteração em sua razão social, que passou a ser Futura/Scali, McCabe, Sloves Propaganda S.A.

André Dantas

FONTE: CASTELO BRANCO, Renato; MARTENSEN, Rodolfo Lima; REIS, Fernando (planej. e coord.). *História da propaganda no Brasil*. São Paulo: T. A. Queiroz, 1990. (Coleção Coroa Vermelha. Estudos Brasileiros, 21.). p. 339-340, 353.

GABRIEL, PAULO FERNANDO CHUEIRI ver CHUEIRI, PAULO

GALVÃO PROPAGANDA

Em 1983, após trabalhar na campanha de Jader Barbalho para o governo do Pará, Pedro Galvão decidiu abrir sua própria agência em sua terra natal — a Galvão Propaganda —, em parceria com Vitória Galvão. Apoiado em seus 14 anos de experiência no Rio de Janeiro em agências de renome como L&M; Denison; Thompson; Standard, Ogilvy & Mather; SGB e Giovanni, Pedro Galvão fundou sua agência em Belém, tendo como primeiros clientes o próprio governo do Pará, o Banpará e as Centrais Elétricas do Pará (Celpa).

Na carteira de clientes da Galvão figuram ainda empresas como o Centro Cultural Brasil—Estados Unidos (CCBEU), a Companhia Vale do Rio Doce e a Construtora Freire Mello. A Galvão foi eleita a Agência do Ano em 1986 e tornou-se uma das mais premiadas da região Norte.

Em 2003, seu fundador lançou o livro *Nossos primeiros 20 anos, nossos últimos 20 anos*, contando a história da Galvão e reunindo artigos, contos, crônicas e poemas de grandes nomes da literatura e da publicidade.

André Dantas

FONTES: ABAP — Associação Brasileira de Agências de Propaganda. *História da propaganda no Brasil*. São Paulo: Talento, 2005; <http://www.portaldapropaganda.com/hottops_agencias/agencias/2004/03/0017>, acesso em 3-10-2004; informações prestadas por Pedro Galvão.

GALVÃO, PEDRO

Pedro Cruz Galvão de Lima nasceu em Belém (PA), em 28 de março de 1940, filho de Pedro Galvão de Lima, pequeno comerciante de ouro, e da dona-de-casa Santina Cruz Galvão de Lima.

Formou-se em ciências jurídicas e sociais pela Faculdade de Direito da Universidade do Pará em 1965, tendo exercido a advocacia até 1969. Em maio de 1968, porém, resolveu fazer uma experiência em propaganda, trabalhando, pela manhã, como redator, na Mendes Publicidade e, à tarde, permanecendo como advogado e assessor jurídico de uma construtora.

Em 1970, decidiu dedicar-se exclusivamente à propaganda e mudou-se para o Rio de Janeiro, onde conseguiu emprego como supervisor de criação na agência JMM. Em setembro do mesmo ano, foi contratado como redator pela Standard, que logo seria comprada pela Ogilvy. Um ano depois, retornou a Belém, onde permaneceu apenas 11 meses, compondo sociedade na Matrix Publicidade.

Em 1972, já de volta ao Rio, foi contratado pela L&M Propaganda como diretor de criação, trabalhando para anunciantes como Correios, Embratel, Telebrás e Companhia Souza Cruz. Em 1975, transferiu-se para a filial carioca da Denison, trabalhando como redator para a Brahma, a Companhia Vale do Rio Doce, a Telerj e a Light. Dois anos mais tarde, em 1977, ingressou na J. Walter Thompson, também como redator, e voltou a criar para a Souza Cruz, entre outros clientes. Em 1978, retornou à Standard, Ogilvy & Mather na mesma função que já exercera ali e para trabalhar novamente com os cigarros da Souza Cruz, além do Citibank e da Fininvest. No início de 1982, foi-lhe oferecido o cargo de diretor de criação na Giovanni, para operar com contas como a dos Supermercados Sendas, da Tele-Rio e dos produtos Wella.

Paralelamente, Pedro Galvão mantinha uma atividade associativa, como membro do Conselho Nacional de Auto-Regulamentação Publicitária (Conar) de 1979 a 1982, pois participara da elaboração da legislação que o originou. Também atuava como professor da unidade carioca da Escola Superior de Propaganda e Marketing (ESPM) e de cursos sobre técnicas de criação publicitária promovidos pela Associação Brasileira de Propaganda (ABP). Ao mesmo tempo, mantinha seu vínculo com o Pará, funcionando como *free-lancer* para a Mendes Publicidade e ganhando prêmios nacionais por tais trabalhos, como dois Leões de Bronze, em Cannes.

Em 1983, após trabalhar na campanha de Jader Barbalho para o governo do Pará, decidiu abrir sua própria agência em Belém — a Galvão Propaganda —, em parceria com Vitória Galvão. Seus primeiros clientes foram o próprio governo do Pará, o Banpará e as Centrais Elétricas do Pará (Celpa). A agência ganhou diversos prêmios nacionais, como o título de Agência do Ano de 1986, sendo também Pedro Galvão eleito Publicitário do Ano em 1988 e em 2000 pelo júri do Prêmio Colunistas Norte/Nordeste, além de receber várias premiações internacionais, como o Clio Award e nos festivais de Nova York e de Londres.

Em 2003, lançou o livro *Nossos primeiros 20 anos, nossos últimos 20 anos*, contando a história da Galvão e reunindo artigos, contos, crônicas e poemas de grandes nomes da literatura e da publicidade. No ano seguinte, foi um dos autores do livro *1964 — relatos subversivos*, com depoimentos sobre o movimento estudantil e o golpe militar no Pará.

José Márcio Batista Rangel

FONTES: <http://www.portaldapropaganda.com/hottops_agencias/agencias/2004/03/0017>, acesso em 9-11-2004; *curriculum vitae* enviado pelo biografado; REIS, Fernando. *Cobrões da propaganda 91/92*. São Paulo: Referência, 1991. p. 98.

GAMA, ALEXANDRE

Alexandre Gama nasceu no Rio de Janeiro em 1º de junho de 1958, filho de Dario Freire de Medeiros e Presciliana Gama de Medeiros.

Começou sua vida profissional em 1977 como auxiliar de escritório da Gradiente Eletrônica. Em 1981, formou-se em publicidade pela Fundação Armando Álvares Penteado (Faap) e, em 1982, iniciou carreira na propaganda na Standard Ogilvy, como redator.

Trabalhou na agência DM9 por quatro anos, sendo o redator mais premiado do país por três anos consecutivos. Em 1994 foi convidado, com mais dois sócios, para assumir a agência Almap/BBDO, para onde foi como sócio vice-presidente de criação. Em 1995, recebeu o Prêmio Especial da ONU pelo melhor comercial anti-Aids.

Em 1996, assumiu a Young & Rubicam como presidente e membro do *board* mundial. A agência conheceu grande sucesso nesse período. No ano de 1997, foi jurado no Festival de Cannes. Em 1999, deixou a Young & Rubicam para criar sua própria agência, a Neogama.

Em 2002, Gama e John Hegarty fundiram a agência BBH e a Neogama, daí surgindo a Neogama/BBH, a agência da América Latina do grupo BBH. A Bartle, Bogle, Hegarty-BBH é uma agência inglesa, que se destaca pela qualidade criativa e pela estratégia em planejamento para marcas como Levi's, Audi, Unilever e Johnnie Walker.

Ao longo de sua carreira, Alexandre Gama foi premiado com 20 Leões de Prata e Ouro no Festival de Cannes.

Alzira Alves de Abreu

FONTES: *curriculum vitae*; *IstoÉ Dinheiro*, 25 set.2002; <http://www.portaldapropaganda.com/cannes/arquivo/2003/0002?ano=2003>, acesso em 18-11-2004.

GANG

Agência de propaganda fundada por Lívio Rangan em 1970, em São Paulo. Esse grupo era formado por Licínio de Almeida, que havia deixado a Standard; Rodolfo Volk e Fernando Camargo. Rangan desenvolveu um trabalho que se tornou referência na promoção da moda brasileira nos grandes eventos que produzia, sempre valorizando os jovens talentos da música popular brasileira e do *show business*.

Os clientes iniciais da agência foram Valisère, parte da Rhodia e da Editora Abril. Posteriormente, assumiria o controle de parte da conta da Shell, a conta da Phonogram e, especialmente, a da Ducal, uma cadeia de lojas de roupas de classe média.

A existência da Gang acabou sendo abreviada com a morte prematura de seu criador, Lívio Rangan, em 1984. Em fins do ano seguinte, seria vendida à Standard O&M e, pouco depois, repassada a outra agência, a Scali, McCabe, Sloves, pertencente ao Grupo Ogilvy & Mather.

Alan Carneiro

FONTES: CASTELO BRANCO, Renato; MARTENSEN, Rodolfo Lima; REIS, Fernando (planej. e coord.). *História da propaganda no Brasil*. São Paulo: T. A. Queiroz, 1990. (Coleção Coroa Vermelha. Estudos Brasileiros, 21.).

GFM/PROPEG ver PROPEG

GHIROTTI, PAULO

Paulo Ghirotti nasceu em São Paulo, em 18 de junho de 1950, filho do empresário Ângelo Ghirotti e de Alcinira Nogueira Ghirotti.

Iniciou a vida profissional como redator e revisor na empresa Alexander Wollner Programação Visual, em 1969. Ingressou na propaganda no ano seguinte, como redator, na Década Propaganda.

Em 1971, formou-se na Escola Superior de Propaganda e Marketing (ESPM). Nesse mesmo ano, foi contratado pela Grant Publicidade. Em 1972, transferiu-se para a Gang Publicidade, ocupando as funções de redator e produtor de RTV. Nessa agência, dividiu com Fábio Boer o lançamento mundial do Concorde em 1975. Dois anos mais tarde, ingressou na Denison Propaganda. No período 1978-80, participou de três diretorias do Clube de Criação de São Paulo. Em 1980, transferiu-se para a Salles/Inter-Americana, onde ficou por um ano. Em 1981, foi contratado pela DPZ, inicialmente como redator. Dois anos mais tarde, lançou a campanha "Deu duro, tome um Dreher", com Helga Miethke. Em 1986, assumiu a diretoria de criação da agência.

Em 1990, dividiu com Francesc Petit a criação do comercial "Índio", para a TV Globo, que lhes rendeu um Leão de Ouro em Cannes. Nesse mesmo ano, foi eleito o melhor profissional de criação pelo Prêmio Caboré. Três anos mais tarde, representou o Brasil como jurado em Cannes. Em 1995, em parceria com Fábio Boer, criou a série de comeciais "*No limits*", relançando a marca Hollywood.

Durante sua permanência na DPZ, criou centenas de comerciais para o Banco Itaú, com o tema "O Itaú está onde você precisa", em parceria com vários profissionais da agência. Realizou a campanha do pimentão da Sundown, com o *slogan* "O sol na medida certa", com Helga Miethke, com quem dividiu também a criação do primeiro comercial da Melissinha, em parceria com Washington Olivetto. Ainda na DPZ, foi autor da campanha "Qualidade de vida começa com Qualy", para a margarina Qualy, em parceria com Marcello Serpa e Luis Toledo.

Em 1996, saiu da DPZ Propaganda e ingressou na DDB Brasil como sócio e diretor de criação.

Fundou, em 1997, a agência Ghirotti & Cia., da qual é sócio e diretor de criação. Recebeu inúmeros prêmios nacionais e internacionais, como Cannes, Clio Awards, New York Festival, Central do Outdoor, Colunista e Fiap.

Joanna Lopes da Hora

FONTES: *curriculum vitae*; informações extraídas dos verbetes referentes a Luiz Toledo e Marcello Serpa.

GIACOMETTI PROPAGANDA *ver* HIRAN CASTELLO BRANCO

GIANNINI, MARCELO

Marcelo Giannini nasceu no Rio de Janeiro, em 6 de fevereiro de 1964, filho de Arilzo Dutra de Castro e Cileide Teixeira de Castro. Graduou-se pela Universidade Gama Filho.

Começou a vida profissional na área da moda, sendo sua primeira experiência no ramo publicitário na agência Arte e Mídia, que atuava nesse segmento. Entre 1989 e 1993, foi diretor de arte e trabalhou em várias agências: Mental Mark, Unità Comunicação (1990), Publinews (1991), Sirotsky Propaganda (1991), McCann Erickson (1991), Caio Domingues (1992) e Contemporânea (1993). Quando trabalhava nesta última agência, ganhou um Leão de Bronze, em Cannes, pela peça publicitária "The end", para *O Globo*. Em 1995, trabalhava como diretor de criação da D+ Publicidade, quando foi mais uma vez premiado em Cannes com outro Leão de Bronze pela peça "Problemas com baratas", feita para a Insetisan. Nessa época também foi contemplado com a Medalha de Ouro do Festival de Nova York pelo projeto que realizou para a Casa do Hemofílico.

De 1996 a 2000, trabalhou nas filiais de São Paulo e do Rio de Janeiro da Salles, como diretor de arte, diretor de criação e vice-presidente nacional de criação. Durante sua permanência na agência, ganhou outro Leão de Ouro, em Cannes, pela peça "Selos", realizada para os Correios. Em 2001, passou a sócio-diretor da Gstaff. Nesse mesmo ano, tornou-se o único carioca a ser membro da Miami Ad School. Em 2002, integrou o júri de filmes do Festival de Cannes e, em 2004, passou a exercer a função de diretor de criação da Carillo Pastore Euro RSCG.

Também merece destaque em sua carreira o desenvolvimento do conceito "Shopping Carioca" para a conta do Rio Sul, que o publicitário atendeu durante seis anos. Marcelo Giannini foi por duas vezes eleito Publicitário do Ano pelo Prêmio Colunistas e também conquistou vários outros prêmios, internacionais e nacionais, como: London Festival, Clio Awards, Fiap, Grand Prix Abril — este último por cinco vezes consecutivas.

Ana Flávia Vaz

FONTES: *Janela Publicitária*. Disponível em: <http://www.janela.com.br/perfis/criacao/Marcelo_Giannini.html>, acesso em 4-2-2005; *curriculum vitae*.

GIOVANNI COMUNICAÇÕES *ver* GIOVANNI, FCB

GIOVANNI & ASSOCIADOS *ver* GIOVANNI, FCB

GIOVANNI, PAULO

Paulo Giovanni nasceu em Petrópolis (RJ) em 9 de novembro de 1950, filho de João Jacinto Servolo e Zélia Wilbert Servolo. Fez o curso de economia na Pontifícia Universidade Católica de Petrópolis e obteve o MBA em marketing, planejamento e negócios.

Iniciou sua vida profissional em 1968 como locutor da Rádio Imperial, em Petrópolis. Em 1972, transferiu-se para a Rádio Globo, do Rio de Janeiro, onde por 17 anos comandou um programa diário — o *Paulo Giovanni Show*. Também apresentou programas nas redes de televisão Globo, Bandeirantes e a extinta Manchete.

Em 1973, junto com seu amigo de infância Maurício Nogueira, instalou no Rio de Janeiro em uma sala do centro da cidade a agência de publicidade Paulo Giovanni Publicidade e Promoções. Ampliou a agência em 1977, quando se tornou responsável pela publicidade da rede de supermercados Casas Sendas. Em 1988, inaugurou uma filial da agência em São Paulo e, no ano seguinte, em Brasília. Ainda em 1989, abandonou o rádio.

Sua atuação na publicidade ficou marcada por sua participação na área de novos negócios, conquistando clientes como: Nívea, TIM, Disney, Nike, Intelig Telecom, DPA (Dairy Partners Américas, que engloba toda a linha de refrigerados Nestlé), BMW Motorrad e, recentemente, a cerveja Kaiser. Em 1988, inaugurou a sede da agência em São Paulo e, em 1989, abriu uma filial em Brasília. Em 1995 foi eleito Publicitário do Ano.

Em 1998, a Giovanni Comunicações se fundiu com a mundial FCB — Foote Cone & Belding — e a agência passou a se chamar Giovanni, FCB. Paulo Giovanni tornou-se o diretor do grupo no Brasil, que engloba as empresas Datamídia, FCBi de marketing de relacionamento e Mix Comunicação Integrada, de marketing promocional. Em 2002, foi escolhido novamente Publicitário do Ano.

Paulo Giovanni foi presidente do capítulo Rio de Janeiro da Associação Brasileira das Agências de Propaganda (Abap, atual Associação Brasileira das Agências de Publicidade) e é membro do Conselho Superior da Escola Superior de Propaganda e Marketing (ESPM) e do *board* mundial da FCB Worldwide.

Alzira Alves de Abreu

FONTES: *curriculum vitae*; <http://www.giovannifcb.com/index.htm>, acesso em 21-2-2005.

GIOVANNI, FCB

Agência fundada com o nome de Paulo Giovanni Publicidade e Promoções, em julho de 1973, no Rio de Janeiro, então estado da Guanabara, pelos sócios Paulo Giovanni e Maurício Nogueira. A agência surgiu em decorrência dos contatos com os anunciantes da Rádio Globo, onde Giovanni trabalhava como locutor apresentando o programa *Paulo Giovanni Show*. A proposta inicial era atender a pequenos e médios clientes em campanhas impressas e para o rádio. A agência funcionava numa pequena sala na rua Senador Dantas, no centro da cidade do Rio de Janeiro.

Em 1976, o crescimento da agência se consolidara e ela se tornara capacitada para oferecer serviços mais especializados aos anunciantes d o mercado carioca. Com isso foi preciso ampliar suas dependências, e a agência foi transferida para uma sede maior, no Rio Comprido, e passou a contar também com departamentos de mídia e criação. Quatro anos depois, novamente mudou de sede para o mesmo bairro, mas desta vez numa casa na rua Santa Amélia, que pertencera à família Peixoto de Castro. Com a transferência mudou também seu nome e tornou-se Giovanni&Associados.

A Giovanni&Associados detinha uma parcela da conta da Sendas, um dos maiores grupos de supermercados do país e, em abril de 1986, em conseqüência do fechamento da *house* Casa de Propaganda, que as Casas Sendas mantinham em sociedade com a MPM, a Giovanni absorveu a conta da rede de supermercados. Adilson Xavier, que trabalhava como redator sênior da Casa da Propaganda, assumiu a direção de criação da agência. Pouco depois, a Giovanni&Associados incorporou a Oliveira Murgel e suas contas, conquistando, dessa forma, o 2º lugar no *ranking* das agências do Rio de Janeiro. Em 1988, a Giovanni&Associados foi escolhida, pela primeira vez, Agência do Ano do Prêmio Colunistas do Rio de Janeiro.

Em 1989 abriu seu primeiro escritório em São Paulo, para atender a conta da Seara. No ano seguinte, expandiu seus negócios para Brasília com a abertura de uma filial na Capital da República. Ainda em 1990, a agência era uma das 15 maiores agências em atuação no mercado publicitário brasileiro, segundo o *Meio & Mensagem*. Em 1992, o escritório paulista transferiu sua sede em conseqüência da expansão dos negócios.

Em 1994, Adilson Xavier, que trabalhava na Contemporânea, retornou à agência e tornou-se diretor de criação e também sócio da agência. O crescimento fez com que a agência transferisse sua sede do Rio Comprido para o bairro de Botafogo. Em 1998, a Giovanni&Associados associou-se à Foote Cone & Belding (FCB) Worldwide, um dos mais poderosos grupos de comunicação publicitária do mundo. Dessa associação surgiu a Giovanni, FCB. As expansões dos escritórios de Brasília e São Paulo em 1999 e 2000, respectivamente, levaram às novas mudanças de sede.

Atualmente, a Giovanni, FCB está entre as cinco maiores agências do mercado brasileiro e cada um de seus sócios atua como CEO em cada escritório: Paulo Giovanni em São Paulo; Maurício Nogueira em Brasília e Adilson Xavier no Rio de Janeiro. A agência integra o Grupo Giovanni, FCB, que também engloba as empresas Datamídia; FCBi, de marketing de relacionamento, e Mix Comunicação Integrada, de marketing promocional.

Ao longo de sua história, a agência conquistou inúmeros prêmios em festivais internacionais e nacionais — Cannes, Fiap, Nova York, Clio Awards, Festival The One Show, Caboré, Prêmio Colunistas, Festival da Associação Brasileira de Propaganda (ABP), Anuário do Clube de Criação de São Paulo (CCSP) e Clube de Criação do Rio de Janeiro (CCRJ).

Alan Carneiro

FONTES: *Anuário de Propaganda 2004 (Meio & Mensagem)*; CASTELO BRANCO, Renato; MARTENSEN, Rodolfo Lima; REIS, Fernando (planej. e coord.). *História da propaganda no Brasil*. São Paulo: T. A. Queiroz, 1990. (Coleção Coroa Vermelha. Estudos Brasileiros, 21.); Paulo Giovanni mudou de nome. *Propaganda*, v. 27, n. 309, p. 67-68, mar. 1982; SIMÕES, Roberto. A agência do seu tempo. *Propaganda*, n. 401, maio 1988; <http://www.giovannifcb.com.br>, acesso em 23-9-2004.

GODOY PRADO ver PRADO, BENEDITO DE GODOY

GOMES NETO, JOSÉ CARLOS SALLES

José Carlos Salles Gomes Neto, além de fundador e presidente do Grupo Meio & Mensagem, esteve à frente da Associação Paulista de Propaganda (APP) de 1984 a 1986, ocasião em que foi realizado o II Simpósio Internacional de Publicidade e Mídia.

José Márcio Batista Rangel

FONTES: <http://www.comunicadores.com.br/index.php?id=noticias&codigo=103>, acesso em 14-2-2005; <http://www.app-para.com.br/apresentacao.htm>, acesso em 14-2-2005; CASTELO BRANCO, Renato; MARTENSEN, Rodolfo Lima; REIS, Fernando (planej. e coord.). *História da propaganda no Brasil*. São Paulo: T. A. Queiroz, 1990. (Coleção Coroa Vermelha. Estudos Brasileiros, 21.). p. 146.

GORODICHT, MARCELO

Marcelo Gorodicht nasceu em 26 de outubro de 1961, no Rio de Janeiro, filho do corretor de imóveis Isaac Gorodicht e da educadora Annita Schterb Gorodicht.

Iniciou sua vida profissional em 1979, trabalhando com o pai, durante um ano, na área imobiliária. Em 1981, ingressou na Casa da Criação Propaganda, inicialmente como estagiário, passando a executivo e a supervisor, até chegar a diretor de atendimento.

Formou-se em publicidade e propaganda nas Faculdades Integradas Hélio Alonso (Facha), no Rio de Janeiro, em 1983. Em 1990, saiu da Casa da Criação e ingressou na Propaganda Versatta, ocupando a mesma função. No ano seguinte transferiu-se para a Cult Comunicação, onde conquistou em 1991 a conta da Insetisan, desde então sua cliente.

Dirigiu a D+ Propaganda no período 1994-97. Em 1995, foi eleito Profissional do Ano pela Associação Brasileira de Propaganda (ABP) e, em 1996, recebeu o mesmo prêmio pelo Colunista Rio. A partir de 1997, a agência passou a se chamar D+W, devido à abertura de um escritório em São Paulo, em sociedade com o criativo Wagner Solano. Goroditch continuou sendo diretor-geral até 1998, quando a D+W encerrou suas operações e Solano abriu, em São Paulo, a DW Publicidade, com alguns clientes remanescentes da agência D+W.

Goroditch foi sócio e diretor-geral da Fisher América Rio de 1998 a 2000. Nessa agência recebeu, em 1998, seu segundo prêmio Profissional do Ano pelo Colunista Rio e realizou campanhas de destaque para clientes como Ponto Frio, Telefônica Celular e Governo do Estado do Rio de Janeiro. No biênio 2001/02, trabalhou em São Paulo como diretor-geral da Rede Fischer América. Em 2003, fundou no Rio de Janeiro a MG Comunicações, da qual é presidente.

Recebeu vários prêmios nos festivais de Cannes, de Nova York e no Fiap.

Joanna Lopes da Hora

FONTES: *curriculum vitae*; <http://www.mgcomunicação.com.br>, acesso em 21-1-2005; *Tela Viva*, n. 125, mar. 2003. Disponível em: <http://200.157.161.15/telaviva/revista/125/figuras.htm>, acesso em 21-1-2005; <http://www.mmonline.com.br/mmonline/jsp/Navegajsp?pIdConteudo=12294>, acesso em 21-1-2005.

GRACIOSO, FRANCISCO

Francisco Gracioso nasceu em São Paulo em 30 de março de 1930, filho do imigrante italiano Luiz Gracioso, mestre de fábrica de calçados, e da dona-de-casa Antonieta Burti Gracioso.

Em 1947, iniciou sua vida profissional na Cia. Antarctica. Trabalhou no setor agrícola, que desenvolvia estudos de viabilidade de estações de tratamento da cevada. Decidido a cursar agronomia, prestou vestibular, mas desistiu dessa carreira e optou pela propaganda depois de ter contato com o clássico *Anatomy of advertising*, de Mark Wisemann.

Em 1952, concluiu o curso de administração de empresas na Escola Superior de Administração de Negócios (Esan), de São Paulo. Ainda nesse ano, deixou a Cia. Antarctica e prestou vestibular para a Escola de Propaganda do Museu de Arte de São Paulo (Masp). Em 1954, Gracioso terminou o curso na primeira colocação e foi convidado pelo professor José Kfouri, chefe de redação da J. Walter Thompson, para trabalhar nessa agência. Ingressou como redator, sendo seu primeiro trabalho de projeção divulgar uma enceradeira com duas hastes da Walita — "Duas hastes/dupla firmeza". Mais tarde ocupou o cargo de assistente de contato.

Em 1955, assumiu a gerência de propaganda e promoção de vendas das Indústrias Dante Ramenzoni, grande empresa de chapéus e confecções da época. Gracioso implementou o conceito de marketing na Ramenzoni, lá permanecendo até 1957. Ainda em 1955, a Escola de Propaganda deixou as dependências do Masp e Gracioso foi convidado por Jorge Medauar para ser seu assistente na cadeira de redação publicitária, que assumiu pouco tempo depois, com a transferência de Medauar para o Rio de Janeiro.

Em 1957, Gracioso voltou a trabalhar em agências de publicidade, convidado por Italo Éboli, que acabara de assumir a McCann Erickson paulista. Começou como chefe de redação, mas, no início dos anos 1960, foi promovido a diretor de criação, função em que a McCann foi pioneira no país. Nesse período, Gracioso começou a ler tudo o que podia sobre marketing e passou três meses nos Estados Unidos estagiando com Marion Harper, "chefão" da McCann Erickson. Em 1963, deixou o Brasil e concluiu o mestrado em administração na IMD, da Suíça. Logo conseguiu um estágio em Genebra, onde teve contato com Ted Saba, responsável pelo atendimento da conta da Esso na McCann do Rio e considerado um dos pioneiros na aplicação das modernas técnicas de planejamento no Brasil. Ainda na Europa, recusou o convite de Armando de Morais Sarmento para ingressar na McCann italiana. Retornou ao Brasil em 1965, afastou-se da área de criação e passou a trabalhar no atendimento, no cargo de chefe de grupo de contas. Assumiu as duas grandes contas da agência: Nestlé e Anakol-Kolynos. Nesse período foi membro da diretoria tríplice e do conselho da Escola Superior de Propaganda de São Paulo.

Em 1969, Gracioso assumiu a gerência geral da McCann de São Paulo. O ritmo de trabalho e as viagens constantes afastaram-no das salas de aula. Dois anos depois, foi promovido a vice-presidente e gerente-geral para o Brasil. Em 1975, recusou o cargo de gerente-geral para a América Latina e deixou a empresa. Logo se associou a Ricardo Ramos e a Geraldo Tassinari, e fundou a agência de propaganda Tempo, que seria vendida em 1982 para a multinacional Foote Cone & Belding (FCB). Ainda nesse ano foi eleito presidente do conselho da já então denominada Escola Superior de Propaganda e Marketing (ESPM).

Em abril de 1981, ocorreu o falecimento repentino do presidente da diretoria executiva da ESPM, Otto Scherb, e Gracioso foi escolhido para presidi-la. Sua gestão marcou a diversificação e a expansão das atividades da escola, com cursos de duração especial (intensivos), entre outras iniciativas que transformaram a escola em centro de excelência no ensino de propaganda e marketing no país, como a inauguração da sede própria e a ampliação do foco da escola para a administração voltada para o mercado, com ênfase em propaganda e marketing. Além disso, foi um dos responsáveis pela Escola de Criação da ESPM.

Publicou *Marketing: uma experiência brasileira* (1969), *Jornal do homem de marketing* (1973), *Propaganda institucional: nova arma estratégica da empresa* (1995), *Marketing: o sucesso em 5 movimentos* (1997), *Marketing estratégico — planejamento estratégico orientado para o mercado* (2001). Foi co-autor de *Marketing de rede* (1997) e um dos coordenadores de *50 anos de vida e propaganda brasileiras* (2001), entre outros.

Gracioso também escreveu a coluna "Novidades Internacionais" para a revista *Propaganda*.

Christiane Jalles de Paula

FONTES: *curriculum vitae*; *Propaganda*, v. 13, 1970; *Propaganda*, v. 17, fev./mar. 1974; *About*, n. 689, 19 ago. 2002; PENTEADO, J. Roberto Whitaker. Entrevista com Francisco Gracioso. *Revista da ESPM*, v. 6, n. 3, maio/jun. 1999; <http://www.geocities.com/marcosmatucci/espmy50.htm>, acesso em 13-10-2004; CASTELO BRANCO, Renato; MARTENSEN, Rodolfo Lima; REIS, Fernando (planej. e coord.). *História da propaganda no Brasil*. São Paulo: T. A. Queiroz, 1990. (Coleção Coroa Vermelha. Estudos Brasileiros, 21.); VARÓN CADENA, Nelson. *Brasil, 100 anos de propaganda*. São Paulo: Referência, 2001; MARTENSEN, Rodolfo Lima. Uma escola de devoção. In: GRACIOSO, F.; PENTEADO, J. Roberto Whitaker (orgs.). *50 anos de vida e propaganda brasileiras*. São Paulo: Mauro Ivan Marketing, 2001.

GRACIOTTI, SÉRGIO

Sérgio Graciotti Machado nasceu em São Paulo, em 7 de setembro de 1937. Seu pai era diretor do serviço público e sua mãe trabalhava no Instituto Biológico. Formou-se em direito na Universidade de São Paulo (USP), onde também cursou sociologia, mas não concluiu o curso. Graduou-se em eletrônica na Universidade Mackenzie e estudou desenho e pintura na Escola Pan-Americana.

Iniciou sua vida profissional entregando livros da editora de seu tio, Mário Graciotti. Em 1958, ingressou na *Folha de S. Paulo* como jornalista. Posteriormente, transferiu-se para o jornal *A Nação*, que fechou em 1963, levando-o a retornar à *Folha*. Nesse período, exercia, concomitantemente, as atividades de locutor e noticiarista na Rádio Difusora.

Em 1964, iniciou sua carreira na publicidade, conciliando, por algum tempo, as novas funções com seu trabalho como jornalista. Ingressou na Companhia de Incremento de Negócios (CIN), primeiro como estagiário e, pouco depois, como redator, participando do lançamento do DKW-Vemag. Passou pela J. W. Thompson, retornou à CIN e, logo em seguida, voltou à Thompson. Ao sair da *Folha de S. Paulo*, passou pela Editora Abril, chegando a trabalhar na revista *Realidade*. Em 1967, lecionou criação publicitária na Escola Superior de Propaganda e Marketing (ESPM). Em 1969, foi contratado pela Proeme.

No início dos anos 1970, transferiu-se para a Lince Propaganda, da qual se tornou sócio e diretor de criação em 1971, logo após o falecimento do fundador da agência, Berco Udler. Dois anos mais tarde, a Lince se fundiu com uma agência de mesmo porte, a JRM — Júlio Ribeiro, Mihanovitch, dando origem à Casabranca Publicidade, que, em 1974, conquistou a conta da Fiat.

Em 1975, a MPM comprou parte da Casabranca, modificando a razão social da agência para MPM-Casabranca, da qual, além de sócio, Graciotti era vice-presidente e diretor nacional de criação.

Em 1978, Sérgio Graciotti foi jurado em Cannes, no Festival Internacional do Chile e no Festival de San Remo. Em 1980, recebeu o título de Profissional do Ano pela peça "Trem", realizada para a Fiat. Nesse mesmo ano, seus sócios na MPM-Casabranca — Armando Mihanovitch e Júlio Ribeiro — deixaram a agência.

De 1983 a 1985, Graciotti presidiu o Clube de Criação de São Paulo. Em julho de 1988, deixou a MPM-Casabranca e fundou a Graciotti & Associados. Em 1989/90, a Graciotti & Associados estabeleceu sociedade com a Denison Rio Comunicação de Marketing. Graciotti assumiu a conta do BankBoston, que se tornou seu principal cliente, o que resultou no rápido crescimento da agência. Em 1996, firmou acordo com a multinacional TBWA, dando origem à TBWA Graciotti Schönburg Navarro, nomes dos então sócios de Graciotti, Alex Schönburg e Selma Navarro. Em setembro de 1997, os três sócios deixaram a agência, que passou a se chamar TBWA/Br em 2003.

Sérgio Graciotti recebeu prêmios em festivais internacionais como Cannes, Nova York, Japão, Fiap, Irlanda e Londres, além de ter sido eleito Profissional do Ano pelo Prêmio Colunistas.

Joanna Lopes da Hora

FONTES: GRACIOTTI, Sérgio. *Sérgio Graciotti. (depoimento, 2004)*. Rio de Janeiro, Cpdoc-ABP, 2005; REIS, Fernando. *Cobrões da propaganda 91/92*. São Paulo: Referência, 1991. p. 100; CASTELO BRANCO, Renato; MARTENSEN, Rodolfo Lima; REIS, Fernando (planej. e coord.). *História da propaganda no Brasil*. São Paulo: T. A. Queiroz, 1990. (Coleção Coroa Vermelha. Estudos Brasileiros, 21.). p. 346-347, 349-350, 355, 374; <http://www.meioemensagem.com.br/mmonline/conteudo/conteudo/20789.html>, acesso em 20-2-2004.

GRANT ADVERTISING PUBLICIDADE

Agência norte-americana instalada no Brasil em 1939, inicialmente com sede na cidade do Rio de Janeiro e, mais tarde, a partir de 1958, com escritório também em São Paulo. Durante boa parte dos 36 anos em que atuou no Brasil, manteve-se em posição de destaque no *ranking* das agências. Em fins da década de 1940, e também no ano de 1960, o *Anuário de Publicidade* apontou-a como uma das principais agências entre as mais de 100 listadas no eixo Rio—São Paulo, ocupando a terceira posição no *ranking* de faturamento, ao lado de algumas outras empresas do ramo como Panam, Inter, Lintas, Record e Poyares. Foi a única responsável, por longo tempo, pela propaganda de todas as marcas de cigarro da Souza Cruz e de sua subsidiária, a Castellões. Entre os seus principais clientes estiveram ainda General Electric, General Motors, Sherwin-Williams, Johnson & Johnson, Firestone e Panair do Brasil. Já com a razão social alterada para Coscom-Grant, encerrou suas atividades no Brasil em 1975.

André Dantas

FONTE: CASTELO BRANCO, Renato; MARTENSEN, Rodolfo Lima; REIS, Fernando (planej. e coord.). *História da propaganda no Brasil*. São Paulo: T. A. Queiroz, 1990. (Coleção Coroa Vermelha. Estudos Brasileiros, 21.). p. 332-333, 341 e 353.

GROTTERA COMUNICAÇÃO DISCIPLINADA
ver **TBWA/BR**

GROTTERA, LUÍS

Luís Roberto Grottera nasceu na capital paulista em 9 de janeiro de 1955. Formou-se em comunicação social na Escola Superior de Propaganda e Marketing (ESPM), sendo pós-graduado em marketing pela Fundação Getulio Vargas.

Iniciou sua carreira na área de mídia da Mauro Salles/Inter-Americana de Publicidade em 1968, migrando para a J. Walter Thompson quatro anos depois. Manteve-se lá por apenas um ano, retornando à Salles/Inter-Americana em 1973, como supervisor de planejamento de mídia. Ainda na supervisão de mídia, foi para a Denison em 1975. Ao longo da década de 1970, teve importante desempenho no Grupo de Mídia de São Paulo, recém-fundado, e que dirigiu por três gestões.

Ampliando seu campo de atuação, em 1978, assumiu a diretoria de serviços de marketing da FCB/Siboney e, em 1982, tornou-se diretor de marketing do Sistema Brasileiro de Televisão (SBT), onde permaneceu por três anos. Deixou a emissora para fundar a Grottera & Cia., da qual foi sócio superintendente.

Em 1989 foi agraciado pela primeira vez com o título de Publicitário do Ano, feito repetido em 1991, no Prêmio Colunistas Nacional. Na área acadêmica, ministrou aulas de planejamento publicitário nas Faculdades Integradas Alcântara Machado (Fiam) e na própria ESPM. Na Grottera, também recebeu o Prêmio Caboré de Profissional de Planejamento do Ano, em 1997, além de ser novamente eleito Publicitário do Ano em 2001.

Em 2003, 60% do capital social da Grottera foram adquiridos pelo Grupo TBWA, dando origem à TBWA/

BR. A empresa, que já tinha clientes como as Organizações Globo, a rede Cinemark e o Banco do Brasil, passou a cuidar de contas como as da BIC, da *vodka* Absolut e da Adidas. Luís Grottera seguiu como seu presidente, sendo responsável também pelo planejamento da agência.

José Márcio Batista Rangel

FONTES: REIS, Fernando. *Cobrões da propaganda 91/92*. São Paulo: Referência, 1991. p. 100; <http://www.terra.com.br/istoedinheiro/311/midia/>, acesso em 16-2-2005; <http://www.meioemensagem.com.br/eventos/maxivoto/palestrantes/luis_grottera.htm>, acesso em 16-2-2005; <http://www.grottera.com.br>, acesso em 16-2-2005.

GRUPO DE MÍDIA

O Grupo de Mídia é uma entidade civil que visa ao aperfeiçoamento profissional.

Até fins da década de 1960, as agências de publicidade brasileiras tinham departamentos de mídia não-integrados e que não exerciam controle sobre algumas atividades, como o planejamento, responsável por decisões estratégicas, tais como indicação de meios, períodos, avaliações de mercado, freqüência, cobertura etc. Em 1965, a multinacional McCann Erickson integrou todos os tipos de mídia num único departamento.

Em 1968, Wanderley Fucciolo, então diretor de mídia da J. W. Thompson, organizou uma reunião informal de pesquisa com profissionais de mídia, a pedido de um cliente — Seleções do Reader's Digest. Lá estavam Fucciolo, Otto Vidal, Helio Abbud, Nicolau Nigro, Octávio Florisbal e Calé. A esse encontro se sucederam vários outros, que concretizaram, no ano seguinte, a criação do primeiro Grupo de Mídia do país, na cidade de São Paulo, e que, pouco depois, participou do II Congresso Brasileiro de Propaganda, realizado na capital paulista em 1969, apresentando o maior número de teses do evento.

Em seus primeiros anos de existência organizou cursos de formação e seminários, que contaram com a presença de especialistas internacionais em mídia, como Michael Napples, Larry Cole, Krugman e outros profissionais de agências, veículos, anunciantes e especialistas em pesquisas; criou comissões para estimular avanços de qualidade no instrumental de pesquisa, no controle, nos relatórios de investimentos, na coleta de dados de mercado, e auxiliou na implantação de tecnologias e idéias, como *gross rating points* (GRP), Audi-TV e o Leda, além de participar no projeto Abap/Ibope.

Em 1975, o Grupo de Mídia de São Paulo foi um dos organizadores do I Encontro Brasileiro de Mídia. Em setembro de 1976, supervisionou a realização do segundo encontro, que ficou a cargo de cada um dos meios — televisão, rádio, revista, jornal, *outdoor* e cinema.

O Grupo de Mídia de São Paulo incentivou a criação de grupos regionais, propiciando o surgimento dos grupos de mídia do Rio de Janeiro, de Brasília, de Porto Alegre, de Belo Horizonte, do Paraná e do Recife.

Christiane Jalles de Paula

FONTE: CASTELO BRANCO, Renato; MARTENSEN, Rodolfo Lima; REIS, Fernando (planej. e coord.). *História da propaganda no Brasil*. São Paulo: T. A. Queiroz, 1990. (Coleção Coroa Vermelha. Estudos Brasileiros, 21.).

GRUPO DE MÍDIA DE SÃO PAULO *ver* GRUPO DE MÍDIA

GRUPO OITO *ver* DENISON

GRUPONOVE COMUNICAÇÃO

Fundada em 1974, por um grupo de nove estudantes da primeira turma de comunicação social da Universidade Federal de Pernambuco (UFPe), no âmbito da própria universidade. Paralelamente aos estudos extracurriculares, ministrados por profissionais de reconhecida experiência no mercado, o grupo, custeando todas as suas iniciativas, iniciou desde cedo a compra dos equipamentos mínimos necessários para o funcionamento de uma empresa de propaganda. O grupo recebeu o apoio de Roberto Duailibi, da agência DPZ, que acabou se tornando seu patrono. Em 1976, a agência assinou seu primeiro acordo operacional, com a SSCB Lintas do Brasil, o que terminou por definir melhor o perfil da empresa recém-instalada. Voltada também para a valorização da cultura regional, a agência vem se destacando por suas campanhas sobre ritmos, costumes, festas e a especificidade do homem nordestino. Em 1997, fechou uma parceria com a ADM e, quatro anos mais tarde, fundiu seu capital com a agência Plug, então dirigida por Chris Bradley, atualmente no cargo de diretora vice-presidente da empresa. Presidida por Cecília Freitas, a agência tem entre os seus clientes empresas como Grupo Nordeste, Sistema JC de Comunicação e Queiroz Galvão Empreendimentos.

André Dantas

FONTES: BARRETO, Aldo Paes. Pernambuco: até os anos 60, os corretores dominaram o mercado. In: CASTELO BRANCO, Renato; MARTENSEN, Rodolfo Lima; REIS, Fernando (planej. e coord.). *História da propaganda no Brasil*. São Paulo: T. A. Queiroz, 1990. (Coleção Coroa Vermelha. Estudos Brasileiros, 21.). p. 412-414; Gruponove Comunicação. Disponível em: <http://www.gruponove.com.br>, acesso em 20-11-2004.

GUANAES, NIZAN

Nizan Guanaes nasceu em Salvador, em 9 de maio de 1958. Segundo ele, seus pais eram de classe média baixa. O pai, Sócrates Guanaes, formou-se em medicina aos 33 anos, e a mãe, Esmeralda Guanaes, era engenheira de origem libanesa. Guanaes acompanhou os pais quando estes se mudaram para Londres, onde viveu dois anos, e para a Escócia, onde ficaram por mais um ano. Ao voltar para Salvador, completou os estudos secundários. Mais tarde, formou-se em administração de empresas pela Universidade Federal da Bahia.

Seu primeiro emprego foi de vendedor numa loja de artigos de prata, aos 16 anos. Depois foi locutor da Rádio Cidade.

Sua carreira na publicidade começou em 1977/78, como estagiário da DM9, de onde saiu para assumir o cargo de coordenador da Rádio Cidade, em Salvador, onde, nas noites de sábado e de domingo, trabalhava como locutor. Nos anos 1980, mudou-se para o Rio de Janeiro, onde trabalhou na Artplan, criando nessa agência a campanha da Caixa Econômica Federal com o ator Luiz Fernando Guimarães. Em 1984 transferiu-se para a DPZ. Dois anos mais tarde, em 1986, deixou a DPZ, acompanhando Washington Olivetto, que criou a W-GGK, agência resultante da associação de Olivetto com a suíça GGK, que atuava no Brasil desde 1973.

Em 1989, a W-GGK se nacionalizou e passou a se chamar W/Brasil, mediante a aquisição, por Olivetto, de 50% das ações que pertenciam à empresa suíça. Nesse momento — setembro de 1989 —, Guanaes retornou à DM9 e, junto com Domingos Logullo, tornou-se sócio de Duda Mendonça, com a proposta de nacionalizar a agência. No ano seguinte, a DM9 abriu escritório em São Paulo, sob a responsabilidade de Nizan Guanaes. Em 1990, a DM9 Bahia e a DM9 São Paulo se separaram e Guanaes, em sociedade com João Augusto Valente (Guga) e o Banco Icatu, que entrou com o aporte financeiro, comprou a marca DM9. Poucos meses depois também ingressou na sociedade Afonso Serra Júnior.

Guanaes transformou a DM9 em uma das maiores agências do país e na mais criativa do mundo, segundo o *ranking* do Festival de Cannes. Guanaes é autor de comerciais de grande sucesso, como "Pipoca com guaraná" (Antarctica), "Velhinha da Sharp", "Gordinho da Honda", "Mamíferos da Parmalat" e "Amigos da Bavária", sendo o único brasileiro com trabalho incluído na lista dos 40 melhores comerciais do século, com o filme *Hitler*, criado para o jornal *Folha de S. Paulo* na década de 1980. Presidiu o júri do Festival de Cannes em 1992.

A partir de 1994, Guanaes começou a se dedicar ao marketing político. Foi indicado pelo então governador da Bahia, Antônio Carlos Magalhães, para fazer a campanha para presidente da República de Fernando Henrique Cardoso. Em 1998, voltou a fazer a campanha de reeleição de FHC, e, em 2002, chefiou a campanha de José Serra para a presidência da República.

Em 1997 ingressou no *board* da rede DDB, com a qual a DM9 se fundiu. Nizan tornou-se o mais novo, e único, latino-americano a fazer parte da diretoria da rede. Em 1998, pela primeira vez uma agência brasileira ganhou o título de Agency of the Year no Festival de Cannes. No ano seguinte, repetiu o feito.

Em 2000, Guanaes deixou a propaganda para se dedicar ao projeto de Internet grátis IG, mas em dezembro de 2001 saiu da IG.

Em 2003, tornou-se presidente da agência Africa Propaganda, de propriedade da *holding* YPY, presidida por João Augusto — presidente da DM9DDB — e Kati Almeida Braga, da Icatu. A *holding* YPY é detentora das agências Africa e MPM e tem ainda participação na DM9DDB (40%) e na agência Click. Guanaes divide seu tempo entre três agências: a DM9, a MPM, que adquiriu em 2001, e a Africa.

Em 2004, Nizan lançou a campanha para a cerveja Brahma "Amor de verão", com Zeca Pagodinho, que era garoto-propaganda da concorrente Schincariol, atendida pela Fischer América. Essa publicidade provocou muitas críticas, tendo sido apresentada queixa da Fischer ao Conselho Nacional de Auto-Regulamentação Publicitária (Conar) que decidiu pela retirada de veiculação da campanha até setembro de 2004, data que findava o contrato de Zeca Pagodinho com a Schincariol.

No final de 2004, Nizan lançou a revista anual *Africa*, com propaganda da agência.

Nizan Guanaes é considerado um dos maiores criadores da propaganda brasileira. Preside o Conselho de Empresários da Unesco. Foi apontado pela revista norte-americana *Advertising Age* como o Marketing Superstar de 1993 e eleito oito vezes Líder Empresarial do Setor de Comunicação/Agências pelos assinantes da *Gazeta Mercantil*.

Ao longo de sua trajetória na propaganda, Nizan conquistou inúmeros prêmios nacionais e internacionais, entre os quais se destaca o primeiro *Grand Prix* no Festival de Cannes para o Brasil, conquistado com a campanha do Guaraná Antarctica Diet realizada para a DM9 em 1993.

Alzira Alves de Abreu

FONTES: *Dinheiro*, 20 jun. 1994 (Seção Mídia & Marketing); *Revista da ESPM*, v. 6, n. 2, mar./abr. 1999; *Valor Econômico*, 27 nov. 2000 e 7 dez. 2001; *Estado de S. Paulo*, 26 nov. 2000; <http://www.aliancaunimed.com.br/uafpo11207me.htm>, acesso em 29-11-2004; <http://www.observatorio.ultimosegundo.ig.com.br/artigos/eno05122004htm>, acesso em 29-11-2004; <http://www.gazetaonline.globo.com/marketingplace/entrevista.php?identrevista=22>, acesso em 29-11-2004; <http://www.correiodabahia.com.br/2002/10/02>, acesso em 29-11-2004; <http://www.cabore.com.br/cabore/index.htm>, acesso em 29-11-2004; <http://www.infoglobo.com.br/happyhour.asp?>, acesso em 29-11-2004.

GUASTAVINO, ANIBAL

Anibal Luis Guastavino nasceu em La Plata, Argentina, em 10 de fevereiro de 1930. É formado pela Escola de Belas-Artes de La Plata.

Veio para o Brasil em 1953 e iniciou sua carreira trabalhando como diretor de arte nas agências Rosino Zacchi, Ecléctica e Itapetininga. Entre 1957 e 1959 trabalhou na Lintas e, de 1959 a 1964, na Thompson. Em 1964 ingressou na Standard, de onde saiu em 1969 para ir para a Norton Publicidade. Neste último ano, junto com Neil Ferreira, Jarbas José de Souza, José Fontoura da Costa e Carlos Wagner de Moraes na Lintas, integrou o grupo que ficou conhecido como "Os subversivos", que mudou radicalmente a criação na Norton. Em 1970 esteve na Júlio Ribeiro e, de 1970 a 1973, na Almap. Nesse ano voltou para a Lintas, onde permaneceu um ano, saindo em 1974. Durante 10 anos trabalhou na Denison. Saiu da empresa em 1985 e foi para a Gang, retornou à Thompson e passou pela Kramer e Perroy. Em 1989, ingressou na McCann.

Pertence ao Clube de Criação de São Paulo e foi jurado do anuário da entidade por oito anos.

Ana Flávia Vaz

FONTE: REIS, Fernando. *Cobrões da propaganda 91/92*. São Paulo: Referência, 1991. p. 152.

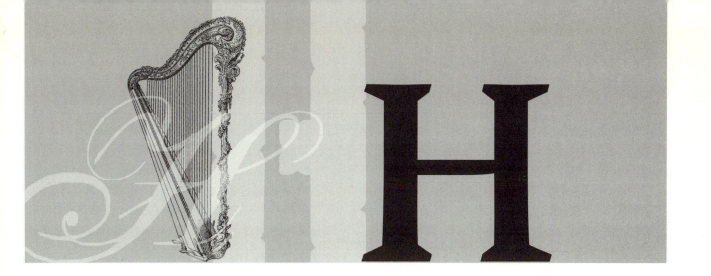

HCA PROPAGANDA *ver* **CASTELLO BRANCO, HIRAN**

HUNGRIA, JULIO

Iniciou sua carreira no início dos anos 1960 como produtor de discos na Philips e na EMI Odeon. Foi chefe do departamento de produção da Rádio Jornal do Brasil, subeditor do Jornal de Vanguardas nas TVs entre 1967 e 1974. Escreveu no *Pasquim* nos primeiros anos da década de 1970. De 1975 a 1978, foi chefe do setor de *copy desk* e editor do segundo caderno da *Última Hora*, do Rio de Janeiro.

Em 1980, fundou a Rádio Atividade, que produzia *jingles*. Entre 1990 e 1994 foi o editor do jornal do Clube de Criação do Rio de Janeiro. Em 1995, fundou o Blue Bus, que primeiro funcionou como BBS voltado para o mercado publicitário e, dois anos depois, transformou-se em site na Internet.

FONTE: <http://www.bluebus.com.br>, acesso 4-3-2005.

IDÉIA 3 COMUNICAÇÃO

Agência baiana criada em 1988 e presente também no Ceará. Possui uma carteira diversificada de clientes, atendendo a empresas de diferentes portes e segmentos, como: Câmara de Dirigentes Lojistas de Salvador, Federação das Indústrias do Estado da Bahia, O Boticário, Escola Girassol e Fiat. Foi a primeira agência a oferecer um sistema de solicitação, acompanhamento e aprovação de trabalhos via Internet. Com um perfil de atuação voltado para o mercado regional, vem conseguindo destaque em eventos como Recall 2003, *Grand Prix* de Turismo no Fiptur, Festival Internacional de Publicidade, do Turismo e Ecologia 2002 e Profissionais do Ano (regional Norte/Nordeste) 2002.

André Dantas

FONTES: <http://www.ideia3.com.br>, acesso em 28-11-2004; <http://www.portaldapropaganda.com/hottops_agencias/agencias/2004/03/0021>, acesso em 3-10-2004.

IMOBERDORF, MAGY

Magy Imoberdorf nasceu em Zurique, em 22 de janeiro de 1947, filha de Paul Imoberdorf, dono de um antiquário, especializado em livros, gravuras antigas e numismática, e de Margrit Imoberdorf. Até os 12 anos, viveu na casa do avô, em Bettlach, cidade situada no cantão de Solothurn, Suíça. Seu interesse por artes a levou, em 1963, à École Superieure des Beaux-Arts et Arts Appliquées, de Lausanne, onde estudou até 1968. Em seguida, estagiou por um ano em Paris, nas áreas de *design* gráfico e direção de arte. Mudou-se para o Brasil em setembro de 1969.

Inicialmente, trabalhou como *designer* gráfico na Studio 13 e na Proeme. Em seguida, ingressou, como diretora de arte júnior, na Norton, com Neil Ferreira, chegando a diretora de arte. Passou pelas agências J. W. Thompson e Almap. Nos anos 1970, foi premiada em Cannes pela peça "Tricoterapia", para as lãs Pingouin. Em 1973, iniciou sua trajetória na então Lage Dammann, como diretora de arte, e no mesmo ano lançou os fios e maiôs Lycra, seus clientes até 1990. Em 1978, com Joaquim Pereira Leite, criou uma campanha para a Caninha 51, com o *slogan* "Caninha 51, uma boa idéia". Assumiu, então, a diretoria de criação e, em 1981, adquiriu 10% da agência, tornando-se sócia. Em 1987, ao se tornar presidente da agência, recomprou parte das ações vendidas à BBDO. Nesse mesmo ano, foi eleita Profissional do Ano pela campanha da Caninha 51 e pela peça "Lilly", realizada para o Merthiolate.

Em 1988, a agência mudou sua razão social para Lage & Magy Publicidade. Dois anos mais tarde, foi premiada pelo Fiap, novamente pela campanha da Caninha 51, que permaneceu sua cliente até 2000. Nesse ano, Rony Lage se aposentou, vendendo suas ações para o Grupo Talent, empresa com a qual Magy Imoberdorf passou a dividir a sociedade.

Como artista plástica, realizou seis exposições desde 1965.

Recebeu inúmeros prêmios Colunista, no Fiap, no Clube de Criação e de Diretores de Arte.

Joanna Lopes da Hora

FONTES: *curriculum vitae*; *Propaganda*, v. 36, n. 452, maio 1991; <http://www.weblinguas.com.br/artgalleryportugues.swf>, acesso em 17-6-2004; <http://www.web.conventionline.com.br/entrevista1.htm>, acesso em 17-6-2004.

INSTITUTO VERIFICADOR DE CIRCULAÇÃO (IVC)

No I Congresso Brasileiro de Propaganda, realizado em outubro de 1957 no Rio de Janeiro, a Comissão de Controle de Circulação, integrada por 54 delegados, debateu durante três sessões a tese nº 3, apresentada pela Associação Brasileira de Agências de Propaganda (Abap, atual Associação Brasileira de Agências de Publicidade) e organizada por Armando D'Almeida, Francisco Teixeira Orlandi, Ivan Pedro de Martins, Altino João de Barros e Olympio Guilherme, com a colaboração do Audit Bureau of Circulations (ABC), dos Estados Unidos, de Editor and Publisher, de Nova York, e do Instituto Verificador de Circulação da Argentina.

O congresso aprovou a tese de criação do Instituto Verificador de Circulação (IVC), sob os auspícios diretos da Associação Brasileira de Propaganda (ABP), do Sindicato dos Proprietários de Jornais e Revistas, da Associação Brasileira de Imprensa (ABI) e da Abap. Todavia, somente em novembro de 1961, a ABP, sob a presidência de Caio Aurelio Domingues e com o apoio do *Jornal do Brasil*, *Correio da Manhã*, *O Globo*, Bloch Editores, *Visão*, *Seleções*, Mecânica Popular, Denison Propaganda, J. Walter Thompson Publicidade, McCann Erickson Publicidade, Standard Propaganda e Waldemar Galvão Publicidade, atendeu às recomendações do I Congresso Brasileiro de Propaganda e fundou o IVC, como um de seus departamentos.

Em 1962, o IVC começou a operar tecnicamente como entidade sem fins lucrativos e, em 1965, a ABP lhe concedeu autonomia. Em 1978, foi criado um prêmio de honra ao mérito de entidades ou indivíduos e o primeiro ganhador foi o IVC do Brasil. Em 1999, o IVC reformulou suas normas técnicas de mídia impressa e aprovou investimentos para iniciar uma auditoria em websites.

O IVC é constituído por uma diretoria executiva — composta de 27 membros representantes de associados, sendo 1/3 de anunciantes, 1/3 de agências de propaganda e 1/3 de editores, todos eleitos e empossados na mesma assembléia geral, convocada para tal fim, para uma gestão de dois anos — e por um conselho superior — com 14 membros, composto por presidentes de entidades representativas das categorias dos associados do IVC, pelo presidente em exercício e por mais três ex-presidentes da entidade.

Christiane Jalles de Paula

FONTES: <http://www.ivc.org.br>, acesso em 4-2-2005; VARÓN CADENA, Nelson. *Brasil, 100 anos de propaganda*. São Paulo: Referência, 2001; CASTELO BRANCO, Renato; MARTENSEN, Rodolfo Lima; REIS, Fernando (planej. e coord.). *História da propaganda no Brasil*. São Paulo: T. A. Queiroz, 1990. (Coleção Coroa Vermelha. Estudos Brasileiros, 21.).

INTER-AMERICANA

Fundada por Armando D'Almeida na capital paulista em 1929. Desde o início assumiu a representação da agência norte-americana Foreign Adversiting Service Bureau Inc. Em 1938, a "companhia do Almeida", como era conhecida, foi sucedida pela Inter-Americana e transformada em S.A. pelo próprio D'Almeida, que considerava importante a divulgação dos balanços da empresa como forma de construir em torno das agências uma credibilidade maior, posto que "nem sempre eram vistas com muito bons olhos". Além da Gillette Safety Razor of Brazil, a agência manteve durante anos contas como a do Café Globo, Mappin & Webb e Mesbla. Durante a II Guerra Mundial, criou, organizou e dirigiu, sob o patrocínio da American Chamber of Commerce of Brazil e do Coordinator's Office of American Affairs, um importante serviço de imprensa e relações públicas, destinado a municiar, especialmente os jornais do interior, de informações acerca da conjuntura internacional. A agência foi também responsável pela montagem do primeiro Departamento de Estudos Econômicos e de Pesquisas de Mercado, destinado, nas palavras do próprio D'Almeida, "ao estudo meticuloso das condições econômicas da produção e do mercado consumidor". Em 1967, a Inter-Americana anunciou sua fusão com a agência Mauro Salles — fundada em 1966 pelo próprio Mauro Salles e por seus irmãos Luiz Sales e Apolônio Filho, e apontada pela revista *Propaganda* (n. 141) como uma das 10 empresas do ramo de maior faturamento em 1967 —, dando origem assim à Mauro Salles/Inter-Americana de Publicidade S.A. Em 1977, a razão social da empresa foi alterada para Salles/Inter-Americana de Publicidade S.A.

André Dantas

FONTES: CASTELO BRANCO, Renato; MARTENSEN, Rodolfo Lima; REIS, Fernando (planej. e coord.). *História da propaganda no Brasil.* São Paulo: T. A. Queiroz, 1990. (Coleção Coroa Vermelha. Estudos Brasileiros, 21.). p. 305-306, 355-356; SIMÕES, Roberto. História da propaganda brasileira. *Propaganda*, v. 26, n. 308, p. 74 e 118, fev. 1982.

ITALO BIANCHI COMUNICAÇÃO

Agência fundada em Pernambuco, em julho de 1971, por Alfrízio Melo e pelo italiano Italo Bianchi, que teve passagens pelas agências Proeme, Norton e Viçar. Inicialmente, seus clientes eram poucos, sendo os principais o Banco do Estado de Pernambuco e as Indústrias Coelho. Mais tarde, passaram a fazer parte da carteira de clientes da agência empresas como Casas Pernambucanas, Banco do Nordeste, Banco do Brasil, Bompreço e *Jornal do Commercio*. Adequando-se aos novos padrões profissionais de produção exigidos pela modernização da televisão, a agência foi pioneira na utilização de computadores. Ainda ao longo da década de 1970, figurou como a mais importante agência da região Nordeste e uma das 20 maiores do Brasil. Em 2003 inaugurou nova sede. Ao longo dos seus 33 anos de existência, a agência acumulou inúmeros prêmios nacionais e internacionais, figurando atualmente entre as mais importantes empresas do setor no país. Além do próprio Alfrízio Melo, Joca Souza Leão e Giuliano Bianchi completam a estrutura societária da empresa.

André Dantas

FONTES: ARP — Associação Riograndense de Propaganda. *Ranking* das agências de todo o Brasil do *Ibope Monitor*. Disponível em: <http://www.arpnet.com.br/materias_anteriores/materias_ant8.htm>, acesso em 18-11-2004; BARRETO, Aldo Paes. Pernambuco: até os anos 60, os corretores dominaram o mercado. In: CASTELO BRANCO, Renato; MARTENSEN, Rodolfo Lima; REIS, Fernando (planej. e coord.). *História da propaganda no Brasil.* São Paulo: T. A. Queiroz, 1990. (Coleção Coroa Vermelha. Estudos Brasileiros, 21.). p. 410-414; Italo Bianchi Comunicação. Disponível em: <http://www.italobianchi.com.br>, acesso em 17-11-2004; THEOPHILO, Braz H. M. Ceará: prática de sobrevivência no deserto. In: CASTELO BRANCO, Renato; MARTENSEN, Rodolfo Lima; REIS, Fernando (planej. e coord.). *História da propaganda no Brasil.* São Paulo: T. A. Queiroz, 1990. (Coleção Coroa Vermelha. Estudos Brasileiros, 21.). p. 392.

IVC *ver* INSTITUTO VERIFICADOR DE CIRCULAÇÃO (IVC)

J. WALTER THOMPSON ver JWT

JAPIASSÚ, CELSO

Celso Almir Japiassú Lins Falcão nasceu em João Pessoa em 14 de março de 1939, filho do funcionário público Severino Lins Falcão e da dona-de-casa Neuza Japiassú Lins Falcão.

Transferiu-se para Belo Horizonte em dezembro de 1958 e formou-se em direito, pela Universidade de Minas Gerais, em 1963. Simultaneamente ao bacharelado em direito, Celso Japiassú iniciou sua carreira de jornalista. Em 1959, trabalhou como repórter do *Diário de Minas*. No ano seguinte, trabalhou na chefia de reportagem da *Última Hora*. De 1961 a 1963, chefiou a redação do *Correio de Minas*.

Ingressou na publicidade em 1963, na Denison Propaganda de Minas Gerais, onde exerceu a função de chefe de grupo. No ano seguinte, assumiu a gerência da filial mineira da Denison, onde permaneceu até 1967, quando foi transferido para o Rio de Janeiro para ocupar a chefia de grupo dessa filial. Entre 1968 e 1971, gerenciou a Denison do Rio de Janeiro. Em 1971, integrou a diretoria da agência. Em 1975 foi escolhido o Profissional do Ano, pela Associação Brasileira de Propaganda (ABP).

Em 1980, Celso Japiassú integrou a primeira diretoria do Conselho Nacional de Auto-Regulamentação Publicitária (Conar), que acabara de ser fundado. Nos anos 1980 foi eleito para integrar o Conselho de Ética do Conar, e reeleito várias vezes consecutivas. Ainda em 1980, tornou-se um dos vice-presidentes da Denison. Em 1983, recebeu o Prêmio Caboré, do jornal *Meio & Mensagem*, como o melhor profissional de planejamento do ano. Em 1985, tornou-se membro da diretoria da International Advertising Association (IAA).

Em 1987, ocorreu a cisão da Denison que deu origem a duas agências independentes: a Denison Propaganda, em São Paulo, sob a presidência de Carlos Ziegelmeyer; e a Denison Rio Comunicação de Marketing Ltda., no Rio de Janeiro, sob o controle de Celso Japiassú.

No ano seguinte, Japiassú ocupou a presidência da ABP, posto no qual permaneceu até 1989. Ainda nesse ano recebeu o Prêmio Profissional do Ano, em eleição dos colunistas publicitários. Em 1990, fundou o Intergrupo Mercolatino, rede de agências de publicidade com presença em todos os países da América Latina, e que presidiria até 1997.

Em 1996, Japiassú foi escolhido pela ABP como Personalidade do Ano do Prêmio Comunicação e pela Associação Latino-Americana de Agências de Propaganda (Alap) como o Publicitário Latino-Americano de 1996. No ano seguinte, deixou a Denison e foi trabalhar na Publicis Norton, no cargo de diretor-geral da filial carioca da multinacional. Ainda em 1997, deixou a presidência da Terceira Câmara Ética do Conar. Em 2003 saiu da Publicis Salles Norton para ocupar a direção da Thinker-Comunicação Otimizada.

Japiassú foi também membro do Conselho Diretor da ABP nas gestões de Armando Strozenberg (2001-05).

Christiane Jalles de Paula

FONTES: informações fornecidas pelo biografado em 8-11-2004; <http://www.norton.com.br/port/equipe/celso.htm>, acesso em 22-10-2004; *Propaganda*, n. 418, maio 1989; CASTELO BRANCO, Renato; MARTENSEN, Rodolfo Lima; REIS, Fernando (planej. e coord.). *História da propaganda no Brasil*. São Paulo: T. A. Queiroz, 1990. (Coleção Coroa Vermelha. Estudos Brasileiros, 21.).

JMM PUBLICIDADE

Agência de propaganda fundada em 1950 no Rio de Janeiro, então capital federal, por João Moacir Medeiros, cujas iniciais deram origem ao seu nome.

O primeiro cliente da JMM Publicidade foi o Café Paulista. Mais tarde, foram incorporadas à sua carteira de clientes as contas de importantes empresas, como a Real Aerovias; a Cia. Lopes Sá Industrial de Fumos, fabricante dos cigarros LS; a Casa Masson e o Banco Nacional, que, ao longo de 30 anos, foi o seu maior cliente. A JMM tinha em seus quadros destacados nomes do mundo da propaganda, como Cid Pacheco, na área de planejamento, e Raymundo F. Araújo, na de atendimento. Orígenes Lessa, após deixar a JWT-Rio, ingressou na agência e tornou-se redator, função que exerceria por muitos anos.

Em janeiro de 1959, a JMM abriu filial em Belo Horizonte, sob a direção de Walter Duarte de Andrade. Em junho de 1965, esta se tornou independente e passou a operar no mercado publicitário com a razão social JMM Publicidade Minas Gerais Ltda. Walter Andrade tornou-se sócio da nova agência, cujo capital social passou a ser dividido com João Moacir Medeiros e Cid Pacheco. Posteriormente, o controle acionário foi assumido por Walter Andrade, que passou a ter como sócios Simone Nascimento, Renato Bergo e Élzio Costa.

A agência encerrou suas atividades no final da década de 80.

Alan Carneiro

FONTE: CASTELO BRANCO, Renato; MARTENSEN, Rodolfo Lima; REIS, Fernando (planej. e coord.). *História da propaganda no Brasil*. São Paulo: T. A. Queiroz, 1990. (Coleção Coroa Vermelha. Estudos Brasileiros, 21.).

JRM

Fundada em 1967 por Júlio Ribeiro e Armando Mihanovich, a empresa alcançou em pouco tempo uma boa posição no mercado publicitário, atendendo a contas como Swift, Brastemp, Vulcabrás e Union Caribe, entre outras. Em 1973, já com Edro de Carvalho integrando a sociedade, a JRM fundiu-se com a agência Lince, dando origem à Casabranca Publicidade S.A., tendo como sócios diretores, além dos três já citados, Myrta Udler, Sérgio Graciotti e Antonio J. F. Pires. Mais tarde, em 1975, a Casabranca foi incorporada à MPM, em São Paulo, dando origem à MPM-Casabranca.

André Dantas

FONTE: CASTELO BRANCO, Renato; MARTENSEN, Rodolfo Lima; REIS, Fernando (planej. e coord.). *História da propaganda no Brasil*. São Paulo: T. A. Queiroz, 1990. (Coleção Coroa Vermelha. Estudos Brasileiros, 21.). p. 350.

JUSTUS, ROBERTO

Roberto Luiz Justus nasceu em São Paulo, em 30 de abril de 1955. Filho de húngaros, seu pai era proprietário de uma grande empreiteira, a Ecel — Escritório de Construção e Engenharia S.A., responsável pela construção de hidrelétricas, do Congresso Nacional e dos metrôs paulista e carioca. Iniciou seus estudos na Graded School (Associação Escola Graduada de São Paulo), mas concluiu o curso científico no Instituto Mackenzie, onde também cursou a Faculdade de Administração de Empresas. Pós-graduou-se em marketing na Pace University, de Nova York, além de ter se especializado na mesma área na própria Universidade Mackenzie e em cursos da Associação de Dirigentes de Vendas e Marketing do Brasil (ADVB).

Sua vida profissional começou na construtora do pai, onde chegou a ser gerente financeiro. Em 1981, deixou a empresa para abrir sociedade com Eduardo Fischer na Fischer & Associados, que passou a se chamar Fischer

& Justus Comunicação, ficando responsável pelo setor administrativo-financeiro. No ano seguinte, a agência já ganhava sua primeira grande concorrência, para lançar a marca Calvin Klein no Brasil. Três anos depois, associou-se à Young & Rubicam, dando origem à Fischer, Justus, Young & Rubicam Comunicações Ltda., que se manteve em atividade por quatro anos.

Desfeita a sociedade, a Fischer & Justus continuou trabalhando com contas importantes, com destaque para a campanha da "Cerveja nº 1", desenvolvida para a marca Brahma. Em 1996, ao lado de seus sócios, o publicitário criou o Grupo Total, uma *holding* sob a qual se encontravam agências como a Upgrade e a S&A, além de outras na Argentina e na Venezuela.

No início de 1998, Justus deixou a sociedade para lançar a Newcomm Comunicação Integrada. No fim de 1999, a empresa associou-se com a norte-americana Bates Worldwide. Nesse mesmo período, Justus conquistou os seguintes prêmios: Publicitário do Ano, pelo Prêmio Colunistas Nacional de 1997; Líder Empresarial Setorial, concedido pela Gazeta Mercantil em 1998; e Homem de Marketing, pela revista *Marketing*, em 1999. Em seu novo empreendimento, Roberto Justus presidia o conselho executivo dos sócios diretores do Grupo NewcommBates e a agência Bates Brasil, que angariou contas de grandes clientes, como Casas Bahia, Kaiser, Perdigão, Bradesco, Bavária, Mercedes-Benz (Brasil e América Latina), Nextel, Roche, Novartis, Wella e governo do Distrito Federal.

Em 2003, a agência foi apontada pelo Ibope Monitor como a maior do país e Justus foi agraciado com o título de Dirigente do Ano no Prêmio Contribuição Profissional, conferido pela Associação de Profissionais de Propaganda (APP).

No começo de 2004, associou-se ao Grupo WPP e novas empresas passaram a compor a Newcomm, ocasionando a fusão da Bates Brasil com a antiga Young & Rubicam e originando a Y&R. Roberto Justus passou a ocupar, então, além da presidência da *holding*, a função de CEO (*chief executive officer*). Em novembro do mesmo ano, ganhou ampla notoriedade na mídia ao assumir o posto de apresentador do programa *O Aprendiz*, uma adaptação da Rede Record de Televisão do *reality show* norte-americano *The Apprentice*, conduzido por Donald Trump.

José Márcio Batista Rangel

FONTES: REIS, Fernando. *Cobrões da propaganda 91/92*. São Paulo: Referência, 1991. p. 103; <http://www.terra.com.br/istoe>, acesso em 18-1-2005; <http://www.playboy.abril.com.br/revista/edicoes/354/aberto/entrevistas/conteudo_56570.shtml>, acesso em 18-2-2005; <http://www.rederecord.com.br/programas/oaprendiz/r_justus.asp>, acesso em 23-11-2004; *About*, 11 out. 1999.

JWT

Foi a primeira agência de propaganda norte-americana a se instalar no Brasil, em abril de 1929. Mas seu funcionamento só foi autorizado em fevereiro do ano seguinte, após a publicação do Decreto nº 19.111 no *Diário Oficial da União*. A instalação da agência no Brasil decorreu do compromisso assumido pela agência com sua cliente, a General Motors, de abrir escritórios em todos os países em que a GM tivesse filiais.

O primeiro diretor da Thompson no Brasil foi J. Maxwell Kennard, que pouco permaneceu à frente da filial brasileira, sendo substituído por Harry W. Gordon, que se deparou com o problema da falta de profissionais qualificados no mercado brasileiro. Isso foi resolvido com a transferência para a agência brasileira de profissionais da Divisão de Propaganda da GM, que fora forçada pela crise de 1929, causada pela queda da Bolsa de Nova York, a restringir seu quadro de pessoal.

A Thompson foi a primeira no mundo a usar a fotografia nos anúncios de imprensa, já que estes eram, até então, ilustrados com desenhos. Na primeira campanha feita pela agência para a GM foram utilizadas fotos de personalidades brasileiras, que ganharam um automóvel como cachê. Na década de 1930, como não existiam institutos de pesquisa, a Thompson começou a prestar serviço na área de pesquisas de mercado para os produtos de seus clientes, procurando investigar as atitudes de compra dos consumidores, e a fazer também pesquisas de mídia (nas bancas de jornais).

A primeira pesquisa de mercado da Thompson foi feita em 1933. Tratou-se de um estudo para conhecer os hábitos e atitudes do consumidor brasileiro sobre o café, a fim de desenvolver uma campanha publicitária para o então Departamento Nacional do Café (DNC), mais tarde Instituto Brasileiro do Café (IBC). Foi também a Thompson que uniformizou os descontos concedidos pelas agências existentes na época. A agência importou o sistema usado nos Estados Unidos, que consistia na concessão de um desconto de 20% sobre o preço cobrado pelas agências e ainda a cobrança da taxa de 15% sobre o valor bruto ou de 17,5% sobre o líquido. Esse sistema perduraria até a promulgação da Lei nº 4.680, de 18 de junho de 1965.

Durante a década de 1930, os funcionários da Thompson também participaram da fundação das primeiras associações de classe do país: a Associação Paulista de Propaganda (APP, atual Associação dos Profissionais de Propaganda) e a Associação Brasileira de Propaganda (ABP). Em 1935, Harry W. Gordon foi substituído na gerência do escritório brasileiro da agência por John F. McArdle. Ao longo da década de 1930, nomes que se tornariam destaques na história da propaganda brasileira passaram pela agência: Renato Castelo Branco, Charles Dulley, Orígenes Lessa, Augusto de Ângelo, Charles Ullmann, George Munch, Jean Gabriel Villin, Heitor Crippa (o primeiro produtor gráfico brasileiro), James Abercrombie, Armando Garrido e Francisco Teixeira Orlandi, entre outros.

Em 1940, Robert "Bob" Merrick assumiu a presidência da Thompson. Por volta de 1943, durante a II Guerra Mundial, a agência conquistou a conta internacional da Ford, conta básica da N. W. Ayer & Son. Em 1945, a Thompson criou seu departamento de pesquisa.

A primeira fotografia colorida usada na propaganda em impressos foi produzida pela Thompson por volta de 1951 para um anúncio da Tabacow veiculado na revista *Seleções*. Na oportunidade, diante da falta de modelos profissionais, foi utilizada a foto da secretária do presidente da Thompson. Foi também a primeira agência a usar fotos coloridas em *outdoors*, ao produzir um cartaz de quatro folhas para os Encerados Locomotiva. Em 1951, a a agência produziu a primeira telenovela brasileira, *Sua vida me pertence*, escrita por Walter Foster, com o patrocínio da Coty, na TV Tupi Difusora, a primeira emissora de televisão instalada no Brasil. No ano seguinte, foi a responsável pelo primeiro noticiário, o *Telenotícias Panair*, com o patrocínio dessa empresa aérea e os dois primeiros comerciais filmados. Também em 1952 foi apresentada a primeira adaptação para a TV do *Sítio do pica-pau amarelo*, de Monteiro Lobato, patrocinada pela Kibon, empresa que patrocinou ainda o programa *Carrossel Kibon*, que foi ao ar no mesmo ano.

Por volta de 1953/54, a Thompson levou o Teatro Brasileiro de Comédia, dirigido por Ruggero Jacobi, Cacilda Becker e toda a equipe para a TV Paulista, canal 5, também sob o patrocínio da Kibon. Foram apresentados 13 programas. Foi ainda da Thompson, igualmente patrocinado pela Kibon, o primeiro programa para crianças: a *Grande gincana Kibon*, da TV Record de São Paulo, lançado em 1954 e que ficaria no ar durante 15 anos.

Em 1958, Bob Merrick nomeou Renato Castelo Branco para a gerência do escritório da agência no Rio de Janeiro, então capital federal. Castelo Branco foi o primeiro brasileiro a chefiar o escritório carioca da empresa, tendo como principais colaboradores Augusto de Ângelo e Caio Aurelio Domingues. Em 1960, depois de 20 anos na presidência da Thompson no Brasil, Bob Merrick se aposentou. Passou a agência, solidamente instalada e com mais de 50 contas, ao seu sucessor, Renato Castelo Branco, também o primeiro brasileiro a assumir o posto máximo da agência no Brasil. Seu substituto na gerência do escritório da Thompson no Rio de Janeiro foi Augusto de Ângelo.

Durante sua gestão, Renato Castelo Branco promoveu a abertura de escritórios da agência fora do eixo Rio—São Paulo, em Porto Alegre, Belo Horizonte e Recife, e nomeou agências correspondentes em Curitiba, Fortaleza e Belém. Criou também departamentos independentes, mais tarde transformados em unidades independentes, empresas que passaram a prestar serviços à Thompson e a seus clientes nas áreas de relações públicas, pesquisa de mercado e promoção de vendas. Também em sua gestão, para atender a uma faixa específica de clientes, como os das áreas de produtos alimentícios e farmacêuticos, a Thompson lançou, no Rio de Janeiro, uma novidade no mercado publicitário: o *outdoor* de marquise.

Com a saída de Renato Castelo Branco em 1969, a matriz J. Walter Thompson Company aconselhou uma direção de dupla nacionalidade para a Thompson do Brasil. A agência brasileira passou, então, a ser dirigida por Augusto de Ângelo e Robert E. Dennison, que permaneceria por pouco tempo. Em 1972, Greg Bathon reestruturou a agência, extinguindo os escritórios existentes fora do eixo Rio—São Paulo, promovendo mudanças na equipe e dispensando vários clientes não-rentáveis. Em 1977, Pat Moran substituiu Bathon e a Thompson sofreu nova reestruturação: as unidades independentes de pesquisa, de promoção de vendas e de relações públicas foram fechadas e a Thompson comprou parte das ações de uma pequena agência de criação, que não obteve êxito. Três anos depois, a Thompson teve novo presidente, Lee Pavão. Em 1985, a Thompson adquiriu o controle acionário da CBBA, mas, dois anos depois, foi comprada pelo grupo inglês WPP. No ano seguinte, a filial brasileira já tinha novo presidente, John Florida. Em 1991, assumiu a presidência Roberto Leal, que permaneceria no cargo até 1999. Em 1997, a Thompson do Brasil superou as unidades da agência na Itália, na Inglaterra e em Hong Kong quando da seleção de propostas para a campanha do uísque J&B, marca da United Distillers & Vintners.

Em 1999, Álvaro Novaes assumiu a presidência a Thompson. Durante sua gestão aumentou o número de clientes e ampliou o escopo de atuação da agência, com a incorporação das agências Master, de Curitiba; WG e Propague, de Florianópolis; e DCS, de Porto Alegre. Também adquiriu 49% das ações da Publivendas, maior agência de publicidade da Bahia, e da pernambucana Arcos, tirando-a do 14º lugar no *ranking* e alçando-a aos primeiros cinco lugares. Além disso, levou a filial brasileira a conquistar o segundo lugar em operações, ficando atrás somente da matriz norte-americana. Em 2004, Novaes deixou a agência.

Ao completar 127 anos, em fevereiro de 2005, a Thompson abandonou seu nome tradicional e passou a adotar oficialmente a sigla JWT.

A Thompson conquistou ao longo de sua história inúmeros prêmios em festivais nacionais e internacionais.

Alan Carneiro

FONTES: ABAP — Associação Brasileira de Agências de Propaganda. *História da propaganda no Brasil*. São Paulo: Talento, 2005; *Anuário da Propaganda 2004 (Meio & Mensagem)*; *Jornal do Commercio online*, 8 ago 2001; *Meios & Publicidade*. Disponível em: <http://www.meiosepublicidade.pt/?id=6349>, acesso em 21-2-2005; *Propaganda*, v. 24, n. 275, jun. 1979; *Topmagazine*. Disponível em: <http://www.bonde.com.br/topmagazine/top34/alvaro-novaes.htm>, acesso em 17-11-2004; <http://www.portaldapropaganda.com/hottops_agencias/agencias/2004/03/0031/>, acesso em 15-12-2004; <http://www.uff.br/mestcii/denis2.htm>, acesso em 16-12-2004; <http://www.sergiomattos.com.br/liv_perfil05.html>, acesso em 16-12-2004; <http://www.fgvsp.br/adm/arquivos_npp/P00304_1.pdf>, acesso em 16-12-2004; *Meio & Mensagem*, 18 out. 1999; <http://www.bluebus.com.br/cgi-bin/show.pl?p=1&id=58261&st=busca>, acesso em 28-2-2005.

JWTHOMPSON *ver* **JWT**

LAGE, DAMMANN & STABEL PUBLICIDADE ver **LAGE & MAGY PUBLICIDADE**

LAGE & MAGY PUBLICIDADE

Agência fundada em 1968, por Rony Luiz Lage, Hans Dammann e José Carlos Stabel, sob o nome Lage, Dammann & Stabel Publicidade S/C Ltda. Ao longo de uma trajetória marcada por diversas alterações em sua constituição societária, teve a razão social também diversas vezes alterada, chamando-se Lage, Stabel e Guerreiro, com o desligamento de Hans Dammann, em 1977, e o ingresso de Sérgio Guerreiro na sociedade; Lage, Stabel, Guerreiro/BBDO, quando parte do capital da empresa foi alienada em benefício do novo associado; Lage, Stabel/BBDO, quando da saída de Sérgio Guerreiro da sociedade; Lage, Stabel, Magy, com a saída do grupo BBDO e a ascensão de Magy Imoberdorf à presidência da empresa e, por fim, Lage & Magy, quando da compra das ações de Stabel por Magy. Premiada em 1972 pelos colunistas publicitários com o título de Agência do Ano, celebrizou-se no meio da propaganda, entre outros trabalhos de sucesso, em função da campanha da aguardente "Caninha 51", cuja chamada — "uma boa idéia" — popularizou-se enormemente, levando a reboque o produto.

Em 2000 a Lage & Magy associou-se ao grupo Talent.

André Dantas

FONTES: ARP — Associação Riograndense de Propaganda. *Ranking das agências de todo o Brasil do Ibope Monitor*. Disponível em: <http://www.arpnet.com.br/materias_anteriores/materias_ant8.htm>, acesso em 18-11-2004; CASTELO BRANCO, Renato; MARTENSEN, Rodolfo Lima; REIS, Fernando (planej. e coord.). *História da propaganda no Brasil*. São Paulo: T. A. Queiroz, 1990. (Coleção Coroa Vermelha. Estudos Brasileiros, 21.). p. 359; <http://www.lagemagy.com.br>, acesso em 28-11-2004.

LAGE, RONY

Rony Luiz Lage nasceu na capital paulista, em 15 de fevereiro de 1935, filho de José de Azevedo Lage Júnior e Dalila Marrone Lage.

Trabalhou na J. Walter Thompson com Hélio Silveira da Motta, na Denison, na Almap e na Proeme. Também atuou na Kodak e na Caterpillar.

Em 1968, Lage, Hans Dammann e José Carlos Stabel fundaram a Lage, Dammann & Stabel Publicidade S/C Ltda. Ao longo de sua história, a agência passou por várias alterações societárias e teve diversas denominações: Lage, Stabel e Guerreiro, com o desligamento de Hans Dammann em 1977 e o ingresso de Sérgio Guerreiro na sociedade; Lage, Stabel, Guerreiro/BBDO, com a venda de parte do controle acionário para a multinacional BBDO; Lage, Stabel/BBDO, quando da saída de Sérgio Guerreiro da sociedade; Lage, Stabel, Magy, com a saída do grupo BBDO; e, por fim, Lage & Magy, quando da compra das ações de Stabel por Magy.

Rony Lage presidiu o Sindicato das Agências de Propaganda do Estado de São Paulo entre 1989 e 1993. Aposentou-se ainda nos anos 1990.

Christiane Jalles de Paula

FONTES: <http://www.sapesp.org.br/sindica/pagina4.htm>, acesso em 5-10-2004; <http://www.diariodenoticias.com.br/procla_sete_17.htm>, acesso em 5-10-2004; *O Estado de S. Paulo*, 30 ago. 2001; CASTELO BRANCO, Renato; MARTENSEN, Rodolfo Lima; REIS, Fernando (planej. e coord.). *História da propaganda no Brasil*. São Paulo: T. A. Queiroz, 1990. (Coleção Coroa Vermelha. Estudos Brasileiros, 21.). p. 359.

LAGE, STABEL/BBDO ver **LAGE & MAGY PUBLICIDADE**

LAGE, STABEL E GUERREIRO ver **LAGE & MAGY PUBLICIDADE**

LAGE, STABEL, GUERREIRO/BBDO ver **LAGE & MAGY PUBLICIDADE**

LAGE, STABEL, MAGY ver **LAGE & MAGY PUBLICIDADE**

LARA, LUIZ

Luiz Lara nasceu em 4 de janeiro de 1962 em São Paulo, filho de Eduardo de Paula Leite Lara e de Maria Helena Alencar. Formou-se na turma de 1984 da Faculdade de Direito da Universidade de São Paulo (USP).

Iniciou a carreira em 1981 como gerente de marketing do Instituto Ginastic Center. Posteriormente, foi gerente de marketing da Indústria de Jóias Frankel. Em 1983, ocupou o cargo de vice-presidente da Empresa Paulista de Turismo (Paulistur), sendo responsável por projetos de grande repercussão, como: o Passaporte São Paulo, criação de ruas voltadas para temas musicais (rua do Samba, rua do Choro, rua da Batucada), seminários de investimento, participação em feiras no exterior e organização de eventos, como as Sinfonias nos Parques. Depois, transferiu-se para a Embratur, onde foi diretor de marketing em 1986/87, encampando mais projetos: o Passaporte Brasil, o Passaportezinho Brasil, o Turismo Ecológico, os Albergues da Juventude, o Turismo da Terceira Idade e campanhas publicitárias de promoção da imagem do Brasil no exterior, em parceria com companhias aéreas e administradoras de cartões de crédito.

Em 1987, ingressou na Almap para trabalhar na área de atendimento e planejamento. Mas sua veia empreendedora foi detectada por Alex Periscinoto e José de Alcântara Machado e, como a agência necessitava de criar um núcleo de atendimento ao cliente que utilizasse as demais ferramentas de comunicação, foi convidado a se associar aos dois e a Eduardo Colturato na Almap Promoções. Nessa função, ganhou cerca de 14 prêmios em dois anos — entre eles o de Profissional de Promoção do Ano de 1988 pelo Prêmio Colunistas — e foi responsável pelo desenvolvimento de campanhas para clientes como Sharp, Consul, Volkswagen, Rhodia, Kibon (Kraft General Foods) e Pepsi.

Em 1989, Luiz Lara partiu para outros negócios. Com Stalimir Vieira, abriu sua primeira agência de propaganda, a Lara/Stalimir, onde atendeu clientes como o Club Med e o Governo de Aruba.

Como queria uma agência que pudesse oferecer mais a seus clientes do que apenas criação em propaganda, em 1992 associou-se a Jaques Lewkowicz e à Propeg para abrir a Lew Lara Propeg. Nos primeiros anos de funcionamento, a agência já figurava entre as 30 maiores do mercado. Em 1996, o Grupo Propeg, que a princípio se unira à dupla com o interesse de atender à conta do Banco Econômico em São Paulo, decidiu propor a fusão com a Lew Lara Propeg em uma única estrutura, medida da qual Lara e Lewkowicz discordaram e que culminou com a separação das duas agências. A Lew Lara associou-se à Prax Holding.

Na presidência da Lew Lara, Luiz Lara conquistou diversos prêmios em reconhecimento à sua atuação como homem de marketing. Em 1996, foi eleito, por voto direto do mercado, o Melhor Profissional de Atendimento/Planejamento, recebendo o Prêmio

Caboré. Em 1997, foi eleito o Homem do Ano pela revista *About*. Em 1999, recebeu o Prêmio Bem Eficiente, categoria Homem de Comunicação, do setor de responsabilidade social, conferido pela Kanitz & Associados. Em 2003, foi escolhido Publicitário do Ano, pelo Prêmio Colunistas.

Preside atualmente a seção de São Paulo da Associação Brasileira de Agências de Publicidade (Abap) e a Associação Brasileira de Marketing e Negócios (ABMN).

José Márcio Batista Rangel

FONTES: *curriculum vitae*, recebido em 13-10-2004; <www.umacoisaeoutra.com.br/marketing/armando2.htm>, acesso em 26-10-2004; *chat* com Luiz Lara em 20-9-1999. Disponível em: <http://chat5.terra.com.br:9781/luizlara1.htm>, acesso em 26-10-2004; Saia justa com Luiz Lara. Disponível em: <http://www.adonline.com.br/noticias/saia_justa33.asp>, acesso em 26-10-2004; CENTENARO, Gisele. Marketing é também uma questão de teimosia. *About*, v. 10, n. 483, 2 jun. 1998; Luiz Lara comanda Almap Promoções. *Propaganda*, v. 33, n. 412, nov. 1988.

LEI Nº 4.680/65

Aprovada pelo Congresso Nacional e sancionada pelo presidente Humberto de Alencar Castelo Branco, a Lei nº 4.680, de 18 de junho de 1965 — publicada no *Diário Oficial da União* em 15 de setembro de 1965 —, dispõe sobre o exercício da profissão de publicitário e agenciador de propaganda e dá outras providências. Faz parte de uma série de leis reguladoras de profissões, inovando por regulamentar também uma atividade econômica, a da agência de propaganda. Tem 21 artigos, em seis capítulos: I — Definições; II — Da profissão de publicitário; III — Da profissão de agenciador de propaganda; IV — Das comissões e descontos devidos aos agenciadores e às agências de propaganda; V — Da fiscalização e penalidades; e VI — Disposições gerais.

Nas definições, diz que "são publicitários aqueles que, em caráter regular e permanente, exerçam funções de natureza técnica da especialidade, nas agências de propaganda, nos veículos de divulgação, ou em quaisquer empresas nas quais se produza propaganda", diferenciando-os dos agenciadores de propaganda, definidos como "os profissionais que, vinculados aos veículos de divulgação, a eles encaminhem propaganda por conta de terceiros". A lei define "agências de propaganda como a pessoa jurídica especializada na arte e técnica publicitária, que, através de especialistas, estuda, concebe, executa e distribui propaganda aos veículos de divulgação, por ordem e conta de clientes anunciantes, com o objetivo de promover a venda de produtos e serviços, difundir idéias ou informar o público a respeito de organizações e instituições colocadas a serviço desse mesmo público". Define ainda os veículos de divulgação, para efeitos da lei, como "quaisquer meios de comunicação visual ou auditiva capazes de transmitir mensagens de propaganda ao público, desde que reconhecidos pelas entidades e órgãos de classe, assim considerados associações civis locais e regionais de propaganda bem como os sindicatos de publicitários". A propaganda propriamente dita é definida como "qualquer forma remunerada de difusão de idéias, mercadorias ou serviços, por parte de um anunciante identificado".

A lei estabelece que as atividades de publicitário e agenciador de propaganda são privativas daqueles profissionais, criando registro especial no Ministério do Trabalho, e exigindo dos publicitários diploma de escola ou curso de propaganda, ou atestado de empregador, dispensando o agenciador de tal comprovação. A legislação estabelece que a remuneração do agenciador de propaganda e da agência, pela intermediação da publicidade, será paga pelos veículos, aos quais determina manter tabelas públicas de preços para serem praticados por todos os anunciantes, proibindo a concessão de comissão ou desconto remuneratório a quem não seja agenciador ou agência, inclusive ao próprio anunciante.

A lei estabelece um sistema de fiscalização das atividades envolvendo as associações de classe e sindicatos e o Departamento Nacional do Trabalho, e multas para o exercício ilegal da profissão (da décima parte do salário mínimo até 10 vezes o mesmo salário) e para a concessão de comissão ou repasse de desconto remuneratório da agência (de 10% a 50% sobre o valor do negócio publicitário realizado).

Finalmente, a norma tornou lei o Código de Ética dos Profissionais da Propaganda instituído pelo I Congresso Brasileiro de Propaganda, realizado em outubro de 1957 no Rio de Janeiro. A lei foi regulamentada pelo Decreto nº 57.690, de 1º de fevereiro de 1966, ainda hoje vigorando, com duas alterações: a primeira retirou do decreto o percentual remuneratório pela intermediação da publicidade e a segunda incorporou às suas disposições as normas-padrão da atividade publicitária instituídas pelo Conselho Executivo das Normas-Padrão (Cenp), nas quais estão as bases e os percentuais de remuneração permitidos.

João Luiz Faria Netto

FONTE: BITELLI, Marcos Sant'Anna (org.). *Constituição Federal: coletânea de legislação de comunicação social.* 3. ed. ver. atual. amp. São Paulo: Revista dos Tribunais, 2003.

LEI Nº 9.294/96

A Lei nº 9.294, de 15 de julho de 1996, regulamentou o §4º, única menção restritiva do art. 220 da Constituição Federal, que assegura que "a manifestação do pensamento, a criação, a expressão e a informação, sob qualquer forma, processo ou veículo, não sofrerão qualquer restrição, observado o disposto nesta Constituição", incluindo a informação publicitária, sob qualquer forma, no rol das proteções contra a censura. O parágrafo regulamentado, restritivo, reza que "a propaganda comercial de tabaco, bebidas alcoólicas, agrotóxicos, medicamentos e terapias estará sujeita a restrições legais, nos termos do inciso II do parágrafo anterior" — pelo qual a lei federal deve "estabelecer os meios legais que garantam à pessoa e à família a possibilidade de se defenderem de programas ou programações de rádio e televisão que contrariem o art. 221, bem como da propaganda de produtos, práticas e serviços que possam ser nocivos à saúde e ao meio ambiente" — "e conterá, sempre que necessário, advertência sobre os malefícios decorrentes de seu uso".

Iniciativa do Congresso Nacional, a lei começa definindo as restrições, no caso de bebidas alcoólicas: "bebidas potáveis com teor alcoólico superior a treze graus Gay Lussac". Proíbe o "uso de cigarros, cigarrilhas, charutos, cachimbos ou de qualquer outro produto fumígero, derivado ou não do tabaco, em recinto coletivo, privado ou público, salvo em área destinada exclusivamente a esse fim, devidamente isolada e com arejamento conveniente", incluindo na proibição as aeronaves e veículos de transporte coletivo. No caso da propaganda comercial de produtos fumígeros, a lei limita sua veiculação, estabelecendo que deve ser feita "através de pôsteres, painéis e cartazes na parte interna dos locais de venda", e impondo uma série de exigências de conteúdo: "I — Não sugerir o consumo exagerado ou irresponsável, [que comprometa] ...o bem-estar ou saúde, ou fazer associação com celebrações cívicas ou religiosas; II — Não induzir as pessoas ao consumo, atribuindo aos produtos propriedades calmantes, estimulantes, que reduzam a fadiga ou a tensão, ou qualquer efeito similar; III — Não associar idéias ou imagens de maior êxito na sexualidade das pessoas, insinuando o aumento da virilidade ou feminilidade de pessoas fumantes; IV — Não associar o uso do produto à prática de atividades esportivas, olímpicas ou não, nem sugerir ou induzir seu consumo em locais ou situações perigosas, abusivas ou ilegais; V — Não empregar imperativos que induzam diretamente ao consumo; VI — Não incluir a participação de crianças ou adolescentes".

A lei proíbe qualquer tipo de publicidade eletrônica, inclusive sob a forma de *merchandising* de produtos de fumo, a venda a menores de 18 anos e a comercialização em estabelecimentos de saúde e de ensino. Determina a inclusão de advertência sobre os riscos à saúde nas embalagens e autoriza o Ministério da Saúde a escolher tais mensagens. No caso de bebidas alcoólicas, a lei admite a publicidade em rádio e televisão entre 21h e 6h, vedando a associação do produto a esportes e ao sucesso sexual, exigindo a veiculação de advertência sobre os riscos à saúde. Nas chamadas de programas patrocinados, permite que apareça apenas a marca da bebida, proibindo a utilização de trajes esportivos como forma de divulgação publicitária de tais produtos. A lei estabelece que apenas os medicamentos anódinos e de venda livre poderão ser objeto de publicidade nos veículos de comunicação, limitando às publicações especializadas e dirigidas aos médicos a veiculação de propaganda dos chamados produtos éticos e de venda com prescrição médica.

Para os agrotóxicos, a publicidade é permitida apenas em veículos dirigidos a agricultores e pecuaristas, com a exigência de conterem ampla explicação de seu conteúdo e dos riscos para a saúde. A lei, finalmente, estabelece multas para os infratores de seus dispositivos.

João Luiz Faria Netto

FONTE: BITELLI, Marcos Sant'Anna (org.). *Constituição Federal: coletânea de legislação de comunicação social*. 3. ed. ver. atual. amp. São Paulo: Revista dos Tribunais, 2003.

LEIFERT, GILBERTO

Gilberto C. Leifert bacharelou-se em direito pela Universidade de São Paulo. Iniciou sua trajetória na área de comunicação nas redações de *O Estado de S. Paulo* e *Jornal da Tarde*. Foi também diretor da MPM Propaganda e da agência de relações governamentais.

Diretor de relações com o mercado da Rede Globo desde 1988, Leifert foi o primeiro diretor executivo do Conselho Nacional de Auto-Regulamentação Publicitária — Conar (1980-85), cargo que na ocasião era chamado de secretaria executiva. Convidado por Petrônio Corrêa, Leifert, à época advogado especializado em mercado de capitais, inicialmente teve seu nome rejeitado pela maioria dos membros da primeira diretoria, que desejavam alguém do meio publicitário no posto, todavia acabou prevalecendo a posição de Petrônio. Assim, Leifert assumiu a função e foi o responsável pelo primeiro estatuto do Conar, também redigiu o primeiro regimento interno e organizou o funcionamento do Conselho de Ética.

Ocupou também a primeira secretaria por quatro mandatos consecutivos (1990-99), na qualidade de representante da Abert. Reeleito diretor executivo do Conar, em 1998 exerce seu quarto mandato consecutivo. Membro titular do Conselho de Comunicação Social do Congresso Nacional (biênio 2005-07).

FONTES: CASTELO BRANCO, Renato; MARTENSEN, Rodolfo Lima; REIS, Fernando (planej. e coord.). *História da propaganda no Brasil*. São Paulo: T. A. Queiroz, 1990. (Coleção Coroa Vermelha. Estudos Brasileiros, 21.); <http://www.conar.org.br>, acesso 1-7-2005.

LEO BURNETT

Agência fundada em Chicago, Estados Unidos, em 1935, por Leo Burnett. Chegou ao Brasil em 1975. Presidida em 2005 por Renato Lês — tendo Ruy Lindenberg na vice-presidência de criação, Renato Gava na vice-presidência financeira, na vice-presidência de mídia, Ana Belleroni, e Marlene Bregman, como vice-presidente de planejamento —, a Leo Burnett atuou nas áreas de propaganda, promoção, eventos e marketing direto. Entre seus *cases* destacaram-se: o da Fiat (em 2000) que levou a montadora à liderança do mercado automotivo do país e rendeu à agência seu primeiro Leão em Cannes, de bronze, e o do BankBoston (no início dos anos 90) que reposicionou a marca.

Ao longo de sua história, a Leo Burnett conquistou inúmeros prêmios em festivais nacionais e internacionais, como: Cannes, Clio Awards, Festival Internacional do Rio de Janeiro promovido pela Associação Brasileira de Propaganda (ABP), Profissionais do Ano e Festival de Nova York.

FONTES: <http://www.leoburnett.com.br>, acesso 1-7-2005; ABAP — Associação Brasileira de Propaganda/Pyr Marcondes (autor e coordenador responsável). *História da propaganda brasileira*. São Paulo: Talento, 2005. p. 176-177.

LESSA, ORÍGENES

Orígenes Lessa nasceu em Lençóis Paulista (SP) em 12 de julho de 1903, filho do historiador, jornalista e pastor protestante Vicente Themudo Lessa e de Henriqueta Pinheiro Themudo Lessa.

A carreira missionária do pai ocasionou a transferência da família para São Luís (MA) em 1906. Em 1912, a família voltou para São Paulo. Aos 19 anos, Orígenes Lessa entrou num seminário protestante, que abandonou em 1924, mudando-se para o Rio de Janeiro, onde completou o curso de educação física. Tornou-se instrutor de ginástica do Instituto de Educação Física da Associação Cristã de Moços (ACM). Foi nesse período que ingressou no jornalismo, publicando seus primeiros artigos na seção Tribuna Social-Operária de *O Imparcial*.

Em 1928, inscreveu-se na Escola Dramática do Rio de Janeiro, então dirigida por Coelho Neto, mas não concluiu o curso de teatro. Em dezembro desse ano, voltou para São Paulo e iniciou sua trajetória na propaganda brasileira, a princípio como tradutor técnico e, depois, como redator (conhecido na época como *copywriter*) no Departamento de Propaganda da General Motors (GM), tida como a primeira grande escola de propaganda do Brasil.

Em 1929, a General Motors desativou sua divisão de propaganda e entregou sua publicidade à multinacional J. Walter Thompson. Entre os profissionais que foram para a Thompson estava Orígenes Lessa. Nesse mesmo ano, Lessa estreou na literatura, com a publicação do livro de contos *O escritor proibido*, e no jornalismo como colaborador do *Diário da Noite*, de São Paulo.

Com a deflagração da Revolução Constitucionalista de 1932 em São Paulo, Orígenes Lessa participou ativamente do movimento armado de oposição ao governo de Getúlio Vargas, sendo preso e deportado para o Rio de Janeiro.

Libertado ainda em 1932, começou a trabalhar na Rádio Record. Nesse mesmo ano, convidado por Aldo Xavier da Silva, foi trabalhar na norte-americana N. Y. Ayer & Son, que veio para o Brasil a fim de cuidar da propaganda da Ford e ficou conhecida como "o navio-escola da propaganda brasileira". Atuou na função de redator e seus primeiros anúncios foram para o sabonete Gessy.

Em 1935, retornou à Thompson, onde permaneceu até 1937, quando se transferiu para a Ecléctica. Ainda nesse ano, um grupo de publicitários liderado por Jorge Mathias fundou a Associação Paulista de Propaganda (APP, atual Associação dos Profissionais de Propaganda). Com a recusa de Jorge Mathias em presidir a APP, a classe escolheu o pioneiro Orígenes Lessa para ser o primeiro presidente da associação. Lessa assumiu em 16 de outubro de 1937. No mês seguinte, foi lançada a revista *Propaganda* e Orígenes Lessa foi designado seu redator-chefe. A revista teve curta duração, deixando de circular em 1939.

Lessa deixou a chefia de redação da Ecléctica e, em 1939, voltou à Ayer, agência que encerraria suas atividades no país por volta de 1943. Em 1942, mudou-se para Nova York e foi trabalhar no Coordinator of Inter-American Affairs, tendo sido redator da NBC em programas irradiados para o Brasil. Regressou ao Rio de Janeiro em meados de 1943 e retornou à Thompsom, onde chefiou a redação. Permaneceu na agência até 1960, quando foi trabalhar como redator na JMM Publicidade, agência fundada por João Moacir Medeiros em 1950.

Em 1976, abandonou de vez a propaganda para se dedicar exclusivamente à literatura. Romancista, contista, novelista renomado, Orígenes Lessa publicou quase 40 livros ao longo da vida, entre os quais se destacam: *O feijão e o sonho* (1938), *Getúlio Vargas na literatura de cordel* (1973) e *Memórias de um cabo de vassoura* (1971). Tratou também da propaganda brasileira em *Retratos de uma cidade através de anúncios de jornal*.

Recebeu diversos prêmios literários: Prêmio Antônio de Alcântara Machado (1939), Prêmio Carmem

Dolores Barbosa (1955), Prêmio Fernando Chinaglia (1968), Prêmio Luísa Cláudio de Sousa (1972).

Eleito para a Academia Brasileira de Letras (ABL) em 1981, Orígenes Lessa ocupou a cadeira nº 10. Ainda nesse ano, foi agraciado com o Prêmio Comunicação, uma homenagem especial prestada pela Associação Brasileira de Propaganda (ABP).

Faleceu no Rio de Janeiro em 13 de julho de 1986.

Christiane Jalles de Paula

FONTES: CASTELO BRANCO, Renato; MARTENSEN, Rodolfo Lima; REIS, Fernando (planej. e coord.). *História da propaganda no Brasil*. São Paulo: T. A. Queiroz, 1990. (Coleção Coroa Vermelha. Estudos Brasileiros, 21.); ASSOCIAÇÃO PAULISTA DE PROPAGANDA. *Depoimentos*. São Paulo: Hamburg, s. d. (Série Documentos da Propaganda, 1.); RAMOS, Ricardo; MARCONDES, Pyr. *200 anos de propaganda no Brasil. Do reclame ao cyber-anúncio*. São Paulo: Meio & Mensagem, 1996; RAMOS, Ricardo. *Do reclame à comunicação — pequena história da propaganda no Brasil*. São Paulo: Atual, 1985; *Propaganda*, v. 10, n. 125, set. 1966; RAMOS, Ricardo. Orígenes Lessa. *Propaganda*, v. 22, n. 254, 1977; *Academia Brasileira de Letras*. Disponível em: <http://www.academia.org.br/imortais/frame10.htm>, acesso em 23-7-2004; *Almanaque Folha Online*. Disponível em: <http://www1.folha.uol.com.br/folha/almanaque/leituras_14mai00.htm>, acesso em 23-7-2004; *E-album*. Disponível em: <http://www.arquivo.ael.ifch.unicamp.br/edgard/ed-traje1-ecle-1.htm>, acesso em 29-9-2004.

LEUENROTH, CÍCERO

Cícero Leuenroth nasceu no Rio de Janeiro, em 15 de junho de 1907, filho de Eugênio Leuenroth, um dos pioneiros da publicidade no Brasil e co-proprietário de A Ecléctica, considerada a primeira agência de propaganda criada no país.

Em 1925, foi para os Estados Unidos estudar na Columbia University, onde se formou em *advertising and business administration*. Durante os anos em que permaneceu no território norte-americano, Leuenroth trabalhou numa firma de corretagem de Wall Street e em duas agências de propaganda. Além disso, foi o representante de A Ecléctica nos Estados Unidos. Participou também do Congresso Pan-Americano de Jornalistas.

Retornou ao Brasil em 1927 e foi trabalhar no Citybank. Pouco depois, voltou a A Ecléctica, agora na criação. Em 1932, após um desentendimento com seu pai, Leuenroth deixou a agência e, juntamente com João Alfredo de Souza Ramos e Peri Campos, fundou a Empresa de Propaganda Standard. Mais tarde, assim explicou a escolha do nome da agência: "Se eu pusesse Leuenroth, Souza Ramos & Campos, ou qualquer coisa assim, iam associar com firma de outra coisa, com uma agência de automóveis, talvez. Já Standard me pareceu que identificava logo agência de propaganda. E ainda pegava uma sobrinha da fama da Standard Oil. Eles até protestaram quando registramos o nome, naquela ocasião". Seu primeiro cliente foi uma casa lotérica, para a qual Leueronth cunhou o *slogan* "É mais fácil um burro voar do que a Esquina da Sorte falhar".

Em 10 de novembro de 1937, foi instaurado o Estado Novo, regime que criou o Departamento de Imprensa e Propaganda (DIP), responsável pelo controle tanto de empresas quanto dos profissionais que nelas trabalhavam. Surgiram, então, as primeiras entidades de defesa dos interesses da propaganda. No Rio de Janeiro, Leuenroth, ao lado de vários outros representantes de agências e veículos de comunicação, fundou a Associação Brasileira de Propaganda (ABP).

Cícero Leuenroth foi um dos primeiros a perceber o potencial do rádio para a propaganda. O rádio fora regulamentado no país em 1932. Em 1937, por iniciativa de Leuenroth, foi montado no Brasil o primeiro estúdio radiofônico. Ele conseguiu, com o apoio do cliente Colgate-Palmolive, que a Rádio Nacional, criada em 1936, lançasse *Em busca da felicidade*, a primeira novela do rádio brasileiro, que durou dois anos. Foram iniciativas da Standard também os programas *Vingador* e *Aventuras de Tarzan*.

Em 1942, Leuenroth investiu na idéia de Auricélio Penteado de criar um instituto de pesquisa no Brasil e foi um dos fundadores do Instituto Brasileiro de Opinião Pública e Estatística (Ibope).

Além de suas atividades empresariais, Leuenroth continuou lutando pela institucionalização da propaganda. Em 1946, foi eleito presidente da ABP, cargo que ocupou até 1947. No ano seguinte, juntamente com José Scatena, transformou o estúdio radiofônico da Standard na Rádio Gravações Especializadas (RGE), que ficou sob o comando de Scatena e funcionaria até 1968. Ainda em 1948, comercializou pela primeira vez no país o Dia das Mães, numa campanha criada pela Standard para A Exposição-Clipper, de São Paulo. Foi sua agência que também introduziu no país o Dia dos Namorados.

Cícero Leuenroth levou a Standard a figurar entre as três maiores agências de propaganda do país durante os anos 1940, 50 e 60. Mas, por volta de 1968, enfrentou um motim no escritório carioca da agência que resultou na saída de todos os funcionários, que levaram consigo as contas a que atendiam. Isso contribuiu para que Leuenroth decidisse pela cessão do controle acionário da agência a terceiros. Após uma acirrada disputa entre a Young & Rubicam e a Ogilvy & Mather, esta última levou a melhor. Em 1969, foram vendidas 49% das ações. Dois anos depois, mais um lote foi negociado. O processo de alienação se concretizou em março de 1972, com a absorção completa da agência brasileira. Em 27 de dezembro desse mesmo ano, numa visita à filha, Olívia Hime, em Los Angeles, Estados Unidos, Cícero Leuenroth faleceu.

Christiane Jalles de Paula

FONTES: informações prestadas pelas filhas Dora Leuenroth e Olívia Hime; *PN — Publicidade & Negócios*, v. 13, n. 176, 20 jan. 1953; *Propaganda*, v. 15, n. 188, jan. 1972; *Propaganda*, v. 16, n. 197, out./nov./dez. 1972; *Propaganda*, v. 16, n. 198, jan. 1973; *Veja*, 3 jan. 1973; SIMÕES, Roberto. História da propaganda brasileira. *Propaganda*, v. 26, n. 308, fev. 1982; CASTELO BRANCO, Renato; MARTENSEN, Rodolfo Lima; REIS, Fernando (planej. e coord.). *História da propaganda no Brasil*. São Paulo: T. A. Queiroz, 1990. (Coleção Coroa Vermelha. Estudos Brasileiros, 21.); *Grande enciclopédia Delta Larousse*. Rio de Janeiro: Delta, 1970.

LEUENROTH, EUGÊNIO

Eugênio Leuenroth nasceu em Mogi Mirim (SP), em 5 de maio de 1885, filho de Waldemar Eugênio Leuenroth e Amélia de Oliveira Brito. Estudou na Escola Tática de Realengo e fez o curso anexo da Faculdade de Direito de São Paulo.

Tipógrafo e jornalista, dirigiu os jornais *Folha do Brás*, *Folha do Povo*, *A Lanterna* e a sucursal de *O Estado de S. Paulo*.

De acordo com Juarez Bahia, por volta de 1913/14, foi fundada em São Paulo a primeira agência de propaganda do país organizada em moldes profissionais — A Ecléctica —, por Jocelyn Bennaton e João Castaldi. Pouco depois, Castaldi deixou a sociedade e Eugênio Leuenroth associou-se ao empreendimento. Por volta de 1918/19, Leuenroth mudou-se para o Rio de Janeiro para trabalhar como representante do jornal *O Estado de S. Paulo*. A Ecléctica, que atendeu às contas mais importantes das primeiras décadas do século XX, como Ford Motor Co. e Texaco, foi fechada na década de 1960.

Em 1933, Eugênio deixara A Ecléctica, após uma desavença com Júlio Cosi, e fundou e dirigiu, com seu filho Cícero, a Standard Propaganda, considerada uma das maiores agências do país entre os anos 1940 e 1970.

Membro da Associação Paulista de Imprensa, da Associação Paulista de Propaganda (APP) e da Associação Brasileira de Propaganda (ABP), foi também sócio da Associação Brasileira de Imprensa e vice-presidente do Sindicato das Empresas de Propaganda.

Christiane Jalles de Paula

FONTES: *Quem é quem no Brasil: biografias contemporâneas*. São Paulo: Sociedade Brasileira de Expansão Comercial, 1955. v. IV; BARATA, Carlos Eduardo de Almeida; BUENO, Antônio Henrique da Cunha (orgs.). *Dicionário das famílias brasileiras*. Rio de Janeiro: Ibero América, 2000/01. v. 2; CASTELO BRANCO, Renato; MARTENSEN, Rodolfo Lima; REIS, Fernando (planej. e coord.). *História da propaganda no Brasil*. São Paulo: T. A. Queiroz, 1990. (Coleção Coroa Vermelha. Estudos Brasileiros, 21.); SIMÕES, Roberto. História da propaganda brasileira. *Propaganda*, v. 26, n. 308, fev. 1982.

LEW, LARA PROPAGANDA

Agência fundada em 1992, em São Paulo, pelos sócios Jaques Lewkowicz e Luiz Lara em sociedade com o

Grupo Propeg, rede de agências regionais liderada pela agência baiana Propeg. Quatro anos depois, Lewkowicz e Lara desfizeram o acordo operacional com essa rede, em virtude de discordâncias quanto a mudanças nos objetivos do grupo.

Em 1998, a agência foi incorporada à Prax Holding, *holding* nacional de empresas do mercado publicitário que administra também a W/Brasil. Com 120 funcionários, 27 clientes e um escritório em Brasília, atualmente encontra-se entre as 15 maiores agências do país. Em 2003, após experimentar um acelerado crescimento, atraiu investimentos, conquistando clientes de grande porte como TIM, Natura e Pernambucanas, chegando a veicular mais de 90 comerciais em um único semestre. Em sua carteira possui ainda clientes como Banco Real/ABN Amro, Fundação Roberto Marinho, Golden Cross, Schincariol, Kia Motors e Nokia.

Reconhecida nacional e internacionalmente, conquistou em 2000 o Prêmio Caboré como Agência do Ano; em 2002, os prêmios principais dos festivais de Cannes e de Londres e, no ano seguinte, novamente o título de Agência do Ano, pela Associação Brasileira de Propaganda (ABP).

André Dantas

FONTES: ABAP – Associação Brasileira de Agências de Propaganda. *História da Propaganda no Brasil*. São Paulo: Talento, 2005; ARP – Associação Riograndense de Propaganda. *Ranking das agências de todo o Brasil do Ibope Monitor*. Disponível em: <http://www.arpnet.com.br/materias_anteriores/materias_ant8.htm>, acesso em 18-11-2004; <http://www.lewlara.com.br>, acesso em 28-11-2004; <http://www.portaldapropaganda.com/hottops_agencias/agencias/2004/03/0024>, acesso em 3-10-2004; <http://www.terra.com.br/istoedinheiro/167/negocios/167_lew_lara.htm>, acesso em 15-12-2004; *Meio & Mensagem*, 14-10-1996.

LEWKOWICZ, JAQUES

Jaques Lewkowicz nasceu em São Paulo, em 1944, filho de polonês e mãe russa. Seu pai era médico formado pela Sorbonne.

Lewkowicz cursou arquitetura na Faculdade Mackenzie, em 1962, mas não concluiu os estudos. Iniciou a vida profissional, em 1967, como estagiário do estúdio Metro 3, com José Zaragoza. Entre 1969 e 1971 foi diretor de arte da Delta Propaganda. Em seguida, foi trabalhar como diretor de arte na Lince Propaganda, onde permaneceu até 1974, quando se transferiu para a Salles/Inter-Americana, ficando nessa agência por um ano. De 1975 a 1976 exerceu o cargo de diretor de arte da McCann Erickson. De 1976 a 1980 foi um dos diretores de criação da Caio Domingues & Associados, onde, juntamente com José Monserrat Filho, criou algumas peças publicitárias de grande sucesso, como a campanha dos cigarros Vila Rica na qual o jogador de futebol Gerson dizia: "gosto de levar vantagem em tudo, certo?". Esse bordão ficou conhecido como a "Lei de Gérson" — uma metáfora para designar formas de atuação desonestas.

Foi também um dos criadores do bordão "Efeito Orloff": a frase "eu sou você amanhã" alertava o consumidor, de maneira engraçada, sobre a importância de escolher a bebida certa para evitar a ressaca do dia seguinte.

Entre 1980 e 1988 foi diretor de criação da agência Standard, Ogilvy & Mather Publicidade, empresa que deixou para se tornar presidente e diretor de criação da SLBB Comunicação.

Em 1992, fundou a Lew, Lara Propaganda, tendo como sócio fundador Luiz Lara. Ocupou a direção de criação. A agência teve como clientes empresas como Schincariol, Natura, Nokia, TIM e Casas Pernambucanas.

Conquistou o Leão de Ouro em Cannes com uma campanha para a água-de-colônia English Lavander, da Aktinsons, e o Leão de Prata com uma propaganda para a grife Giorgio Armani; recebeu a Medalha de Ouro do Festival de Nova York com campanhas para a Lee e a Abrinq; foi agraciado com o Grande Prêmio do Festival da Associação Brasileira de Propaganda (ABP), pela TV Cultura, e também com o *Grand Prix* do Anuário de Criação, com uma publicidade para a Shell.

Alzira Alves de Abreu

FONTES: *About*, n. 721, 19 maio 2003; *curriculum vitae*.

LIMA, EDUARDO

Eduardo Lima nasceu em 16 de fevereiro de 1966 em São Paulo, filho de Jorge Lima de Moraes Filho, gerente de vendas, e de Nilsa Aparecida Lima de Moares, secretária.

Formou-se em publicidade e propaganda pelas Faculdades Integradas Alcântara Machado (Fiam) em 1988. Ingressou na carreira como estagiário na PPA — agência de promoção que pertencia à MPM —, onde foi efetivado no cargo de assistente de produção. Mais tarde ocupou o cargo de revisor na Incentive House, onde permaneceu por aproximadamente um ano. Na mesma função, foi trabalhar na SGB Propaganda, que mais tarde passou a se chamar Better Comunicação. Em 1989, na Better, começou a trabalhar como redator júnior. Deixou a Better e estagiou por três meses na Saatchi & Saatchi, de Londres.

Quando voltou ao Brasil, foi contratado como redator pela Standard, Ogilvy & Mather, onde trabalhou por dois anos. Durante mais um ano foi redator na Young & Rubicam. Em 1994, Fábio Fernandes fundou a F/Nazca Saatchi & Saatchi, onde Eduardo Lima começou ocupando o cargo de redator e, em 1999, tornou-se diretor de criação, logo obtendo dois Leões de Ouro no Festival de Cannes pela campanha "Olhos", realizada para a ONG SOS Mata Atlântica. Também ganhou um Lápis Amarelo no D&DA, com a campanha "Feio/Bonito" para a Natan Joalheiros. Participou da conquista do título de "Agência do Ano" do Festival de Cannes de 2001 pela F/Nazca Saatchi & Saatchi. Ainda em 2001, foi indicado ao Prêmio Caboré como profissional de criação.

Christiane Jalles de Paula

FONTE: *curriculum vitae*.

LIMA MARTENSEN ver **MARTENSEN, RODOLFO LIMA**

LIMA, PEDRO CRUZ GALVÃO DE ver **GALVÃO, PEDRO**

LIMA NETO, RAUL CRUZ

Raul Cruz Lima Neto nasceu no Rio de Janeiro, em 6 de dezembro de 1946, filho do general Raul Cruz Lima Júnior e da dona-de-casa Ruth Camargo Cruz Lima.

Cursou comunicação social na Faculdade de Comunicação e Artes da Fundação Armando Álvares Penteado (Faap). Vice-presidente do centro acadêmico da faculdade, em 1968 assumiu a presidência. A radicalização do regime militar e a repressão ao movimento estudantil fizeram com que Lima Neto abandonasse o curso e continuasse militando na clandestinidade. Em 1969, começou a trabalhar como repórter da revista *Veja*, para a qual escrevia uma coluna sobre artes e espetáculos. Deixou a *Veja* em 1972 e foi ser repórter no *Jornal da Tarde* e em *O Estado de S. Paulo*, função que exerceu até 1973. Nesse período foi colaborador da revista *Senhor* e teve contato com a propaganda através de seu trabalho de redator na Agência do Povo, agência virtual e voluntária, encabeçada por Henfil, e que contava também com a colaboração de Laerte, Glauco e Angeli, que produzia as campanhas em uma editora de jornais sindicais chamada O Boré, em São Paulo.

Ainda em 1972 tornou-se sócio e diretor de criação da Murta Publicidade, agência que deixou em 1975. No ano seguinte ingressou na Salles/Inter-Americana como redator, permanecendo na empresa até 1980. Nos dois anos seguintes trabalhou na SS&C Lintas, também como redator. Nas eleições estaduais de 1982 integrou a equipe de publicidade do candidato vitorioso ao governo de São Paulo, Franco Montoro. Entre 1982 e 1985 esteve na J. W. Thompson, ocupando os cargos de redator e diretor de criação. Em 1985, entrou para a Denison Propaganda, na função de redator, e tornou-se presidente do Clube de Criação de São Paulo (CCSP), cargo que ocuparia até 1987.

Na Denison, Lima Neto também exerceu as funções de diretor de redação e vice-presidente executivo. Tornou-se um dos sócios da agência em 1993, ano em que foi contratado pelo Partido dos Trabalhadores para fazer a campanha em defesa do presidencialismo, por ocasião do plebiscito para definir o sistema de governo do país. Em 1997, a Denison foi comprada pelo Grupo WPP e Lima Neto tornou-se presidente da agência, que deixou em 2001. Nesse ano entrou para a sociedade da Conexão Médica — canal de TV estritamente voltado para os profissionais da área da saúde —, tornando-se seu presidente. Em sua trajetória profissional destacam-se campanhas de serviço para estatais e sobre temas ecológicos como a Juréia, além de campanhas políticas para o MDB.

Conquistou mais de 700 prêmios nacionais e internacionais, como o do Anuário do Clube de Criação de São Paulo, o Colunistas, os de voto popular e voto do cliente da *About*, Fiap e Cannes.

Ana Flávia Vaz

FONTE: *curriculum vitae*.

LINCE PROPAGANDA

Agência de propaganda fundada por Berco Udler em São Paulo em 1954 com o nome de Lince Propaganda. Em seu portfólio teve clientes importantes, do porte do então Banco Itaú América (atual Banco Itaú), da Berta Confecções, da Cofap, da Deca, da Duratex, da Seager's & Stock, da Pullsport, da Karibê, da Mafisa e da Vicunha, entre outras grandes empresas. Pela Lince passaram nomes que se destacaram na área de criação no mercado publicitário brasileiro, como Sérgio Graciotti, Clóvis Calia, Washington Olivetto, Laerte e Rui Agnelli.

Com o falecimento de Berco Udler em 1971, houve uma reestruturação na direção da empresa, que passou a ser composta pela viúva Myrta Udler e por Sérgio Graciotti e Antônio J. F. Pires. Dois anos depois, houve a fusão da Lince com a JRM, de onde surgiu a Casabranca.

Alan Carneiro

FONTE: CASTELO BRANCO, Renato; MARTENSEN, Rodolfo Lima; REIS, Fernando (planej. e coord.). *História da propaganda no Brasil*. São Paulo: T. A. Queiroz, 1990. (Coleção Coroa Vermelha. Estudos Brasileiros, 21.).

LINDENBERG, RUY

Ruy Lindenberg ingressou na propaganda em 1975 e trabalhou como redator em algumas das agências mais importantes do país, como a Talent, onde, com Túlio Fagin, criou o personagem Fernandinho, para as camisas US-Top. De 1989 a 1993, esteve na W/Brasil, onde criou, com Gabriel Zellmeister, o cachorrinho da Cofap; na DPZ, e na Young & Rubicam, como diretor de criação, quando o escritório brasileiro foi apontado como o segundo mais criativo do grupo no mundo, perdendo apenas para Londres. Em 2002, transferiu-se para a Leo Burnett, passando a comandar o setor de criação da agência.

Lindenberg foi responsável pela criação de algumas das campanhas mais populares do mercado brasileiro, como, além das já mencionadas para as camisas USTop e para a Cofap, as peças "Quebradeira" para a Golden Cross e "2004" para a Visa. Recebeu os mais importantes prêmios nacionais e internacionais, entre eles Cannes, Clio, Fiap, Clube dos Diretores de Arte de Nova York, Profissionais do Ano da Rede Globo e Prêmio Abril. Duas de suas campanhas foram escolhidas pelo *Meio & Mensagem* para figurar entre as mais importantes dos últimos 25 anos. E foi o diretor de criação mais premiado do Prêmio Folha/Meio&Mensagem 2003, o Profissional de Criação do Caboré 2003 e o Profissional de Propaganda do Colunistas 2004.

Publicou, em co-autoria com Javier Talavera, *Tem gente achando que você é analfabeto e você nem desconfia*, editado pela W/Brasil em 2001.

Christiane Jalles de Paula

FONTES: <http://www.visa.com.br/universidade/cursos_2005_desc.asp?c=7>, acesso em 15-2-2005; <http://www.wbrasil.com.br/wagencia/presid_ruy.html>, acesso em 15-2-2005; <http://www.meioemensagem.com.br/mmonline/jsp/Navega.jsp?pIdConteudo=47061>, acesso em 15-2-2005; *Meio & Mensagem*, n. 1.039, 16 dez. 2002.

LINTAS

Agência de propaganda multinacional, fundada na Inglaterra por Ivor Cooper em 1930, que iniciou suas atividades como *house agency*, quando o Lever House Advertising Service foi estendido a todo o mundo para assegurar um efetivo apoio publicitário à multiplicidade de produtos de consumo da multinacional Unilever. Seu nome é a abreviação de (L)ever's (Int)ernational (A)dvertising (S)ervice, ou Serviço Internacional de Propaganda da Lever. Foi instalada no Brasil em 1931, mas teve vida curta. A falta de mão-de-obra qualificada que pudesse executar um trabalho com o padrão de qualidade exigido pela matriz de Londres fez com que a então Irmãos Lever S.A. entregasse sua conta à J. Walter Thompson.

A reabertura da Lintas, ainda como uma *house agency*, só ocorreu em 1937, quando trouxe para o Brasil o diretor de arte inglês James Abercrombie e contratou para a redação o radialista Rodolfo Lima Martensen. A gerência da agência foi entregue a Domingos Giorgetti. A Lintas ganhou destaque no mercado publicitário brasileiro por sua atuação no rádio e nas pesquisas de opinião pública. Foi montado na própria agência um serviço completo de produção de programas de rádio, com destaque para novelas, encarregado de selecionar e contratar autores, atrizes e atores, ensaiar os capítulos, gravá-los e distribuí-los por todo o Brasil. Nesse departamento da Irmãos Lever, responsável por cerca de 75% das verbas da empresa, destacaram-se nomes como Synésio Ascêncio, Maria Augusta Barbosa Mattos (Guta Mattos) e José Bonifácio de Oliveira Sobrinho (o Boni).

A Lintas foi pioneira na área de pesquisas de opinião, antecipando-se aos institutos especializados, utilizando a informação e as opiniões colhidas no mercado como elementos de criação. A matriz londrina contratou o psicólogo Alex Mitchell, do Institute of Human Relations, que desenvolveu um novo método, mais rápido, mais econômico e mais eficiente, de sondagem da opinião dos consumidores. Era o "Discussões em Grupo", ao qual deu o nome de *Lintests*. Estes foram trazidos para o Brasil em 1939, pelo inglês John Mason, um especialista da Lintas de Londres que acabou assumindo a gerência da filial brasileira.

Com a transferência de John Mason para a Argentina em 1943, Rodolfo Lima Martensen assumiu o comando da Lintas no Brasil. Sua filosofia era fazer propaganda com elementos locais, pois, segundo ele, o povo de cada país é que conhece o elemento a ser atingido pela propaganda. Com isso, procurou sempre assegurar os postos-chave da agência para brasileiros. Foi durante sua gestão que, em 1968, a Lintas deixou de ser uma *house agency* da Unilever e começou a receber contas de grandes empresas instaladas no Brasil. A primeira conta foi a das camisas Abbud, seguida da Johnson & Johnson, do Instituto Medicamenta Fontoura, dos Cigarros Brinkmann, da Martini & Rossi e de outros grandes nomes, que passaram a integrar sua carteira de clientes. Rodolfo Lima Martensen permaneceu como diretor-presidente da Lintas por 30 anos. Ao se aposentar em 1973, deixou a agência com um faturamento que lhe assegurava o 4º lugar em importância em todo o mundo. Seu sucessor na presidência da empresa foi Carlos Alberto Alves do Carmo, que consolidou a Lintas como agência independente.

Em 1976, a Lintas constituiu uma agência subsidiária, a Sell. Dois anos depois, o Grupo Interpublic adquiriu 100% das ações da SSC&B, dona de 49% da participação acionária da Lintas International. Conseqüentemente, passou a ter 49% da filial brasileira. Em 1979, a Interpublic, valendo-se de sua opção de compra, adquiriu a totalidade das ações da SSC&B, constituindo, então, a SSC&B Lintas. Carlos Alberto do Carmo permaneceu na presidência da empresa até 1983, quando foi substituído por Rolando Sainz de La Peña.

Em 1985, o Grupo Interpublic decidiu fundir as operações de suas duas agências em atuação no Brasil, a Lintas e a Proeme Campbel-Ewald. Dessa união surgiu a SSC&B Lintas Brasil Comunicações, cuja presidência foi assumida por Ivan S. Pinto, que presidia a Proeme desde 1978. Em sua gestão e em conseqüência da fusão, Ivan Pinto conseguiu elevar o faturamento da agência de US$ 17 milhões em 1984 para US$ 56 milhões em 1989. Esse fato proporcionou à agência um salto significativo no *ranking*, saindo do 17º lugar para o 9º.

Em 17 de novembro de 1991, a Lintas promoveu sua fusão com a maior agência brasileira de propaganda, a MPM — que por 13 anos consecutivos (e chegaria aos 18) ocupava o topo do *ranking* no Brasil — surgindo a MPMLintas, o maior conglomerado brasileiro de publicidade, na maior transação já vista até então no mercado de publicidade no Brasil.

Em 1994, a Lintas Nova York adquiriu o controle da Ammirati & Puris. No ano seguinte, a rede internacional Lintas passou a se chamar Ammirati Puris Lintas.

No mercado brasileiro, o ano de 1996 foi marcante, pois o grupo controlador da MPMLintas decidiu pela retirada da marca MPM, mantendo apenas o nome Lintas. Em 1999, a Lintas foi incorporada pela Lowe, surgindo daí a Lowe Lintas. Em 2001, a Lowe abandonou definitivamente o sobrenome Lintas.

Alan Carneiro

FONTES: *Anuário de Propaganda 2004 (Meio & Mensagem)*; CASTELO BRANCO, Renato; MARTENSEN, Rodolfo Lima; REIS, Fernando (planej. e coord.). *História da propaganda no Brasil*. São Paulo: T. A. Queiroz, 1990. (Coleção Coroa Vermelha. Estudos Brasileiros, 21.); MARCONDES, Pyr. *Uma história da propaganda brasileira*. Rio de Janeiro: Ediouro, 2002; <http://www.flexeventos.com.br/cases_lowelintas.asp>, acesso em 28-10-2004.

LLUSSÁ CIURET, JAVIER

Javier Llussá Ciuret nasceu em 11 de março de 1936, no povoado de Reus, na cidade catalã de Tarragona, na Espanha. Filho de Miguel Llussá Aymani e Tereza Ciuret Masdeu, teve toda a sua formação superior no Brasil, na Universidade de São Paulo. Formou-se em ciências contábeis e atuária em 1961 e em administração de empresas em 1964, cursando a pós-graduação em pesquisa estatística de mercado logo em seguida.

Mas já havia iniciado sua vida profissional anos antes, aos 15 anos de idade, como operário em uma empresa chamada Nogam Borrachas. Seguiu como operário e auxiliar nos Laboratórios Lepetit. Em 1954, passou ao setor administrativo como auxiliar de escritório e caixa na divisão Inbelsa da Philips, e como auditor interno da DF Vasconcelos em 1957.

Em 1959, ingressou no mundo do marketing como assistente do gerente de produto da Colgate-Palmolive, tornando-se também chefe do departamento de pesquisa de mercado, no qual inovou ao implantar o sistema de entrevistas por seleção aleatória de áreas. Já graduado, transferiu-se para a Kibon S.A. Indústrias Alimentícias em 1963, onde permaneceu até 1970. Lá ocupou diversos cargos, como chefe do Departamento de Pesquisa de Mercado, gerente de grupo de produtos, gerente de marketing e, finalmente, gerente de vendas. Em meados de 1970, Llussá Ciuret associou-se a outros colegas saídos da Kibon para fundar uma fábrica de sorvetes, a Alnasa (Alimentos Nacionais S.A.), lançando a marca concorrente Gelato. Ele atuava como diretor de marketing e administração e finanças e tal lançamento não só conquistou o primeiro Prêmio Top de Marketing da Associação dos Dirigentes de Vendas do Brasil (ADVB), como 28% do mercado em apenas dois anos. Em 1973, a Gessy-Lever comprou a Gelato e Javier continuou com a mesma função, mas em outra empresa, a Alimenta, trabalhando com a marca Pimpo.

Em 1978, migrou para a DPZ, como diretor de marketing e planejamento, tornando-se diretor superintendente dois anos depois. Seu principal cliente na agência foi o Banco Itaú, a que atendeu até 1985, quando deixou a DPZ. Foi contratado pela multinacional de origem suíça GGK São Paulo Publicidade, para a qual convidou Washington Olivetto, com quem já trabalhara na DPZ, e logo a agência passou a se chamar W/GGK. Em 1989, ele, Olivetto e Gabriel Zellmeister compraram todas as ações da empresa suíça, inaugurando a W/Brasil, tendo Llussá Ciuret como vice-presidente. Em 1998, os sócios da W/Brasil decidiram criar a Prax Holding, presidida por Javier Llussá, como alternativa à crise vigente, pois prefeririam comprar outras empresas e diversificar suas atividades a vender ações da agência.

José Márcio Batista Rangel

FONTES: *curriculum vitae*; <http://www.advbfbm.org.br>, acesso em 21-12-2004; <http://www.adonline.com.br/noticias/materia_20.asp>, acesso em 21-12-2004; <http://www.wbrasil.com.br/wagencia/socio_javier.html>, acesso em 21-12-2004.

LODUCCA (AGÊNCIA) *ver* LODUCCA, CELSO

LODUCCA, CELSO

Celso Loducca nasceu em São Paulo em 23 de julho de 1958, filho do advogado Geraldo Loducca e da pianista Dafine Righetti Loducca.

Em 1976, ingressou no curso de biologia da Universidade Santo Amaro, que abandonou. No ano seguinte, cursou física na Universidade de São Paulo (USP) e engenharia no Instituto Mauá de Tecnologia, também sem concluir essas matérias. Entre 1978 e 1980 freqüentou o curso de psicologia, na USP, e o de química, da mesma universidade, em 1981/82, também não terminando os cursos. Em 1983, cursou comunicação social na Escola Superior de Propaganda e Marketing (ESPM).

Professor de cursos de pré-vestibular entre 1978 e 1983, Loducca trabalhou no Anglo, no SAA e no Liceu Acadêmico São Paulo, quando ingressou na propaganda como estagiário da Standard, Ogilvy & Mather. No ano seguinte, ocupou o cargo de redator júnior. Em agosto de 1985, foi trabalhar na SGB, onde ficou por 11 meses. Nesse período, conquistou seu primeiro prêmio internacional, o Leão de Bronze do Festival de Cannes, com filme para o Banco do Estado de São Paulo (Banespa). Nesse mesmo ano, voltou para a Standard, Ogilvy & Mather, onde fez dupla com Jaques Lewkowicz. Em 1987, Lewkowicz fundou a SLBB e levou Loducca para a sua agência no cargo de diretor de criação. Dois anos depois, Loducca foi trabalhar na Young & Rubicam, onde conquistou, em 1990, o Prêmio Abril de Publicidade com a peça do lançamento da Lada.

Em 1990, Loducca transferiu-se para a Talent, onde, em dupla com o diretor de arte Mauro Perez, criou os primeiros comerciais "Os nossos japoneses são mais criativos" para a Semp-Toshiba. No ano seguinte, foi para a W/Brasil. Em janeiro de 1993 assumiu a vice-presidência da FCB/Siboney (Foote, Cone & Belding) no Brasil. Reestruturou a empresa, situando-a entre as mais importantes do país. Em 1995, fundou a Lowe Loducca & Parterns, numa associação com a multinacional britânica Lowe e com o Icatu. Ainda nesse ano, foi o jurado brasileiro no Festival Internacional do Filme Publicitário de Cannes.

Em 1996 foi responsável pela campanha de Luisa Erundina, do Partido dos Trabalhadores (PT), à prefeitura de São Paulo. Loducca produziu os comerciais da campanha, mas deixou-a antes do pleito por divergências com o partido. Em 2004, num momento em que as agências brasileiras intensificavam a busca por sócios internacionais, Loducca adquiriu a totalidade acionária da agência, que passou a chamar somente Loducca. No final desse mesmo ano, Loducca anunciou a entrada de dois novos sócios — Tomás Lorente e André Paes de Barros — e o novo nome da agência: Loducca22.

Conquistou vários prêmios em festivais nacionais e internacionais: Cannes, Nova York, Londres, Clio Awards, One Show, Fiap, Profissionais do Ano, Clube de Criação de São Paulo (CCSP), Colunistas, entre outros.

Christiane Jalles de Paula

FONTES: ABAP — Associação Brasileira de Agências de Propaganda. *História da propaganda no Brasil*. São Paulo: Talento, 2005; *Folha de S. Paulo*, 15 maio 1995, 18 jul. 1995 e 3 set. 1995; *About*, v. 6, 12 jan. 1993; *About*, v. 6, n. 261, 16 nov. 1993; *IstoÉ*, 28 ago. 1996, 21 out. 1998 e 24 maio 2004; <http://www.loducca.com.br/home_low.htm>, acesso em 7-10-2004.

LODUCCA22 *ver* LODUCCA, CELSO

LÖFFLER, ORIOVALDO VARGAS

Oriovaldo Vargas Löffler nasceu em Sorocaba (SP), em 24 de outubro de 1930.

Integrou a equipe inicial da agência Denison, fundada no Rio de Janeiro em 1957. Em 1972, recebeu o título de Publicitário do Ano pelo Prêmio Colunista. Em 1976, foi eleito presidente nacional da Associação

Brasileira de Agências de Propaganda (Abap, atual Associação Brasileira de Agências de Publicidade). No ano seguinte, à frente da Abap, participou da Comissão Interassociativa da Publicidade Brasileira, que elaborou o Código Brasileiro de Auto-Regulamentação Publicitária.

Em junho de 1978, substituiu Sepp Baendereck na presidência da Denison e, no mês seguinte, foi eleito por unanimidade presidente do III Congresso Brasileiro de Propaganda, realizado em São Paulo, e que aprovou o já referido código. Em fins de 1978, foi reconduzido à presidência da Abap por mais um ano.

Em 1982, Oriovaldo Vargas Löffler deixou a presidência da Denison e passou a integrar seu conselho, em parceria com Sérgio Ferreira e Sepp Baendereck. Seis anos mais tarde, a Denison se dividiu em Denison Propaganda, em São Paulo, e Denison Rio Comunicação e Marketing Ltda., e Löffler passou a dividir a sociedade e a diretoria com Sérgio Ferreira e Celso Japiassú.

Joanna Lopes da Hora

FONTES: CASTELO BRANCO, Renato; MARTENSEN, Rodolfo Lima; REIS, Fernando (planej. e coord.). *História da propaganda no Brasil*. São Paulo: T. A. Queiroz, 1990. (Coleção Coroa Vermelha. Estudos Brasileiros, 21.); REIS, Fernando. *Cobrões da propaganda 91/92*. São Paulo: Referência, 1991. p. 105; informações prestadas por Celso Japiassú em 8-11-2004; *Propaganda*, v. 22, n. 261, abr. 1978.

LOGULLO, DOMINGOS

Domingos Logullo nasceu em 4 de maio de 1938, filho do comerciário José Amleto Logullo e da funcionária pública Regina Margarida Pucci Logullo. Cursou a Escola Superior de Propaganda e Marketing, mas não concluiu seus estudos.

Iniciou sua vida profissional como desenhista técnico. Foi também desenhista de arquitetura, ilustrador de livros, capista de revistas e cartunista. Na propaganda começou na Equipe Publicitária, em 1956, na função de assistente de arte. No ano seguinte, transferiu-se para a Dória & Associados, no cargo de *layoutman*. Entre 1958 e 1959 assumiu o mesmo cargo na Grant Advertising Publicidade e foi trabalhar na Companhia de Incremento de Negócios (CIN). Em 1962, ocupou a direção de arte da Kenyon & Eckhardt do Brasil Publicidade, que deixou no ano seguinte.

Em 1965 foi trabalhar na Proeme — Propaganda e Metodologia Ltda., onde permaneceu até 1966, quando iniciou sua trajetória na agência de Mauro Salles, ainda como diretor de arte. Em 1968, foi um dos criadores da campanha de lançamento do automóvel Corcel, da Ford do Brasil. Com a incorporação da Inter-Americana à Salles, em 1969, e o surgimento da Salles/Inter-Americana, assumiu a direção de criação da agência, tendo sido um dos responsáveis pelo lançamento dos automóveis Belina e do Del Rey, ambos da Ford. Logullo também trabalhou, em 1976, na campanha para a Pepsi-Cola que conquistou um Prêmio Clio Awards. Três anos depois, tornou-se vice-presidente executivo da Salles/Inter-Americana, cargo que ocupou até 1989. Nesse ano tornou-se um dos sócios-diretores da DM9 Propaganda, que reestruturara seu quadro societário. Desfez-se de sua parte na sociedade no ano seguinte e tornou-se sócio-diretor da Synergie Propaganda, onde permaneceu por um ano. Em 1991 associou-se à agência mineira SMP&B Propaganda, assumindo o cargo de sócio-diretor. Deixou essa agência em 1992 e, no ano seguinte, fundou a Logullo Associados Publicidade.

Participou de várias campanhas, entre as quais se destacam a do cigarro Continental, para a Souza Cruz, e o lançamento do McDonald's no Brasil, e as efetuadas para o Banco Bradesco, a Texaco, a Danone, a Honda, o Extra Hipermercados, Sabó, Real Seguros e Sabrico.

Conquistou diversos prêmios, merecendo destaque o Leão de Bronze no Festival de Sawa, em Cannes, e o *Gran Prix* da Fiap.

Christiane Jalles de Paula

FONTE: *curriculum vitae*.

LONGOBARDI, ANA CARMEM

Ana Carmem Longobardi nasceu em Campinas (SP). Diplomou-se em artes plásticas pela School of Visual Arts de Nova York e fez cursos de especialização na Escola Superior de Propaganda e Marketing (ESPM) e no Museu de Arte de São Paulo (Masp).

Começou sua carreira na *house* da Bosch, em Campinas, sob a orientação de Augusto Liberato Oliveira, em 1968. Depois foi para São Paulo, estagiar na DPZ, ao lado de Francesc Petit e José Zaragoza. Em 1975, mudou-se para o Rio de Janeiro para trabalhar como diretora de arte na McCann Erickson, onde permaneceu até 1978. Em seguida foi para a MPM, onde trabalhou por pouco tempo, saindo em 1979 para trabalhar no Interpublic Group of Companies, nos Estados Unidos. Em 1980 transferiu-se para a Campbell-Ewald, do México. Voltou ao Brasil em 1981, passando a integrar a Novagência. Tornou-se supervisora do grupo de criação da AlmapBBDO entre 1981 e 1982. Neste último ano ingressou na Talent, como diretora de criação, tornou-se sócia da agência em 1993 e só a deixou em dezembro de 2002, após 20 anos de casa.

Sócia fundadora do Clube de Diretores de Arte do Brasil, foi presidente do Clube de Criação de São Paulo em 1991. Fez parte do júri do Festival de Nova York e recebeu vários prêmios, como o do Festival da Sawa, Fiap, ABP, Profissionais do Ano da Rede Globo, Prêmio Abril e Colunistas.

Alzira Alves de Abreu

FONTES: REIS, Fernando. *Cobrões da propaganda 91/92*. São Paulo: Referência, 1991; *About*, 17 ago. 1993; *Meio & Mensagem*, n. 1.039, 16 dez. 2002.

LOPES, AIAS

Aias dos Santos Lopes nasceu na cidade de Alegre (ES), em 31 de janeiro de 1950, filho dos lavradores Domingos Lopes Pereira e Roberta dos Santos Lopes.

Seu primeiro emprego foi na filial da cidade de Alegre da empresa S/A José Ribeiro Tristão e Filhos, a segunda então maior exportadora de café do Brasil. Em menos de um ano tornou-se procurador-geral da empresa, razão pela qual foi emancipado legalmente em juízo pelos pais, antes dos 18 anos, para que fossem validados os contratos de financiamento para compra e exportação de café assinados com a filial do Banco do Brasil de sua cidade.

Aos 20 anos, mudou-se para o Rio de Janeiro, trabalhando por cinco anos no Grupo Mayrink Veiga, composto, na época, por três grandes construtoras e cinco outras empresas, chegando a tesoureiro do grupo. Nesse período terminou o curso de contabilidade e iniciou a faculdade de Economia.

Trabalhou, posteriormente, na Abaeté Propaganda, por 14 anos, como contador e diretor administrativo-financeiro. Em seguida, transferiu-se para a VS Escala Comunicações, onde exerceu por quase 10 anos o cargo de vice-presidente administrativo-financeiro. Nesse período, terminou a Faculdade de Economia e de Administração de Empresas.

Por volta de 2001 tornou-se diretor administrativo-financeiro da Agência 3 Comunicações Integradas, agência da qual foi o principal artífice do projeto de criação e gestão.

Fora da área de atuação estritamente profissional, participou ativamente de todas as atividades relacionadas ao mercado publicitário, tendo ocupado diversos cargos. Foi diretor do Sindicato das Agências de Propaganda do Estado do Rio de Janeiro, de janeiro de 1993 até o presente momento, tendo sido seu presidente, de janeiro de 1999 a março de 2005. Integrou também a diretoria da Associação Brasileira de Propaganda (ABP), a partir de julho de 1995. Tornou-se, desde a fundação, suplente do Conselho Executivo do Cenp. Em 2004, tornou-se também diretor da Federação Nacional das Agências de Propaganda (Fenapro).

Foi também o idealizador e fundador do Clube dos Diretores Financeiros de Agências de Propaganda (CDF) e seu presidente por dois mandatos consecutivos.

FONTE: *curriculum vitae*

LOPONTE, JOSÉ ORLANDO

José Orlando Loponte, antes de ingressar na área da propaganda, teve uma variada experiência profissional. Redator publicitário, estava em plena atividade na década de 1940, quando trabalhou no setor de planejamento da Standard Propaganda S.A., que se encontrava em seu apogeu, e ocupou cargos como diretor de atendimento, planificação e imprensa.

José Márcio Batista Rangel

FONTE: CASTELO BRANCO, Renato; MARTENSEN, Rodolfo Lima; REIS, Fernando (planej. e coord.). *História da propaganda no Brasil*. São Paulo: T. A. Queiroz, 1990. (Coleção Coroa Vermelha. Estudos Brasileiros, 21.). p. 330-331 e 336.

LORENTE, TOMÁS

Tomás Lorente iniciou na propaganda em 1976, na agência Lage, Stabel & Guerreiro, passando posteriormente para a DPZ. Em 1988, ingressou na equipe de criação da então W/GGK, onde foi premiado pelo Clube de Criação de São Paulo (CCSP) como diretor de arte pela peça "Chega de dar dor de cabeça ao seu pai", para o uísque Teachers.

Trabalhou na DM9, onde ficou por três anos, sendo em seguida contratado pela Almap/BBDO. Em 1995, retornou à DM9 como diretor de criação. Em 1996, passou a dividir a sociedade da agência com Nizan Guanaes, Affonso Serra e José Augusto Valente. Nesse mesmo ano, recebeu o Prêmio Profissional de Criação do Ano, da Rede Globo, em parceria com Carlos Domingos.

Em dezembro de 1999, em sociedade com Carlos Domingos, Ana Lúcia Serra e o Grupo Havas, fundou a agência Age, cujas contas de maior destaque eram as da Sony, Nike, Dell, MTV, *Valor Econômico* e Associação Desportiva para Deficientes (ADD). Entre 1999 e 2001, presidiu o Clube de Criação de São Paulo. Ainda em 2001, dividiu com Luiz Carlos Burti a criação da revista *Casa do Vaticano 2*, publicação voltada para a fotografia brasileira. No período em que esteve na Age foi convidado para participar do clube de diretores de arte de Berlim e para ser jurado no D & AD Awards 2003.

Em março de 2004, ingressou na Duda Propaganda, onde ocupou a direção de criação até outubro do mesmo ano, quando deixou a agência. Em seguida, renovou o projeto gráfico e editorial da revista *Top Magazine*.

Em novembro de 2004, juntamente com André Paes de Barros, passou a integrar a sociedade da Loducca — que modificou sua razão social para Loducca 22 —, na condição de vice-presidente. No mesmo período, inaugurou o Restaurante Toro, em São Paulo, em sociedade com sua esposa, Daniela Hispagnol.

Foi jurado no Festival de Cannes e recebeu inúmeros prêmios em festivais nacionais e internacionais, como Cannes, Nova York, Clio, Prêmio Abril de Publicidade, Anuários do CCSP, Art Director Club e Profissionais do Ano.

Joanna Lopes da Hora

FONTES: <http://www.loducca22.com.b>, acesso em 17-2-2005; <http://propmark.terra.com.br/publique/asp/redirect.asp?sid=2&infoid=4726>, acesso em 16-2-2005; <http://propmark.terra.com.br/publique/asp/redirect.asp?sid=2&infoid=5448>, acesso em 16-2-2005; <http://www.netpropaganda.terra.com.br/materia/?id=241>, acesso em 16-2-2005; <http://comercial.redeglobo.com.br/profissionaisdoano/historico/1996.htm>, acesso em 16-2-2005; <http://www2.uol.com.br/aprendiz/guiadeempregos/terceiro/noticias/ge250602.htm>, acesso em 16-2-2005; <http://www.ccsp.com.br/oclube/txt_socios_oclube.htm>, acesso em 16-2-2005>; <http://www.efotos.com.br/comunidade/revista/noticias_ver.php?IDNoticia=77>, acesso em 16-2-2005; <http://www.ccsp.com.br/anuarios/peca_revista.php?peca_id=1166>, acesso em 16-2-2005; <http://www1.uol.com.br/bparquivo/integra/adriana_cury20010607.htm>, acesso em 16-2-2005; <http://www.noolhardigital.com/opovo/colunas/layoutdigital/221118.html>, acesso em 16-2-2005; <http://www.novomilenio.inf.br/ano02/0211cpub.htm>, acesso em 16-2-2005.

LOWE BRASIL

Agência de propaganda multinacional, fundada na Inglaterra por Frank Lowe em 1981. Foi instalada no Brasil em 1999, após decisão do Grupo Interpublic, controlador das redes Lowe e Ammirati Puris Lintas, de unificar no Brasil as duas agências.

A proposta era aproveitar a estrutura operacional da Lintas no Brasil para ampliar a capacidade criativa da Lowe. A transição foi concluída em 2001 quando a Lowe abandonou o sobrenome Lintas e passou a se chamar Lowe Brasil.

Conquistou inúmeros prêmios em festivais nacionais e internacionais, como o de Cannes, o Clio, Colunistas São Paulo, Festival Internacional de Publicidade da ABP, entre outros.

FONTES: ABAP — Associação Brasileira de Agências de Propaganda. *História da propaganda no Brasil*. São Paulo: Talento, 2005; <http://www.lowe-brasil.com.br/>, acesso em 28-10-2004.

LOWE LINTAS *ver* LINTAS

MACEDO, LUIZ

Luiz Vicente Goulart Macedo nasceu em São Borja (RS) em 16 de abril de 1931, filho de Fida Goulart Macedo e de Joaquim Faria de Macedo, empresário cinematográfico. Seu tio, João Goulart, foi deputado federal, ministro do Trabalho, vice-presidente (1956-61) e presidente da República (1961-64).

Estudante de direito na Universidade Federal do Rio Grande do Sul de 1951 a 1955 e locutor de turfe da Rádio Gaúcha, Luiz Macedo ingressou na propaganda aos 19 anos, redigindo anúncios na Grant Advertising. Logo tornou-se subgerente da filial de Porto Alegre da agência.

Convidado por Antônio Mafuz a participar da criação de uma nova agência de publicidade, Macedo propôs a Petrônio Corrêa, então gerente da Grant, que também entrasse na sociedade. Em 1957, Macedo, Corrêa e Mafuz chegaram a consenso quanto às bases da sociedade e fundaram a MPM Propaganda S/A. Pela proposta original, a agência teria abrangência regional e lideraria o mercado publicitário gaúcho, mas a empresa se expandiria e, por 15 anos (1975-90), seria a maior agência brasileira.

Em 1959, para melhor atender à conta da Petróleo Ipiranga, Luiz Macedo transferiu-se para o Rio de Janeiro e abriu um escritório da MPM na cidade.

Os anos 1960 foram marcados por graves crises institucionais. Em 1961, a renúncia do presidente da República Jânio Quadros e a oposição dos ministros militares à posse do vice-presidente João Goulart encetaram um quadro de instabilidade política. Com a confirmação de seu tio no cargo, Luiz Macedo conseguiu vender os serviços da MPM ao novo governo. Profissional de atendimento, Macedo era reconhecido por sua habilidade política. Mesmo após a destituição de João Goulart da presidência da República e a instauração do regime militar (1964-85), Luiz Macedo continuou tendo no governo federal um importante cliente.

Em 1969, foi eleito presidente da Associação Brasileira de Propaganda (ABP). Foi também diretor do Consórcio Brasileiro de Agências de Propaganda, integrado pelas agências Norton, Salles, Denison, MPM e Alcântara Machado. Liderado pela Norton, o consórcio foi formado para atender ao Instituto Brasileiro do Café (IBC). De acordo com Fernando Reis, esse mesmo consórcio durante muito tempo dominou as contas do governo federal e também do governo paulista.

Luiz Macedo deixou a ABP em 1971 e, em 1974, foi eleito presidente da Associação Brasileira de Agências de Propaganda (Abap, atual Associação Brasileira de Agências de Publicidade), cargo em que permaneceu até 1976. No ano seguinte, integrou a Comissão Interassociativa da Publicidade Brasileira, que elaborou o documento de auto-regulamentação denominado Código Brasileiro de Auto-Regulamentação Publicitária.

Em 1991, a MPM foi vendida ao Grupo Interpublic, convertendo-se na MPM/Lintas. Macedo e os outros sócios fundadores passaram a integrar o conselho administrativo da empresa. Mais tarde, Luiz Macedo deixou definitivamente a agência, passando a se dedicar à criação de cavalos puro-sangue.

Foi também vice-presidente do Jockey Club Brasileiro de 1992 a 1998. Participou ainda da diretoria encabeçada por José Carlos Fragoso Pires. Foi também o coordenador da campanha de Júlio Bozzano à presidência do Jockey.

Retornou ao mercado de propaganda como membro do Conselho Superior da ABP.

Christiane Jalles de Paula

FONTES: *Jornal do Brasil*, 10 out. 2001; MACEDO, Luiz Vicente Goulart. *Luiz Vicente Goulart Macedo (depoimento, 2004)*. Rio de Janeiro, Cpdoc-ABP, 2005; *Propaganda*, v. 17, n. 214, maio 1974; CASTELO BRANCO, Renato; MARTENSEN, Rodolfo Lima; REIS, Fernando (planej. e coord.). *História da propaganda no Brasil*. São Paulo: T. A. Queiroz, 1990. (Coleção Coroa Vermelha. Estudos Brasileiros, 21.); RODRIGUES, André Iribure. A contribuição da MPM Propaganda para o mercado publicitário gaúcho. In: CONGRESSO Brasileiro de Ciências da Comunicação, XXIV, Campo Grande, MS: Intercom – Sociedade Brasileira de Estudos Interdisciplinares da Comunicação, 2001; <http://www.intercom.org.br/papers/xxiv-ci/np03/NP3RODRIGUES.pdf>, acesso em 29-9-2004.

MACHADO, ALEXANDRE

Alexandre Machado nasceu no Rio de Janeiro em 5 de novembro de 1959, filho de João Botelho Machado, oficial da Marinha, e de Miriam de Carvalho Machado.

Iniciou sua vida profissional em 1977 como colaborador do jornal *Pasquim*. Na propaganda, começou como estagiário na Caio Domingues & Associados, no Rio de Janeiro, em 1982. Formou-se em engenharia mecânica pela Pontifícia Universidade Católica do Rio de Janeiro (PUC-Rio) em 1983. Como redator, trabalhou em várias agências, como Caio Domingues, Casa Globo, DPZ, MPM, Standard e W/Brasil. Deixou a W em 2001. Foi roteirista do programa *Os normais*, da Rede Globo.

Conquistou Leão de Ouro em Cannes, na categoria televisão, com a peça "A semana", para a revista *Época*; Leão de Prata em Cannes, na mesma categoria, com "Os presidentes", para a *Folha de S. Paulo*. Ainda com esta peça publicitária foi agraciado com o Clio 2001 e Grand Clio 2001.

Alzira Alves de Abreu

FONTE: *curriculum vitae*.

MACHADO, CAIO DE ALCÂNTARA

Caio de Alcântara Machado nasceu na cidade de São Paulo em 30 de abril de 1926, filho de Brasílio Machado de Oliveira Neto e de Luísa Assunção Machado. Família de políticos paulista, seu pai foi revolucionário em 1932 e presidente da Confederação Nacional do Comércio e deputado federal.

Cursou o primário no Externato Ofélia Fonseca e o secundário nos colégios São Luís e Arquidiocesano, bacharelando-se pela Faculdade de Direito da Universidade de São Paulo.

Iniciou a vida profissional como escrevente autorizado do 4º Tabelião de Protestos, mas logo deu início a suas atividades comerciais, participando da fundação e exercendo a superintendência das Lojas Assunção.

Ingressou na publicidade no início dos anos 1950 ao fundar a Acar Propaganda em sociedade com Mário Rodrigues. Em 1954, fundou, juntamente com o irmão José, a Alcântara Machado Publicidade (Almap). Dois anos depois, afastou-se da agência e passou o comando às mãos de seu irmão.

Seu pioneirismo o levou a fundar a Alcântara Machado Comércio e Empreendimentos, que revolucionou as práticas de marketing da indústria nacional, lançando no Brasil a idéia de feira comercial e o conceito generalizado de feiras e salões. Entre os eventos promovidos por sua firma, figuram a Feira Nacional da Indústria Têxtil (Fenit), a Feira da Mecânica Nacional, a Feira Nacional de Utilidades Domésticas (UD), a Feira de Artefatos de Couro, o Salão da Criança e o Salão do Automóvel, entre outros. Foi responsável ainda pela primeira Brasil-Export.

Alcântara Machado foi também presidente do Instituto Brasileiro do Café (IBC), órgão responsável pela política e pela comercialização desse produto, entre janeiro de 1968 e dezembro de 1969; e o responsável pela construção e direção do Palácio de Exposições do Parque Anhembi.

Alcântara Machado tornou-se ainda vice-presidente da Companhia Imobiliária Morumbi e presidente da Companhia Imobiliária e Financeira, da Corsário Anhembi de Aviação e da Urupianga Agropecuária. Tornou-se membro do conselho de administração do Banco Mercantil de São Paulo, do Centro das Indústrias do Estado de São Paulo (Ciesp), do Centro de Integração Empresa-Escola, da Fundação Bienal de São Paulo e da Associação Comercial de São Paulo. Foi ainda diretor-presidente da *Folha de S. Paulo* e diretor superintendente da Rádio Assunção.

Recebeu numerosos prêmios, incluindo o de Homem de Marketing do Ano, título que arrebatou seis vezes, e a Legião de Honra da França.

Faleceu em São Paulo no dia 20 de agosto de 2003.

Christiane Jalles de Paula

FONTES: ABREU, Alzira Alves de et al. (coord. geral). *Dicionário histórico-biográfico brasileiro pós-30*. 2. ed. rev. atual. Rio de Janeiro: Fundação Getulio Vargas, 2002; <http://www.revistadoseventos.com.br>, acesso em 25-7-2004; <http://www.portaldapropaganda.com/premios/2003/03/0021>, acesso em 25-7-2004; *Veja*, 19 jun. 2002.

MACHADO, JOSÉ DE ALCÂNTARA

José de Alcântara Machado nasceu em São Paulo, em 29 de setembro de 1932, filho de Brasílio Machado de Oliveira Neto e de Luísa Assunção Machado. De família de políticos paulistas, seu pai foi revolucionário em 1932, presidente da Confederação Nacional do Comércio e deputado federal. Seu irmão, Caio de Alcântara Machado, também foi publicitário e empreendedor das feiras de negócios no Brasil. José fez seus estudos secundários no Colégio São Luís e foi para os Estados Unidos, onde cursou engenharia na Georgia Tech University. Mais tarde, concluiu o curso de *business administration*.

Ao retornar ao Brasil, estagiou no departamento de vendas da Indústria e Comércio Assumpção. Depois ingressou no mercado publicitário, na Acar Propaganda, fundada por seu irmão Caio no início dos anos 1950, na qual exerceu o cargo de diretor entre 1951 e 1954. Neste último ano fundou a Alcântara Machado Publicidade (Almap) em sociedade com o irmão. Dois anos depois, Caio deixou a agência e o comando passou às mãos de José de Alcântara Machado.

Em 1960, José de Alcântara Machado convidou Otto Scherb para se tornar sócio da Almap. Pouco depois, Alex Periscinoto, que trabalhara como *freelancer* na feitura dos anúncios que conquistaram a conta da Volkswagen para a agência, também aceitou o convite de se associar à Almap. Com isso, José de Alcântara Machado tornou-se o pioneiro na aceitação de um criativo como sócio.

Em 1970, a agência alterou seu nome para Alcântara Machado, Periscinoto Publicidade (Almap), tendo José de Alcântara Machado como presidente e Alex Periscinoto como vice. A Almap foi a primeira agência a representar o Brasil no principal festival publicitário do mundo, o da Screen Awards Association (Sawa), realizado em Cannes e Veneza em 1972.

Paralelamente às suas atividades como empresário, José de Alcântara Machado atuou nos meios associativos da propaganda brasileira. Em 1973, tornou-se presidente do Conselho Nacional de Propaganda (CNP). Integrou também a Comissão Interassociativa da Publicidade Brasileira, instituída em 1976 com o objetivo de formular o documento de autodisciplina que viria a se denominar Código Brasileiro de Auto-Regulamentação Publicitária, após aprovação no III Congresso Brasileiro de Propaganda, em 1978. Em 1988, a Almap associou-se à norte-americana BBDO, tendo como acionista majoritário José de Alcântara Machado. Em 1992, Machado deixou a agência e assumiu a direção da Alcântara Machado Participações.

Faleceu em São Paulo em 29 de agosto de 1996.

Christiane Jalles de Paula

FONTES: ABREU, Alzira Alves de et. al. (coord. geral). *Dicionário histórico-biográfico brasileiro pós-30*. 2. ed. rev. atual. Rio de Janeiro: FGV, 2002; entrevista com Alex Periscinoto, no âmbito do projeto A Propaganda Brasileira — Trajetórias e Experiências dos Publicitários e das Instituições de Propaganda, realizado em São Paulo, em 13-7-2004, por Luciana Heymann e Ilana Strozenberg; CASTELO BRANCO, Renato; MARTENSEN, Rodolfo Lima; REIS, Fernando (planej. e coord.). *História da propaganda no Brasil*. São Paulo: T. A. Queiroz, 1990. (Coleção Coroa Vermelha. Estudos Brasileiros, 21.); REIS, Fernando. *Cobrões da propaganda 91/92*. São Paulo: Referência, 1991; *IstoÉ*, 4 jul. 1996; *Folha de S. Paulo*, 9 set. 1996; *Propaganda*, v. 16, n. 199, fev. 1973.

MACHADO, SÉRGIO GRACIOTTI *ver* **GRACIOTTI, SÉRGIO**

MAFUZ, ANTÔNIO

Antônio Mafuz nasceu em Porto Alegre (RS) em 12 de junho de 1922, filho de Latife Mafuz e do advogado José Mafuz.

Começou a vida profissional como locutor esportivo. Em 1940, fazia locução comercial para a Rádio Farroupilha, onde transmitia páreos de turfe e corridas de automóveis. Também trabalhou nos jornais *Correio do Povo* e *Diário de Notícias*. Foi redator da Rádio Gaúcha, antes mesmo de esta ser comprada pela família de seu grande amigo, Maurício Sirotsky.

Em 1953, inaugurou, com Paulo Maia Neto, a agência Sotel, considerada uma das responsáveis pelo avanço tecnológico do negócio de propaganda gaúcho. A empresa chegou a ter 30 funcionários e contava, como principal cliente, com a Companhia de Petróleo Ipiranga, conta conquistada em 1955.

Mafuz fundou, em abril de 1956, a Associação Riograndense de Propaganda (ARP), da qual foi o primeiro presidente, com a finalidade de congregar e defender os interesses de agências, veículos de comunicação, fornecedores gráficos, de áudio e cinema e, mais tarde, de televisão, abrangendo tanto as empresas quanto os profissionais desses setores no Rio Grande do Sul.

Em junho de 1957, após vender a Sotel para a McCann Erickson, decidiu abrir a MPM Propaganda em sociedade com Luiz Macedo e Petrônio Corrêa, e levou consigo a conta da Ipiranga, pois a McCann já tinha como cliente a Esso e não poderia assumir a concorrente. A MPM veio a se tornar, 18 anos depois de sua fundação, a líder entre as agências brasileiras, posição mantida por 15 anos consecutivos. Enquanto seus sócios emigraram para coordenar as demais sedes da agência — Macedo foi para o Rio de Janeiro e Petrônio, para São Paulo —, Mafuz permaneceu em Porto Alegre, o que denotava a importância do mercado gaúcho no contexto nacional.

Em 1972 foi agraciado pela ARP com o título de Publicitário do Ano. Entre 1987 e 1989 presidiu a Associação Brasileira das Agências de Propaganda (Abap, atual Associação Brasileira das Agências de Publicidade).

Em 1991, a MPM foi vendida para o Grupo Interpublic, convertendo-se na MPM/Lintas. Nos dois anos que se seguiram à venda da MPM, Antônio Mafuz permaneceu na agência como conselheiro, mas em 1993 afastou-se da atividade publicitária.

Faleceu em Porto Alegre no dia 31 de agosto de 2005.

Foi também presidente da seção gaúcha da Abap.

José Márcio Batista Rangel

FONTES: VARÓN CADENA, Nelson. *Brasil, 100 anos de propaganda*. São Paulo: Referência, 2001; CASTELO BRANCO, Renato; MARTENSEN, Rodolfo Lima; REIS, Fernando (planej. e coord.). *História da propaganda no Brasil*. São Paulo: T. A. Queiroz, 1990. (Coleção Coroa Vermelha. Estudos Brasileiros, 21.); VARÓN CADENA, Nelson. 45 anos de propaganda. *Propaganda*, n. 598, p. 28-32, mar. 2001; <http://www.arpnet.com.br/historico.htm>, acesso em 9-6-2004; <http://www.pucrs.br/famecos/vozesrad/hiramentre.html>, acesso em 9-6-2004; <http://www.aminharadio.com/brasil80_plantao.html>, acesso em 9-6-2004.

MAGALDI, JOÃO CARLOS

João Carlos Magaldi nasceu em 1927.

Ingressou na publicidade como propagandista de laboratório. Pioneiro dos filmes publicitários no Brasil, Magaldi começou sua carreira em 1957. Pouco mais tarde, transferiu-se para a Alcântara Machado, onde trabalhou com Carlito Maia e Carlos Prósperi Netto. Em 1963, os três deixaram a agência e fundaram a Magaldi, Maia & Prósperi, que pouco tempo depois teve o reforço de Carlos Queiroz Telles. Sua agência lançou a Jovem Guarda e uniu a música à propaganda. Em 1964, João Carlos Magaldi, juntamente com Carlito Maia, Carlos Prósperi, Carlos Queiroz Telles, Paulino Da San Pancrazio e Urano Lima constituíram a Fator — Grupo de Publicidade Industrial, mais tarde Fator Publicidade, especializada no atendimento das chamadas contas técnicas.

Em 1967, a Magaldi, Maia & Prósperi fechou e João Carlos Magaldi foi trabalhar na Standard Propaganda. Mais tarde, abriu a Portela, Magaldi. Em 1970, foi trabalhar na Assessoria Executiva, que se transformou na Central Globo de Comunicação, sob a direção de Walter Clark. Apoiou a fundação do Clube de Criação do Rio de Janeiro (CCRJ) em 1974 e a criação do Prêmio Profissionais do Ano, pela Rede Globo.

Ao longo de sua passagem pela Rede Globo foi responsável por vários projetos de cunho social, como Globo Serviço, Criança Esperança, Ação Global, Os Nordestinos, além de ser o criador de *slogans* como "Globo e você, tudo a ver". Em 1995, passou a integrar o comitê executivo da empresa.

Faleceu em 17 de junho de 1996.

Christiane Jalles de Paula

FONTES: <http://www.ccrj.com.br/clube/index.php>, acesso em 3-2-2005; *IstoÉ*, 26 jun. 1996; *Meio & Mensagem*, jun. 1996.

MAGALDI, MAIA & PRÓSPERI

Agência fundada em 1963, na cidade de São Paulo, pelos sócios João Carlos Magaldi, Carlos "Carlito" Maia de Souza, Carlos Queiroz Telles e Carlos Prósperi. Responsável por inovações no modo de produzir propaganda, com toques de ironia e irreverência, a agência iniciou suas operações com uma carteira de clientes que incluía empresas como Leik, Produtos Crai, A Regional e Rose Marie Reid. Mas o destaque nacional veio com o lançamento do movimento da Jovem Guarda na então incipiente indústria cultural brasileira. Com a criação das marcas Calhambeque, Tremendão e Ternurinha, a Magaldi, Maia & Prósperi passou a coordenar industrialmente a imagem do trio composto por Roberto e Erasmo Carlos e Wanderléa, patrocinando a venda de produtos variados, que iam de bonecas a peças de roupa, e alugando espaços na TV, no rádio e no cinema.

Em 1967, a agência encerrou suas atividades.

André Dantas

FONTES: CASTELO BRANCO, Renato; MARTENSEN, Rodolfo Lima; REIS, Fernando (planej. e coord.). *História da propaganda no Brasil*. São Paulo: T. A. Queiroz, 1990. (Coleção Coroa Vermelha. Estudos Brasileiros, 21.), p. 362; <http://www.fpabramo.org.br/carlitomaia/carlito.html>, acesso em 10-1-2004; MARTINHO, Erazê. *Carlito Maia — a irreverência equilibrista*. São Paulo: Boitempo, 2003. (Coleção Paulicéia.); <http://www.mpbnet.com.br/musicos/jovem.guarda/>, acesso em 10-1-2004.

MAIA, CARLITO

Carlos "Carlito" Maia de Souza nasceu em Lavras (MG) em 19 de fevereiro de 1924, filho do tropeiro Benedito Carlos de Souza e de Dulce Moura Maia, de família tradicional na cidade.

Nos anos 1930, a família deixou Lavras e mudou-se para São Paulo, onde Carlito obteve seu primeiro emprego: lavador de xícaras. Logo, porém, a família foi viver em Santos (SP), só fixando residência definitivamente na capital paulista na década de 1940, quando Carlito começou a trabalhar como *office-boy*.

Em 1942, o presidente Getúlio Vargas declarou guerra aos países do Eixo. As tropas brasileiras recrutadas para lutar ao lado dos Aliados contra o nazi-fascismo, chamadas de Força Expedicionária Brasileira (FEB), foram enviadas à Itália para combate em 1943. Carlito inscreveu-se como voluntário, sem ter ainda completado 18 anos, e serviu na base aérea de Parnamirim (RN) até 1948.

De volta a São Paulo, tornou-se representante comercial. Iniciou a carreira de publicitário em 1954, quando prestou exame para a Escola de Propaganda do Museu de Arte Moderna, atual Escola Superior de Propaganda e Marketing (ESPM), tendo sido aprovado em primeiro lugar.

Nesse mesmo ano, ingressou na McCann Erickson, onde foi atender à conta da Goodyear. Em 1955, deixou a multinacional e passou a vender espaço publicitário em caixinhas de fósforos para a Companhia Universal de Fósforos. Permaneceu pouco tempo nesse emprego e, no ano seguinte, ingressou na agência Aurélio Campos, onde batizou o brinquedo Lig-Lig, da Estrela.

Em 1958, passou a integrar a equipe da Atlas, onde realizou uma premiada campanha para o Banco Auxiliar de São Paulo. No ano seguinte, retornou à McCann Erickson e cuidou da conta do Grupo Nestlé.

Em 1961, convidado por João Carlos Magaldi, começou a trabalhar na agência Alcântara Machado (Almap). Dois anos depois, João Carlos Magaldi, Carlito Maia e Carlos Prósperi Netto fundaram a Magaldi, Maia & Prósperi, que pouco tempo depois teve o reforço de Carlos Queiroz Telles. Em 1964, Carlito Maia, juntamente com João Carlos Magaldi, Carlos Prósperi, Carlos Queiroz Telles, Paulino Da San Pancrazio e Urano Lima constituíram a Fator — Grupo de Publicidade Industrial, mais tarde Fator Publicidade, especializada no atendimento das chamadas contas técnicas.

Entre as várias campanhas criadas por Carlito Maia na Magaldi, Maia & Prósperi destaca-se o lançamento do programa *Jovem Guarda*, da TV Record, que estreou em 1965. Inspirado na frase do líder da Revolução Russa, Lênin, que dizia "o futuro pertence à Jovem Guarda porque a velha está ultrapassada", o programa revolucionou o tratamento que a propaganda brasileira dava à juventude, principalmente com os produtos "Calhambeque", registrados por Roberto Carlos.

Carlito Maia foi também quem deu a Erasmo Carlos o apelido de "Tremendão" e a Wanderléa o de "Ternurinha".

Em 1967, a Magaldi, Maia & Prósperi fechou. Carlito Maia trabalhou então em várias empresas do setor: P. A. Nascimento, Estúdio 13, S. J. de Mello e Esquire Propaganda.

Em 1974 foi contratado pela Rede Globo para dirigir o setor de comunicação social da emissora. Permaneceu na Rede Globo por mais de 20 anos. Nesse período, criou várias campanhas: "Guie sem ódio" (1974); "Futeboys" (1975), campeonato com vários times de *office-boys*; "O Corinthians vai ser campeão, a Globo garante" (1977), campeonato de times de várzea de São Paulo, todos chamados de Corinthians.

Com o fim do regime militar (1964-85) e o conseqüente retorno à democracia, novos partidos foram fundados. Carlito Maia deixou o Partido Comunista Brasileiro (PCB), pelo qual militara desde os anos 1960, e foi um dos fundadores do Partido dos Trabalhadores (PT). Para o PT, Carlito criou os *slogans*: "oPTei"; "Pintou Limpeza", para Eduardo Suplicy, candidato do partido à prefeitura de São Paulo; "Lula-lá", que marcou a primeira eleição presidencial da Nova República, em 1989.

Em 1992, lançou o romance *Vale o escrito*. Sua vida está retratada em *O clarão*, da psicanalista Betty Milan. Em 1998, foi homenageado com a Semana Carlito Maia, no Espaço Publisher Brasil. Dois anos depois, a revista *Imprensa* criou o Troféu Carlito Maia de Cidadania.

Foi também colaborador da *Folha de S. Paulo* e do boletim *Linha Direta*, do PT, e agraciado com os prêmios Souza Ramos (1958) e Profissionais do Ano (1978).

Faleceu em São Paulo em 22 de junho de 2002.

Christiane Jalles de Paula

FONTES: MARTINHO, Erazê. *Carlito Maia; a irreverência equilibrista*. São Paulo: Boitempo, 2003; CASTELO BRANCO, Renato; MARTENSEN, Rodolfo Lima; REIS, Fernando (planej. e coord.). *História da propaganda no Brasil*. São Paulo: T. A. Queiroz, 1990. (Coleção Coroa Vermelha. Estudos Brasileiros, 21.); <http://www.terra.com.br/istoe/de26/06/02>, acesso em 29-9-2004; <http://www.releituras.com/carlitomaia_voltabaixo.asp>, acesso em 25-5-2004; <http://www.ibge.gov.br/ibgeteen/datas/rock/curiosidades.html>, acesso em 25-5-2004; <http://www.sbn-net.com.br/2_canais/seculoxxi/2002/text/cultura/cultura_05-06.html>, acesso em 25-5-

2004; <http://www.senhorf.com.br/sf3vs/secreta/introd/jguarda.htm>, acesso em 25-5-2004.

MAINARDI, ENIO

Enio Mainardi nasceu em Pindorama (SP), em 24 de maio de 1935. Foi criado pelos avós, que eram imigrantes italianos, sendo seu avô técnico em eletricidade. Cursou até o 2º ano da Faculdade de Direito da Universidade de São Paulo.

Iniciou sua trajetória profissional como repórter do jornal *Correio Paulistano*. Na década de 1960, começou a trabalhar em propaganda, como redator, na Norton Propaganda.

Em 1961 foi morar em Barcelona e trabalhou na televisão espanhola; pouco depois se mudou para um *kibutz* em Israel. Voltou a São Paulo em 1962. No ano seguinte, trabalhou na Denison Propaganda e, ainda em 1963, começou a trabalhar na Proeme como redator, tendo sido rotulado pela mídia especializada de *l'enfant terrible* da propaganda brasileira. Em 1965, tentou deixar o país e morar em Cuba, mas não conseguiu autorização do governo cubano. Com isso, permaneceu três meses no México e outros seis nos Estados Unidos, onde fez cursos.

De volta ao Brasil, ocupou a presidência da Proeme. Nos anos 1970, sua agência foi a responsável pela campanha de divulgação do Projeto Rondon, iniciativa que envolvia o trabalho de estudantes para levar assistência médica e educação às regiões mais distantes do país.

Em 1975, teve início o processo de alienação da agência, com a cessão de 25% de seu capital social ao Grupo Interpublic. Esse fato provocou o afastamento progressivo de Enio Mainardi da direção da empresa. A alienação se completou dois anos depois, com a transferência do controle acionário da Proeme para a Campbell-Ewald, integrante da Interpublic. Em 1978, Enio Mainardi deixou a agência definitivamente e a presidência da empresa passou a ser exercida por Ivan S. Pinto.

Em 1989, Enio Mainardi fundou e passou a presidir a Mainardi Propaganda Ltda. Em 1999, sua agência fez a campanha "Sou da paz", criticando o projeto de desarmamento do governo Fernando Henrique Cardoso. O projeto do governo proibia o uso de armas pelo cidadão comum. Mainardi espalhou cartazes em São Paulo com a mensagem "Você é da paz. Eles não. Vamos desarmar os bandidos. Não os cidadãos de bem". Sua campanha provocou grande celeuma e foi acusada de racista, por associar a imagem de um jovem negro e pobre com a delinqüência. Em sua defesa, Mainardi diz que o jovem que aparece nos cartazes é branco.

Ainda em 1999, Enio Mainardi vendeu sua agência para Roberto Justus, e esta passou a integrar o Grupo NewcommBates. Mainardi ingressou na equipe de planejamento estratégico de comunicação e marketing do grupo.

Alzira Alves de Abreu

FONTES: *Propaganda*, v. 14, n. 167, abr. 1970; *Propaganda*, v. 16, n. 200, mar. 1973; *Meio & Mensagem*, 16 ago. 1999 e 13 set. 1999; REIS, Fernando. *Cobrões da propaganda 91/92*. São Paulo: Referência, 1991; *IstoÉ*, n. 1.562, 8 set. 1999; VARÓN CADENA, Nelson. *Brasil, 100 anos de propaganda*. São Paulo: Referência, 2001; *Veja*, 1 nov. 1972.

MARPLAN ver MCCANN ERICKSON

MARQUES, IVAN

Ivan Marques nasceu na cidade de São Paulo, em 20 de abril de 1958, filho do alfaiate Manoel Marques e da dona-de-casa Carmen Toledo Marques. Formou-se em 1981 na Escola Superior de Propaganda e Marketing e, em 1989, concluiu o curso de extensão em marketing na Pace University, de Nova York.

Iniciou sua vida profissional em 1974 como assistente administrativo da Indústria de Viaturas Massari. Em março de 1978, começou a trabalhar na Novagência de Propaganda como assistente administrativo-financeiro. No ano seguinte, passou a assistente de mídia, sendo depois promovido a coordenador da área de planejamento e pesquisa de mídia e, mais tarde, a supervisor do mesmo departamento.

Em outubro de 1981, ingressou na filial paulista da MPM Propaganda, como supervisor de mídia da conta do Grupo Fiat e chegou a diretor nacional de mídia. Em 1991, foi eleito presidente do Grupo de Mídia de São Paulo e conquistou o Prêmio Caboré como Profissional de Mídia no mesmo ano, após ter sido indicado por três vezes. No final de 1991, com a fusão da MPM com a Lintas, batizada então de MPM/Lintas, Marques ocupou o cargo de vice-presidente comercial, que agrupava as áreas de mídia para toda a América Latina, novos negócios e comunicação integrada, além da responsabilidade de gerenciar com exclusividade todo o Grupo de Atendimento Fiat. No ano seguinte, findou sua gestão junto ao Grupo de Mídia.

Deixou a MPM/Lintas em março de 1994 para ser um dos fundadores da F/Nazca Saatchi & Saatchi, ao lado de Fábio Fernandes e Loy Barjas. Foi gerente-geral da agência até 2003, quando passou a sócio-diretor.

José Márcio Batista Rangel

FONTE: *curriculum vitae.*

MARTENSEN, RODOLFO LIMA

Rodolfo Lima Martensen nasceu em Rio Grande (RS) em 13 de maio de 1915, filho de Willy Bertholdo Martensen, descendente de dinamarqueses e co-proprietário de uma loja de roupas masculinas, e de Dora Rutter de Lima Martensen, dona de uma loja de moda feminina.

Martensen contava 16 anos quando montou uma emissora de ondas médias de radiodifusão em sua cidade natal. A emissora funcionou por dois finais de semana e foi oficializada, com o apoio de Raul Werneck, com o nome de Rádio Sociedade do Rio Grande. Martensen foi nomeado diretor de *broadcasting*. Em 1931, Martensen foi hospitalizado em São José dos Campos, onde permaneceu até 1933 para tratamento de uma tuberculose. Durante sua doença, seus pais se mudaram para a capital paulista.

O primeiro emprego de Martensen foi como vendedor da São Paulo Informações, empresa de comercialização de informações sobre a saúde financeira das empresas. Ao mesmo tempo, obteve uma vaga de *speaker* na recém-inaugurada Rádio São Paulo, de propriedade de Paulo Machado de Carvalho. Atuou também na redação e produção de programas da rádio.

Em 1935, o gerente de propaganda da Irmãos Lever no Brasil, Domingos Giorgetti, entrou em contato com Martensen e o convidou a produzir o programa que lançaria o novo sabonete da empresa — o Carnaval — na Rádio Difusora de São Paulo. Para levar a cabo a empreitada sem criar atritos com a Rádio São Paulo, à qual permanecia ligado, Martensen fundou a Cia. Royal de Rádio Produções, companhia independente dedicada à criação e à produção de programas radiofônicos. A Lever contratou Martensen, que chamou o programa de *Hora esquisita*. Transmitido aos domingos, o programa permaneceu cinco anos no ar, sendo uma das maiores audiências da Rádio Difusora. O sucesso do programa levou Martensen a redigir todos os textos de propaganda da Lever. Nessa mesma época, o publicitário Paulo Siqueira, dono da Propaganda Eficiente, convidou Martensen para trabalhar como redator *freelancer* da agência, e este, pouco tempo depois, passou a atuar como contato e homem de mídia.

Em 1936, Martensen venceu a multinacional J. Walter Thompson numa concorrência para o sabonete Lever (atual Lux), conhecido como "Sabonete das Estrelas". Martensen criou o programa *Lucas e Orfeu*. Pouco depois, assumiu o cargo de programador da Rádio Difusora.

Em 1937, a aprovação de seus textos para o lançamento na imprensa escrita do sabonete Lifebuoy levou Martensen a ser convidado a integrar a equipe responsável pela reabertura da unidade brasileira da Lintas (Lever International Advertising System), *house agency* da Unilever. Com seu ingresso na Lintas, Martensen teve contato com os livros técnicos e as principais revistas norte-americanas de propaganda. Quatro anos mais tarde, estagiou na Lintas Argentina.

A década de 1940 foi a época áurea do rádio. Martensen ministrou, num curso de propaganda promovido pela Associação Paulista de Propaganda (APP, atual Associação dos Profissionais de Propaganda), a matéria "texto de rádio". Em 1943, assumiu o comando da Lintas. Ainda nos anos 1940, idealizou o programa *Levertimentos*, transmitido simultaneamente pela Rádio Nacional e pela Mayrink Veiga. Em 1947, estagiou por três meses na Lintas da Inglaterra e foi um dos representantes do Brasil no I Congresso Internacional de Propaganda, realizado em Paris. No final dos anos 1940, esteve à frente do lançamento do primeiro sabão em pó do país, o Rinso.

Nos anos 1950, Martensen abriu outra frente de batalha — o ensino da propaganda. Convidado por Pietro Maria Bardi, presidente do Museu de Arte de São Paulo (Masp), a montar um curso sobre propaganda para o Instituto de Arte Contemporânea mantido pelo museu, Martensen, depois de nove meses e várias viagens aos Estados Unidos, França e Inglaterra, apresentou o projeto de uma escola profissionalizante de propaganda que, com o apoio de Assis Chateaubriand, foi aprovado pela direção do Masp em 27 de outubro de 1951. Surgiu então a Escola de Propaganda do Museu de Arte de São Paulo, da qual Martensen foi diretor-presidente.

Em 1955, a escola já crescera tanto que o Masp não mais a comportava, e Pietro Bardi comunicou a Martensen que ela precisava deixar as dependências do museu. Martensen, juntamente com o publicitário Italo Éboli e Edmundo Monteiro, diretor dos Diários Associados, conseguiram então alugar um novo local para a escola, que passou a se chamar Escola de Propaganda de São Paulo. Ainda nesse ano, Martensen ganhou o Prêmio Publicitário Modelo instituído pela APP.

Pari passu com sua dedicação à escola, Rodolfo Lima Martensen continuou na direção da Lintas e também na criação publicitária, principalmente para o rádio. Consciente da expansão da televisão no país, Martensen decidiu que o veículo merecia o mesmo desvelo que dedicava ao rádio. Assim, em 1956, contratou José Bonifácio de Oliveira Sobrinho, o Boni, para chefiar o Departamento de Rádio e Televisão. Em 1957, a Lever lançou o primeiro detergente sintético em pó — o Omo. Martensen e o redator Luiz Homero de Almeida criaram a campanha, cabendo a Martensen a montagem do áudio. A idéia era fundir a voz do locutor com o som do fagote. Depois de vários testes, a voz de Martensen foi a que melhor sintonizou com o som do instrumento na vocalização da palavra Omo.

Nos meios associativos, o ano de 1957 marcou a realização, no Rio de Janeiro, do I Congresso Brasileiro de Propaganda. Rodolfo Lima Martensen foi o presidente da Comissão Técnica de Propaganda.

Em março de 1964, a grave crise política deflagrou o movimento político-militar que transformou as bases do país. A Escola de Propaganda foi reconhecida pelo governo como curso superior e passou a se chamar Escola Superior de Propaganda de São Paulo. Nesse mesmo ano foi criado o Conselho Nacional de Propaganda (CNP), com o objetivo de implementar campanhas governamentais. Em 1966, Martensen assumiu a presidência da entidade e desenvolveu campanhas de combate à inflação mediante a racionalização do consumo, de adoção de menores, e muitas outras. Permaneceu no cargo até 1968. Nesse ano, a Lintas Internacional associou-se à SSC&B e o novo presidente da empresa acolheu os argumentos de Martensen de que a Lintas do Brasil cresceria se acabasse com a exclusividade com a Gessy-Lever, empresas que haviam se unido alguns anos antes. Assim a Lintas do Brasil deixou de ser uma *house agency* da Lever. Nesse ano, Martensen recebeu da Associação Brasileira de Propaganda (ABP) o título de Homem de Propaganda do Ano. Pouco depois assumiu a presidência da SSC&B-Lintas para a América do Sul. Em 1970, foi escolhido Publicitário do Ano pela revista *Propaganda*.

Em 1971, a percepção de que o mercado publicitário mudara, de que havia a necessidade de um investimento maior da escola no marketing e de que somente uma nova geração de publicitários imprimiria na escola o ritmo adequado aos novos tempos levou Martensen, e a diretoria que o acompanhava, à renúncia coletiva. A direção da escola passou para Otto Hugo Scherb. Em 1975, Martensen deixou os cargos executivos da SSC&B Lintas e por dois anos foi consultor da agência. Aposentado, dedicou-se à consultoria de marketing.

Escreveu dois livros — *O desafio de Quatro Santos: memórias* e *Danuta: o romance* — e foi um dos coordenadores e co-autor do livro *História da propaganda no Brasil*. Faleceu em São Paulo no dia 28 de outubro de 1992.

Christiane Jalles de Paula

FONTES: *Veja*, 4 nov. 1992; *Propaganda*, set. 1971; *Propaganda*, n. 423, set. 1989; MARTENSEN, R. Lima. Hall da Fama. *Propaganda*, abr. 1976; Entrevista com Francisco Gracioso. *Revista da ESPM*, maio 1999. p. 63-75; SIMÕES, Roberto. História da propaganda brasileira. *Propaganda*, v. 26, n. 308, fev. 1982; CASTELO BRANCO, Renato; MARTENSEN, Rodolfo Lima; REIS, Fernando (planej. e coord.). *História da propaganda no Brasil*. São Paulo: T. A. Queiroz, 1990. (Coleção Coroa Vermelha. Estudos Brasileiros, 21.); MARTENSEN, Rodolfo Lima. *O desafio de Quatro Santos: memórias*. São Paulo: LR, 1983; MELIANI, Marisa. *Rádios livres, o outro lado da "Voz do Brasil"*. 1995. Dissertação (Mestrado) — ECA/USP, São Paulo, 1995; <http://www.museudacomunicacao.com.br/rodolfo.htm>, acesso em 29-10-2004; <http://www.tribuna.inf.br/anteriores/2004/marco/08/intervalo.asp>, acesso em 29-10-2004; <http://www.omo.com.br/50anos/index.shtml>, acesso em 29-10-2004.

MASTER COMUNICAÇÃO

Agência criada em 1989, na cidade de Curitiba (PR), por Antonio Freitas e Ernani Buchman, que se desligou da empresa nove anos mais tarde. Presente também em São Paulo e em Brasília, a agência atuou nos âmbitos regional e nacional. Uma de suas campanhas de maior repercussão — de prevenção da Aids, desenvolvida para o Ministério da Saúde em 1994 — popularizou nacionalmente o personagem Bráulio, um jovem que travava diálogos com o próprio pênis, convencendo-o a usar a "camisinha". Atendendo a clientes como TIM, Caixa Seguros, Celular Sul e Prefeitura de Curitiba, entre outros, de 2000 a 2004 a agência esteve associada à multinacional J. Walter Thompson. Em 2000, foi eleita Agência do Ano pelo XXV Prêmio Colunistas e, em 2004, apontada como a quarta agência brasileira mais premiada no exterior, pela revista *About*.

André Dantas

FONTES: <http://www.master.com.br>, acesso em 13-1-2005; SOUZA, Ney Alves de. Paraná: as agências começaram com "A Propagandista". In: CASTELO BRANCO, Renato; MARTENSEN, Rodolfo Lima; REIS, Fernando (planej. e coord.). *História da propaganda no Brasil*. São Paulo: T. A. Queiroz, 1990. (Coleção Coroa Vermelha. Estudos Brasileiros, 21.), p. 425-432; informações cedidas pela agência.

MATHEUS, EULER

Euler Alves Matheus nasceu em Rio Novo (MG), em 25 de outubro de 1953. Graduou-se em administração pela Universidade de Juiz de Fora e em economia e finanças pela Faculdade Cândido Mendes, do Rio de Janeiro, e é formado pelo Curso de Aperfeiçoamento Superior de Administração, do Insead, em Fontainebleau, França.

Trabalhou 25 anos no escritório da MPM no Rio de Janeiro, tendo sob sua supervisão contas de empresas como Souza Cruz, Petrobras, Shell e Coca-Cola, e chegando a ocupar o cargo de diretor. Deixou a agência logo após a fusão da MPM com a Lintas Brasil, em 1991, e foi para a Salles D'Arcy. Ainda em 1991 assumiu a presidência da Associação Brasileira de Propaganda (ABP), cargo que deixou em 1993. Em 2000, tornou-se presidente da Salles D'Arcy e mudou-se para São Paulo, onde se localiza a sede da agência. Nesse ano foi escolhido Publicitário do Ano pela ABP.

Em março de 2003, o Grupo D'Arcy foi comprado pelo grupo francês Publicis, o que resultou na fusão da Salles D'Arcy com a Publicis Norton, dando origem à Publicis Salles Norton. Euler Matheus assumiu a presidência executiva da nova agência e, em dezembro, se aposentou, retornando ao Rio de Janeiro, onde passou a se dedicar à arte e à fotografia.

Retornou ao mercado publicitário como membro do Conselho Superior da ABP.

Christiane Jalles de Paula

FONTES: *Propaganda*, jan. 2005; <http://www.blocosonline.com.br/sobre_portal/conteudo/conselho_admin.php>, acesso em 25-11-2004; <http://www.janela.com.br/index.html?anteriores/Janela_2000-08-18.html>, acesso em 24-1-2005; <http://www.abp.com.br>, acesso em 27-1-2005.

MATHIAS, JORGE

Jorge Mathias trabalhou nas Empresas Elétricas Brasileiras e, com parte do dinheiro que recebeu ao deixar a empresa, montou a Cine-Anúncios, uma agência de propaganda exibida e falada em praça pública. Na firma, exercia todos os cargos, de corretor a locutor, passando pela redação dos textos. Enquanto exibia imagens, com um projetor, numa tela, vendia produtos com a ajuda de um alto-falante e retransmitia jogos de futebol, estes com a locução do maior repórter esportivo da época, Leopoldo Santos. A agência localizava-se na praça do Patriarca, em São Paulo, e chegou a servir de palanque para políticos e estudantes, que de lá se dirigiram para o Palácio do Governo no início da Revolução de 1932. Porém, logo sua técnica foi ultrapassada por elementos de comunicação mais elaborados, difundidos principalmente pelo rádio, que se encontrava no auge.

Pouco depois, Mathias foi descoberto pela McCann Erickson, que o contratou como gerente da filial paulistana, onde trabalhou para clientes como a Standard Oil, a Congoleum e a Frigidaire (General Motors).

Em 1937, Mathias fundou a Associação Paulista de Propaganda (APP, atual Associação dos Profissionais de Propaganda), talvez seu feito mais marcante, pois foi um dos maiores defensores da criação de uma organização da classe publicitária. Foi o "sócio nº 1" da entidade, mas não quis assumir a presidência em seu primeiro biênio, aceitando apenas ser o vice de Orígenes Lessa. Chegou a ocupar diversos cargos na associação na primeira década de sua existência. Em novembro do mesmo ano, fundou e dirigiu a revista *Propaganda*, em sua primeira versão. Em 1959, a Americana Ltda., agência fundada por ele, era uma das 56 agências em funcionamento no eixo Rio-São Paulo.

José Márcio Batista Rangel

FONTES: Jorge Mathias. *Propaganda*, v. 23, n. 266, set. 1978; ASSOCIAÇÃO PAULISTA DE PROPAGANDA. *Depoimentos*. São Paulo: Hamburg, s. d. p. 29-34; CASTELO BRANCO, Renato, MARTENSEN, Rodolfo Lima; REIS, Fernando (planej. e coord.). *História da propaganda no Brasil*. São Paulo: T. A. Queiroz, 1990. (Coleção Coroa Vermelha. Estudos Brasileiros, 21.). p. 64, 176 e 334.

MATOS, MAURO

Mauro Matos nasceu em Estância (SE), em 10 de julho de 1941, filho do bancário José Vieira de Mattos e da dona-de-casa Nice da Costa Mattos. Seu filho, Silvio Matos, também é publicitário.

Formou-se arquiteto, mas nunca exerceu a profissão, iniciando sua vida profissional como "foca" no jornal *Correio da Manhã*, no Rio de Janeiro. Sua primeira incursão na propaganda aconteceu ao abrir sociedade em uma pequena agência, a Jovima. Em 1967, entrou para os quadros de uma das maiores agências do país, a McCann Erickson, como redator publicitário. Logo acumulou também a função de diretor de criação, viajando para Tóquio, onde pôde passar por um estágio de aperfeiçoamento de seis meses na McCann Erickson Hakuhodo em 1971.

Em 1973, deixou a McCann para de novo atuar como diretor de criação na agência Lab. Três anos depois, migrou para a L&M Propaganda, propriedade de dois ex-dirigentes da McCann — Lindoval de Oliveira e Mozart dos Santos Melo. Em 1980 associou-se a este último e a Sílvio Carrapeto para criar a MM&C, onde continuou a trabalhar como diretor de criação. A sociedade se dissolveu e, em 1983, Matos juntou-se a Armando Strozenberg e a José Antônio Calazans para fundar a Comunicação Contemporânea, da qual se tornou vice-presidente de criação.

À frente da Contemporânea, logo o publicitário começou a conquistar os mais diversos prêmios. É de sua autoria o filme *Democracia*, realizado para o *Jornal do Brasil* e considerado o Comercial do Ano de 1985/86 pelo Prêmio Colunistas Brasil. No mesmo ano, 1985, conquistou mais duas Lâmpadas de Ouro e uma Lâmpada de Prata no VII Festival do Filme Publicitário da Associação Brasileira de Propaganda, com o mesmo comercial e mais dois para o Barrashopping ("Moda inverno 85" e "Liqüidação democrática"), além de outro, para a Petrobras — "Champagne"—, que também foi finalista no Festival de Nova York. A peça para o *JB* ainda lhe rendeu o Leão de Prata em Cannes, em 1986. No ano seguinte, ganhou mais um prêmio Colunistas, então com uma peça para o jornal *O Globo*, na categoria "Campanha do Ano", seguido de mais duas premiações: o Leão de Bronze, em Cannes, e o *Grand Prix* do Festival do Rio de Janeiro.

Assumiu a presidência do Clube de Criação do Rio de Janeiro em 1989, sendo considerado o Publicitário do Ano de 1990 pelo Prêmio Colunistas Rio. Participou do Festival de Cannes nos dois anos seguintes, integrando seu corpo de jurados e conquistando mais um Leão de Bronze.

Em 1999, foi homenageado pelo *Meio & Mensagem* com o Prêmio Caboré, que o reconhecia como um dos 20 profissionais e empresários que mais haviam contribuído para o desenvolvimento da propaganda no Brasil ao longo dos 20 anos anteriores. Em 2003 foi novamente agraciado com o título de Publicitário do Ano, desta vez pela Associação Brasileira de Propaganda.

José Márcio Batista Rangel

FONTES: *curriculum vitae* enviado pelo biografado; *Janela Publicitária*. Disponível em: <http://www.janela.com.br/perfis/criacao/Mauro_Matos.html>, acesso em 25-11-2004.

MATOS, SILVIO

Silvio Matos nasceu no Rio de Janeiro em 1971. É filho do publicitário Mauro Matos e de Maria Izabel Franco Matos. Estudou cinema, história e literatura em Paris no início dos anos 1990, estagiando na agência francesa Publicis.

Iniciou a carreira como redator, no Rio de Janeiro, trabalhando nas agências V&S Propaganda e McCann Erickson. Em 1994, trabalhava na Contemporânea quando ganhou pela primeira vez um Leão no Festival de Cannes. Nesse ano, também assumiu a presidência do Clube de Criação do Rio de Janeiro. No ano seguinte, foi o mais jovem profissional a integrar o júri do Festival de Cannes, na categoria *Press & Poster*.

Em 1997, já o mais premiado diretor de criação carioca, transferiu-se para São Paulo, onde assumiu as funções de diretor de criação, diretor nacional de criação e vice-presidente executivo da Fisher América. Deixou a agência em 2000, para ocupar o cargo de *chief executive officer* e diretor de criação da Giovanni FCB, em São Paulo. Foi o mais novo CEO da FCB em todo mundo. Ainda nesse ano, conquistou o *Grand Prix* do Festival de Nova York. Em janeiro de 2001, assumiu a presidência e a diretoria de criação da Bates Brasil. Foi na gestão de Silvio Matos que a Bates Brasil conquistou seu primeiro Leão em Cannes. Em 2002, ganhou por voto popular o Prêmio Campanha do Ano, concedido pela revista *About*.

Em 2004, a Bates Brasil, pertencente ao Grupo Cordiant, comprada pelo Grupo WPP, fundiu-se com a Young & Rubicam. Surgiu então a Y&R Propaganda Ltda., com Silvio Matos na presidência da empresa.

Silvio Matos foi agraciado com vários prêmios em festivais nacionais e internacionais, como Cannes, Fiap, Clio, Festival de Londres, Arts Director, além de duas indicações para o Prêmio Caboré. Seus trabalhos foram destacados pela revista *Archive* e pelo programa *Shots*.

Ana Flávia Vaz

FONTES: <http://www.portaldapropaganda.com/cannes/arquivo/2001/0007?ano=2001>, acesso em 8-2-2005; <http://netpropaganda.terra.com.br/materia/index.php?id=233>, acesso em 8-2-2005.

MAURO SALLES INTER-AMERICANA DE PUBLICIDADE *ver* **SALLES/INTER-AMERICANA**

MAURO SALLES PUBLICIDADE *ver* **SALLES/INTER-AMERICANA**

MCCANN ERICKSON

Agência norte-americana criada em 1903, na cidade de Nova York, pela associação de Harrison McCann e Alfred Erickson. A McCann Erickson instalou-se no

Brasil em 1935, na cidade do Rio de Janeiro, sob o comando de Henry P. Clark, diretor do departamento latino-americano da empresa, que, ao mesmo tempo, abriu uma filial em Buenos Aires. O gerenciamento das operações da agência no Rio ficou a cargo de Armando de Moraes Sarmento. Através de concurso, foram selecionados como redatores David Augusto Monteiro e Renato Castelo Branco. O primeiro cliente da agência foi a Standard Oil Company of Brazil, mais tarde denominada Esso Brasileira de Petróleo.

Em 1937, a McCann abriu sua filial em São Paulo com a conquista da conta da Frigidaire. David Augusto Monteiro foi então deslocado para gerenciar a McCann paulista. Dois anos depois, a McCann foi a responsável pelo primeiro prêmio internacional da propaganda brasileira: Menção Honrosa Especial para a campanha realizada para o óleo Saúde, da Anderson Clayton, na Feira Mundial de Nova York. A agência cresceu e ampliou seus quadros com nomes como Italo Éboli, Geraldo Santos, Edmur de Castro Cotti e Emil Farhat.

Logo após a chegada da McCann no Brasil, o setor radiofônico brasileiro conheceu um desenvolvimento sem igual, com a inauguração de várias emissoras, entre as quais a Rádio Nacional, em 1936. Em 1941, a emissora colocou no ar, com a chancela publicitária da McCann e o patrocínio da Standard Oil, o *Repórter Esso*, com os históricos *slogans* "O primeiro a dar as últimas" e "Testemunha ocular da história", criados por Emil Farhat e que se tornou um marco das transmissões de notícias por veículos eletrônicos. A McCann também contribuiu para a modernização do rádio no Brasil com a criação dos programas *Um milhão de melodias* e *Rádio Almanaque Kolynos.*

Foi ainda na década de 1940 que a McCann brasileira conquistou a conta da Coca-Cola, que permanece até hoje um de seus maiores clientes globais. A McCann foi pioneira em várias áreas, desde o treinamento do contato até a escolha de artistas para o departamento de artes. Foi também a responsável pelo primeiro *outdoor*, criado para a Coca-Cola, que exigiu cola especial para resistir às chuvas do verão brasileiro.

Em 1951, já sob a presidência de Armando de Moraes Sarmento e tendo como vice-presidentes David Augusto Monteiro e Emil Farhat, a McCann foi transformada em sociedade anônima. Os demais diretores eram Italo Éboli, Arthur Moss Martins, Edmur de Castro e M. A. Mendes. Em 1953, a McCann instalou no Brasil os primeiros estudos de análise de audiência em rádio, com o lançamento do *program analyzer.* O escritório de São Paulo, sob o comando de David Monteiro, tornou-se o de maior faturamento no Brasil. As campanhas desenvolvidas pela McCann para a General Motors tornaram a Frigidaire sinônimo de refrigerador elétrico. O mesmo ocorreu com o Flit, produto lançado pela McCann Erickson no campo dos inseticidas que se tornou sinônimo desse produto.

Em 1958, a McCann fundou sua segunda agência com o nome de Multi Propaganda, sob a presidência de David Augusto Monteiro. Em 1966, assumiria o nome de Quadrant Publicidade, com a finalidade de melhorar sua identificação internacional, já que passara a fazer parte de um sistema de agências filiadas ao Grupo Interpublic e, em 1972, a agência encerraria suas atividades.

Também foi fundada a Marplan, empresa de pesquisa de mercado para dar auxílio à McCann. Em 1959, Armando Sarmento foi transferido para a matriz da McCann Erickson nos Estados Unidos. A presidência da agência no Brasil passou a Emil Farhat. Em meados de 1960, Farhat transferiu a sede da McCann para São Paulo, que respondia pela maior parte da receita. Na filial carioca ficaram as contas da Esso e da Coca-Cola. Ainda em 1960, a campanha para a Kolynos "Ah... Kolynos" foi exportada para vários países e a agência publicou o livro *Teoria e prática da propaganda*, em comemoração aos seus 25 anos no Brasil.

Na gestão de Farhat na McCann foram introduzidos avanços como o GRP (*gross rating point*), ou pontos de audiência somados, que deu amparo técnico à propaganda. Trazido pela Gillette e implantado pela Alcântara Machado (depois Almap e hoje AlmapBBDO) e pela McCann, o GRP orienta os planos de mídia, indicando a freqüência de veiculações necessária para atingir determinada faixa de público. Foi desse período também a compra, pela Esso, do patrocínio da histórica transmissão da chegada da Apolo 11 à Lua e a informatização da mídia, outra iniciativa pioneira da agência.

Emil Farhat deixou a presidência da McCann em 1974, sendo substituído por Robert Cole, que veio dos Estados Unidos para assumir a presidência da McCann no Brasil, assim como a supervisão geral da empresa em toda a América Latina. Cole permaneceu no cargo por três anos e meio. Durante esse período a agência foi dirigida por dois órgãos distintos: o Comitê Executivo, formado pelo presidente da agência, Robert Cole, e Hélio Cardoso; e o Comitê de Operações, presidido por Francisco Gracioso e integrado por Altino João de Barros, Juan Vicente, Tedd Saba, Jerry Atkin, Ricardo Ramos e Márcio Moreira. A McCann manteve escritórios em São Paulo, no Rio de Janeiro, em Porto Alegre, Belo Horizonte, Curitiba, Brasília, Salvador, Recife e Fortaleza e conseguiu dobrar seu faturamento real em três anos.

Com a saída de Robert Cole em 1976, a presidência da McCann foi assumida pelo dinamarquês Jens Olesen. Durante sua gestão, a agência construiu sua sede em São Paulo, inaugurada em dezembro de 1985. A impossibilidade de concorrer às contas governamentais e das estatais durante o regime militar tirou a McCann da liderança do *ranking*. O retorno à democracia em 1985 acabou com a proibição às multinacionais de obter essas contas e a McCann voltou a ser a maior agência do país

Em 1994, pela segunda vez na história da empresa, a McCann Erickson, sob a gestão de Jens Olesen, recebeu o Prêmio Robert E. Healey, pelo melhor desempenho entre todas as agências do Grupo Interpublic-IPG no mundo. Nesse mesmo ano atingiu o topo do *ranking* do mercado publicitário brasileiro.

Em 1996, para atender às necessidades de comunicação de todos os seus clientes no mundo inteiro, foi criada a McCann WorldGroup, a maior, mais completa e eficaz rede de comunicação interligada, que engloba serviços de planejamento e execução para propaganda, promoções, Internet, relações públicas, marketing social, marketing de relacionamento e consultoria de marca e *design*.

Em 1998, a McCann Erickson iniciou uma fase de compra de outras empresas e apontou o foco para áreas conexas à publicidade convencional. Adquiriu 60% da Sight, uma das mais importantes empresas brasileiras de marketing promocional; adquiriu a Sun, outra destacada agência de marketing direto. Essas aquisições tornaram-na a quarta agência mais importante desse grupo no mundo.

A McCann possui quatro escritórios no Brasil: São Paulo, Rio de Janeiro, Porto Alegre e Brasília. Tem em seu portfólio 63 clientes. Além dos já citados, conta com empresas do porte da Anakol, Gillette do Brasil, Souza Cruz, Yamaha, Nabisco, Mastercard, L'Oreal, Gessy Lever, Lufthansa, Martini & Rossi, Henkel, Quaker e Microsoft, entre outras.

A McCann-Brasil ganhou vários prêmios em festivais publicitários, como o de Cannes, Veneza, Clio Awards, Nova York, Hollywood, Tóquio, São Paulo e Buenos Aires. Em 2001 e 2002 foi a líder no *ranking* das 50 maiores agências por investimento em mídia. Neste último ano ganhou o Festival ABP.

Em 2004, as seguintes empresas integravam a McCann WorldGroup, com atuação em todo o mundo: a McCann Erickson Publicidade, a MRM Zentropy, a Momentum, a Weber Shandwick e a Future Brand, que se associavam a empresas locais ou trabalhavam individualmente para clientes multinacionais e locais de todos os portes.

Alan Carneiro

FONTES: ABAP — Associação Brasileira de Agências de Propaganda. *História da propaganda no Brasil*. São Paulo: Talento, 2005; *Anuário da Propaganda 2004 (Meio & Mensagem)*; CASTELO BRANCO, Renato; MARTENSEN, Rodolfo Lima; REIS, Fernando (planej. e coord.). *História da propaganda no*

Brasil. São Paulo: T. A. Queiroz, 1990. (Coleção Coroa Vermelha. Estudos Brasileiros, 21.); MARCONDES, Pyr. *Uma história da propaganda brasileira*. Rio de Janeiro: Ediouro, 2002; OLESEN, Jens; BARROS, Altino João de. *Cinqüenta anos em dois vividos e contados*. São Paulo: Siciliano, 1995; SIMÕES, Roberto. História da propaganda brasileira. *Propaganda*, v. 26, n. 308, fev. 1982; <http://www.mccann.com.br>, acesso em 27-10-2004; <http://www.amcham.com.br/revista/revista2002-12-09a/materia2002-12-10e/pagina2002-12-10f>, acesso em 9-11-2004.

MEDAUAR, JORGE

Jorge Emílio Medauar nasceu em 15 de abril de 1918, num antigo distrito de Ilhéus chamado Água Preta do Mocambo, atual município de Uruçuca (BA), filho de Emílio Francisco Medauar e de Maria Zaidan Medauar. De ascendência sírio-libanesa, mudou-se com a família para São Paulo, onde concluiu o curso secundário. Posteriormente, transferiu-se para o Rio de Janeiro, pensando em fazer curso superior, o que não chegou a concretizar. Enveredou pelo jornalismo e pela literatura, chegando a colaborar, como secretário de redação, na revista *Literatura*.

Integrou a chamada "geração de 45", ano em que publicou seu primeiro livro — *Chuva sobre a tua semente*, volume de poemas bem recebido pela crítica da época. Seguiram-se três outros livros de poemas. Já era um escritor de relativo prestígio quando, em 1947, voltou para São Paulo. Ali encontrou o também escritor Eliezer Burlá, então subgerente da agência Grant Advertising, que o contratou. Começou como ajudante de redator e chegou a subgerente da filial paulistana. Durante os anos em que esteve na agência, trabalhou com profissionais como Renato Castelo Branco e Geraldo Santos, e foi responsável pela contratação do então iniciante Petrônio Corrêa para a filial de Porto Alegre.

Quando deixou a Grant, em 1958, foi para a Planema, uma empresa de assessoria de Murilo Mendes e Arnaldo da Rocha e Silva, onde também fez um curso de planejamento econômico. Um ano depois, ingressou como planejador e redator na Itapetininga Propaganda, que, segundo ele, começara a ser idealizada na Grant, sob suas vistas, por Elcio Orlandi Artacho e José Luiz da Silva Pottes. Em 1960 transferiu-se para a Multi Propaganda, onde chefiou a criação e trabalhou na companhia de outros grandes nomes da propaganda, como David Monteiro, Ricardo Ramos e Alfredo do Carmo.

Em 1963, foi convidado a dirigir uma agência estatal de propaganda no governo João Goulart, mas declinou o convite. Em vez do cargo público, optou por aceitar outro convite, para chefiar a sucursal paulista do jornal *O Globo*. Após essa experiência, Medauar foi para a Publivisão em 1967, assumindo as funções de diretor de planejamento e diretor-geral de criação. Dois anos mais tarde, decidiu montar sua própria agência e abriu a Medauar Criação e Comunicação. Quando seu filho se formou em comunicação social, mas preferiu procurar uma grande agência para trabalhar, Medauar resolveu fechar as portas, após 10 anos de funcionamento da agência, e passou apenas a ministrar palestras e a escrever artigos e colaborações para obras como *História da propaganda no Brasil*, entre outras.

Foi um dos fundadores e professor de elementos de redação da Escola Superior de Propaganda e Marketing (ESPM), onde também foi diretor de relações públicas. Lecionou ainda na Faculdade de Comunicação Anhembi, fundada por ele, na Escola Panamericana de Arte e no Colégio Vocacional Oswaldo Aranha, onde chegou a montar uma agência experimental com os alunos em 1968. Em 1980, integrou o Centro Nacional de Aperfeiçoamento de Pessoal para a Formação Profissional (Cenafor), órgão ligado ao MEC.

Como literato, produziu obras de poesia e ficção que conquistaram importantes prêmios, como o Jabuti (1963) e o Governador do Estado, conferido pelo Conselho Estadual de Cultura de São Paulo a *O Incêndio*.

Faleceu em 3 de junho de 2003 em São Paulo.

José Márcio Batista Rangel

FONTES: *curriculum vitae*, recebido em 18-10-2004; <http://www.canavieirasacac.hpg.ig.com.br/medauar.htm>, acesso em 6-10-2004; Jorge Medauar. *A Tarde*, 14 jun. 2003. (suplemento cultural). Disponível em:

<http://www.secrel.com.br/poesia/jmedauar.html#meu>, acesso em 25-10-2004; Notícia como se fosse entrevista com Jorge Medauar. *Propaganda*, v. 14, n. 155, abr. 1969; Jorge Medauar. *Propaganda*, v. 26, n. 307, jan 1982.

MEDEIROS, JOÃO MOACIR DE

João Moacir de Medeiros nasceu em Açu (RN), em 25 de abril de 1921, filho de José Lúcio de Medeiros e Maria Francisca Caldas de Medeiros. Aos 19 anos, mudou-se para o Rio de Janeiro e cursou o pré-jurídico da Universidade do Brasil, atual Universidade Federal do Rio de Janeiro. Morou com Manoel Maria Vasconcelos, que conhecera ainda na infância, no Rio Grande do Norte.

Vasconcelos levou Medeiros para trabalhar na revista *PN — Publicidade & Negócios*, especializada em assuntos de publicidade, na qual ingressou como redator, organizador e paginador, passando, pouco depois, a chefe de redação. Foi também na *PN* que Medeiros começou a redigir anúncios para os clientes que anunciavam na revista. Deixou a *PN* em 1945.

Medeiros bacharelou-se em 1946 na Faculdade Nacional de Direito, mas não exerceu a profissão. Ficou afastado dos meios publicitários até 1948, quando foi trabalhar na Lincoln Propaganda, onde permaneceu pouco mais de um ano. Nesse período, trabalhou como *freelancer* para a agência Bittencourt. Após deixar a Lincoln, João Moacir de Medeiros foi contratado pela Bittencourt. Em maio de 1950, deixou essa agência e fundou a JMM Publicidade com a conta do Café Paulista. Pouco depois, conquistou a conta do Banco Nacional, que foi seu cliente durante 30 anos.

Foi um dos pioneiros do marketing político no Brasil, ainda visto como campanha política. Em 1954, fez a campanha de Celso Azevedo à prefeitura de Minas Gerais lembrando o princípio de que cabia ao prefeito cuidar das coisas da cidade. Celso Azevedo ganhou a eleição com esse mote de campanha. Em 1960, foi o responsável pela campanha vitoriosa de Magalhães Pinto ao governo de Minas Gerais. Realizou também a campanha de Prestes Maia ao governo de São Paulo que foi derrotada por Jânio Quadros, e a de Paulo Pimentel ao governo do Paraná — utilizando o mesmo mote municipalista da campanha de Magalhães Pinto —, elegendo-o em 1965.

Ainda na década de 1960, participou ativamente dos meios associativos da publicidade brasileira, tendo ocupado a presidência do Sindicato das Agências de Propaganda do Rio de Janeiro por três mandatos. Em 1969, assumiu a presidência da Associação Brasileira de Agências de Propaganda (Abap, atual Associação Brasileira de Agências de Publicidade). Foi também vice-presidente da Associação Brasileira de Propaganda.

Com a perda da conta do Banco Nacional, em 1986, João Moacir de Medeiros encerrou as atividades da JMM e deixou a vida publicitária.

Christiane Jalles de Paula

FONTE: MEDEIROS, João Moacir de. *João Moacir de Medeiros (depoimento, 2004)*. Rio de Janeiro, Cpdoc-ABP, 2005.

MEDINA, ROBERTO

Roberto Medina nasceu no Rio de Janeiro, em 21 de agosto de 1947, filho de Abraham Medina, comerciante da loja de eletrodomésticos no Rio de Janeiro o Rei da Voz, que foi líder no mercado carioca por muitos anos. Formou-se em direito pela Faculdade Brasileira de Ciências Jurídicas em 1971.

Começou sua vida profissional trabalhando na Midas Propaganda, que cuidava da propaganda e dos eventos produzidos pelas lojas do pai. Chegou a superintendente em 1965 e, em 1966, tornou-se vice-presidente do Rei da Voz.

Em 1968, ingressou na Artplan Publicidade Ltda., empresa que nasceu como *house agency* do grupo Veplan, de José Isaac Perez. Em 1972, assumiu a presidência e o controle acionário da agência. Ao comprar a Artplan, transformou-a em uma agência aberta. Expandiu rapidamente a empresa, abrindo escritórios em São Paulo, Brasília e Florianópolis, e conquistando clientes como a Companhia de Fumos Santa Cruz, a Philip Morris do Brasil, a Roche (Pantene e Eversun), Seagram, Fabrimar, além do Banco do Brasil, Caixa

Econômica Federal, Governo do Estado de São Paulo, Secretaria da Receita Federal. Contratou diretores de cinema, como Arnaldo Jabor, Bruno Barreto e Carlos Manga, para a produção de comerciais.

Em 1978, criou a Artplan Empreendimentos, que desenvolveu grandes projetos que promoveram a cidade do Rio de Janeiro nos âmbitos nacional e internacional, como a vinda de Frank Sinatra ao Brasil e o Rock in Rio, realizado pela primeira vez em 1985, com o suporte comercial da Brahma, da Rede Globo e de outras empresas. Organizou ainda o Rock in Rio 2, o Rock in Rio 3 e o Rock in Rio Lisboa. A Artplan foi também responsável pela idéia e pela campanha da Bradesco Seguros de colocar uma árvore de Natal gigante na lagoa Rodrigo de Freitas, no Rio de Janeiro.

Roberto Medina mudou a linguagem dos comerciais de cerveja, com as campanhas para a Malt 90 e a Skol, e a linguagem da propaganda de cigarros, com as campanhas para o Comander. Dedicou-se também ao marketing político, desenvolvendo a campanha de Fernando Collor à presidência da República. Em 1990, desenvolveu um projeto comunitário voltado para o salvamento de vidas nas estradas — os "Anjos do Asfalto". Nesse mesmo ano, foi seqüestrado no Rio de Janeiro.

Recebeu o título de Publicitário do Ano em 1976; o Prêmio Tendência, na categoria Criatividade, conferido pela Bloch Editores em 1980; o Prêmio Os Bemsucedidos, nas categorias Empresário do Ano, Empresário de Propaganda, Marketing Político, Promoções, oferecido pela revista *Bolsa* em 1980, 1983, 1984 e 1986; o 1º Prêmio de Marketing Político, concedido pela revista *Marketing*, da ESPM, e pelo Caderno Asteriscos, do *Diário Popular*, em 1983.

Alzira Alves de Abreu

FONTES: REIS, Fernando. *Cobrões da propaganda 91/92*. São Paulo: Referência, 1991; *About*, n. 734, 18 out. 2003; *Propaganda*, n. 427, dez. 1989.

MEIO & MENSAGEM

O primeiro número do jornal *Meio & Mensagem* foi lançado em São Paulo, em abril de 1978, pelas Publicações Informativas Ltda., durante o III Congresso Brasileiro de Propaganda, tendo como fundador José Carlos Salles Gomes Neto. O periódico, quinzenal, tinha uma concepção gráfica moderna, influenciada pela *Advertising Age*, publicação de grande prestígio nos Estados Unidos, e tiragem inicial de 7 mil exemplares. Destinado a profissionais de agências e anunciantes, trazendo matérias sobre marketing, comunicação e propaganda. Publica também entrevistas, análises do mercado e informações sobre campanhas veiculadas na televisão.

Em 1980, *Meio & Mensagem* instituiu o Prêmio Caboré, concedido anualmente aos profissionais e às empresas que mais se destacaram em seus respectivos setores de atuação e que contribuem para o avanço da indústria da propaganda e o desenvolvimento do marketing e da comunicação no mercado brasileiro. A premiação tornou-se uma das mais prestigiosas do país. Em 1982, o jornal passou a circular semanalmente. Em fevereiro de 1989, foi lançada a revista mensal *Mídia & Mercado*, uma publicação de responsabilidade da Editora Meio & Mensagem. A revista promoveu encontros internacionais sobre criatividade em mídia. O I Encontro Internacional de Criatividade realizou-se de 5 a 7 de agosto de 1986, em São Paulo, com o objetivo de estabelecer uma maior integração entre os veículos de publicidade, as agências e os anunciantes. Paralelamente ao encontro, foi organizada a Feira da Criatividade em Mídia, com 19 expositores de todo o Brasil. O segundo encontro teve lugar em setembro de 1988, com a participação de 170 profissionais de todas as áreas de mídia. O terceiro ocorreu em setembro de 1990, reunindo mil profissionais.

Em 1997, o *Meio & Mensagem* passou a disponibilizar ao público em geral, mediante cadastro, acesso ao seu conteúdo na web. No ano seguinte, comemorou seu vigésimo aniversário com a publicação de um caderno especial intitulado "A propaganda brasileira 20 anos depois". Criou também os prêmios Folha Meio & Mensagem e MMon-line.

Alzira Alves de Abreu

FONTES: CASTELO BRANCO, Renato; MARTENSEN, Rodolfo Lima; REIS, Fernando (planej. e coord.). *História da propaganda no Brasil*. São Paulo: T. A. Queiroz, 1990. (Coleção Coroa Vermelha. Estudos Brasileiros, 21.); *Meio & Mensagem*, 20 abr. 1998; <http://www.portaldapropaganda.com/premios>, acesso em 15-2-2005.

MELO, MOZART DOS SANTOS

Mozart dos Santos Melo nasceu em Campinas (SP), em 23 de fevereiro de 1928, filho do jornalista Tancredo dos Santos Melo, que chegou a dirigir a Associação Brasileira de Imprensa (ABI), e de Maria Mendes de Souza dos Santos Melo, professora primária da rede estadual.

Aos 10 anos de idade mudou-se para o Rio de Janeiro, onde se formou no colégio marista São José, ingressando logo em seguida na Faculdade de Direito do Estado do Rio de Janeiro. Contudo, como ensaiava seguir a carreira do pai, obteve um emprego como repórter policial no *Correio da Manhã* em 1948 e iniciou o curso de jornalismo na Faculdade Nacional de Filosofia em 1951. Apesar de já formado bacharel em direito, consolidou sua trajetória como jornalista ao ser convidado para a recém-lançada revista *Visão*, em 1953, para trabalhar como repórter itinerante, cobrindo acontecimentos em todo o país.

Entretanto, mais uma mudança aconteceria na vida de Melo dois anos depois. Foi convidado por Guilherme Figueiredo para trabalhar na McCann Erickson como redator publicitário, chefiado por J. G. de Araújo Jorge. Logo passou a chefe de redação, depois a supervisor-geral de criação e planejamento de campanhas. No decorrer da década de 1960, foi vice-presidente durante a administração de Caio Aurelio Domingues na Associação Brasileira de Propaganda (ABP) e atuou paralelamente como professor de alguns dos primeiros cursos de aperfeiçoamento profissional da entidade.

Especializou-se em criar peças para a Coca-Cola, participando de cursos na sede norte-americana da empresa, em Atlanta. Sua experiência com tal cliente fez com que chefiasse o atendimento daquela conta, saindo então da criação para assumir seu primeiro cargo executivo na agência. Quando deixou a McCann, já contabilizava cerca de 20 anos como seu funcionário e ocupara cargos de diretoria, como a gerência da filial carioca, tendo sido responsável por contas bastante expressivas, como as da Esso, Pan-Am e Gillette, entre outras.

No início dos anos 1970, fundou a L&M Propaganda, associado a Lindoval de Oliveira, que havia deixado o posto de vice-presidente da McCann. A empresa obteve grande êxito no mercado publicitário, ocupando algumas das primeiras colocações nos *rankings* nacionais de agências ao longo dos seus 12 anos de existência. Apesar de ter conquistado contas importantes, como a do jornal *O Globo*, da Philip Morris e da rede Ponto Frio, a L&M foi desfeita devido a divergências conceituais e operacionais entre seus sócios.

Entre 1982 e 1984 exerceu o cargo de presidente do capítulo Rio de Janeiro da Associação Brasileira das Agências de Propaganda (Abap, atual Associação Brasileira de Agências de Publicidade), e de 1983 a 1985 novamente ocupou a vice-presidência da ABP na gestão de Caio Aurelio Domingues.

Além da L&M, Mozart dos Santos Melo formou nova sociedade, desta vez com os também publicitários Mauro Matos e Sílvio Carrapeto, criando a MM&C, que durou poucos anos. Já em 1987, assumiu a função de diretor da MPM Propaganda no Rio de Janeiro, agência comandada por Luís Macedo, onde permaneceu por cerca de três anos até sair para ocupar a vice-presidência executiva da SGB Publicidade, a convite de Sani Sirotsky.

Ao mesmo tempo, Santos Melo dava vazão a sua formação jurídica, atuando como conselheiro do Conar durante o mandato de Petrônio Corrêa e tornando-se perito forense em direito autoral e propriedade industrial em 1988. Dois anos depois, foi nomeado conselheiro do Conselho Nacional de Direito Autoral por indicação da ABP, da Abap e do sindicato patronal da categoria. Dessa forma, após a venda da SGB para a multinacional Saatchi & Saatchi, encerrou sua carreira de publicitário para trabalhar exclusivamente como perito e consultor jurídico, havendo exercido a função de vice-presidente jurídico da ABP em quatro diferentes administrações.

José Márcio Batista Rangel

FONTES: *curriculum vitae*; MELO, Mozart dos Santos. *Mozart dos Santos Melo (depoimento, 2004)*. Rio de Janeiro, Cpdoc-ABP, 2005.

MENDES, OSWALDO

Oswaldo Dias Mendes nasceu em Belém (PA), em 10 de abril de 1929, filho dos imigrantes portugueses Antônio João Mendes, comerciante, e Gracinda Dias Mendes.

Iniciou sua vida profissional aos 16 anos, como repórter do jornal vespertino *A Vanguarda*, e depois do matutino *A Província do Pará*, de onde saiu para trabalhar na *Folha do Norte*. Foi correspondente em Belém da *Revista do Globo*, *Visão* e *Manchete*, e fundou o Sindicato dos Jornalistas Profissionais do Estado do Pará em 1950. Também exerceu funções públicas, tendo sido redator de debates da Assembléia Legislativa do Pará, da qual saiu para ser assessor parlamentar da Câmara Municipal de Belém, chegando à chefia do gabinete do prefeito.

Formou-se bacharel de direito, em 1953, pela Faculdade de Direito do Pará. Em 1955, ganhou uma bolsa para cursar administração municipal na Escola Brasileira de Administração Pública (Ebap, atual Escola Brasileira de Administração Pública e de Empresas) da Fundação Getulio Vargas, no Rio de Janeiro, onde também cursou relações públicas. No ano seguinte, de volta a Belém, abriu a Santos Mendes Publicidade Ltda., em sociedade com Avelino Henrique dos Santos, e tornou-se o redator da agência. A Santos Mendes foi premiada mais de uma vez pela revista *PN — Publicidade & Negócios*, feito até então inédito para uma agência da região Norte.

Oswaldo Mendes decidiu deixar seus cargos públicos e sua atividade de jornalista para se dedicar exclusivamente à publicidade. A única coluna jornalística que manteve foi a pioneira "Bazar", que tratava de propaganda e negócios na *Folha do Norte*. No fim da década de 1950, fundou a Associação Paraense de Propaganda, a primeira entidade do gênero no estado do Pará, presidindo-a por dois mandatos.

Em 1961, desfez a sociedade na Santos Mendes, fundando a Mendes Publicidade Ltda., na qual assumiu o planejamento e a criação. A agência obteve reconhecimento nacional em 1971, quando recebeu o Prêmio Colunistas na categoria "Melhor Publicação Empresarial" para o *Relatório de Diretoria das Centrais Elétricas do Pará*; na mesma premiação, Mendes foi eleito "Exemplo do Ano", conquistando o Prêmio Fritz Lessin.

Em 1974, quando a Mendes Publicidade Ltda. ganhou seu primeiro prêmio internacional — o Clio —, Mendes atuava como coordenador de criação publicitária e era professor do primeiro curso de graduação em publicidade e propaganda do estado, oferecido pelo Centro de Estudos Superiores do Estado do Pará (Cesep). No mesmo ano, fundou a seção paraense da Associação dos Dirigentes de Vendas do Brasil (ADVB), sendo seu primeiro presidente. Dando continuidade a sua importante atuação no campo associativo, ajudou a realizar o I Festival Internacional do Filme Publicitário do Rio de Janeiro, em 1975, e foi o segundo tesoureiro do III Congresso Brasileiro de Propaganda, em 1978. Nesse ano, com Renato Castelo Branco, Caio Domingues e outros publicitários, inaugurou a União Brasileira de Agências de Propaganda S.A., que comandou de 1979 a 1984.

Em 1980, foi reconhecido pelo júri do jornal *Meio & Mensagem* — com o Prêmio Caboré —, como um dos cinco melhores profissionais de planejamento publicitário do país. No ano seguinte, recebeu o Troféu Pioneiro da Propaganda, conferido pelo III Seminário de Propaganda de Gramado. Em 1982, passou a integrar o Conselho Consultivo da Federação Nacional de Agências de Propaganda (Fenapro) como vice-presidente, e fundou o capítulo paraense da Associação Brasileira de Agências de Propaganda (Abap, atual Associação Brasileira de Agências de Publicidade), sendo seu primeiro presidente em 1983. Em 1985, foi eleito Publicitário do Ano pelo Prêmio Colunistas

Norte/Nordeste, comenda que já havia recebido outras duas vezes, em 1977 e 1982. Também recebeu por duas vezes, em 1997 e 2001, o título de Publicitário Latino-americano, conferido pela Associação Latino-americana de Publicidade (Alap).

Oswaldo Mendes conquistou diversos prêmios nacionais e internacionais nos mais renomados festivais da área, além de ter sido convidado a compor o corpo de jurados de muitos deles, como: Clio Awards (de 1975 a 1990), Profissionais do Ano (1985, 1986 e 1992), Festival Brasileiro do Filme Publicitário (1986), Prêmio Abril (1992) e New York Festival (1987, 1988 e 1989).

José Márcio Batista Rangel

FONTES: curriculum vitae; <http://www.revistapronews.com.br/40/historia.shtml>, acesso em 24-1-2005.

MENDES PUBLICIDADE

A história da Mendes Publicidade começou em fins da década de 1950, quando o jornalista Oswaldo Mendes e Avelino Henrique dos Santos fundaram em Belém (PA) a Santos Mendes Publicidade. Após cinco anos a sociedade foi desfeita e a marca Santos Mendes vendida. Em setembro de 1961, Oswaldo Mendes fundou então a Mendes Publicidade, com sede na mesma cidade. Posteriormente, Antonio Diniz e Oswaldo Mendes Filho passaram a integrar a sociedade. Entre os seus primeiros e principais clientes estavam empresas como a Paraense Transportes Aéreos e o Banco de Crédito da Amazônia S.A. Em 1974, a empresa recebeu seu primeiro prêmio internacional — Belauto/Clio Awards —, tendo sido a pioneira, entre as empresas de publicidade da região Norte, nesse tipo de conquista. É atualmente a mais antiga agência de propaganda da região em atividade.

André Dantas

FONTES: ABAP — Associação Brasileira de Agências de Propaganda. *História da propaganda no Brasil*. São Paulo: Talento, 2005; MENDES, Oswaldo. Pará e Amazonas: o sonho da Madison Avenue em plena selva amazônica. In: CASTELO BRANCO, Renato; MARTENSEN, Rodolfo Lima; REIS, Fernando (planej. e coord.). *História da propaganda no Brasil*. São Paulo: T. A. Queiroz, 1990. (Coleção Coroa Vermelha. Estudos Brasileiros, 21.) p. 379-390; MENDES, Oswaldo; CONTENTE, Antonio. No Pará, o bom tráfego da agência virou folclore. Propaganda, v. 19, n. 219, p. 26, out. 1974; *Observatório da Imprensa*. Disponível em: <http://observatorio.ultimosegundo.ig.com.br/artigos/fd010120021.htm>, acesso em 28-11-2004.

MENDONÇA, DUDA

José Eduardo Cavalcanti de Mendonça nasceu em Salvador (BA), em 10 de agosto de 1944, filho do artista plástico Manoel Ignácio de Mendonça Filho, que foi diretor da Escola de Belas-Artes da Universidade Federal da Bahia (UFBA), e de Regina Cavalcanti de Mendonça.

Em 1964, matriculou-se na Faculdade de Administração da UFBA, mas abandonou o curso devido a sua participação em passeatas estudantis e no diretório acadêmico num período de ditadura militar no país.

Começou a trabalhar como corretor de imóveis e montou sua própria agência, o que o levou a se envolver com a publicidade. Fez vários cursos de especialização em marketing. Os anos 1970 foram um período de grande expansão imobiliária em Salvador. Em 1972, Duda Mendonça fundou a Promov Imobiliária. Foi também assessor de marketing da Imobiliária Corrêa Ribeiro, de Salvador.

Em 1975, Duda Mendonça criou a agência DM9 — as iniciais de seu nome, acrescidas do número nove, segundo ele, por questão de estética —, na Bahia, da qual foi diretor-presidente e diretor de criação. Em pouco tempo sua agência revolucionou a publicidade no estado, ganhando projeção local e nacional. Em 1977, a recém-fundada empresa ganhou o prêmio de Agência do Ano — era a primeira vez que uma agência publicitária fora do eixo Rio–São Paulo arrebatava o título. A projeção nacional da DM9 se deu com a campanha da pomada anestésica Gelol, na qual era mostrado o sofrimento de um pai que acompanhava o filho pequeno numa partida de futebol. O *slogan* dizia: "Não basta ser pai, tem que participar, não basta ser pomada, tem que ser Gelol".

Em setembro de 1988, Duda redefiniu os objetivos da DM9 e efetuou uma recomposição acionária, com o ingresso na agência de um antigo estagiário, Nizan Guanaes, e de Domingos Logullo, com a proposta de ampliar a atuação da agência para outros estados. No ano seguinte, foi aberto o escritório da DM9 em São Paulo, sob a responsabilidade de Nizan Guanaes. Em 1990, a DM9 Bahia e a DM9 São Paulo se separaram. A DM9 Bahia juntou-se à D&E, dando origem à DS/2000. Duda Mendonça vendeu a DM9 São Paulo para Nizan Guanaes e passou a se dedicar ao marketing político. Fundou então a Duda Mendonça & Associados, que realizou campanhas no Brasil e no exterior. Em 1986, fez a campanha de Fernando Collor de Mello a governador de Alagoas e a de Geraldo Mello a governador do Rio Grande do Norte; em 1985, a de Mário Kértsz a prefeito de Salvador; em 1988, a de Fernando José a prefeito de Salvador; e em 1992, foi o coordenador da campanha (vitoriosa) de Paulo Maluf, então no PPB, à prefeitura de São Paulo. Nesse ano fez a campanha de Juan Manoel de la Sota a governador de Córdoba, na Argentina. Em 2002, coordenou a campanha publicitária de Luis Inácio "Lula" da Silva à presidência da República, procurando mudar a imagem do candidato, apresentando-o como um político capaz de negociar e com perfil de estadista.

Duda Mendonça renovou o marketing político, porque soube utilizar métodos da propaganda comercial com uma linguagem mais adequada às campanhas eleitorais. Dedicou-se a campanhas para eleger, além do presidente da República, senadores, governadores, prefeitos e vereadores. Criou a agência Duda Mendonça Marketing Político, com uma subsidiária na Argentina, e foi responsável, entre outras, pela campanha vitoriosa de Eduardo Duhalde à presidência argentina. Criou ainda a agência Estrela, para atender aos candidatos petistas a prefeito nas eleições de 2004.

Escreveu o livro *Duda Mendonça: casos & coisas*, lançado em 2002 pela Editora Globo.

Recebeu o título Personalidade do Ano do Prêmio Comunicação 2002 da Associação Brasileira de Propaganda (ABP). Foi preso em outubro de 2004, numa rinha de galo, no Clube Privê Cinco Estrelas, no Rio de Janeiro.

Alzira Alves de Abreu

FONTES: MARCONDES, Pyr. *Uma história da propaganda brasileira*. Rio de Janeiro: Ediouro, 2002; CASTELO BRANCO, Renato; MARTENSEN, Rodolfo Lima; REIS, Fernando (planej. e coord.). *História da propaganda no Brasil*. São Paulo: T. A. Queiroz, 1990. (Coleção Coroa Vermelha. Estudos Brasileiros, 21.); REIS, Fernando. *Cobrões da propaganda 91/92*. São Paulo: Referência, 1991; informações prestadas pela agência Duda Propaganda em 17-1-2005; <http://www.correiodabahia.com.br/2002/10/02/noticia.asp?link=not000062918.xml>, acesso em 18-11-2004; *Jornal do Brasil*, 23 out. 2004; <http://clipping.planejamento.gov.br/noticias.asp?notcod=158581>, acesso em 12-11-2004; <http://www.canaldaimprensa.com.br/perfil/vint5/identidade1.htm>, acesso em 12-11-2004; <http://www.umacoisaeoutra.com.br/marketing/armando2.htm>, acesso em 12-11-2004; <http://www.veraz.com.br/artigo19.htm>, acesso em 28-12-2004; <http://www.correiodabahia.com.br/2002/12/17/noticia.asp?link=not000067448.xml>, acesso em 28-12-2004.

MENDONÇA, JOSÉ EDUARDO CAVALCANTI DE *ver* MENDONÇA, DUDA

METRO 3 *ver* DPZ

MIETHKE, HELGA

Helga Miethke nasceu em Pfullendorf, Alemanha, em 11 de outubro de 1940, filha do economista Rudolf Miethke e da cientista política Rosemarie Miethke. Formou-se em *design* gráfico, desenho e tipografia pela Meisterschule für Mode und Graphik, de Hamburgo, em 1960, e fez cursos de pintura e desenho na Kunsthochschule Hamburg.

Foi uma das primeiras mulheres a se destacar na propaganda brasileira, condição que ela mesma atribui a sua educação européia, diferencial muito conhecido na época como "*Made in* Germany". Seu primeiro emprego em publicidade no Brasil foi na J. Walter Thompson, já em 1960, como assistente de Eric Nice e, posteriormente, de Francesc Petit.

Deixou a Thompson em 1962 e, no ano seguinte, tornou-se diretora de arte júnior da Proeme, onde permaneceu até 1966. Na Alcântara Machado teve sua primeira experiência como dupla de um redator, Alcides Fidalgo. Em 1969, foi para a Lintas, onde ficou apenas um ano, mas marcou presença com a campanha que fez para Engov, intitulada "A pílula do homem". Deixou a função para trabalhar com Neil Ferreira na Norton Propaganda e, logo depois, teve uma segunda passagem pela Proeme, de quase três anos.

No final de 1973, foi contratada como diretora de arte sênior pela DPZ, voltando a trabalhar com Petit. Retornou à Thompson em 1975, ficando até 1980. Em 1982, iniciou seu mais longo período na DPZ — até 1994. Lá, conviveu com profissionais como Washington Olivetto, Nizan Guanaes e Paulo Ghirotti, entre outros.

Criou o célebre "pimentão" para a campanha do protetor solar Sundown, da Johnson & Johnson, e outros trabalhos que serviram como referência de direção de arte em propaganda. Foi ganhadora de um Leão de Ouro, em Cannes, e do Grande Prêmio de Mídia Impressa do Festival Ibero-americano de Publicidade (Fiap), entre outros prêmios, e teve peças publicadas em anuários como o *Modern Publicity*, da Inglaterra; o *Graphis*, da Suíça; o *Novum*, da Alemanha; o *Advertising Age*, dos Estados Unidos, e o *Axis*, do Japão.

Em março de 1995, transferiu-se para a Salles/DMB&B, onde foi diretora nacional de criação por um curto espaço de tempo. Em julho do ano seguinte, Helga Miethke, que sempre atuou como artista plástica e já expusera individualmente em São Paulo e na Alemanha, passou a comandar a Designbüro Comunicação Gráfica. No estúdio paulista continuou criando para a propaganda como prestadora de serviços de sua antiga agência, a DPZ, de 1997 a 2000. Mas também passou a se dedicar mais ao *design* e à criação de marcas e logotipos, conquistando prêmios como o Jabuti, em 1999.

Helga Miethke também pertenceu aos quadros da Caio Domingues & Associados.

José Márcio Batista Rangel

FONTES: *curriculum vitae* enviado pela biografada; *Propaganda*, v. 17, n. 210, p. 29, jan. 1974; <http://netpropaganda.terra.com.br/materia/index.php?id=209>, acesso em 17-9-2004; *About*, v. 8, n. 384, 28 maio 1996;. *Meio & Mensagem*, v. 18, n. 707, 27 maio 1996.

MOHALLEM, EUGÊNIO

Eugênio Mohallem nasceu em Itajubá (MG) em 9 de outubro de 1963, filho do comerciante Rafic Youssef el Mohallem e da professora Miriam Mohallem. Formou-se em publicidade e propaganda pela Universidade de São Paulo em 1986.

Ingressou na carreira quando ainda estava na faculdade numa empresa de *outdoor* de Taboão da Serra. Pouco depois, começou a trabalhar como redator da *house agency* da Editora Abril. Em 1989, transferiu-se para a Lintas Brasil, onde permaneceu até 1991, quando foi trabalhar na DM9. Três anos depois, tornou-se redator da Talent, onde ficou até 1996, ano em que passou a integrar a equipe de criação da AlmapBBDO. Dois anos depois, Eugênio Mohallem tornou-se diretor de criação da agência, onde permaneceu até 2001.

Em 2002, associou-se a Roberta di Pace, Marcelo Aragão e à multinacional norte-americana Fallon Worldwide, que decidira abrir uma filial no Brasil, e juntos fundaram a Fallon/PMA, onde ocupou a direção de criação.

Eugênio Mohallem conquistou inúmeros prêmios do Clube de Criação de São Paulo (CCSP). Além disso, conquistou vários prêmios em festivais nacionais e internacionais, entre os quais Cannes, Clio, *The One Show*, Nova York, Art Directors, Fiap, Colunistas, Caboré, Profissionais do Ano Folha/Meio & Mensagem e outros.

Publicou *Manual do estagiário* (1997) e *Razões para bater num sujeito de óculos* (2004).

Christiane Jalles de Paula

FONTES: *curriculum vitae*; *IstoÉ Dinheiro*, 19 out. 2001; <http://www.facasper.com.br/pp/site/noticias_notas.php?tabela=noticias&id=20>, acesso em 21-12-2004.

MONSERRAT FILHO, JOSÉ

José Monserrat Filho nasceu em Porto Alegre (RS) em 11 de setembro de 1939, filho de José Monserrat, economista, que trabalhou na área de cooperativas da Secretaria de Agricultura do Rio Grande do Sul, e de Ondina Menezes Monserrat.

Em 1958, Monserrat Filho entrou no curso de filosofia da Universidade Federal do Rio Grande do Sul. Mas desde jovem já se dedicava ao jornalismo, fazendo o jornal do colégio. No ano de 1958, ainda como estudante universitário, foi trabalhar no departamento de notícias da Rádio Guaíba de Porto Alegre. A rádio pertencia ao Grupo Breno Caldas, que era também proprietário do *Correio do Povo* e da *Folha da Tarde*, jornais para os quais Monserrat Filho passou a colaborar.

Em 1961, recebeu uma bolsa de estudos da então União Soviética para estudar economia, mas ao chegar lá decidiu cursar a Faculdade de Direito Internacional, onde se diplomou. Durante o período em que residiu na União Soviética manteve vínculos com os jornais de Porto Alegre, enviando notícias. Ao terminar o curso, em junho de 1967, voltou ao Brasil. Os militares já governavam o país. Ao tentar retornar ao jornal de Porto Alegre em que havia trabalhado, Breno Caldas não o aceitou, dizendo-lhe que já estava esgotada a cota de comunistas que mantinha no jornal.

Procurou um colega de colégio, Flávio Corrêa, que trabalhava na empresa de propaganda Denison, do Rio Grande do Sul, e foi por ela contratado como redator em 5 de agosto de 1967.

Em 1968, Monserrat Filho tomou conhecimento de que estava sendo criado no Rio de Janeiro o jornal *A República*. Escreveu então para Mário de Almeida, um amigo seu que estava colaborando nesse empreendimento, para se juntar ao grupo. Mudou-se então para o Rio de Janeiro, mas chegando à cidade verificou o fracasso do jornal. Mário de Almeida, porém, também era diretor de redação da Standard, o que facilitou o ingresso de Monserrat na empresa em fevereiro de 1968. Ali trabalhou durante três anos como redator, quando saiu para a Norton em 1971. Nessa agência ficou um ano, sendo em seguida contratado pela Denison do Rio de Janeiro, onde trabalhou até 1974. Foi então contratado como diretor de criação da Caio Domingues, agência em que permaneceu até 1984, quando decidiu deixar a publicidade e voltar ao jornalismo. Tornou-se chefe de redação da *Ciência Hoje*, revista de divulgação científica da Sociedade Brasileira para o Progresso da Ciência (SBPC).

Mesmo durante o período em que se dedicou à propaganda, Monserrat Filho continuou a colaborar na imprensa. Entre 1974 e 1976 escreveu para o *Pasquim* e para a *Tribuna da Imprensa*, em especial sobre política internacional.

Como publicitário foi responsável por campanhas para várias empresas, destacando-se as peças criadas para a Du Loren e para o cigarro Vila Rica, na qual o jogador de futebol Gérson aparecia dizendo "gosto de levar vantagem em tudo, certo?", publicidade que obteve inúmeros prêmios e transformou-se na chamada "Lei de Gérson" — uma visão pejorativa das pessoas desonestas que querem levar vantagem em tudo que fazem. O filme foi dirigido por Cacá Diegues. Monserrat Filho fez também a publicidade do cigarro Chanceler — "o fino que satisfaz". Outro anúncio de destaque foi o preparado para a Xerox, em comemoração ao Dia dos Pais, com a frase: "Cuide bem do seu pai porque ele não tem cópia". Suas peças publicitárias lhe valeram vários prêmios.

Monserrat Filho foi um dos fundadores do Clube de Criação do Rio de Janeiro em 1975, e seu presidente por dois períodos consecutivos, até 1978. No clube, foi um dos defensores da idéia de que a produção dos cartazes dos filmes estrangeiros que passavam no Brasil fosse realizada no país. A nacionalização dos cartazes virou lei, assinada pelo presidente João Baptista Figueiredo em 1982.

Alzira Alves de Abreu

FONTES: Entrevista a Alzira Alves de Abreu em Cuiabá, em 19-7-2004; <http://www.ccrj.com.br/entrevistas/index/home. php.?id=804&cont1>, acesso em 29-9-2004.

MONTEIRO, DAVID AUGUSTO

David Augusto Monteiro cursou a Faculdade Nacional de Direito. Em julho de 1935, ingressou na agência norte-americana McCann Erickson quando esta se instalou no Brasil, tendo sido selecionado por concurso, como redator, juntamente com Renato Castelo Branco. Dois anos depois, mudou-se para São Paulo para criar a filial da agência e cuidar das contas da Frigidaire e da General Motors do Brasil, conquistando em seguida as contas de outras empresas, como a Anderson Clayton, a Arno e a Goodyear. O sucesso de seu trabalho em São Paulo levou-o, em 1950, para a matriz, em Nova York.

Em 1951, a McCann se converteu em sociedade anônima, tendo como presidente Armando Moraes Sarmento e como vices David Augusto Monteiro e Emil Farhat.

Monteiro participou da criação da Associação Paulista de Propaganda (APP, atual Associação dos Profissionais de Propaganda), sendo eleito presidente para o período 1939/40 e, depois, para o período 1959-61.

Em 1958, deixou a vice-presidência da McCann para tornar-se gerente da Multi Propaganda, que pertencia ao mesmo grupo acionário da McCann nos Estados Unidos. No Brasil, a Multi seria concorrente da McCann. A partir de 1966, a nova agência passou a se chamar Quadrant Publicidade e, em 1972, encerrou suas atividades em São Paulo, fundindo-se com a McCann.

Monteiro foi um dos organizadores do Conselho Nacional de Propaganda criado em 1964, sendo eleito seu presidente em 1966. O conselho realizou várias campanhas publicitárias, uma delas em benefício da exportação brasileira — a Expo-70 —, no parque Anhembi, em São Paulo, que teve grande sucesso. Foi também o primeiro presidente da Federação Brasileira de Propaganda (Febrasp) e presidente do Rotary Club de São Paulo em 1972/73.

Faleceu em 1975.

Alzira Alves de Abreu

FONTES: ASSOCIAÇÃO PAULISTA DE PROPAGANDA. *Depoimentos*. São Paulo: Hamburg, s. d. (Documentos da Propaganda.); OLENSEN, Jens. *McCann: cinqüenta anos em dois vividos e contados por Jens Olensen e Altino Barros*. São Paulo: Siciliano, 1995.

MOREIRA, MÁRCIO

Márcio M. Moreira nasceu em São Paulo no dia 20 de novembro de 1947, filho do agricultor e pecuarista Guido Martins Moreira Jr. e de Maria Rosa Macrine Moreira. Cursou a Faculdade de Direito da Universidade de São Paulo, sem concluí-la. Nessa mesma época, fazia teatro na Companhia Eugênio Kusnet.

Em 1967, ainda na faculdade, foi convidado por Tárik de Souza para um estágio na agência McCann Erick-son em São Paulo, presidida por seu pai, Emil Farhat. Na McCann, Márcio Moreira assumiu a função de redator. Criou campanhas como "Seja feliz com Chevrolet", que resultou num *jingle* famoso, feito em parceria com César Camargo Mariano, "Veja o país num Chevrolet" e "Descubra-se num Chevrolet", todas para a General Motors do Brasil.

Em 1971, Márcio Moreira foi trabalhar para a McCann em Londres, atendendo às agências européias, e em 1973 foi para a Cinevoz, da McCann em Lisboa. Voltou ao Brasil em 1974, para trabalhar no Rio de Janeiro, onde permaneceu por um ano, deslocando-se em seguida, em 1975, para São Paulo. Márcio integrou o Comitê de Operações da McCann do Brasil, que respondia por parte da direção da agência no país. Entre 1976 e 1978, a McCann brasileira sofreu profunda modificação, Márcio Moreira, que era o diretor de criação, com o apoio do novo presidente, Jens Olesen, mudou praticamente toda a equipe. Três anos depois de seu retorno ao país, Márcio Moreira tornou-se o representante para a América Latina da McCann, exercendo suas funções em São Paulo.

Em 1980, foi convidado a dirigir a Divisão de Criação Internacional da McCann Erickson Worlwide, então chamada de New York Team. Essa divisão consistia num modelo criativo da McCann implantado em 1974, inicialmente em Londres, com o nome de Euroteam, com vistas a assessorar Barry Day, que atendia às agências européias do grupo. Posteriormente, surgiu o Asiateam, com sede em Hong Kong, e o já citado New York Team, voltado para a América Latina.

No ano seguinte, Márcio Moreira assumiu a direção de criação da Coca-Cola para os Estados Unidos e demais países onde a conta era da McCann. Desenvolveu o conceito "*Coke is it*", que utilizou como música-tema da campanha *Águas de março*, de Tom Jobim. Em 1982, acumulou essa função com a direção do New York Team. Em 1988, foi escolhido Profissional do Ano pelo Prêmio Colunistas e, em 1990, o Profissional da Década. Permaneceu nos Estados Unidos até 1994, quando foi convidado a assumir a direção da McCann Erickson Ásia-Pacífico, que atuava em Nova York, Tóquio e Sidney. Voltou a trabalhar na McCann Erickson Worldwide, em Nova York, em 1998 no cargo de *vice-chairman*. Em 2000 foi para a McCann Erickson Worldgroup, em Nova York.

Entre as várias campanhas que criou, destaca-se "Isso é que é, Coca-Cola dá mais vida", além de inúmeras campanhas globais para os refrigerantes Sprite, Diet Coke e Fanta, entre outros. Ganhou vários prêmios com o comercial "Assembléia geral", para a Coca-Cola, que se tornou um clássico da propaganda.

Márcio Moreira foi duas vezes presidente do júri do Festival de Cannes, representando países diferentes: em 1978, o Brasil e, em 1983, os Estados Unidos. Conquistou o *Grand Prix* no Festival de Sawa, em Cannes, com a publicidade para a Levi's da Itália. E já ganhou centenas de prêmios em vários festivais, como New York Festival, Clio, Mobius, Andy e Effies. Ganhou também, no Brasil, o título de Profissional do Século.

Publicou *Ah, se eu soubesse...* (1997) e *Ah, se eu soubesse... Brasil* (2001), ambos em co-autoria com Richard Edler.

Alzira Alves de Abreu

FONTES: *curriculum vitae*; CASTELO BRANCO, Renato; MARTENSEN, Rodolfo Lima; REIS, Fernando (planej. e coord.). *História da propaganda no Brasil*. São Paulo: T. A. Queiroz, 1990. (Coleção Coroa Vermelha. Estudos Brasileiros, 21.); VARÓN CADENA, Nelson. *Brasil, 100 anos de propaganda*. São Paulo: Referência, 2001; GRACIOSO, F.; PENTEADO, J. Roberto Whitaker (orgs.). *50 anos de vida e propaganda brasileiras*. São Paulo: Mauro Ivan Marketing, 2001; <http://www.forbesonline.com.br/edicoes/98/artigo3236-3.asp>, acesso em 21-12-2004; <http://www.netpropaganda.terra.com.br/materia/index.php?id=279>, acesso em 21-12-2004.

MORYA COMUNICANDO CONSCIÊNCIA

Agência baiana chamada Publivendas, criada em junho de 1956 por Otávio Oliveira de Carvalho, ex-corretor da Rádio Cultura da Bahia, onde começou a "descobrir o negócio publicitário". Em suas palavras: "Lendo a revista *PN* e acompanhando o trabalho do Jorge Dória tomei consciência do que era uma agência e resolvi fundar a Publivendas". Idealizada nos moldes da agência Standard, sua razão social foi resultado de uma adaptação do nome da revista *PN — Publicidade & Negócios*, como garante seu criador. Primeira agência de publicidade em moldes profissionais a ser instalada no estado, desde cedo se dispôs a atuar como representante de grandes agências sediadas em outras partes do Brasil, como a própria Standard e a J. Walter Thompson, a fim de aprimorar sua profissionalização, assimilando padrões de funcionamento. Em 1975, com o afastamento de Otávio, seu irmão, Fernando Oliveira de Carvalho, assumiu os rumos da empresa, consolidando-a, em definitivo, no mercado. O vertiginoso crescimento experimentado pela agência nesse período deveu-se, sobretudo, à ampliação do mercado imobiliário, de onde vieram parte de seus principais clientes.

Em fins de 2004, a razão social da empresa foi alterada para Morya Comunicando Consciência. Em sua carteira de clientes figuram, entre outras, empresas como a rede de supermercados Bom Preço/Wall Mart Brasil, a montadora Ford e a operadora de telefonia Tim, além do governo do estado da Bahia.

André Dantas

FONTES: VARÓN CADENA, Nelson. Bahia: é de 1956 a primeira agência instalada em moldes profissionais. In: CASTELO BRANCO, Renato; MAR-

TENSEN, Rodolfo Lima; REIS, Fernando (planej. e coord.). *História da propaganda no Brasil*. São Paulo: T. A. Queiroz, 1990. (Coleção Coroa Vermelha. Estudos Brasileiros, 21.). p. 415-424; *Jornal da Mídia*. Disponível em: <http://www.jornaldamidia.com.br/noticias/2004/11/Cifras_e_Cifroes>, acesso em 14-11-2004; SIMÕES, Roberto. Ritmo firme. Velocidade constante. Segurança na rota. Com estes *slogans* a Publivendas chega aos 25 anos. *Propaganda*, v. 26, n. 299, p. 18-30, jun. 1981.

MOTTA, HÉLIO SILVEIRA DA

Hélio Silveira da Motta nasceu em 4 de janeiro de 1917 na capital do estado de São Paulo. Ingressou na Escola Politécnica paulista, onde estudou engenharia até o terceiro ano, sem concluir o curso.

Iniciou sua carreira como publicitário na Panam Propaganda Ltda., no começo da década de 1940. Em 1944, teve sua primeira passagem pela J. Walter Thompson, onde foi discípulo de Robert Merrick, assim como de Said Farhat e Otto Scherb. Seu cargo inicial foi de redator, passando a contato e a chefe de grupo, encarregado da conta da Gessy. Nesse período também teve uma pequena agência, a Ímpar, em sociedade com Edgard Schweiry, vendida à Norton Publicidade em 1947. No mesmo ano, Motta foi para a Grant Advertising, onde permaneceu por três anos. Retornou, então, à Thompson, de onde só saiu em 1958. Nessa passagem, a agência consolidou-se na área de planejamento e ele teve a oportunidade de ajudar a formar profissionais como Júlio Ribeiro, Rony Lage, Hélcio Emerich e Caio Domingues. De lá foi para a Denison, sendo responsável pela inauguração do primeiro escritório paulista da agência, que dirigiu até 1964. Durante sua gestão, despertou grande interesse seu trabalho à frente do planejamento do lançamento do sabão em pó Viva. Por fim, migrou para a Almap como diretor de planejamento e ali permaneceu por 10 anos.

Nos anos 1950, Hélio Silveira da Motta passava seus fins de semana idealizando um aparelho capaz de registrar a sintonia de um grupo de domicílios, o tevêmetro. As máquinas eram instaladas nas casas das pessoas e funcionavam com um tipo de fita de telex, que marcava a audiência minuto a minuto. A patente só foi conseguida em 1967, e o aparelho começou a ser utilizado em 1969, sendo substituído em 1985 por nova tecnologia.

José Márcio Batista Rangel

FONTES: *Propaganda*, v. 24, n. 283, fev. 1980; REIS, Fernando. *Cobrões da propaganda 91/92*. São Paulo: Referência, 1991. p. 288-299; CASTELO BRANCO, Renato; MARTENSEN, Rodolfo Lima; REIS, Fernando (planej. e coord.). *História da propaganda no Brasil*. São Paulo: T. A. Queiroz, 1990. (Coleção Coroa Vermelha. Estudos Brasileiros, 21.). p. 135, 313, 336, 343-344.

MPM

A MPM foi fundada em junho de 1957, em Porto Alegre (RS), por Antônio Mafuz, antigo dono da Sotel, Petrônio Corrêa e Luiz Vicente Goulart Macedo, respectivamente, gerente e subgerente da filial gaúcha da Grant Advertising. Mafuz e Petrônio trouxeram com eles as primeiras grandes contas da agência: Petróleo Ipiranga e Lojas A. J. Renner.

Em 1959, a agência abriu escritório no Rio de Janeiro — ainda capital federal —, que passou a ser dirigido por Luiz Macedo, com o objetivo de dar melhor atendimento à conta da Petróleo Ipiranga, que nesse mesmo ano havia adquirido o acervo da Gulf do Brasil. Em 1961, a renúncia do presidente da República Jânio Quadros e a oposição dos ministros militares à posse do vice-presidente João Goulart encetaram um quadro de instabilidade política. João Goulart era tio materno de Luiz Macedo. Com a posse do novo presidente, a MPM vendeu seus serviços ao novo governo. Em 1962, foi aberto o escritório de São Paulo, dirigido por Petrônio Corrêa.

Em 1964, o governo de João Goulart foi destituído e instaurado o regime militar (1964-85). Mesmo assim, a MPM continuou atendendo às contas estatais, a ponto de chegar a ser conhecida como a "agência chapa-branca". Em 1967, a MPM iniciou sua escalada expansionista, com a incorporação da PDP (Promoção, Divulgação, Produção) Propaganda, empresa que havia sido fundada em 1960 por Hermenegildo

Fiaminghi, Paulo Augusto de Almeida e Décio Pignatari. Ao longo da década de 1970, a MPM abriu unidades em várias capitais de estados da Federação, entre as quais Recife (PE) e Belo Horizonte (MG). Estas seriam denominadas unidades operacionais, enquanto as de Porto Alegre, São Paulo e Rio de Janeiro tornar-se-iam unidades-base. Essas três sempre tiveram absoluta capacidade de decisão, o que lhes possibilitou maior agilidade no atendimento, e resposta imediata para todos os problemas.

Em 1973, a MPM constituiu a Escala Publicidade S.A., uma subsidiária em Porto Alegre. Dois anos depois, incorporou duas agências do Rio de Janeiro: a Voga Publicidade, uma antiga agência carioca fundada por Walter Rocha em 1943, e a LAB. Nesse mesmo ano, absorveu a Casabranca Publicidade, de São Paulo. Foi então constituída a MPM-Casabranca. Ainda em 1976, a *Advertising Age* incluiu esta nova agência no *ranking* das 50 maiores do mundo.

Em 1982, a MPM criou um programa de expansão de suas unidades pelo interior de São Paulo. A primeira a ser inaugurada, ainda nesse mesmo ano, foi a de Bauru. O êxito dessa iniciativa fez com que, em seguida, fossem instaladas as unidades de Ribeirão Preto e Campinas, logo chegando a agência a uma dezena de unidades. No final de 1984, a MPM assinou acordo operacional com a Grey, envolvendo a troca de informações, um programa de treinamento de pessoal e o atendimento em conjunto de algumas contas de grande importância, como a Procter & Gamble.

O retorno do país à democracia em 1984 esbarrou na derrota da emenda Dante de Oliveira, que propunha eleições diretas para a presidência da República, e na decisão de que o novo presidente seria eleito indiretamente por um colégio eleitoral. Nessa época, foi formado um *pool* de agências para coordenar a campanha do candidato da oposição, Tancredo Neves, no qual a MPM participou e que recebeu o nome de Comitê Nacional de Publicitários Pró-Tancredo Neves.

No ano seguinte, a MPM incorporou, em São Paulo, a Profissionais de Promoção Associados (PPA), uma agência especializada em promoções e *merchandising*. Ainda na década de 1980, a MPM desenvolveu o conceito de "agência de comunicação", com o objetivo de oferecer a seus clientes cobertura total às suas necessidades no campo das comunicações.

Em 1989, a MPM instalou a Green Publicidade, uma unidade de negócios em São Paulo. A direção dessa agência foi entregue a Eduardo "Castor" Borgonovi. Segundo a *Advertising Age*, em 1989 a MPM era a 34ª colocada no *ranking* mundial e ocupava a 1ª posição no Brasil e na América Latina.

Em 1990, a então denominada MPM Comunicações era integrada por duas empresas: a MPM Propaganda S.A. e a MPM Propaganda São Paulo S.A., totalizando 13 unidades espalhadas por quase todo o país: Porto Alegre, Rio de Janeiro, São Paulo, Brasília, Belo Horizonte, Salvador, Recife, Florianópolis, Curitiba e Fortaleza.

Em 1991, a MPM se fundiu com a Lintas Brasil, braço nacional da Lintas Worldwide. Surgiu então a MPMLintas, fruto, à época, da maior transação de fusão do mercado de publicidade no Brasil. Porém, já no ano seguinte à fusão, a multinacional não mais conseguiu manter a agência na primeira posição do *ranking* do mercado publicitário brasileiro. O nome da MPM desapareceu do mapa da propaganda brasileira em 1996, quando a multinacional decidiu excluir essas três letras da porta da agência.

Em agosto de 2003, a MPM, agência que já fora um ícone da propaganda brasileira, renasceu 100% nacional através da YPY, uma *holding* que também é acionista da DM9DDB e da Africa Propaganda, controlada pelo publicitário Nizan Guanaes, o Grupo Icatu e João Augusto Valente. Como *jingle* de seu retorno ao mercado publicitário foi utilizado o refrão "Eu voltei agora pra ficar/Porque aqui, aqui é meu lugar/Eu voltei pras coisas que eu deixei/Eu voltei" da música *O portão*, cedida por Roberto Carlos. Com presença garantida em todo o Brasil, a MPM, antes mesmo de seu lançamento, já contava com seis contas em seu portfólio: a seguradora Sul América, a empresa de cosméticos Unisoap, a fabricante de colchões Probel, o *shopping* ABC, a dupla Sandy & Junior e uma imobiliária de residências de alto padrão do Grupo Odebrecht. A gestão da MPM ficou a cargo de Bia Aydar.

Alan Carneiro

FONTES: CASTELO BRANCO, Renato; MARTENSEN, Rodolfo Lima; REIS, Fernando (planej. e coord.). *História da propaganda no Brasil*. São Paulo: T. A. Queiroz, 1990. (Coleção Coroa Vermelha. Estudos Brasileiros, 21.); VARÓN CADENA, Nelson. *Brasil: 100 anos de propaganda*. São Paulo: Referência, 2001; *IstoÉ Dinheiro*, 13 ago. 2003; MARCONDES, Pyr. *Uma história da propaganda brasileira*. Rio de Janeiro: Ediouro, 2002; RODRIGUES, André Iribure. A contribuição da MPM Propaganda para o mercado publicitário gaúcho. In: CONGRESSO Brasileiro de Ciências da Comunicação, XXIV, Campo Grande, MS: Intercom — Sociedade Brasileira de Estudos Interdisciplinares da Comunicação, 2001; <http://www.intercom.org.br/papers/xxiv-ci/np03/NP3RODRIGUES.pdf>, acesso em 29-9-2004.

MPM-CASABRANCA *ver* **CASABRANCA**; *ver também* **MPM**

MPM COMUNICAÇÕES *ver* **MPM**

MPMLINTAS *ver* **LINTAS**

MPMLINTAS *ver* **MPM**

MULTI PROPAGANDA *ver* **MCCANN ERICKSON**

N. W. AYER & SON

Agência norte-americana instalada no Brasil em 1931 com o objetivo primeiro de desenvolver a propaganda dos veículos da Ford no país. Assim como a J. Walter Thompson, que chegara dois anos antes, compôs a maior parte do seu quadro funcional com profissionais oriundos da Divisão de Propaganda da GM, entre os quais cabe destaque para Orígenes Lessa, Aldo Xavier da Silva, Francisco Teixeira Orlandi (o "Tio Chico"), Oscar Fernandes da Silva e Armando Garrido. Ao longo de sua trajetória, teve clientes de renome, como a General Electric, a Light e o Departamento Nacional do Café — mais tarde Instituto Brasileiro do Café (IBC) —, para o qual realizou, inclusive, a primeira grande pesquisa de mercado no Brasil. Ao lado da já citada Thompson, foi pioneira em diversas iniciativas inovadoras na propaganda brasileira, como, por exemplo, a produção de anúncios para o rádio. A religião de seus donos impediu que a agência aceitasse fazer campanhas publicitárias de bebidas alcoólicas, cigarros e remédios. Conhecida como o "navio-escola" da propaganda brasileira — segundo Ribamar Castelo Branco —, encerrou suas atividades no Brasil em 1943. Especula-se que dificuldades financeiras decorrentes da guerra, possivelmente conjugadas à perda da conta da Ford para a Thompson, tenham precipitado o fechamento da empresa.

André Dantas

FONTES: CASTELO BRANCO, Renato; MARTENSEN, Rodolfo Lima; REIS, Fernando (planej. e coord.). *História da propaganda no Brasil*. São Paulo: T. A. Queiroz, 1990. (Coleção Coroa Vermelha. Estudos Brasileiros, 21.). p. 318-319; *Propaganda*, v. 24, n. 275, jun. 1979.

NANÔ, CARLOS ALBERTO

Carlos Alberto Nanô nasceu em São Paulo, em 3 de março de 1943, filho de Isidoro Nanô, um dos pioneiros na impressão e exibição de *outdoors* no Brasil.

Em 1954, a Gráfica Isidoro Nanô e Filhos, fundada em 1924, deu lugar à Nanograf e Carlos Alberto Nanô assumiu a presidência da empresa. Em 1966, abriu a exibidora Espaço Propaganda, uma extensão da Nanograf.

Nanô participou da institucionalização do meio *outdoor* no Brasil, tendo sido, em 1977, um dos fundadores da Central do Outdoor e seu primeiro presidente, responsável pela implantação da entidade, função que desempenharia até 1980.

Em 1978, foi realizado em São Paulo o III Congresso Brasileiro de Propaganda, que aprovou o Código Brasileiro de Auto-Regulamentação Publicitária. Nanô foi um dos organizadores do congresso e integrante da Comissão Nacional de Auto-Regulamentação Publicitária, que tinha por objetivo divulgar e fiscalizar as normas estabelecidas no código. Em 1980, a comissão criou o Conselho Nacional de Auto-Regulamentação Publicitária (Conar), entidade civil fundada com a incumbência de zelar pela aplicação das resoluções estabelecidas no código. Nanô foi um dos signatários da fundação do órgão e membro de seu primeiro conselho superior.

Em 1986, Nanô foi novamente escolhido para presidir a Central do Outdoor, sendo reeleito dois anos depois. Em sua segunda gestão, consolidou as subsedes regionais da central. Em 1991, assumiu a presidência da Associação dos Profissionais de Propaganda (APP), cargo que deixou em 1993. Voltou à presidência da Central do Outdoor em 1998, sendo reeleito em 2000 para um novo mandato, que se estenderia até 2002. Foi também membro do Comitê de Execução das Normas-Padrão e da International Advertising Association (IAA).

Christiane Jalles de Paula

FONTES: REIS, Fernando. *Cobrões da propaganda 91/92*. São Paulo: Referência, 1991; CASTELO BRANCO, Renato; MARTENSEN, Rodolfo Lima; REIS, Fernando (planej. e coord.). *História da propaganda no Brasil*. São Paulo: T. A. Queiroz, 1990. (Coleção Coroa Vermelha. Estudos Brasileiros, 21.).

NASCIMENTO, PAULO ARTHUR

Paulo Arthur Nascimento nasceu na cidade de São Paulo, em 23 de abril de 1924, filho de Arthur Nascimento Júnior e Haydée Levy Nascimento. Fez os primeiros estudos nos colégios Santo Agostinho e São Luís, e ingressou na Escola de Engenharia Mackenzie, onde cursou engenharia e arquitetura, sem concluir nenhum dos cursos.

Iniciou-se na propaganda em 1946, na agência Ricardo De Lucca Publicidade, uma das mais importantes de Buenos Aires. Em 1951, retornou ao Brasil e tornou-se presidente do International Advertising Service, em São Paulo. Dois anos depois, foi trabalhar como gerente de propaganda e relações públicas na Cia. Esmeralda de Imóveis, função em que permaneceu até 1954. Esse ano marcou sua volta à propaganda propriamente dita, com a fundação da agência P. A. Nascimento Publicidade, que teve grande importância entre os anos 1940 e 1970 e produziu campanhas como a de estímulo ao consumo de leite e a de defesa do açúcar contra a utilização de adoçantes artificiais. Em 1956, comandou a fusão de sua agência com a Acar Propaganda, surgindo a P. A. Nascimento-Acar.

Participou ativamente na elaboração do I Congresso de Propaganda, realizado no Rio de Janeiro, em 1957, e do qual foi um dos vice-presidentes. Nos meios associativos, participou de várias gestões da Associação Paulista de Propaganda (APP, atual Associação dos Profissionais de Propaganda), como diretor e presidente do Conselho Fiscal. Em 1963, disputou a presidência da APP, venceu e assumiu o cargo em dezembro do mesmo ano. Durante sua gestão foi criado o departamento feminino, realizado um ciclo de conferências e lançado um boletim informativo, encartado na revista *Propaganda*, incentivando os associados a comprar a revista, que dava seus primeiros passos.

Ainda em sua gestão, o país passou por grave crise política, que resultou na instauração do regime discricionário de março de 1964. Paulo Arthur Nascimento propôs que a APP se engajasse nas manifestações de repúdio ao governo eleito de João Goulart, mas não teve sua moção referendada pelos membros da associação, que afirmaram o caráter apolítico da entidade. Mesmo assim, Nascimento apoiou o golpe militar. Deixou a presidência da APP em 1965. No ano seguinte, fundou uma subsidiária da P. A. Nascimento especializada em relações públicas e, dois anos depois, abriu também uma subsidiária de marketing.

Em 1980, fechou a P. A. Nascimento e, no ano seguinte, criou e dirigiu o departamento de marketing da Rádio e TV Cultura. Exerceu essa função por seis meses e voltou à propaganda, como diretor da subsidiária da Novagência de Propaganda em Santiago do Chile. Regressou ao Brasil em 1983 e foi um dos colaboradores da organização da De Carli-Bläse. Em 1984 tornou-se consultor.

Faleceu na capital paulista no dia 6 de outubro de 1994.

Christiane Jalles de Paula

FONTES: ASSOCIAÇÃO PAULISTA DE PROPAGANDA. *Depoimentos*. São Paulo: Hamburg, s. d.; REIS, Fernando. *Cobrões da propaganda 91/92*. São Paulo: Referência, 1991; informações fornecidas pelo filho Paulo Arthur Nascimento.

NATALE NETTO, JOÃO

João Natale Netto nasceu na capital paulista em 28 de junho de 1931, filho do industrial, dono de uma metalúrgica, Luiz Natale, e da dona-de-casa Mafalda Grottera Natale.

Começou sua vida profissional como desenhista na McCann Erickson em 1949, aos 17 anos de idade. Logo se interessou por redação publicitária e chegou ao cargo de chefe e planificador, lidando diretamente com grandes clientes, como os Motores Arno, os produtos Gessy e a General Motors. Em 1951, foi para a Orion Publicidade, onde trabalhou por quase dois anos no cargo de redator.

Em meados de 1952, mudou-se para os Estados Unidos, para estudar marketing na University of California, Los Angeles (Ucla). Durante sua passagem por lá, trabalhou, em regime de meio expediente, como correspondente de publicações brasileiras e em empresas do setor de comunicação da Costa Oeste norte-americana.

Em setembro de 1953, já de volta ao Brasil, ingressou na Dória & Associados, no cargo de redator, e participou da campanha para o quarto centenário de fundação da cidade de São Paulo. Em outubro de 1954, mudou-se para a Publicidade Ecléctica, onde foi considerado o Redator do Ano de 1956 pela revista *PN — Publicidade & Negócios*. Tal prêmio fez com que Rodolfo Lima Martensen se interessasse por seu trabalho e o levasse para a Lintas, como diretor de planejamento, supervisor de criação e RTVC, no final do mesmo ano. Três anos depois, migrou para a Reclam Publicidade.

Em 1961, levado por Victor Civita, ingressou na Editora Abril, com a missão de estruturar o departamento de publicidade da empresa e chefiar a venda de espaço de todas as publicações da época. Participou de importantes lançamentos, incluindo os das revistas *Cláudia* e *Realidade* e da primeira série de fascículos no Brasil. Foi supervisor comercial de *Quatro Rodas* e membro efetivo do Comitê Editorial da Abril.

Integrou, em 1967, o Comitê Nacional de Direção da Standard Propaganda, com atuação direta no escritório da agência em São Paulo, que detinha 60% do faturamento global da empresa. Em 1970, com a morte do pai, Natale Netto assumiu a direção da Metalúrgica Natale, mas, paralelamente, manteve suas funções na Standard, em que já atuava como diretor de operações.

Em 1972, associado a Walter Flavius Arruda e ao espanhol José Figuerola Figueras, fundou o Bureau de Propaganda, o que fez com que administrasse a metalúrgica a distância. A agência conquistou dezenas de prêmios ao longo da década de 1970, entre eles oito prêmios Colunistas e dois Lâmpadas de Ouro. Simultaneamente, os sócios também mantinham mais duas empresas: a Bureau de Comunicação, de relações públicas e assessoria de imprensa, e a Bureau Design, escritório de promoções, *design* e planejamento visual. Na mesma época, Natale Netto foi presidente da Associação Paulista de Propaganda (APP, atual Associação dos Profissionais de Propaganda) no triênio 1974-76. Também presidiu o I Encontro Internacional de Publicidade, realizado em São Paulo em 1975.

Em 1980, com o fim da sociedade, João Natale Netto retornou ao ramo editorial, como sócio majoritário da Editora Gemini Ltda., onde publicou revistas técnicas e livros até 1987. Manteve-se, porém, como diretor da Bureau de Comunicação, remanescente da sociedade desfeita, que operou até transformar-se, em meados da década de 1980, na YoungPress Comunicação.

José Márcio Batista Rangel

FONTES: *curriculum vitae*; *Veja*, n. 233, p. 77, 21 fev. 1973; *PN — Publicidade & Negócios*, v. 12, n. 177, 20 jan. 1953; *Propaganda*, v. 16, n. 201, p. 48-51, abr. 1973; *Propaganda*, v. 10, n. 124, p. 8-9, ago. 1966.

NEIVA, MÁRIO

Mário Neiva foi presidente da Associação Brasileira de Propaganda (ABP) entre 1947 e 1949. Ainda em 1947, foi eleito presidente do Congresso Internacional de Propaganda, realizado em Paris. Em 2 de abril de 1964, foi nomeado diretor da Rádio Nacional.

FONTE: <http:www.abp.com.br>, acesso em 15-2-2005.

NEOGAMABBH PUBLICIDADE

Agência criada na virada de 1999 para 2000, na cidade de São Paulo, por Alexandre Gama, ex-sócio da AlmapBBDO e da Young & Rubicam. Inicialmente associado ao grupo BCOM3, Gama promoveu em seguida a integração definitiva de sua agência com a BBH, de John Hegarty, grupo que, por filosofia, não se havia associado antes a nenhuma outra pessoa física ou agência no mundo. Desde então, a NeogamaBBH responde pelas operações do grupo no âmbito da América Latina. Foi a mais jovem agência brasileira a ser eleita Agência do Ano pelo Prêmio Caboré, e no seu primeiro ano de vida conquistou um Leão de Ouro em Cannes. Atualmente, integram sua carteira de clientes empresas como Bradesco, Votorantim, Sky, Mitsubishi e Unilever, entre outras.

André Dantas

FONTES: ABAP – Associação Brasileira de Agências de Propaganda. *História da propaganda no Brasil*. São Paulo: Talento, 2005; ARP — Associação Riograndense de Propaganda. *Ranking das agências de todo o Brasil do Ibope Monitor*. Disponível em: <http://www.arpnet.com.br/materias_anteriores/materias_ant8.htm>, acesso em 18-11-2004; <http://www.neogama.com.br>, acesso em 12-1-2005; informações prestadas pela agência.

NICE, ERIC

Eric Nice nasceu em 1910 na Inglaterra e formou-se pela Central School of Arts, de Londres.

Iniciou suas atividades profissionais como diretor de arte da J. Walter Thompson de Londres. Mais tarde, em 1930, foi trabalhar na África do Sul, onde permaneceu por dois anos. De lá foi para os Estados Unidos dirigir a área de criação da agência Joseph Katz Advertising, de Saint Louis, durante dois anos. Voltou à Thompson de Londres, onde trabalhou por mais seis anos.

Sua experiência profissional levou a J. Walter Thompson a contratá-lo para atuar como diretor de criação em São Paulo. Chegando ao Brasil em 1940, ocupou o cargo de vice-presidente da empresa. A formação gráfica européia e norte-americana de Nice contribuiu para o surgimento de um tipo de criação artística que revolucionou a propaganda impressa e até as embalagens.

Em fins da década de 1950 e começo dos anos 1960, a consolidação do sistema de duplas de criação — redator e diretor de arte — e da televisão, que exigia textos mais concisos, ampliou a importância dos diretores de arte.

Em 1956, Nice foi responsável pela diagramação do primeiro número da revista *Propaganda*. Fez também a programação visual da revista *PN — Publicidade & Negócios*, concorrente da *Propaganda*.

Deixou a Thompson em 1974 e, pouco depois, foi contratado pela Salles/Inter-Americana, onde assumiu o cargo de vice-presidente de criação e permaneceu até falecer. Em 1981 recebeu o Prêmio Profissional do Ano dos Colunistas versão nacional.

Considerado no meio publicitário um dos mais importantes diretores de arte publicitária do Brasil. O júri do V Festival Brasileiro da Promoção, Embalagem e Design criou o Prêmio Profissional de Embalagem do Ano Eric Nice em sua homenagem.

Faleceu em 7 de agosto de 1993.

Alzira Alves de Abreu

FONTES: *About*, v. 6, n. 249, 17 ago. 1993; CASTELO BRANCO, Renato; MARTENSEN, Rodolfo Lima; REIS, Fernando (planej. e coord.). *História da propaganda no Brasil*. São Paulo: T. A. Queiroz, 1990. (Coleção Coroa Vermelha. Estudos Brasileiros, 21.); VARÓN CADENA, Nelson. *Brasil, 100 anos de propaganda*. São Paulo: Referência, 2001; *Propaganda*, n. 275, jun. 1979; VARÓN CADENA, Nelson. 45 anos de propaganda. *Propaganda*, n. 598, 28-32, mar. 2001.

NORMAS-PADRÃO

As Normas-Padrão da Atividade Publicitária constituem um documento que regula as relações comerciais entre anunciantes, agências e veículos de comunicação, adotando como base a legislação, inclusive e especialmente o Código de Ética aprovado em 1957 pelo I Congresso Brasileiro de Propaganda e tornado lei pelo art. 17 da Lei nº 4.680/65, que regulamentou a atividade publicitária no país.

As primeiras normas foram pactuadas entre anunciantes, agências e veículos antes da legislação regulamentadora de 1965, por iniciativa da Associação Brasileira de Agências de Propaganda (Abap, atual Associação Brasileira de Agências de Publicidade), num momento em que, em virtude do processo de industrialização e urbanização aceleradas e da política de substituição de importações, tornaram-se complexas as relações de consumo, notadamente pela massificação da comunicação. Foram, em seus termos gerais, incorporadas pelo Decreto nº 57.690, de 1º de fevereiro de 1966, que aprovou o regulamento da Lei nº 4.680/65, ainda hoje em vigor, salvo por duas modificações: o Decreto nº 2.262/97 revogou dispositivos do regulamento que fixavam em 20% o chamado desconto padrão de agência, que é, de fato, a remuneração que o veículo paga à agência pela intermediação da publicidade, no que foi conhecido pelo mercado, erroneamente, como uma "desregulamentação" da atividade; e o Decreto nº 4.563/02, que incorporou ao regulamento as normas-padrão pactuadas em 16 de dezembro de 1998, em documento firmado pela Associação Brasileira de Anunciantes (ABA), pela Abap, pela Associação Brasileira de Emissoras de Rádio e Televisão (Abert), pela Associação Brasileira de Televisão por Assinatura (ABTA), pela Associação Brasileira de Revistas (Aner), pela Associação Brasileira de Jornais (ANJ), pela Central do Outdoor e pela Federação Nacional das Agências de Propaganda (Fenapro), conhecido, também de forma errônea, como "nova regulamentação".

Em realidade, as normas-padrão que tratam das relações entre agências, anunciantes e veículos asseguram que as agências tenham estrutura de atendimento — pessoal especializado de criação e mídia, que utilize de forma lícita pesquisas que assegurem a boa técnica na escolha dos veículos — e sejam remuneradas de forma correta, especialmente pelos veículos, impedindo que transfiram para seus clientes-anunciantes o que percebem de comissão, o que, em termos de mercado, contrariando a lei, ensejaria a concorrência desleal entre anunciantes de um mesmo mercado. O mais poderoso, ao exercer pressão sobre a agência, teria, com o repasse da comissão, preço inferior para a oferta de seus produtos e serviços, o que veda a Lei nº 4.680/65.

Hoje, por pacto de veículos, todas as agências devem ser certificadas pelo Cenp — estrutura e lisura nas relações com os anunciantes — para terem direito ao desconto-padrão. No direito administrativo brasileiro, as agências, por exercerem atividade por conta e ordem do anunciante, podem destinar a publicidade de organismos públicos a veículos de comunicação, sem a necessidade de licitar preços, através de estudos técnicos que realizam para assegurar a abrangência e a eficácia da comunicação, o que é verificado na licitação da qual participam, pelo critério de escolha pela melhor técnica, segundo o que dispõe a Lei nº 8.666/93, que trata das licitações e dos contratos administrativos. Os editais de licitação, como praxe, já citam as normas-padrão como forma de definir o que está sendo licitado.

João Luiz Faria Netto

FONTE: *Cenp em revista*, v. 1, n. 1, 4 trim. 2004. Disponível em: <http://www.cenp.com.br>, acesso em 29-11-2006.

NORTON

A Empresa de Publicidade Norton Ltda. foi fundada em São Paulo por Geraldo Alonso, José De Mingo e o dentista Henrique J. Erwenne em novembro de 1946, um ano após o fim da II Guerra Mundial. Surgiu numa época em que o mercado publicitário brasileiro era dominado pelas agências multinacionais. Caracterizou-se, portanto, como uma agência genuinamente nacional e procurou se estender a todo o território brasileiro. A equipe que deu início aos trabalhos da agência era composta, além dos sócios Geraldo Alonso e De Mingo, pelos colaboradores fixos José do Couto (redator), José Caruso (desenhista) e Jaime Dônio (contato).

Seu primeiro cliente foi a incorporadora Serva Ribeiro, que destinou à Norton a conta de um lançamento imobiliário na avenida Angélica, ponto nobre da capital paulista. Depois a agência obteve a conta da Casa Aloe. A Serva Riberio tinha todas as suas contas na Gordon Publicidade, onde Geraldo Alonso e De Mingo haviam trabalhado. Progressivamente essas contas foram sendo transferidas para a Norton, até a incorporação da Gordon em 1948. Outra conta importante conseguida pela Norton foi a dos relógios Marvin, da Tic — Técnica Indústria e Comércio, um grupo francês estabelecido no Brasil. A campanha desses relógios, desenvolvida na mídia impressa, proporcionou à Norton seu primeiro prêmio publicitário, um dos mais importantes da época: a publicação com destaque dos anúncios no *Anuário de Publicidade* de 1947. No ano seguinte, a agência abriu escritório no Rio de Janeiro, então Distrito Federal, onde passou a administrar a conta da Galeria Carioca, da qual Geraldo Alonso era diretor comercial. Em 1949, a Norton incorporou duas pequenas agências: a Ímpar e a Sirius, da capital paulista.

Na década de 1950, com o advento da televisão no Brasil, a Norton cresceu e passou a se situar entre as maiores agências em atuação no país, tendo como clientes a Bendix Home Appliances do Brasil; Mesbla, Nestlé, CBI, Ideal Standard, Perfumes Dana, Organização Imobiliária Inimá Barra, Anderson Clayton, entre outros.

Em 1955, a Norton fez o lançamento da máquina de lavar roupa automática Bendix, criação de seu redator José do Couto, com o *slogan* "Não jogue no tanque seus encantos de mulher". A conquista da conta da General Electric (GE) em 1956 representou a primeira vitória das agências brasileiras sobre as multinacionais instaladas no país. Até então, a GE era cliente de uma só agência multinacional no mundo, e a passagem de sua conta para a Norton no Brasil contrariava sua política mundial. Nesse mesmo ano, a agência deixou de ser uma sociedade limitada e foi transformada em sociedade anônima. No ano seguinte, a conta de outra multinacional foi conquistada: a da Nestlé. Ainda em 1957, a Norton montou filial em Belo Horizonte, utilizando profissionais recrutados na capital mineira para os setores de criação, produção, mídia, atendimento e pesquisa, sob a direção de José De Mingo.

Em 1959, numa disputada concorrência, da qual participaram 15 empresas, a Norton conquistou a conta da Willys Overland do Brasil. Coube-lhe, com isso, a primazia de lançamento do automóvel modelo Aero Willys no Salão do Automóvel, em Paris. No ano seguinte, a agência inaugurou sede própria na capital paulista. Em 1963, iniciou seu processo de internacionalização, com a constituição das Agências Associadas Latino-Americanas (Aala), uma cadeia de agências com forte presença na América Latina, tendo representações no México, na Argentina, no Chile, na Colômbia e no Uruguai.

Em 1969, a Norton contratou uma equipe de profissionais de criação composta dos nomes mais conceituados no mercado publicitário brasileiro: foi buscar Neil Ferreira, Jarbas José de Souza e José Fontoura da Costa na Alcântara Machado; Aníbal Guastavino na Standard e Carlos Wagner de Moraes na Lintas. Essa equipe, autodenominada "os subversivos", revolucionou o processo criativo da Norton e da publicidade brasileira. No ano seguinte, José De Mingo deixou o comando da filial de Belo Horizonte e em 1972 deixaria a sociedade. De 1970 a 1973 ela foi dirigida por um triunvirato, formado por Agnelo Pacheco, Edson Maretti e Orlando Pacheco. Posteriormente, Agnelo e Orlando Pacheco foram substituídos por Athos

Marques Pinto e Ronaldo Monteiro. Algumas campanhas elaboradas para o mercado mineiro acabaram sendo adotadas nacionalmente, como ocorreu por várias vezes com as campanhas feitas para a Mesbla. Mas a filial mineira foi desativada em 1986.

Em 1974, ao abrir escritório em Paris, a Norton tornou-se pioneira na internacionalização da publicidade brasileira. No ano seguinte, conquistou a conta da rede Carrefour. Em 1976, a Norton foi a a primeira agência brasileira a conquistar o Clio Award, com o comercial de televisão de lançamento dos Pneus Tropical. Em 1979 e 1980, a Norton foi eleita a Empresa do Ano pela revista *Exame*, por seu desempenho no setor de publicidade. Em 1981, foi criada a Norton Rural, uma divisão pioneira no então inexistente marketing rural. Em dezembro de 1988, morreu o presidente da empresa, Geraldo Alonso, que foi sucedido pelo filho, Geraldo Alonso Filho. No ano seguinte foi inaugurado o Instituto Geraldo Alonso, entidade sem fins lucrativos para preservar a memória da Norton e do seu criador.

Em 1990, a Norton inaugurou a NortWest, a segunda agência do grupo. No início dessa década a agência contava ainda, entre seus principais clientes, com Gomes de Almeida, Fernandes; o Banco Francês Brasileiro (BFB), a Bayer, a Parker e a Pan Am.

Em 1994, foi eleita a Agência do Ano pela Associação Brasileira de Marketing Rural (ABMR). Nesse mesmo ano foi a única agência brasileira a conquistar um Leão de Ouro no Festival de Cannes, na França, com o comercial "Câmera", das pilhas Rayovac alcalinas.

Em 1996, a Norton deixou de ser uma empresa 100% nacional, ao vender 60% de seu capital ao maior grupo europeu de comunicações, o Publicis. Sua nova razão social passou a ser Publicis Norton. Geraldo Alonso Filho foi nomeado *chairman* regional para a América Latina do Grupo Publicis e deu início à implantação da rede européia na região.

Em 2000, a agência lançou o CD *Marcas na música popular brasileira*, um estudo inédito sobre a presença das marcas na MPB. No *ranking* das 50 maiores agências por investimento em mídia, ocupou a 20ª posição em 2001, subindo para a 19ª no ano seguinte. Em 2003, a Publicis Norton fundiu-se com a Salles D'Arcy, dando origem à Publicis Salles Norton, segundo o *Ibope Monitor* daquele ano a terceira maior agência do país.

Em 2004 contava em seu portfólio com um elenco de 46 clientes, entre os quais, além da Nestlé, a Agência Nacional do Petróleo (ANP), Bradesco, Brasil Telecom, Embraer, Fundação Roberto Marinho, Ibeu, Klabin, Madureira Shopping, Ministério da Saúde, Rio Sul Shopping Center, *Valor Econômico* e Varig.

Alan Carneiro

FONTES: ABAP — Associação Brasileira de Agências de Propaganda. *História da propaganda no Brasil*. São Paulo: Talento, 2005; *Anuário de Propaganda 2004 (Meio & Mensagem)*; CASTELO BRANCO, Renato; MARTENSEN, Rodolfo Lima; REIS, Fernando (planej. e coord.). *História da propaganda no Brasil*. São Paulo: T. A. Queiroz, 1990. (Coleção Coroa Vermelha. Estudos Brasileiros, 21.); DUPONT, Wladir. *Geraldo Alonso; o homem, o mito*. São Paulo: Globo, 1991; <http://www.publicissallesnorton.com.br>, acesso em 30-9-2004.

NOVAES, ÁLVARO

Álvaro Novaes nasceu em Santos (SP) em 1953. Seu pai era comerciante. Cursou engenharia na Universidade de São Paulo (USP).

Começou sua vida profissional como estagiário no departamento de engenharia industrial da Alcan Alumínio do Brasil, em Santo André (SP). Em 1977, ingressou na Gessy Lever para trabalhar, primeiramente, no departamento de manutenção e, em seguida, no departamento de engenharia industrial. Passou por vários departamentos até chegar ao de marketing em 1985. Na Gessy adquiriu experiência em marketing e participou da divulgação do sabão em pó Omo. A partir de 1986, foi trabalhar na Luna, uma fábrica de queijos comprada pela Gessy Lever. Em 1994, deixou a empresa, ao receber um convite da Parmalat, empresa também do ramo de laticínios. Foi diretor de marketing da Parmalat no Brasil, no Paraguai e no Uruguai. A empresa se instalou na Argentina, Chile, Venezuela, Equador, México, China e Austrália, e Álvaro coordenou o marketing da empresa em todos esses países. A Parmalat ganhou vários prêmios, como o da *Advertising Age*, o da revista *Exame*, o Prêmio Caboré, o Prêmio Abril de Publicidade. Em setembro de 1997, foi trabalhar na Bombril, onde iniciou a reestruturação do departamento de marketing e se tornou responsável pelo departamento de vendas e pela área de desenvolvimento e tecnologia.

Em novembro de 1999, transferiu-se para a agência J. Walter Thompson, tornando-se seu presidente. Na nova empresa dedicou-se à campanha do Ministério da Educação sobre o trabalho desenvolvido pelo ministro Paulo Renato. Levou a agência a estabelecer parcerias com outras agências de publicidade, como a DCS, do Rio Grande do Sul; a Master, do Paraná, e a Publivendas, da Bahia. Tornou-se presidente da Thompson para a América Latina. Deixou a Thompson em 6 de dezembro de 2004.

Alzira Alves de Abreu

FONTES: *About*, v. 10, v. 509, 20 out. 1998; <http://www.federasul.com.br/tanamesa/2000/12-julho>, acesso em 21-5-2004; <http://www.bluebus.com.br>, acesso em 21-5-2004

NOVAGÊNCIA

A história da Novagência começa em 1966 com a agência Somos, fundada pelos irmãos Luiz Carlos e Luiz Fernando Levy, e também por Nelson Biondi Filho e René Rivas. Nesse mesmo ano, com a saída de Rivas da sociedade e a concomitante entrada, no grupo, do administrador profissional Roberto Souza Aires, a agência passou a denominar-se B. A. Levy. Poucos anos mais tarde, em 1973, além da admissão de dois novos sócios — Oscar Fernando Fontoura e José Eduardo Barros Ferreira —, a B.A. Levy adquiriu uma filial da agência Fator, sediada no Rio Grande do Sul, incorporando em sua razão social, desde então, o "F" à frente do nome anterior. Foi como FBA Levy que a agência paulista, a partir de 1974, integrou um consórcio responsável pela conta do governo do estado de São Paulo, do qual faziam parte ainda as agências DPZ, Publitec, Artplan e Integral. Dois anos mais tarde, em 1976, a agência adquiriu o controle acionário da Integral, pertencente aos irmãos Agnelli. Finalmente, em 1981, após o desligamento dos irmãos Levy e de Souza Aires da sociedade e, paralelamente, da entrada de Herbert Victor Levy Filho e Haroldo Bariani, a razão social Novagência foi assumida pelo grupo. Entre os seus principais clientes, a agência teve empresas como C&A, Phillip Morris, Perkins e SAAB Scania, tendo chegado a manter um escritório no Chile, sob a direção de Paulo Arthur Nascimento. Dona da 14ª posição no *ranking* das agências em 1982, foi incorporada, dois anos mais tarde, pela agência Leo Burnett.

André Dantas

FONTES: CASTELO BRANCO, Renato; MARTENSEN, Rodolfo Lima; REIS, Fernando (planej. e coord.). *História da propaganda no Brasil*. São Paulo: T. A. Queiroz, 1990. (Coleção Coroa Vermelha. Estudos Brasileiros, 21.). p. 375; *Propaganda*, v. 26, n. 303, p. 20-37, out. 1981.

NOVIS, PAULO

Paulo Novis nasceu em 19 de junho de 1950, filho do otorrinolaringologista Aloysio Augusto Novis e da dona-de-casa Francisca de Freitas Pereira Novis.

Em 1972, graduou-se em economia pela Pontifícia Universidade Católica do Rio de Janeiro, em 1980 concluiu a pós-graduação em marketing no IAG da PUC e, em 1982/83, o curso de extensão em gestão financeira da Fundação Getulio Vargas do Rio.

Iniciou a vida profissional como estagiário em empresas de consultoria e exportação nos anos de 1969 e 1970. Mas já neste último ano começou a trabalhar com publicidade no Centro de Promoção do Turismo (CPT), do Ministério da Indústria e do Comércio. Deixou o CPT em 1975 e foi trabalhar na Esquire Propaganda, onde passou de supervisor de contas a diretor de atendimento e, posteriormente, a sócio.

De 1985 a 1992, esteve no Grupo Mesbla, onde exerceu as funções de diretor-geral da Provarejo Propaganda (1985-87), que em sua gestão destacou o posicionamento da rede de lojas Mesbla e das marcas próprias do grupo e implementou uma concepção nova no tratamento da propaganda de varejo no Brasil. Em 1986, recebeu o Prêmio Profissionais do Ano, da Rede Globo de Televisão. Foi também diretor de compras (1988-90) da loja de departamentos Mesbla e, nos dois anos seguintes, diretor-geral da rede de lojas Maxx, do grupo Mesbla.

Desligou-se do grupo em 1992 e tornou-se diretor de marketing da Globosat, mas, nesse mesmo ano, ingressou na Young & Rubicam do Rio de Janeiro como diretor-geral, permanecendo na agência até 1994. Durante o tempo em que trabalhou na Y&R teve importante atuação na consolidação do escritório do Rio como um dos mais rentáveis.

Em 1994, foi contemplado com o Prêmio Profissionais do Ano, da Associação Brasileira de Propaganda (ABP), e em 1995 esteve na Contemporânea Comunicação como diretor. Entre 1996 e 2001, exerceu a função de diretor-geral do Sistema Globo de Rádio, sendo o responsável pela restruturação de seu modelo de gestão. Em 2000, foi novamente finalista do Prêmio Caboré como Dirigente de Veículo. No ano seguinte, tornou-se diretor-geral da Infoglobo, empresa responsável pelos jornais *O Globo*, *Extra*, *Diário de São Paulo* e *Globo Online*.

Ana Flávia Vaz

FONTE: *curriculum vitae.*

OANA PUBLICIDADE

Agência fundada em 1970, em Manaus (AM), por Edmar Costa e Jacó Luiz de Figueiredo, que, cinco anos mais tarde, se desligou da empresa.

Iniciou suas atividades em meio à escassez da oferta de produções televisivas, o que a obrigou a se aparelhar para produzir seus próprios comerciais. Com perfil de atuação regional, a agência operou durante muitos anos também nos mercados de Rondônia, Acre e Roraima, tendo utilizado por muito tempo um sugestivo *slogan* acerca do papel que se atribuía: "A última agência pioneira". Entre suas campanhas de destaque, cabe ressaltar a que contribuiu para a elevação de Rondônia à categoria de estado da Federação em 1981. Com a chamada "Rondônia, a nova estrela da União", o trabalho foi considerado, em 1991, pelos colunistas de propaganda, "a campanha da década" em serviços públicos. Abriu filial em Porto Velho e sua carteira de clientes incluía 52 anunciantes, entre órgãos institucionais e empresas privadas, dos quais pode-se destacar Suframa, Furnas, Superintendência da Zona Franca de Manaus, Prefeitura de Manaus, Gillette do Brasil, Shizen Honda e Revendas Volkswagen.

Em 2005 a agência era comandada pelos sócios minoritários Roberta, Fabiana e Caio Costa, além de Edson Gil Costa.

André Dantas

FONTES: <http://www.oana.com.br>, acesso em 12-1-2005; informações prestadas por Edmar Costa, um dos fundadores e atual presidente da agência por telefone e e-mail em 13 e 14-1-2005.

OGILVY

Agência de propaganda que surgiu em março de 1972, em decorrência da compra da Standard Propaganda S.A. pela multinacional Ogilvy & Mather. O comando da nova agência foi assumido por Flávio Corrêa, conhecido como Faveco, que formou sua equipe com nomes como José Fontoura da Costa, Mário Pinheiro, Maurice Cohen, Clarice Herzog, Newton Guerra, José Alves, Luiz Augusto Cama, Ernani Behs e Carlos Schneider.

Em 1979, a Standard, O&M incorporou a Opendor, uma agência fundada em 1971 por Hélcio F. Souza, que passou a integrar a diretoria. No início da década de 1980, a agência deu início a uma série de aquisições. Incorporou primeiro a Promo, antiga *house agency* da Philips. Posteriormente, adquiriu a Consuma, uma empresa que atuava no segmento de mala direta, que deu origem à Direct, Ogilvy & Mather. Adquiriu também o antigo estúdio Carlos Prósperi, de onde surgiu a Promo, Ogilvy & Mather Promoção, Merchandising, Design Ltda. Por último, incorporou a AAB — Assessoria Administrativa, a mais importante empresa de relações públicas do Brasil, com mais de 20 anos de funcionamento e dirigida por José Rolim Valença e

José Carlos Fonseca Ferreira. Dessa aquisição surgiu a AAB/Ogilvy & Mather Relações Públicas Ltda.

Quase 10 anos depois, a Standard, O&M foi escolhida pelos colunistas publicitários como a "Agência do Ano" e tornou-se uma das 10 maiores agências de propaganda do Brasil. A atuação das três empresas, em estreita ligação com a agência de propaganda, além de chamar a atenção para o eficiente grupo de comunicação mercadológico formado, permitiu a sedimentação do conceito de *orchestration* durante a década de 1980.

Em março de 1984, a Standard, O&M absorveu a Gang, antiga agência de Lívio Rangan, posteriormente repassada à Scali, McCabe, Sloves, também integrante do Grupo Ogilvy & Mather. Em maio de 1989, esse grupo foi adquirido, internacionalmente, pelo Grupo WPP. Na década de 1990, comprou a Denison e inaugurou a OgilvyInteractive. Em 1999, passou a se chamar apenas Ogilvy.

Em 2000, passou a se chamar Ogilvy & Mather Ltda. Três anos depois, a Ogilvy já era a segunda maior agência de comunicação do país, segundo levantamento do *Ibope Monitor*.

Com escritórios em São Paulo, Rio de Janeiro e Brasília, a empresa mantém acordos operacionais com agências afiliadas em Porto Alegre (SLM Ogilvy), Curitiba (Z. Ogilvy), Salvador (Eurofort Ogilvy), Recife (Ampla) e Belo Horizonte (DNA). O escritório brasileiro é a terceira unidade mais lucrativa do grupo no mundo, perdendo apenas para a matriz, em Nova York, e para Londres.

Alan Carneiro

FONTES: ABAP — Associação Brasileira de Agências de Propaganda. *História da propaganda no Brasil*. São Paulo: Talento, 2005; CASTELO BRANCO, Renato; MARTENSEN, Rodolfo Lima; REIS, Fernando (planej. e coord.). *História da propaganda no Brasil*. São Paulo: T. A. Queiroz, 1990. (Coleção Coroa Vermelha. Estudos Brasileiros, 21.); <http://www2.uol.com.br/canalexecutivo/notas/190520047.htm>, acesso em 9-11-2004.

OGILVY & MATHER *ver* OGILVY

OLESEN, JENS
Nasceu em 6 de março de 1943, em Copenhague, Dinamarca. Estudou na Escola Superior de Economia de Copenhague e, paralelamente ao curso, estagiou por quatro anos na Esso dinamarquesa, da qual seu tio era presidente, atuando em diversos setores da empresa.

Em 1964, emigrou para a Inglaterra, onde iniciou como *trainee* na agência Erwin Wasey Ruthrauff & Ryan, passando a contato júnior da conta da Coca-Cola seis meses depois. Concomitantemente, estudava inglês na Pittman College, em Londres. Em 1966, ganhou uma bolsa de estudos para cursar marketing na Universidade de Colúmbia, nos EUA. Mudou-se para Nova York, onde também começou a trabalhar por meio período na loja de departamentos de origem dinamarquesa Georg Jensen. Por intermédio de seu tio, ingressou como *trainee* na McCann Erickson norte-americana.

No início de 1967, Eugene Kümmel, o novo presidente da agência, encaixou Olesen num programa de treinamento de executivos de origem estrangeira da McCann. Durante todo aquele ano, Olesen viajou por diversos estados norte-americanos, atendendo às matrizes das muitas contas que a agência mantinha por lá, entre as quais a Del Monte International, na Califórnia, a Coca-Cola, na Geórgia, e a General Motors, em Michigan. Em abril de 1968, foi enviado à McCann de Paris, mas, devido à revolta estudantil que estourou um mês depois, foi remanejado para outros locais da Europa, retornando a Nova York em setembro do mesmo ano para trabalhar como assistente pessoal de Kümmel.

Em 1969, Jens fez sua primeira viagem no Brasil, com o objetivo de assumir a gerência de algumas contas importantes da McCann de São Paulo, entre as quais a da Goodyear e a da GM. Nos 18 meses em que permaneceu no país, também se tornou responsável pelas contas de Frigidaire e Acessórios Delco. Retornou à Europa em agosto de 1970 para trabalhar na McCann lisboeta, mas uma mudança de planos fez com que fosse para Oslo, na Noruega, onde a empresa havia se associado a uma agência local. Em outubro do ano seguinte, Olesen retornou a Copenhague, após ter reconquistado a conta da Esso para a McCann, que se estava instalando na Dinamarca. Assumiu a gerência da agência, capitaneando importantes ações de marketing, como a introdução da primeira coleção de figurinhas da Europa, sob a forma de ação promocional da multinacional de combustíveis. No período em que esteve à frente da McCann de Copenhague, foi chamado para auxiliar na solução de problemas que surgiam nos escritórios em várias partes da Europa. Além disso, foi o responsável pela conquista da conta da Gillette na Escandinávia. Em 1975, Jens deixou o escritório dinamarquês da agência.

Em 1976, voltou aos bancos da Universidade de Colúmbia por três meses para cursar o Marketing Management Program, na Graduate School of Business. Nesse mesmo ano, assumiu a presidência da McCann brasileira, instalando-se na matriz da multinacional sediada em São Paulo. Em 1979, também lhe foram atribuídas incumbências de âmbito internacional, comandando as operações da McCann na Argentina, Chile, Paraguai, Uruguai, Bolívia e Peru. Esta atuação fez com que alcançasse a vice-presidência executiva da McCann mundial no início da década de 1980. Na mesma época, investiu em sua atualização por meio de cursos em conceituados centros de formação profissional, tais como o Advanced Management Program, na Universidade de Harvard, concluído em 1981, o Curso Avançado de Executivos da Universidade de Lausanne (Imede), oferecido pela Nestlé, em 1982, e o Curso Avançado de Gerência (Insead) em Fontainebleau, na França, em 1983.

Ainda em 1982, incorporou à sua lista de países supervisionados o Equador, a Colômbia e a Venezuela, sendo então promovido a diretor regional. Em 1983, passaram ao seu comando o México, a República Dominicana e outros países da América Central. O Caribe inglês — Trinidad e Tobago, Barbados e Jamaica — foi integrado à sua gerência em 1985, ano em que também foi inaugurada a sede própria da agência na capital paulista. Em 1988, Olesen foi integrado ao *board* internacional da McCann Erickson mundial.

Até 2005, nenhum executivo da McCann tinha ocupado por tanto tempo quer a presidência da McCann brasileira quer o cargo de diretor regional na história da multinacional.

Jens Olesen promoveu, em caráter pessoal, um grande número de iniciativas culturais no Brasil, entre as quais a construção de uma ampla área para a exposição de obras de arte no espaço da Bienal de São Paulo.

José Márcio Batista Rangel

FONTES: CASTELO BRANCO, Renato, MARTENSEN, Rodolfo Lima, REIS, Fernando (planej. e coord.). *História da propaganda no Brasil*. São Paulo: T. A. Queiroz, 1990. (Coleção Coroa Vermelha. Estudos Brasileiros, 21.); REIS, Fernando. *Cobrões da propaganda 91/92*. São Paulo: Referência, 1991. p. 112; <http://netpropaganda.terra.com.br/materia/index.php?secao=imprimir&id=279>, acesso em 18-10-2004; OLESEN, Jens; BARROS, Altino João de. *McCann - cinqüenta anos em dois vividos e contados*. São Paulo: Siciliano, 1995.

OLIVEIRA, ALVARUS DE

Alvarus de Oliveira foi responsável, juntamente com João Serpa e J. Waldemar Augusto da Silva, pelo lançamento do primeiro número da revista *Publicidade*, em setembro de 1940. Era um dos sócios da editora que publicava a revista, assim como, entre outros, Licurgo Costa, Almério Ramos, Armando de Moraes Sarmento, Walter Ramos Poyares, Manuel de Vasconcellos, Genival Rabelo, Moacyr Medeiros e Homero Homem. Em 1946, o nome da revista foi alterado para *PN — Publicidade & Negócios*.

Em 1942/43, presidiu a Associação Brasileira de Propaganda (ABP) e, em 1955, deixou a agência Eno-Scott, após 23 anos de atividade à frente do departamento de publicidade e promoção de vendas.

Alzira Alves de Abreu

FONTES: SIMÕES, Roberto. História da propaganda. *Propaganda*, v. 26, n. 308, fev. 1982; VARÓN CADENA, Nelson. 45 anos de propaganda. *Propaganda*, n. 598, mar. 2001; *PN — Publicidade & Negócios*, v. 16, n. 247, 20 dez. 1955.

OLIVEIRA, LINDOVAL DE

Lindoval de Oliveira nasceu no Recife (PE), em 19 de novembro de 1928, filho do barbeiro José Itatiaya Fernandes de Oliveira e da dona-de-casa Maria das Victórias Fernandes de Oliveira.

Após completar o 1º grau, trocou Pernambuco pelo Rio de Janeiro, onde iniciou sua vida profissional na Rádio Nacional como *office-boy* em 1943, passando, dois anos depois, a auxiliar de redação. Migrou para a sucursal carioca da Rádio Tupi, onde exerceu a função de redator e obteve o registro de jornalista no Ministério do Trabalho. Ainda como redator, em 1948 foi para a Rádio Emissora Continental, mas logo ingressou no ramo da publicidade, ao trabalhar no departamento de propaganda da empresa A Exposição Modas.

Já era bacharel em direito, formado pela Faculdade de Direito de Niterói, em 1950, quando foi trabalhar na McCann Erickson como redator de RTVC — Rádio, Televisão e Cinema — em 1952. Chegou a chefiar a área de RTVC e a lecionar num curso para redatores radiofônicos do Ministério da Educação e Cultura, até que, em 1958, passou à chefia dos grupos de contato da agência. A partir de então, enveredou pelo setor administrativo da multinacional, tornando-se gerente do escritório do Rio de Janeiro e membro do Conselho Nacional de Administração, em 1964. Nesse ano, também assumiu a presidência do Sindicato de Empresas de Publicidade do Estado da Guanabara e começou a ministrar alguns dos cursos de aperfeiçoamento profissional que estavam sendo lançados pela Associação Brasileira de Propaganda (ABP).

Em 1966, Lindoval de Oliveira assumiu a vice-presidência nacional da McCann, implantando algumas inovações no funcionamento da agência, como: instalação de unidade de varejo; implementação do sistema de duplas de criação, seguindo o modelo do escritório londrino; e, por fim, fortalecimento do departamento de mídia. Em 1969, foi designado Publicitário do Ano pela ABP e Profissional do Ano pela revista *Propaganda*, enquanto, paralelamente, concluía a graduação na Escola Superior de Guerra.

Em 1970, tomou posse como presidente do capítulo Rio de Janeiro da Associação Brasileira das Agências de Propaganda (Abap, atual Associação Brasileira de Agências de Publicidade), e, após quase 20 anos na McCann, deixou a empresa para abrir, em sociedade com Mozart dos Santos Melo — também ex-dirigente da McCann —, a L&M Propaganda. Em pouco mais de uma década de existência, a nova agência conquistou posições importantes em *rankings* nacionais e passou a contar com clientes de expressão, como o Touring Club do Brasil, a Bolsa de Valores do Rio e a Philip Morris.

Em 1974, Lindoval de Oliveira conquistou o Troféu Assis Chateaubriand, conferido pela revista *O Cruzeiro*. Devido a divergências operacionais entre seus sócios, apesar de próspera, a L&M foi fechada e Oliveira estabeleceu nova sociedade, fundando a Oliveira, Murgel Comunicação, na qual foi sócio-gerente. Em 1984, obteve nova conquista profissional, sendo condecorado com a Comenda da Ordem do Mérito das Comunicações, que lhe foi oferecida pelo Ministério da Comunicações.

Em 1985, apesar de haver recebido o Prêmio Jornal do Brasil de Propaganda, na categoria "Revista de Informática", por um anúncio feito para a Embratel, Lindoval de Oliveira decidiu retornar ao jornalismo, mas de forma independente. Dez anos mais tarde, tornou-se editor da revista *Brasil Rotário*, uma publicação regional oficial do Rotary Club internacional.

José Márcio Batista Rangel

FONTES: *curriculum vitae*; OLIVEIRA, Lindoval de. *Lindoval de Oliveira (depoimento, 2004)*. Rio de Janeiro, Cpdoc-ABP, 2005.

OLIVETTO, WASHINGTON

Washington Olivetto nasceu na cidade de São Paulo em 29 de setembro de 1951, filho de Wilson Olivetto, advogado dedicado a escritório de representações comerciais, e de Antônia Olivetto.

Ingressou nas faculdades de Comunicação e de Sociologia, mas não terminou nenhuma das duas.

Iniciou a vida profissional em 1969 como estagiário na HGP — Harding Gimenez Publicidade, agência pequena que se constituíra como uma dissidência da agência Proeme. Em seguida, foi para a agência Lince, onde formou dupla de criação com Jaques Lewkowicz. Da fusão da Lince com a agência Júlio Ribeiro Mihanovich surgiu a agência Casabranca Publicidade, onde Olivetto permaneceu por dois anos. O trabalho desenvolvido na Lince e na Casabranca para a Rede Bandeirantes deu-lhe o prêmio Leão de Bronze no Festival de Cannes. As suas campanhas chamaram a atenção da agência DPZ, que o contratou em 1973.

Foi na DPZ, em 1978, que Olivetto, redator, e Francesc Petit, diretor de arte, uma das duplas de criação da agência, criaram a peça "Garoto Bombril". A campanha revolucionou a publicidade brasileira ao introduzir o uso da linguagem coloquial. Na peça publicitária, o personagem interpretado por Carlos Moreno caracterizava-se pela humanidade, pela timidez, por ser desajeitado e parecer constrangido por estar na televisão. A concepção do comercial teve como traços marcantes a simplicidade, a construção do personagem como anti-herói e o humor. A campanha "Garoto Bombril" foi considerada pelo *Guinness Book* a mais longa da história. Foi também uma das mais premiadas: obteve quatro Leões no Festival de Sawa — Screen Advertising World Association (Cannes) —, sendo um de ouro (1981) e dois de bronze (1978 e 1986), e quatro prêmios Globo/Profissionais do Ano (1979, 1988, 1989 e 1991), sendo dois na categoria Campanha Nacional.

Em 1986, Olivetto deixou a DPZ e assumiu a presidência da GGK no Brasil, agência multinacional com sede na Suíça, que passou a se denominar W/GGK. Levou a conta da Bombril e controlava a empresa juntamente com Javier Ciuret Llussá e Gabriel Zellmeister. Em 1988, a empresa foi contratada pela Rádio Eldorado, de São Paulo, para realizar a cobertura do Festival de Cannes.

Em 1989, Olivetto adquiriu o controle acionário da empresa W/GGK e transformou-a em W/Brasil. A nova agência contou com a participação de Nizan Guanaes, Gabriel Zellmeister e Camila Franco, uma das criadoras da campanha "Primeiro sutiã" para a Valisère, que recebeu inúmeros prêmios.

A W/Brasil desenvolveu campanhas de repercussão, como a de "Hitler", para a *Folha de S. Paulo*, e a criada para o Sistema Brasileiro de Televisão (SBT), que mudou a imagem da empresa e ajudou na formulação de sua programação. A empresa de Olivetto destacou-se também na publicidade realizada para as lojas Mappin, Rede Zacharias, Staroup, assim como para o Unibanco e Vulcabrás, entre outras.

Em 1998, Olivetto foi incluído na lista dos 25 publicitários-chave do mundo, elaborada pela revista inglesa *Media International*. No ano seguinte, foi eleito Publicitário do Século pela Associação Latino-Americana de Agências de Publicidade (Alap) e, num levantamento promovido pelo site Janela Publicitária para escolher os 100 publicitários do século no Brasil, foi o mais votado, obtendo 151 indicações.

Em 2000 foi o homenageado do 43rd Annual Clio Awards, o festival mais concorrido da publicidade, com mais de 18 mil campanhas inscritas. A W/Brasil foi a única agência de língua não-inglesa a vencer um Grand Clio.

Em 2001, a W/Brasil foi premiada pela peça "A semana", criada para a revista *Época*. Organizado pelo jornal *Meio & Mensagem*, o Prêmio Caboré de 2001 também foi conquistado por Olivetto.

Washington Olivetto foi seqüestrado em 11 de dezembro de 2001, em São Paulo, por um grupo liderado pelo chileno Maurício Hernandez Norambuena, dirigente da Frente Patriótica Manoel Rodriguez (FPMR). Seu seqüestro durou 53 dias, só sendo libertado em 2 de fevereiro de 2002. A família não pagou o resgate exigido porque os seqüestradores foram descobertos pela polícia durante as negociações.

No livro *Os 100 melhores comerciais de todos os tempos*, de Berenice Kanner, os dois únicos trabalhos brasileiros incluídos foram os comerciais "Primeiro sutiã", para a Valisère, e "Hitler", para a *Folha de S. Paulo*.

Olivetto foi duas vezes jurado no Festival da Sawa e conquistou o posto de profissional de criação mais premiado da América Latina, ganhando dezenas de Leões de Ouro, Prata e Bronze nos festivais de Cannes.

Recebeu o título de Professor *Honoris Causa* do Centro Universitário Belas-Artes de São Paulo e é membro do Conselho de Ética do Conar.

Foi também um dos inspiradores do movimento Democracia Corinthiana e publicou, em co-autoria com Nirlando Beirão, o livro *Corinthians: é preto no branco* (2002).

Alzira Alves de Abreu

FONTES: *Janela Publicitária*. Disponível em: <http://www.janela.com.br/index.html?anteriores/Janela_2000-01-13.html>, acesso em 29-9-2004; O garoto Bombril. Disponível em: <http://sampa3.prodam.sp.gov.br/ccsp/linha/dart/revista2/bombril.htm>, acesso em 29-9-2004; Olivetto fala sobre o trabalho publicitário e as relações com a política. Disponível em: <http://biondi.fcl.com.br/facasper/cultura/pesq/noticia.cfm?secao=6&codigo=3>, acesso em 17-5-2004; <http://www.cesuc.br/posgrad/artigos/criatividade.pdf.>, acesso em 17-5-2004; <http://www.belasartes.br/acontecimento/imprensa>, acesso em 17-5-2004; <http://www.biranet.com.br/recall/archives/2003_01.php>, acesso em 29-9-2004; *Folha de S. Paulo*, 2 fev. 2002; *Época*, n. 195, 11 fev. 2002; *Propaganda*, n. 406, jun. 1988 (especial); *IstoÉ Gente*, 21 fev. 2000.

OPUSMÚLTIPLA COMUNICAÇÃO INTEGRADA

Agência paranaense fundada em 1986, a partir da fusão da Opus Propaganda — de Rafael de Lala Sobrinho e J. Dionísio Rodrigues — e da Múltipla Propaganda — de Desidério Pansera, Gilberto Ricardo dos Santos e Luiz Carlos Zanoni —, ambas surgidas em 1972. Os frutos da integração já foram colhidos nos anos seguintes, quando em 1987 e 1989 a empresa foi premiada com o título de Agência do Ano.

Com um perfil notadamente voltado para o mercado regional, a agência teve, entre os seus mais de 20 clientes, a Prefeitura Municipal de Curitiba e empresas como Electrolux, Ford/Abradif e O Boticário. Em 2004, a composição da agência estava dividida em: Conselho de Administração, constituído pelos sócios fundadores Pansera, Santos e Rodrigues, e Diretoria Executiva, formada também por Rodrigues e por Arlete Parrilha Martins, João Namir Moro, Renato Cavalher e Paulo Vitola.

André Dantas

FONTES: <http://www.opusmultipla.com.br>, acesso em 28-11-2004; SOUZA, Ney Alves de. Paraná: as agências começaram com A Propagandista. In: CASTELO BRANCO, Renato; MARTENSEN, Rodolfo Lima; REIS, Fernando (planej. e coord.). *História da propaganda no Brasil*. São Paulo: T. A. Queiroz, 1990. (Coleção Coroa Vermelha. Estudos Brasileiros, 21.). p. 425-432.

ORLANDI, FRANCISCO TEIXEIRA

Francisco Teixeira Orlandi nasceu na cidade de Amparo (SP) em 1897.

Ingressou no ramo da publicidade em julho de 1926, na Divisão de Propaganda da General Motors (GM), onde atuou como assistente de gerência, subgerente e gerente. Em 1929, a divisão foi fechada e Orlandi, juntamente com Aldo Xavier da Silva, fundou a Empresa Nacional de Propaganda, que teve duração efêmera por não conseguir se sustentar. Em 1931, Orlandi transferiu-se para a multinacional N. W. Ayer & Son, que acabara de ingressar no país, assumindo a gerência do escritório paulista da agência. Dois anos depois, dirigiu, com Charles Dulley, a primeira pesquisa de mercado realizada no Brasil, por encomenda do Departamento Nacional do Café à Ayer, e que abrangeu 12 mil consumidores e 3 mil torrefadores e revendedores de 18 estados brasileiros.

Em 1939, Francisco Teixeira Orlandi ingressou na J. Walter Thompson do Rio de Janeiro como subgerente, mas logo voltou a São Paulo para ser gerente da Gessy Industrial. Em 1943/44 foi gerente da Grant, em São Paulo. Depois, retornou à Thompson, agora em São Paulo, onde exerceu os cargos de contato, gerente de pesquisa, gerente de mídia e, finalmente, assistente da diretoria.

Em 1956, Orlandi teve seu nome citado no artigo "Carcamanopéia", escrito por Auricélio Penteado, então presidente do Ibope, na revista carioca *PN — Publicidade & Negócios*, destratando a classe publicitária paulista. Sob o pretexto de comemorar os 30 anos de atividade publicitária de Orlandi, foi então organizado um almoço de desagravo, onde ficou estabelecida a criação de uma revista pelo meio publicitário paulista para se contrapor à *PN*. Orlandi integrou a comissão encarregada de viabilizar a revista, que pouco depois foi fundada com o nome de *Propaganda*.

Orlandi aposentou-se em 1963, mas continuou atuante nos meios publicitários, tendo ocupado por cinco anos a direção executiva do Conselho Nacional de Propaganda (CNP), criado em 1964.

"Tio Chico", como era carinhosamente chamado, faleceu em 1981.

Ana Flávia Vaz

FONTES: *Propaganda*, abr. 1976; CASTELO BRANCO, Renato; MARTENSEN, Rodolfo Lima; REIS, Fernando (planej. e coord.). *História da propaganda no Brasil*. São Paulo: T. A. Queiroz, 1990. (Coleção Coroa Vermelha. Estudos Brasileiros, 21.).

P. A. NASCIMENTO ver P. A. NASCIMENTO — ACAR PUBLICIDADE

P. A. NASCIMENTO — ACAR PUBLICIDADE

Agência fundada em abril de 1954, na cidade de São Paulo, por Paulo Arthur Nascimento — antigo sócio do International Advertising Service, sediado na Argentina. Dois anos mais tarde, em 1956, fundiu-se com a Acar Propaganda, alterando sua razão social para P. A. Nascimento-Acar. Com grande prestígio no meio publicitário, principalmente entre as décadas de 1950 e 1970, teve como clientes, entre outros de renome, Copersucar, Ericsson, Mercedes-Benz e Martini & Rossi. Em 1960 foi apontada como uma das principais agências do eixo Rio–São Paulo pelo *Anuário de Publicidade*. Seu fundador e presidente esteve à frente também da Associação Paulista de Propaganda (APP, atual Associação dos Profissionais de Propaganda) entre os anos de 1963 e 1965. Em 1981, a agência encerrou suas atividades.

André Dantas

FONTE: CASTELO BRANCO, Renato; MARTENSEN, Rodolfo Lima; REIS, Fernando (planej. e coord.). *História da propaganda no Brasil*. São Paulo: T. A. Queiroz, 1990. (Coleção Coroa Vermelha. Estudos Brasileiros, 21.). p. 350-351, 353.

PACHECO, AGNELO

Agnelo Pacheco nasceu em Miguel Pereira (RJ), em 20 de outubro de 1946, filho de Orlando Fialho Pacheco e Edith Bueno Pacheco, ambos radialistas e jornalistas.

Começou a trabalhar como ator aos 14 anos, na TV Itacolomi de Belo Horizonte, e aos 16 deu os primeiros passos como assistente de direção. Aos 20 anos, ingressou no ramo da publicidade como redator júnior e auxiliar de RTVC da Norton Publicidade de Belo Horizonte.

Em 1968, formou-se em direito pela PUC-MG e, em 1970, em comunicação, pela mesma universidade, onde ocupou o cargo de professor titular de publicidade e propaganda entre 1971 e 1973.

Neste último ano, foi promovido a supervisor nacional de criação e transferido para a Norton de São Paulo. Dois anos depois, foi agraciado com o primeiro Clio Awards conquistado pelo Brasil, pela criação da peça de lançamento do Pneu Tropical. Seria novamente premiado com o Clio nos anos de 1978, 1981, 1982 e 1984. Em 1977, ganhou um Leão, em Cannes, com o comercial "Fale com ele, Elisabeth", produzido para Telerj. Nesse mesmo ano assumiu a direção nacional de criação da Norton. Em 1980, passou a ocupar o cargo de vice-presidente de criação da agência. Deixou a Norton em 11 de abril de 1985 para fundar a própria agência, a Agnelo Pacheco Criação e Propaganda. Em 1989, foi escolhido o Publicitário do Ano pelo Prêmio Colunistas.

Alguns destaques da produção de Agnelo Pacheco durante sua carreira: "Tomou Doril, a dor sumiu"; a campanha de lançamento e implantação da nova marca do Banespa; o *case* de *merchandising* das calcinhas Hope na novela Roque Santeiro, até hoje tido como o melhor realizado nas novelas da Rede Globo; o conceito "Mash que eu gosto", para um comercial de cuecas que apresentou o primeiro nu masculino mostrado da televisão brasileira; a campanha da Telesp de lançamento do telefone celular em São Paulo; a campanha de lançamento da nova marca da Caixa Econômica Federal no Brasil, em 1996; a campanha "I love All Star", com a cantora Tina Turner, que bateu todos os recordes de venda dos tênis All Star, além de ter criado o conceito "It's all" para o produto; a primeira campanha do Natal Sem Fome feita no Brasil, em colaboração com a grande iniciativa de Betinho.

Agnelo Pacheco conquistou inúmeros prêmios em festivais nacionais e internacionais.

Ana Flávia Vaz

FONTE: *curriculum vitae*.

PASTORE, DALTON

Dalton Pastore Júnior nasceu em São Paulo, em 16 de março de 1951, filho de Dalton Pastore e Josefa Pastore. Estudou comunicação social na Faculdade Anhembi Morumbi e fez o Advanced Management Program (AMP).

Iniciou-se na propaganda em 1972, como redator da Fator Propaganda. Transferiu-se em 1975 para a Propeg, onde permaneceu por um ano, indo então trabalhar na Standard, Ogilvy & Mather, como contato. Em 1978, morou no Rio de Janeiro e trabalhou na Artplan, na função de redator. No ano seguinte, retornou à Standard, Ogilvy & Mather como supervisor de contas. Em 1981, teve uma breve passagem pela Lintas, também na função de supervisor de contas, e voltou pela terceira vez à Standard, Ogilvy & Mather, já como diretor de contas. Pouco tempo depois, foi promovido a diretor de atendimento. Depois assumiu a direção geral da Standard de São Paulo e, em 1987, tornou-se presidente da agência, cargo em que permaneceu até outubro de 1991, quando deixou a Standard, Ogilvy & Mather. Nesse período, integrou a diretoria executiva da Associação Brasileira de Agências de Propaganda (Abap, atual Associação Brasileira de Agências de Publicidade), na função de primeiro secretário. Após sua saída da Standard, Ogilvy & Mather, assumiu a direção geral do Grupo Abril na Argentina por pouco mais de um ano e, logo em seguida, por outros dois anos, foi diretor nacional de publicidade da Abril no Brasil.

Em 1995, juntamente com Cláudio Carillo, fundou a Carillo Pastore Comunicações, que no ano seguinte se associou à multinacional Euro RSCG. Em 1999, foi agraciado com o título de Publicitário do Ano, concedido pelo Prêmio Colunistas. No ano seguinte, foi escolhido Dirigente do Ano pela Associação dos Profissionais de Propaganda (APP).

Em 2003, assumiu a presidência da Abap. No ano seguinte, por determinação da matriz do grupo Euro RSCG, na França, as operações no Brasil da Carillo Pastore Euro RSCG foram fundidas com as da Duezt Euro RSCG, de Duílio Malfatti e Zuza Tupinambá.

Christiane Jalles de Paula

FONTES: <http://www.advbfbm.org.br/site/noticias_detalhes.aspx?cod=915>, acesso em 31-1-2005; REIS, Fernando. *Cobrões da propaganda 91/92*. São Paulo: Referência, 1991; *Propaganda & Marketing*, 14 ago. 2004; informações prestadas pela Carillo Pastore Euro RSCG.

PEJOTA PROPAGANDA

Fundada em fevereiro 1983, na cidade de Salvador (BA), com filial no Distrito Federal. Com perfil de atuação claramente regionalizado, investiu intensamente no atendimento ao poder público da Bahia, possuindo em sua carteira clientes como a Câmara e a Prefeitura Municipal de Salvador, o Poder Judiciário (Juizado de Menores), a Polícia Militar, as secretarias de Justiça e Direitos Humanos, Fazenda, Segurança Pública e Planejamento do Estado da Bahia. Em âmbito nacional, cuidou das contas da Infraero e de empresas privadas de grande porte, como a Construtora Norberto Odebrecht, por exemplo, além de outras de médio e pequeno portes. Ao longo de sua trajetória conquistou vários prêmios.

André Dantas

FONTES: <http://www.pejota.com, acesso em 28-11-2004>; <http://www.portaldapropaganda.com/hottops_agencias/agencias/2004/03/0028>, acesso em 3-10-2004.

PELLICANO, CIRO

Ciro Pellicano nasceu em São Carlos (SP) no ano de 1946.

Começou na propaganda no início da década de 1970, na Salles/Inter-Americana, como redator. Passou pela Salles quatro vezes e trabalhou também na Standard, na Sell, na Lintas e na MPM. Foi presidente do Clube de Criação de São Paulo (CCSP) entre 1981 e 1983. Mudou-se para a Itália, retornou por breve tempo ao Brasil e depois voltou para a Itália, onde trabalhou como diretor de criação da Saatchi & Saatchi. Em 1990, ocupou o cargo de diretor de comunicação da Telemontecarlo, em Roma, quando a empresa ainda era de propriedade da família Marinho e tinha Dionísio Poli na direção. Pellicano cuidou da publicidade e do setor de videografia. Em 1991, foi premiado pela Associação Italiana de Publicidade. Em 1994, aceitou convite de Eduardo Fischer e retornou ao Brasil para ser redator na Fischer & Justus.

Christiane Jalles de Paula

FONTE: *Propaganda*, n. 493, fev. 1994.

PENTEADO, JOSÉ ROBERTO WHITAKER

José Roberto Whitaker Penteado nasceu na capital paulista em 24 de novembro de 1919, filho do chefe da pagadoria da São Paulo Light & Power Company — forma embrionária da Eletropaulo —, Humberto Whitaker Penteado, e da dona-de-casa Nair Oliva de Araújo Macedo Penteado. Seu filho, José Roberto Whitaker Penteado Filho também seguiu a carreira publicitária.

Começou sua vida profissional em 1936, na Rádio Cultura de São Paulo, como *speaker*, como eram chamados os locutores da época. Participou de diversas iniciativas pioneiras do rádio brasileiro, como a criação do programa de calouros *A hora da peneira*, juntamente com o comunicador Manoel da Nóbrega. Teve contato mais direto com o mundo da propaganda ao ser convidado por Cícero Leuenroth a ingressar na Standard, no Rio de Janeiro, onde auxiliou no lançamento da primeira novela da Rádio Nacional — *Em busca da felicidade* — em 1941, como oferecimento do cliente Colgate-Palmolive. Dessa forma, continuou envolvido com o rádio, implantando tal departamento na Standard. Retornando a São Paulo, envolveu-se ainda mais com o mercado radiofônico, adquirindo participação na Rádio Kosmos e atuando como sócio-diretor da Rádio América.

Em nova passagem pelo Rio, em 1946, voltou a trabalhar para uma agência — a J. Walter Thompson —, chefiando seu Departamento de Rádio. Penteado teve importante papel na chamada "Era de Ouro do Rádio", produzindo programas para a Rádio Nacional, como *Jóias da literatura* e *A voz da RCA Victor*, e escrevendo uma novela intitulada *Caminho do céu*. Além disso, ao lado de Genival Rabelo e Manoel Maria de Vasconcelos, ajudou a relançar a revista *Publicidade*, rebatizada de *PN — Publicidade & Negócios* em 1947. Ainda no Rio de Janeiro, concluiu o bacharelado em direito pela Faculdade de Direito de Niterói em 1950.

Em 1954, convidado pela Comissão do IV Centenário da Cidade de São Paulo — composta por cidadãos proeminentes como Francisco Matarazzo Sobrinho e Guilherme de Almeida —, coordenou as atividades de promoção e propaganda do evento. No mesmo ano, fundou a Associação Brasileira de Relações Públicas (ABRP) e, dois anos depois, a Associação dos Dirigentes de Vendas e Marketing do Brasil (ADVB). O ano de 1956 também foi o da criação da empresa de consultoria de marketing Cisc — Consultores Industriais S/C —, que organizou e dirigiu até 1961.

Penteado foi um dos pioneiros no ensino de relações públicas e propaganda no país, lecionando na Associação Cristã de Moços, no Instituto de Organização Racional do Trabalho (Idort) e na ADVB. Desde o início dos anos 1960, passou a se dedicar majoritariamente à carreira acadêmica, escrevendo livros, como o didático *A técnica da comunicação humana*, publicado em 1961 e precursor do tema no Brasil, e *A propaganda antiga*, lançado em 1974. No decorrer desse período, foi convidado pela Organização Internacional do Trabalho (OIT) a integrar a equipe de seu Centro Internacional de Formação e Desenvolvimento, nas funções de professor, chefe de setor e diretor de cursos. Concluiu o mestrado em ciência política na Escola de Sociologia e Política de São Paulo em 1980 e se aposentou cinco anos depois, após 20 anos de trabalho na OIT.

José Roberto Penteado faleceu em 26 de março de 1995, em Piracicaba (SP).

José Márcio Batista Rangel

FONTES: *curriculum vitae* do biografado enviado por José Roberto Whitaker Penteado Filho; REIS, Fernando. *Cobrões da propaganda 91/92*. São Paulo: Referência, 1991. p. 286.

PERES, GEORGINO SANDE

Georgino Sande Peres foi presidente da Associação Brasileira de Propaganda (ABP) de 1951 a 1953.

José Márcio Batista Rangel

FONTE: <http://www.abp.com.br/sobre_abp/presidentes.php>, acesso em 16-8-2004.

PERISCINOTO, ALEX

Alexandre José Periscinoto nasceu em Mococa (SP) em 8 de abril de 1925, filho de João Periscinoto, carpinteiro, e de Teresa Periscinoto, ambos imigrantes italianos da cidade de Veneza, chegados ao Brasil ao final da I Guerra Mundial (1914-18). A mãe, para ajudar no orçamento doméstico, abriu uma pensão, que fornecia refeições. Alexandre Periscinoto só concluiu o curso primário, pois desde cedo teve que trabalhar para ajudar no sustento da família, constituída de 11 filhos.

Trabalhou nas Indústrias Reunidas Francisco Matarazzo, inicialmente como ajudante de contramestre. Depois, como gostava de desenhar, fez um teste na fábrica e passou a trabalhar na seção de desenho, de estampa de tecidos. Aprendeu o ofício copiando os desenhos de publicidade que via nos jornais. Deixou a fábrica e foi trabalhar no estúdio Nosso Lápis.

Quando a loja de departamentos Sears chegou ao Brasil e se instalou em São Paulo, em 1949, abriu concurso para contratar desenhista. Periscinoto se candidatou e foi aprovado. A partir de então, dedicou-se ao desenho de propaganda, iniciando sua carreira profissional. Chegou a gerente de propaganda. Em 1955 transferiu-se para o Mappin, outra loja de departamentos, onde, ainda como gerente de propaganda, fazia anúncios para serem divulgados nos jornais.

Em 1958, iniciou-se em agência, ingressando como desenhista na Standard. Pouco depois retornou, porém, ao Mappin, já como diretor de propaganda. Nessa passagem pelo Mappin, criou uma promoção que elevou as vendas da loja de departamentos e, em função disso, ganhou uma viagem a Nova York para estudar varejo na loja de departamentos Ohrbach's, que era atendida pela Doyle Dane & Bernbach (DDB). Periscinoto acabou fazendo vários estágios nos Estados Unidos.

De volta ao Brasil e ao cargo no Mappin, pouco tempo depois Periscinoto foi convidado a fazer anúncios para a Volkswagen, como *freelancer*. O trabalho que realizou foi tão bem aceito que os donos da agência, José de Alcântara Machado e Otto Scherb, o convidaram a se tornar sócio dela. Em 1960, Periscinoto finalmente aceitou o convite, sob a condição de que a agência passasse a trabalhar de acordo com o modelo norte-americano de duplas de criação — o redator e o diretor de arte criando, juntos, na mesma sala, o que era uma novidade para as agências de propaganda brasileiras. Periscinoto, além de sócio da agência, com 15% do seu capital, tornou-se seu diretor de criação.

Com a renúncia de Juracy Orlandi Artacho, em março de 1963, da presidência da Associação Paulista de Propaganda (APP, atual Associação dos Profissionais de Propaganda), Alex Periscinoto, o 2º vice-presidente da chapa, assumiu a presidência da associação, cumprindo até o fim o mandato.

Em 1970, tornou-se vice-presidente da Alcântara Machado, que alteraria seu nome para Alcântara Machado, Periscinoto Publicidade (Almap). Essa experiência o levou a dirigir a maior equipe de criação do país, que chegou a ser detentora do maior número de prêmios recebidos no Brasil e no exterior. Em 1972, representou o Brasil, pela primeira vez, no principal festival publicitário do mundo, o da Screen Awards Association (Sawa), realizado no balneário francês de Cannes.

Integrou, como representante do Brasil, nos anos de 1980 e 1981, o corpo de jurados do Festival Internacional do Filme Publicitário, da Sawa, em Veneza e em Cannes. Foi membro do júri internacional do Clio Awards, tendo sido o primeiro brasileiro a receber tal distinção.

Em 1982, foi eleito presidente nacional da Associação Brasileira de Agências de Propaganda (Abap, atual Associação Brasileira de Agências de Publicidade), cargo no qual permaneceu até 1984. Nesse ano, iniciou colaboração no jornal *Folha de S. Paulo* com a coluna "Criação e Consumo".

Em 1988, Periscinoto associou a Almap à BBDO Worldwide, dando origem à AlmapBBDO. No mesmo ano foi também presidente da Fundação Bienal de São Paulo e membro permanente de seu conselho.

Em 1993, Periscinoto contratou Marcello Serpa e Alexandre Gama para a área de criação da agência e José Luís Madeira para a área de atendimento, planejamento e negócios. Em 1996, Gama deixou a agência. No ano seguinte, Periscinoto deixou a presidência da AlmapBBDO e passou o comando da agência para Marcello Serpa e José Luís Madeira, mas permaneceu sendo sócio e membro do conselho da BBDO para a América Latina. Nesse ano também foi considerado um dos "Melhores dos 30 Anos do Prêmio Colunistas e Prêmio Meio & Mensagem".

Em 1998, Periscinoto deixou definitivamente a agência. Nesse mesmo ano foi eleito presidente do capítulo São Paulo da Abap, juntamente com Fábio Fernandes (F/Nazca), como secretário, e Artur Salles (AlmapBBDO), como diretor administrativo e financeiro. O mandato de Periscinoto se estendeu até abril de 1999. Como presidente do capítulo São Paulo, Periscinoto integrou o Conselho da Abap.

Entre 1999 e 2001 ocupou o cargo de secretário de publicidade institucional da Secretaria de Estado e Comunicação de Governo, durante o governo do presidente Fernando Henrique Cardoso (1995-2002). Ainda em 1999, numa enquete realizada pelo site Janela Publicitária, Periscinoto foi eleito um dos 100 publicitários do século no Brasil.

Em 2000, recebeu a estatueta de ouro do Prêmio Colunistas, equivalente do Oscar na propaganda brasileira.

Em março de 2003, associou-se à empresa de consultoria em comunicação e marketing Sales, Periscinoto, Guerreiro & Associados.

Foi membro do júri do Festival Internacional de Nova York e presidente do Conselho da Comissão Nacional de Auto-Regulamentação Publicitária (Conar).

Entre os vários prêmios com que foi agraciado, destacam-se: Profissional do Ano (1973 e 1984) e Publicitário dos Últimos 20 Anos (1988). O Prêmio Colunistas, promovido pela Associação Brasileira dos Colunistas de Marketing e Propaganda (Abracomp), homenageou Alex Periscinoto ao dar seu nome ao troféu ofertado aos ganhadores.

Publicou o livro *Mais vale o que se aprende que o que te ensinam* (1995).

Alzira Alves de Abreu

FONTES: PERISCINOTO, Alex. *Alex Periscinoto (depoimento, 2004)*. Rio de Janeiro, Cpdoc-ABP, 2005; *Jornal do Brasil*, 15 mar. 2003; *Meio & Mensagem*, 14 dez. 1998; *Janela Publicitária*. Disponível em: <http://www.janela.com.br/index.html?anteriores/Janela_2000-01-13.html>, acesso em 6-10-2004; *Boletins Servir*. Disponível em: <http://www.rotarysp.org.br/servir/3572.pdf>, acesso em 29-9-2004; Associação dos Profissionais de Propaganda. Disponível em: <http://www.appnet.org>, acesso em 26-5-2004; Rotary

Club de São Paulo. Disponível em: <http://www.rotarysp.org.br/servir/3472.htm#materia7>, acesso em 4-10-2004; Sindicato das Agências de Propaganda do Estado de São Paulo. Disponível em: <http://www.sapesp.org.br/noticias/banco/not12.htm>, acesso em 4-10-2004; CASTELO BRANCO, Renato; MARTENSEN, Rodolfo Lima; REIS, Fernando (planej. e coord.). *História da propaganda no Brasil*. São Paulo: T. A. Queiroz, 1990. (Coleção Coroa Vermelha. Estudos Brasileiros, 21.); RAMOS, Ricardo; MARCONDES, Pyr. *200 anos de propaganda no Brasil; do reclame ao cyber-anúncio*. São Paulo: Meio & Mensagem, 1995.

PERISCINOTO, ALEXANDRE *ver* **PERISCINOTO, ALEX**

PERSICHETTI, RONALD

Ronald Persichetti nasceu na capital paulista em 10 de outubro de 1937, filho do artista plástico Antônio Persichetti e de Anna Patti. Estudou no Liceu Vera Cruz e, em 1951, começou o curso de desenho e pintura da Escola Técnica Getúlio Vargas.

Ingressou no meio publicitário em 1954, como assistente de arte da Alcântara Machado Publicidade, que acabara de ser criada. Dois anos depois, foi trabalhar na Atlas e, no ano seguinte, transferiu-se para a J. Walter Thompson. Especialista em artes gráficas, em 1962 Persichetti deixou a Thompson e, juntamente com Francesc Petit e José Zaragoza, fundou o estúdio de comunicação visual Metro 3, que uniu *design* gráfico e criatividade publicitária e conquistou reconhecimento nacional e internacional. Durante seus anos no Metro 3, Persichetti realizou várias pesquisas sobre a área gráfica, que, aliadas a sua experiência artística, deram novo *status* à diagramação, à composição tipográfica, à reprodução e à impressão. Em 1968, o Metro 3 associou-se a Roberto Duailibi, dando origem à Duailibi, Petit, Zaragoza Propaganda Ltda., a DPZ. Comandada por esses profissionais de criação, a DPZ integrou a vanguarda da propaganda brasileira, tornando-se uma das principais agências do Brasil e introduzindo uma nova maneira de fazer propaganda no país. Persichetti ocupou a direção dos departamentos de arte, fotografia, produção em geral e tráfego.

Em 1972, fez cursos de fotografia e laboratório em cores na Agfa/Gevaert, na Bélgica, gravação e tintagem sobre chapas pré-sensibilizadas na Kalle, em Wiesbaden, Alemanha, e fotomecanicagráfica na Klimsch, em Frankfurt, Suíça. Em 1978, foi conferencista da VI Semana de Tecnologia e Arte Gráfica (Stag), realizada em São Paulo.

Em 1982, foi agraciado com o Prêmio Caboré, tendo sido o primeiro profissional do seu ramo a receber tal reconhecimento. Dois anos depois, foi escolhido Destaque Profissional pela Associação Brasileira de Propaganda (ABP).

Renunciou à direção da DPZ em agosto de 1995, indo morar mais tarde nos Estados Unidos, onde trabalhou como *designer* e diretor de arte *freelancer*. Em 2001, já em Porto Alegre, fez trabalhos *freelance* para a empresa gráfica Burti. Foi também editor da revista *Color Publishing*.

Christiane Jalles de Paula

FONTES: CASTELO BRANCO, Renato; MARTENSEN, Rodolfo Lima; REIS, Fernando (planej. e coord.). *História da propaganda no Brasil*. São Paulo: T. A. Queiroz, 1990. (Coleção Coroa Vermelha. Estudos Brasileiros, 21.); REIS, Fernando. *Cobrões da propaganda 91/92*. São Paulo: Referência, 1991; informações prestadas pela DPZ, pelo filho Adriano e pela Burti Solutions; <http://www.adonline.com.br/noticias/materia_20.asp>, acesso em 21-1-2005; <http://www.fgvsp.br/adm/arquivos_npp/P00304_1.pdf>, acesso em 21-1-2005.

PETIT, FRANCESC

Francesc Petit nasceu em Barcelona, na Espanha, em 4 de novembro de 1934, filho de Francisco Petit Sibater, metalúrgico especializado em forja artística, e da dona-de-casa Ramona Reig Marsal. Cursou a Escola de Belas-Artes de Barcelona, a Llotja. Ainda em sua cidade natal, começou a trabalhar como retocador de fotolitos numa gráfica e, pouco depois, ingressou como aprendiz numa agência de publicidade.

Em 1952, a família se mudou para a cidade de São Paulo. Petit conseguiu seu primeiro emprego no país em uma loja de placas e cartazes de publicidade, na qual, passados seis meses, já era chefe dos desenhistas. Pouco tempo depois, foi trabalhar numa firma especializada em propaganda para cinema, a Publicine. Nesse mesmo ano, como a filial carioca da empresa precisava de mão-de-obra, Petit foi deslocado para o Rio de Janeiro, na época capital federal. De volta a São Paulo, assumiu a função de chefe do departamento de desenhos e ilustrações. Ocupava essa função quando venceu o concurso de cartazes, promovido pela Varig, para a escolha do símbolo da empresa. Petit desenhou um tucano, que acabou institucionalizado como a marca da empresa. Poucos meses depois, o prefeito de São Paulo, Jânio Quadros, proibiu a propaganda em cinemas e a Publicine fechou. Com isso, Petit ingressou no mercado das agências de propaganda, tendo ido trabalhar na multinacional J. Walter Thompson, na função de assistente de diretor de arte.

Foi na sala de espera da Thompson que Petit conheceu José Zaragoza, que viria a ter grande importância na sua trajetória. Mais tarde, Petit foi para a P. A. Nascimento, onde permaneceu por dois anos. Transferiu-se então para a McCann Erickson, onde conheceu o redator Roberto Duailibi. Em 1960, deixou essa agência e regressou à Thompson. Dois anos depois, Petit se associou a José Zaragoza e a Ronald Persichetti para fundarem o estúdio de criação gráfica Metro 3. Em 1968, Duailibi, que realizava trabalhos *freelance* para o Metro 3, juntou-se aos sócios para fundar a Duailibi, Petit, Zaragoza Propaganda Ltda., a DPZ, que começou a operar na capital paulista em julho desse ano.

Em 1971, foi apontada pela *Idea*, prestigiosa revista japonesa, "a mais representativa agência latino-americana". Voltaria a ser destacada em 1980, quando seria consagrada pela revista referência da publicidade mundial, a *Advertising Age*. Além disso, tornar-se-ia uma das agências brasileiras mais premiadas no exterior e formaria vários nomes importantes da propaganda brasileira, como Washington Olivetto, Marcello Serpa e Nizan Guanaes.

Em 1972, Petit criou a marca Itaú, tal qual a identificamos hoje, em preto e branco, para deixar claro o significado da palavra tupi-guarani "itaú", pedra preta.

Em 1978, a dupla de criação formada por Francesc Petit (na arte) e Washington Olivetto (na redação) criou o garoto Bombril, interpretado por Carlos Moreno, para o lançamento do lava-louças Bril. O garoto Bombril transformou-se no garoto-propaganda mais longevo da propaganda brasileira, sendo o pioneiro no uso da coloquialidade nos comerciais e um dos mais premiados, com quatro Leões no Festival de Sawa, em Cannes, e quatro prêmios Globo/Profissionais do Ano (1979, 1988, 1989 e 1991), dois na categoria Campanha Nacional.

Além das criações já citadas, Petit foi responsável por inúmeras peças realizadas pela DPZ, conquistando os mais importantes prêmios da propaganda nacional e internacional. Foi também premiado pelo Art Directors Club de Nova York como um dos melhores diretores de arte do mundo, e considerado pela revista *Idea* um renovador do campo da comunicação.

Publicou *Guia Petit de Barcelona* (1984), *Propaganda infinita* (1991), *Cara de fome* (1992), *São Paulo de bar em bar* (2000), *Marca e meus personagens* (2003).

Christiane Jalles de Paula

FONTES: PETIT, Francesc. *Cara de fome*. São Paulo: Siciliano, 1992; *Folha de S. Paulo*, 7 dez. 2003; CASTELO BRANCO, Renato; MARTENSEN, Rodolfo Lima; REIS, Fernando (planej. e coord.). *História da propaganda no Brasil*. São Paulo: T. A. Queiroz, 1990. (Coleção Coroa Vermelha. Estudos Brasileiros, 21.); REIS, Fernando. *Cobrões da propaganda 91/92*. São Paulo: Referência, 1991; informações prestadas pela DPZ; *Garoto Bombril, depoimento do Petit*. Disponível em: <http://www.bluebus.com.br>, acesso em 16-8-2004.

PINTO, CHRISTINA DE CARVALHO

Christina de Carvalho Pinto nasceu em Dois Córregos (SP), em 28 de fevereiro de 1951, filha do médico Joaquim Roberto de Carvalho Pinto e de Maria Christina de Carvalho Pinto. Seu pai era primo de Carlos Alberto Alves de Carvalho Pinto, que foi governador de São Paulo, ministro da Fazenda e senador.

Contava seis anos quando foi morar em Campinas (SP). Em 1969, mudou-se para a capital paulista para cursar comunicação social no Instituto Superior de Comunicação Publicitária, atual Faculdade Anhembi, mas não chegou a concluir o curso. Ainda nesse ano, iniciou carreira na propaganda, na agência P. A. Nascimento, como *trainee* de redatora e, três meses depois, foi efetivada como redatora júnior.

Entre junho de 1971 e outubro de 1972, trabalhou como redatora júnior na multinacional J. Walter Thompson. Deixou a agência para se tornar redatora sênior na Salles/Inter-Americana do Rio de Janeiro. Em 1973, de volta a São Paulo, trabalhou durante pouco tempo na Open Door, de Júlio Ribeiro, e retornou à Salles/Inter-Americana, agora na capital paulista, como redatora sênior. Em 1974, foi para a CBBA, onde ocupou os cargos de redatora, supervisora de criação e, aos 25 anos, a direção de criação da agência.

Em 1977, integrou a chapa encabeçada por Alcides Fidalgo que ganhou a eleição para a presidência do Clube de Criação de São Paulo (CCSP). Quando Fidalgo renunciou, assumiu a presidência interina do CCSP. Em 1978, transferiu-se para a McCann Erickson e ocupou o cargo de diretora adjunta de criação da agência em São Paulo. Em 1980, afastou-se da propaganda durante um ano e no seguinte tornou-se diretora de criação da FCB/Siboney. Em 1982 formou-se em música pelo Conservatório Musical da PUC de Campinas, tendo sido aluna de Olga Normanha. No ano seguinte, freqüentou a pós-graduação em propaganda e marketing, na condição de ouvinte, da Fundação Getulio Vargas.

Ainda em 1983, Christina de Carvalho Pinto concebeu, para a Faber-Castell, a peça publicitária "Aquarela", que utilizou desenho animado e a música de mesmo nome, de autoria de Toquinho. Em 1984, retornou à CBBA-Propeg — no cargo de presidente nacional de criação —, onde criou e produziu a peça "*Habemus* Chester", para a Perdigão. Em 1987, foi trabalhar na Norton, no mesmo cargo que ocupava na CBBA, e criou a campanha para os 100 anos da Parker. Em 1988, ganhou o Prêmio Profissional do Ano.

Em 1989, transferiu-se para o Grupo Young & Rubicam para implantar a segunda agência do grupo no país, a Impact Comunicações, da qual se tornou presidente. Em setembro desse ano, a Impact foi desativada e Christina de Carvalho Pinto assumiu a presidência da Young & Rubicam do Brasil, tornando-se a primeira mulher a dirigir uma multinacional no país. Além disso, integrou a *Gang of Twelve*, grupo dos 12 criativos mais brilhantes da Young & Rubicam no mundo. Ainda em 1989, concebeu, para a Colgate-Palmolive, a campanha "Tire seu homem de circulação", que ganhou o Prêmio de Campanha do Ano dos Colunistas. Em maio de 1991, tornou-se sócia da Young & Rubican e foi a jurada brasileira no Festival de Cannes, o mais prestigiado prêmio da publicidade mundial. No ano seguinte, voltou a ganhar o Prêmio Profissional do Ano.

Em 1994, assumiu a presidência do Grupo Young & Rubicam, composto de sete empresas no Brasil, foi eleita *vice-chairwoman* para toda a América Latina e participou da direção dos 26 escritórios do grupo na região. Dois anos depois, abriu sua agência, a Full Jazz, que mais tarde integraria o Grupo Full Jazz Comunicação, do qual seria sócia-presidente.

Em 1997, foi escolhida pela Associação Brasileira dos Colunistas de Marketing e Propaganda (Abracomp) um dos cinco maiores profissionais da propaganda brasileira dos últimos 30 anos. Ganhou prêmios em festivais internacionais e nacionais, como Cannes, Clio, New York Festival, Fiap, Profissional do Ano, Anuário do Clube de Criação, Festival do Filme Publicitário.

Christiane Jalles de Paula

FONTES: *About*, v. 6, n. 219, 12 jan. 1993; *About*, v. 6, n. 244, 13 jul. 1993; *Propaganda*, v. 26, n. 308, fev. 1982; *Propaganda*, n. 415, fev. 1989; *Propaganda*, v. 36, jul. 1991; *Propaganda*, n. 479, abr. 1993 (n. especial); <http://www.idis.org.br/hot_site_mrc/agenda.asp>, acesso em 28-9-2004; <http://www.fulljazz.com.br/fulljazz/index.asp>, acesso em 28-9-2004: CASTELO BRANCO, Renato; MARTENSEN, Rodolfo Lima; REIS, Fernando (planej. e coord.). *História da propaganda no Brasil*. São Paulo: T. A. Queiroz, 1990. (Coleção Coroa Vermelha. Estudos Brasileiros, 21.); GRACIOSO, Francisco;

PENTEADO, José Roberto Whitaker. *Cinqüenta anos de vida e propaganda brasileiras*. São Paulo: Mauro Ivan Marketing Editorial, 2001; informações da biografada.

PINTO, IVAN S.

Ivan S. Pinto nasceu em 15 de dezembro de 1930, no Rio de Janeiro. Estudou nos colégios Notre Dame e Santo Inácio e se formou bacharel em direito pela Pontifícia Universidade Católica do Rio de Janeiro. Fez cursos de especialização em gestão empresarial e em comunicação integrada de marketing na Universidade de Chicago.

Começou sua carreira na publicidade na Grant Advertising em 1954, passando pela Standard e pela J. Walter Thompson, sempre supervisionando contas. Paralelamente, lecionava na Escola Superior de Propaganda e Marketing (ESPM) desde 1957, quando esta ainda se chamava Escola de Propaganda de São Paulo, função que desempenhou por 20 anos consecutivos, chegando a presidir a instituição e seu conselho.

Foi para a Lintas, no cargo de gerente de contas, aliado ao de contato publicitário. Em 1961, teve a oportunidade de trabalhar internamente num cliente, a Gessy-Lever, onde atuou como gerente de marketing e gerente-geral de propaganda. Em 1966, mudou-se para Nova York, onde ficou responsável pelo marketing da Lever Brothers por um ano. Retornou à Lintas como diretor de atendimento, função que desempenhou até 1977, quando assumiu a presidência executiva da Proeme. No ano seguinte, Enio Mainardi deixou definitivamente a agência — que acabara de integrar o Grupo Interpublic — e Ivan Pinto assumiu plenamente a presidência. Sob sua administração, a Proeme renovou sua carteira de clientes e, em 1985, fundiu-se com a Lintas para formar a SS & B Lintas Brasil Comunicações, também sob sua presidência.

Em 1988, foi eleito presidente da Associação Paulista de Propaganda (APP, atual Associação dos Profissionais de Propaganda), que, na sua gestão, converteu-se na Associação dos Profissionais de Propaganda. Durante esse mandato, Ivan Pinto também atuou como diretor de outras entidades, como a Associação Brasileira de Agências de Propaganda (Abap, atual Associação Brasileira de Agências de Publicidade) e a Federação Nacional das Agências de Propaganda (Fenapro). Em 1990, foi eleito presidente do Conselho Nacional de Auto-Regulamentação Publicitária (Conar).

Em 1991, a Lintas fundiu-se com a MPM, que fora adquirida pelo Grupo Interpublic. O conselho administrativo da nova agência foi formado pelos três antigos donos da MPM — Luiz Macedo, Petrônio Corrêa e Antônio Mafuz — e por Ivan Pinto, numa composição que durou apenas oito meses.

Em 1994, Ivan Pinto retornou à vida associativa e foi eleito pela segunda vez presidente do Conar, sendo reeleito dois anos depois. Ao mesmo tempo, incumbiu-se da vice-presidência da Publicittá & Esquire, além de presidir a Abap de 1995 a 1997. Neste último ano, tornou-se sócio-gerente da Ivan Pinto Comunicações de Marketing Ltda., uma empresa de consultoria, em sociedade com a Jones-Lundin & Associates.

Nos anos 1990, também retomou sua vida acadêmica, voltando a lecionar na ESPM, nas áreas de gestão de marcas e planejamento de comunicação, nos cursos de MBA, e integrando o conselho superior da instituição. Paralelamente, abriu nova sociedade, desta vez na TPA Telemarketing, Pesquisa e Assessoramento, e foi vice-presidente da Associação Brasileira de Anunciantes (ABA).

Finalmente, Ivan Pinto passou a atuar também como sócio e presidente da Pritchett do Brasil, consultoria especializada em gestão de mudanças organizacionais, e a apresentar um quadro semanal sobre marketing e publicidade no programa *Estadão no ar* da Rádio Eldorado.

José Márcio Batista Rangel

FONTES: REIS, Fernando. *Cobrões da propaganda 91/92*. São Paulo: Referência, 1991. p. 118; CASTELO BRANCO, Renato; MARTENSEN, Rodolfo Lima; REIS, Fernando (planej. e coord.). *História da propaganda no Brasil*. São Paulo: T. A. Queiroz, 1990. (Coleção Coroa Vermelha. Estudos Brasileiros, 21.). p. 326 e 355; *Propaganda*, v. 10, n. 119, p. 9, mar. 1966; *Propaganda*, v. 22,

n. 255, p. 16, out. 1977; <http://www.espm.br/NR/exeres/>, acesso em 9-12-2004; *Meio & Mensagem*, set. 1997; <http://radioeldoradoam.com.br/equipe/com/ip.htm>, acesso em 3-2-2005; <http://www.universoqualidade.com.br/asp/eventos/2000_ evento_06.asp>, acesso em 3-2-2005.

PIRATININGA, LUIZ CELSO

Luiz Celso de Piratininga Figueiredo nasceu em São Paulo, em 16 de outubro de 1933, filho do comerciante Aquino Mendes Figueiredo e de Dulce Lauriano Figueiredo.

Entre 1950 e 1958, trabalhou como jornalista e editor de revistas. Sua trajetória na propaganda brasileira teve início neste último ano, como chefe de propaganda da agência Trivelatto S.A. No ano seguinte, em 1959, trabalhou como contato na Rio Gráfica e Editora.

Em 1960, formou-se na Escola Superior de Propaganda e Marketing (ESPM) e ingressou na Norton Publicidade, onde ficou por dois anos como contato e chefe de grupo. Em seguida, transferiu-se para a Reclam Publicidade, como gerente. Entre 1968 e 1970, trabalhou na Proeme Publicidade, na função de gerente de atendimento, enquanto lecionava sociologia na ESPM. Nos dois anos seguintes, Piratininga dirigiu o Departamento de Ciências Humanas da escola e, em 1980, assumiria o cargo de conselheiro dessa instituição.

Fundou a Adag em 1971, junto com Manoel Hamilton Fernandes e Alberto Chust. A agência conquistou inúmeros prêmios ao longo de sua trajetória. Em 1972, formou-se bacharel em ciências sociais na Faculdade de Filosofia, Letras e Ciências Humanas da Universidade de São Paulo (USP) e, desde esse ano até 2003, lecionou na USP.

Foi eleito presidente da Associação Paulista de Propaganda (APP, atual Associação dos Profissionais de Propaganda) em 1976 e reeleito em 1978. Durante a sua gestão, foi um dos organizadores do III Congresso Brasileiro de Propaganda, realizado em São Paulo em 1978, sendo eleito seu primeiro vice-presidente. No congresso, colaborou na elaboração do Código Brasileiro de Auto-Regulamentação Publicitária. Devido a seu desempenho no congresso, foi indicado, nesse mesmo ano, Profissional do Ano pelo Prêmio Colunistas.

No ano seguinte, presidiu o I Congresso Ibero-Americano de Comunicação (Cibam), realizado em São Paulo. Foi membro do Conselho de Auto-Regulamentação Publicitária (Conar) de 1980 a 1991.

Participou de inúmeras campanhas políticas, entre as quais destacam-se a das Diretas Já e a de eleição do governador de São Paulo, Franco Montoro (1982), do qual foi assessor para o setor de comunicação. Participou também da campanha que elegeu Tancredo Neves à presidência da República.

Em 1984, obteve o título de mestre em ciências da comunicação, com opção em relações públicas e propaganda, da Escola de Comunicação e Artes (ECA) da USP. No ano seguinte, sua agência, a Adag, foi eleita Agência do Ano pelo Prêmio Colunistas. No biênio 1986-1988, foi presidente do Sindicato das Agências de Propaganda do Estado de São Paulo.

No período 1988/89, integrou o Conselho de Liberdade de Expressão do Ministério da Justiça (Codeliber). De 1989 a 1991, presidiu a Associação Brasileira de Agências de Propaganda (Abap, atual Associação Brasileira de Agências de Publicidade).

Concluiu o doutorado em ciências da comunicação, com ênfase em relações públicas e propaganda, na Escola de Comunicação e Artes da USP em 1992. Dois anos mais tarde, publicou o livro *Publicidade: arte ou artifício?*. Ainda em 1994, ganhou o Prêmio Ibraco, do Instituto Brasileiro de Altos Estudos em Comunicação.

Em 1998 assumiu a função de vice-presidente do Conar, conselheiro do São Paulo Futebol Clube em 2000 e diretor de comunicações do clube em 2002. Em 2003, foi eleito pelo jornal *Meio & Mensagem* uma das 25 personalidades da história da propaganda.

Joanna Lopes da Hora

FONTES: *curriculum vitae*; REIS, Fernando. *Cobrões da propaganda 91/92*. São Paulo: Referência, 1991.

PIRES, ELYSIO

Elysio Medeiros Pires Filho nasceu em 2 de novembro de 1940 no Rio de Janeiro, filho de Elysio Medeiros Pires, professor, e de Dolores Vargens Pires.

Formou-se na Faculdade Nacional de Direito da Universidade Federal do Rio de Janeiro (UFRJ) em 1964. Durante o curso dirigiu a revista do Diretório Acadêmico Cândido de Oliveira (Caco), *A Época*, e participou e dirigiu o Centro Popular de Cultura da União Nacional de Estudantes (UNE).

Iniciou a vida profissional em 1963 como responsável pelo setor de contatos da Assessoria de Relações Públicas da Eletrobrás, convidado pelo jornalista Darwin Brandão, que dirigia o setor. Demitido pelo Ato Institucional nº 1, editado pelos militares que assumiram o poder em 1964, foi anistiado em 1987.

Em 1967, começou a trabalhar em publicidade como sócio-gerente da Voga Publicidade Ltda., no Rio de Janeiro, dedicando-se principalmente à redação. A empresa teve problemas financeiros e foi absorvida pela MPM.

Em 1974, passou a integrar a MPM Propaganda S.A. como chefe de grupo de atendimento, chegando ao cargo de diretor de atendimento e de superintendente-executivo para as operações Rio/Brasília/Norte/Nordeste. Permaneceu na empresa até 1987. Nesse período, foi membro do Conselho Editorial e colunista do jornal *Meio & Mensagem* (1983/84).

Atuou nos meios associativos e, entre 1981 e 1983, ocupou a presidência da Associação Brasileira de Propaganda (ABP). Em 1987 foi convidado a integrar o governo do estado do Rio de Janeiro como secretário de Turismo, presidente da TurisRio e secretário extraordinário para Comunicação. Permaneceu no governo até 1989, ano em que voltou a presidir a ABP, cargo que deixaria em 1991.

Ainda em 1989 assumiu a direção geral da Caio Domingues & Associados Publicidade Ltda. De 1992 a 1994 foi diretor comercial do *Jornal do Brasil*, e entre 1994 e 1995, diretor-geral da Datamídia, Sistemas de Database Marketing Ltda. A partir de 1994 tornou-se sócio majoritário da Thenard-Set Comunicação de Marketing Ltda., onde, como atividade principal, presta consultoria nas áreas de comunicação e marketing.

Foi consultor de marketing eleitoral de campanhas políticas, como a de Tancredo Neves para a presidência da República (1984), a de Fernando Collor de Mello, também para a presidência da República (1989), e a de Anthony Garotinho para o governo do estado do Rio de Janeiro (2002).

É professor de publicidade e propaganda das Faculdades Integradas Hélio Alonso (Facha). Já recebeu os seguintes prêmios: Colunistas — Profissional do Ano (1983), Comunicação ABP — Publicitário do Ano (1984), Elefante de Cristal — Memória da Propaganda (1995).

Alzira Alves de Abreu

FONTES: *curriculum vitae*; *Propaganda*, n. 327, jul. 1983.

PN — PUBLICIDADE & NEGÓCIOS

Periódico lançado em 1892 com o nome de *Publicidade*. Era um caderno de quatro páginas, onde se encontravam comentários sobre as vantagens da publicidade comercial, ao lado de orientações sobre como os anúncios deveriam ser elaborados. A idéia do caderno foi de Honório da Fonseca, fundador da Empresa de Publicidade e Comércio.

Em setembro de 1940, foi relançado, ainda como *Publicidade*, por Alvarus de Oliveira, João Serpa e J. Waldemar Augusto da Silva, tendo como redator-chefe Barros Vidal, substituído em seguida por W. R. Poyares. O nome *Publicidade* foi mantido até 1947, quando Genival Rabelo e Manoel de Vasconcelos adquiriram a editora e mudaram o nome da revista para *PN — Publicidade & Negócios*, adotando como modelo a *Advertising Selling*, de Nova York. Inicialmente, tinha periodicidade mensal, passando mais tarde a semanal.

Em 1955, Auricélio Penteado, visando aumentar a tiragem da revista, decidiu escrever uma série de artigos sobre a classe empresarial emergente em São Paulo. O primeiro foi "Carcamanopéia", que teve repercussão negativa em São Paulo. Nessa época, dirigia a revista de Manoel de Vasconcelos, em substituição a Genival Rabelo, que tinha viajado para a França. Vasconcelos não publicou os artigos seguintes. A reação ao artigo inicial foi a criação da revista *Propaganda* pelos publicitários paulistas.

Ainda na década de 1950, o título do periódico foi abreviado para *PN*, e este passou a dar ênfase a uma avaliação do melhor da propaganda para a mídia impressa. Em 1959 passou a se chamar *PN — Política e Negócios*, abrindo espaço para temas políticos. Deixou de circular em 1963.

Alzira Alves de Abreu

FONTES: *Propaganda*, n. 275, jun. 1979; n. 515, abr. 1995; e n. 598, mar. 2001; <http://www.booklink.com.br/joselouzeiro/entrevista.htm>, acesso em 21-2-2005.

POYARES *ver* EMPRESA DE PROPAGANDA POYARES

PRADO, BENEDITO DE GODOY

Benedito de Godoy Prado iniciou sua vida profissional no comércio. Na propaganda, convidado pelo diretor da sucursal do Rio de Janeiro das revistas *O Tico-Tico*, *O Malho*, *Revista da Semana*, *Fon-Fon*, *A Careta*, *Ilustração Brasileira* e outras, começou como vendedor *freelance* de anúncios para a representação dessas revistas em São Paulo.

Com o surgimento das rádios paulistas, Godoy Prado foi trabalhar na Rádio Cruzeiro do Sul, no cargo de diretor superintendente. Mais tarde, foi o responsável pela reorganização da estrutura da Rádio Piratininga, do interior de São Paulo. Mas a rádio faliu, tendo Godoy Prado como um de seus credores e requerentes da falência. Retornou à publicidade como *freelancer*.

Em novembro de 1949, foi eleito presidente da Associação Paulista de Propaganda (APP, atual Associação dos Profissionais de Propaganda). Durante sua gestão, foi realizado o I Salão Nacional de Propaganda e a APP foi declarada entidade de utilidade pública pela Câmara dos Deputados. Deixou o cargo em 1951.

Em 1957, apresentou um trabalho sobre o rádio como mídia no I Congresso Brasileiro de Propaganda, realizado naquele ano em São Paulo. No ano seguinte, tornou-se diretor-executivo da Associação Brasileira de Agências de Propaganda (Abap, atual Associação Brasileira de Agências de Publicidade), cargo que ocupou até o início dos anos 1970.

Christiane Jalles de Paula

FONTES: CASTELO BRANCO, Renato; MARTENSEN, Rodolfo Lima; REIS, Fernando (planej. e coord.). *História da propaganda no Brasil*. São Paulo: T. A. Queiroz, 1990. (Coleção Coroa Vermelha. Estudos Brasileiros, 21.); ASSOCIAÇÃO PAULISTA DE PROPAGANDA. *Depoimentos*. São Paulo: Hamburg, s. d. (Série Documentos da Propaganda, 1.)

PROCEPEL

Agência paranaense fundada em 1960 por Zeno José Otto, Napoleão Miranda e Nilton Romanoski. Desde sua criação, contou com clientes como Super-Enxovais Blumenau, Âncora Comercial, Paraná Equipamentos, Cifra e Edrelon. Responsável pela contratação de Hiram de Souza e Ivo Werneck, ambos profissionais até então atuantes na cidade do Rio de Janeiro, além de Walter Irgang, vindo de Porto Alegre, a agência revelou, em seus estúdios de criação, o jovem Oswaldo Miranda como renomado artista gráfico. Em 1964, a agência encerrou suas atividades.

André Dantas

FONTES: CCPR. *História da propaganda no Paraná*. Disponível em: <http://www.criativospr.com.br/historia_registros_60.php>, acesso em 9-1-2005; SOUZA, Ney Alves de. Paraná: as agências começaram com "A Propagandista". In: CASTELO BRANCO, Renato; MARTENSEN, Rodolfo Lima; REIS, Fernando (planej. e coord.). *História da propaganda no Brasil*. São Paulo: T. A. Queiroz, 1990. (Coleção Coroa Vermelha. Estudos Brasileiros, 21.). p. 425-432; <http://www.ric.com.br/homenagem_02.asp>, acesso em 4-1-2005.

PROEME — PROPAGANDA E MERCADOLOGIA

A Proeme — Propaganda e Mercadologia Ltda. foi fundada em 1962, em São Paulo, por Otto Scherb, os irmãos Plínio e Sérgio Toni, Laerte Agnelli e José Bonifácio de Oliveira Sobrinho, o Boni. Suas primeiras contas foram a da Volkswagen do Brasil, levada por Otto Scherb, e do Frigorífico Serrano. Não demorou muito e logo se notabilizou em todo o Brasil pela campanha "Bom senso em automóvel", desenvolvida para o "Fusca" da Volks.

Passado pouco tempo, somente Otto Scherb permaneceu como sócio da agência. Diante dessa situação, Otto se associou a dois diretores: Enio Mainardi e Harding Gimenez. Posteriormente, o próprio Otto deixou a agência. Mais tarde, Harding Gimenez se retirou da sociedade para formar sua própria agência. A Proeme ficou, então, nas mãos de Enio Mainardi. Para integrar o novo comando da agência, Enio convidou Carlos Eduardo Ferrari, um especialista em administração e finanças. E a Proeme prosperou, obtendo grandes contas, como a da Cica. Pela agência passaram profissionais que se destacaram no mercado publicitário brasileiro, como Helga Miethke, Sérgio Guerreiro, Eugênio Figueiredo, Domingos Logullo, Antônio A. Batista e Sérgio Graciotti, entre outros.

A Proeme foi a agência escolhida pelo Conselho Nacional de Propaganda (CNP) para a campanha divulgar o Projeto Rondon, que foi criado em 1967 por universitários da Guanabara e encampado pelo Ministério do Interior, visando levar assistência médica e educação às regiões mais distantes do país.

Em 1975, iniciou-se o processo de alienação da agência, com a cessão de 25% de seu capital social ao Grupo Interpublic. Este fato causou o afastamento progressivo de Enio Mainardi da direção da empresa. A alienação se completou dois anos depois, com a transferência do controle acionário da Proeme para a Campbell-Ewald, integrante do Grupo Interpublic. Em 1978, Enio Mainardi deixou a agência de forma definitiva e a presidência da empresa passou a ser exercida por Ivan S. Pinto. A Proeme consolidou seu nome no mercado com um elenco de clientes de porte, como Cica, Purina, Heublein, Banco Auxiliar, Philips, Johnson & Johnson e Confiança. Nesse trabalho, Ivan Pinto contou com a colaboração de Carlos Eduardo Ferrari, Márcia Ferrite, Milton Longobardi e Laerte Agnelli, entre outros.

Em 1985, a Proeme se fundiu com a Lintas, dando origem à SS&B Lintas Brasil Comunicações.

Alan Carneiro

FONTES: CASTELO BRANCO, Renato; MARTENSEN, Rodolfo Lima; REIS, Fernando (planej. e coord.). *História da propaganda no Brasil*. São Paulo: T. A. Queiroz, 1990. (Coleção Coroa Vermelha. Estudos Brasileiros, 21.); VARÓN CADENA, Nelson. *Brasil, 100 anos de propaganda*. São Paulo: Referência, 2001;

PROPAGANDA

Periódico criado em 1932 pelo jornalista Ivo Arruda, sob o pseudônimo de Pete Nelson. A justificativa para o uso desse nome, segundo Arruda, é que, como naquele tempo ainda não havia *experts* brasileiros no assunto, achou que um nome estrangeiro seria mais bem-aceito. *Propaganda* era um tablóide de quatro páginas, impresso nas oficinas do jornal carioca *A Nação*, do qual Ivo Arruda era um dos diretores. Sua distribuição era gratuita e tinha poucos anunciantes, entre os quais Light, General Electric, Saúde da Mulher, Loteria Federal e Toddy. Em 1933, o tablóide transformou-se em revista, mas teve curta duração, por ser deficitária.

Em 1937, em São Paulo, surgiu nova revista com o mesmo nome *Propaganda*. Tinha 24 páginas, tiragem de 3 mil exemplares e era impressa em papel cuchê. Seu diretor era Jorge Mathias e o redator-chefe, Orígenes Lessa. Oscar Fernandes da Silva era o secretário, mas a partir do segundo número foi substituído por Júlio Cosi. A revista fechou em 1939.

Em março de 1956, o nome *Propaganda* foi recuperado em São Paulo, com o intuito de competir com a *PN — Publicidade & Negócios*, do Rio de Janeiro. A revista foi criada em resposta a um artigo de Auricélio Penteado, publicado na PN em 1955, sob o título de "Carcomanopéia", fazendo fortes críticas aos publicitários paulistas. O título Propaganda pertencia a Júlio Cosi, que o cedeu à nova revista.

A primeira diretoria da Editora Propaganda S.A. foi constituída por Geraldo Souza Ramos, como presidente; Milo Gambini, como diretor-tesoureiro; Horácio de Freitas, como diretor superintendente; e Eric Nice, como diretor de arte. A periodicidade da revista era mensal.

Em maio de 1957, assumiu a presidência da revista Italo Éboli; em 1961, Juracy Orlandi Artacho; e em 1963, Hernani Donato. Durante a presidência de Hernani Donato, a revista circulava com boletins encartados, que eram distribuídos gratuitamente entre os associados da Associação Paulista de Propaganda (APP). Em 1965, assumiu a presidência Carlos Gilberto Lima Cavalcanti e, dois anos depois, Mauro Salles.

Foi na gestão de Mauro Salles que a revista Propaganda apoiou a instituição do Prêmio Colunistas, iniciativa de Armando Ferrentini, Cícero Silveira e Eloy Simões. A comenda constituiu-se numa das mais importantes premiações do meio publicitário, e foi incorporando categorias regionais ao longo de sua existência. Já na segunda versão do prêmio, em julgamento ocorrido em 1968, a Propaganda passou a discordar dos critérios de premiação e criou seu próprio concurso. Ainda nesse ano, a revista, administrada pela Editora Propaganda, passou a ser dirigida, comercial e editorialmente, pela Publinform Ltda., editora de propriedade do publicitário Bias de Faria. Em 1972, o controle acionário da editora passou à Associação Brasileira de Agências de Propaganda (Abap, atual Associação Brasileira de Agências de Publicidade) e Geraldo Alonso, presidente da entidade, assumiu também a presidência da editora. Nesse ano ainda, a revista Propaganda passou a ser editada pela Editora Referência Ltda., então de propriedade de Armando Ferrentini e Fernando Reis, que assumiram a direção comercial e editorial da revista e adquiriram o título, até então de propriedade da Abap.

Após a saída de Fernando Reis, a revista teve outros editores, entre os quais Amadeu Gonçalves Dias, A. P. Rossini, José Cláudio Maluf, José Roberto Berni, Pedro Yves, Renato Pires, Rafael Sampaio e Roberto Simões. Atualmente Propaganda está disponível em bancas de jornais e na web.

Alzira Alves de Abreu

FONTES: CASTELO BRANCO, Renato; MARTENSEN, Rodolfo Lima; REIS, Fernando (planej. e coord.). *História da propaganda no Brasil.* São Paulo: T. A. Queiroz, 1990. (Coleção Coroa Vermelha. Estudos Brasileiros, 21.); VARÓN CADENA, Nelson. *Brasil, 100 anos de propaganda.* São Paulo: Referência, 2001.

PROPAGANDA & MARKETING

Em 1965, Armando Ferrentini lançou a coluna "Asterisco" no jornal *Diário Popular*. Em 1967, nessa coluna é que foi instituído o Prêmio Colunistas, que se tornou uma das mais importantes premiações do meio publicitário. Em 1978, a coluna passou a contar com a colaboração de Roberto Simões e, pouco depois, dado o seu expressivo crescimento, foi transformada em suplemento semanal do jornal, com o título de "Asterisco's". Ao longo de sua trajetória, o caderno teve como editores Rafael Sampaio, José Cláudio Maluf, A. P. Rossini e Carlos Pucci. "Asterisco's" deixou o *Diário Popular* em abril de 1984, sendo a partir de então publicado como suplemento do jornal *Gazeta Esportiva*, sob o título de "Propaganda & Marketing". Em outubro de 1988, migrou para a *Folha da Tarde*, ainda com o mesmo nome. Nos anos 1990, passou a ter circulação independente, convertendo-se em um jornal semanal, publicado pela Editora Referência Ltda., que reúne matérias e artigos sobre as principais novidades do mercado de propaganda e marketing.

Atualmente *Propaganda & Marketing* está disponível em bancas de jornais e na web.

Christiane Jalles de Paula

FONTES: CASTELO BRANCO, Renato; MARTENSEN, Rodolfo Lima; REIS, Fernando (planej. e coord.). *História da propaganda no Brasil*. São Paulo: T. A. Queiroz, 1990. (Coleção Coroa Vermelha. Estudos Brasileiros, 21.); VARÓN CADENA, Nelson. *Brasil, 100 anos de propaganda*. São Paulo: Referência, 2001; <http://www.facasper.com.br/pp/site/links/index.php>, acesso em 18-2-2005.

PROPAGANDA ESTRUTURAL *ver* **ESTRUTURAL**

PROPAGUE SERVIÇOS DE COMUNICAÇÃO

Agência fundada em 1964, como AS Propague, pelos radialistas Eurides Antunes Severo e Rozendo Lima, com sede na cidade de Florianópolis (SC). Com mais de 500 prêmios nacionais, desde o ano de 2002 a Propague trabalha em parceria com a J. Walter Thompson — que faz parte do Grupo WPP e é considerado o maior grupo de comunicação do mundo. Depois de conquistar o prêmio do Festival Internacional de Publicidade de Nova York e de ser finalista no Prêmio Abril, a agência conquistou também, em 2001, o Galo de Prata, pela peça "Prancha", no Festival Internacional de Publicidade de Gramado. Em atividade, é a agência mais antiga do estado de Santa Catarina. Pertence ao publicitário Roberto Costa.

André Dantas

FONTES: SEVERO, Eurides Antunes. Santa Catarina: a primeira agência nasceu em Joinville. In: CASTELO BRANCO, Renato; MARTENSEN, Rodolfo Lima; REIS, Fernando (planej. e coord.). *História da propaganda no Brasil*. São Paulo: T. A. Queiroz, 1990. (Coleção Coroa Vermelha. Estudos Brasileiros, 21.). p. 433-437; AN Capital. Disponível em: <http://an.uol.com.br/ancapital/2001/jul/03/1ric.htm>, acesso em 28-9-2004; AN Capital. Disponível em: <http://www.an.com.br/ancapital/2002/fev/16/1ric.htm>, acesso em 28-9-2004; Papel jornal. Disponível em: <http://www.sjsc.org.br/pj_online/pj_38/entrevista.htm>, acesso em 28-9-2004.

PROPEG

Agência baiana, fundada em 1965 por Rodrigo Sá Menezes, em sociedade com seu pai, Oswaldo Sá Menezes. Antes, porém, em 1958, Rodrigo, à época com 18 anos, iniciou-se no ramo como redator da Organização e Orientação Publicitária Ltda. (Orgap), primeira experiência de *house agency* no estado, fundada naquele ano por Fernando Coelho, Braz Orrico, Acyr Veloso Soares e José Medrado Santos.

Em 1963, já como sócio da empresa desde 1959, Rodrigo Sá Menezes deixou a agência para, na condição de autônomo, prestar assessoria ao candidato a prefeito da capital Virgildásio Sena, que foi eleito. Em 1964, com a tomada do poder pelos militares e a conseqüente cassação e prisão do prefeito de Salvador, seu único cliente até então, resolveu fundar sua própria agência, criando assim, no ano seguinte, a Propeg.

Com algumas semanas de funcionamento, a agência conquistou a conta do Banco Comercial do Nordeste. Em 1973, associou-se à GFM, fundada em 1966 por Jorge da Gama e Silva, Francisco Mattos e Murilo Vaz, como forma de não se manter tão dependente de um único cliente de peso, passando a co-administrar uma carteira mais equilibrada e diversificada. Na oportunidade, Heitor Gordilho foi admitido na nova sociedade GFM-Propeg. A década de 1980 marcou a consolidação da nova agência, que incorporou outras empresas do ramo, como a PPR, abriu novo escritório no centro do país e, em 1984, anunciou uma *joint venture* com a CBBA, constituindo a CBBA/Propeg, que se manteve até 1989, quando a sociedade foi desfeita. No início da década de 1990, o escritório paulista da Propeg promoveu uma nova associação, agora com a recém-fundada Lew, Lara Propaganda, reafirmando o interesse do Grupo GFM-Propeg por uma atuação não exclusivamente regional. A parceria, no entanto, que deu origem à Lew, Lara, Propeg, foi desfeita em outubro de 1996. Todavia, o objetivo era a constituição de uma rede com agências locais e, em 2001, a Propeg deixou de ser a denominação de uma empresa para marca de agência. Foi fundada então a Rede Interamericana de Comunicação, que permitiu o surgimento de outras agências ligadas à Propeg, como: NBS (Rio de Janeiro) e Multicomm (São Paulo).

André Dantas

FONTES: ABAP — Associação Brasileira de Agências de Propaganda. *História da propaganda no Brasil*. São Paulo: Talento, 2005; VARÓN CADENA, Nelson. Bahia: é de 1956 a primeira agência instalada em moldes profissionais. In: CASTELO BRANCO, Renato; MARTENSEN, Rodolfo Lima; REIS, Fernando (planej. e coord.). *História da propaganda no Brasil*. São Paulo: T. A. Queiroz, 1990. (Coleção Coroa Vermelha. Estudos Brasileiros, 21.). p. 415-424; *Meio & Mensagem*, 14 out. 1996. p. 25; SIMÕES, Roberto. História da propaganda brasileira. *Propaganda*, v. 26, n. 308, p. 116, fev. 1982.

PRÓSPERI NETTO, CARLOS

Carlos Prósperi Netto nasceu em Guaxupé (MG) em 20 de junho de 1930.

Exerceu as funções de diretor de arte e diretor de criação nas agências por onde passou. Em 1954/55, esteve na Panam. Neste último ano ingressou na P.A. Nascimento Publicidade, onde ficou até 1961. Em 1962, foi para a Alcântara Machado, lá permanecendo até o ano seguinte. Em 1963, João Carlos Magaldi, Carlito Maia e Carlos Prósperi Netto fundaram a Magaldi, Maia & Prósperi, que pouco tempo depois contou com o reforço de Carlos Queiroz Telles. A agência funcionou no Conjunto Nacional, endereço nobre da capital paulista. Em 1964, juntamente com João Carlos Magaldi, Carlito Maia, Carlos Queiroz Telles, Paulino Da San Pancrazio e Urano Lima, constituiu a Fator — Grupo de Publicidade Industrial, mais tarde Fator Publicidade, especializada no atendimento das chamadas contas técnicas. Em 1967, após o fechamento da Magaldi, Maia & Prósperi, foi trabalhar na Standard Propaganda. Foi agraciado com 20 medalhas de ouro pelo Prêmio Colunistas.

Faleceu em 9 de abril de 2003.

Ana Flávia Vaz

FONTES: MARTINHO, Erazê. *Carlito Maia; a irreverência equilibrista*. São Paulo: Boitempo, 2003; REIS, Fernando. *Cobrões da propaganda 91/92*. São Paulo: Referência, 1991; <http://www.carlitomaia.etc.br/publicidade.html#93>, acesso em 3-2-2005.

PUBBLICITÁ ver PUBBLICITÁ/ESQUIRE & ALLIANCE

PUBBLICITÁ/ESQUIRE & ALLIANCE

Agência criada em abril de 1989, como resultado da fusão promovida por Francisco José Cunha Martins, "Franzé" (Pubblicitá), e Clementino Fraga (Esquire Propaganda).

Fundada em 1960, na cidade do Rio de Janeiro, a Esquire foi sucessora direta da agência Windsor Propaganda, criada em 1957 por Fernando Barbosa Lima, Luiz Carlos de Aguiar e Roberto Barbosa Lima. Fraga, que ingressou na Esquire em 1972, vindo da extinta Companhia de Incremento de Negócios (CIN), tornou-se sócio majoritário da empresa somente em 1975. Dez anos depois, Roberto Bahiense de Castro passou a compor a sociedade, que também contava com Eduardo Studart.

Já a Pubblicitá foi criada em 1978 por Franzé — que tem em seu currículo passagens pelas agências Norton, Benson e Premium — e Carlos Milton Pedrosa — ex-McCann, L&M, Norton e Premium.

A Publicitá/Esquire & Alliance já foi considerada uma das 20 maiores agências brasileiras no início dos anos 1990. Com escritórios nas cidades do Rio de Janeiro, São Paulo e Brasília, congregava ao todo cerca de 200 profissionais. Entre os seus mais de 50 clientes, destacaram-se Servenco, Rio Design Center, Transportes Fink e Laboratórios Roche.

André Dantas

FONTE: CASTELO BRANCO, Renato; MARTENSEN, Rodolfo Lima; REIS, Fernando (planej. e coord.). *História da propaganda no Brasil*. São Paulo: T. A. Queiroz, 1990. (Coleção Coroa Vermelha. Estudos Brasileiros, 21.). p. 360; BAHIENSE DE CASTRO, Roberto. *Curriculum vitae*.

PUBLICIDADE ver PN — PUBLICIDADE & NEGÓCIOS

PUBLICIDADE & NEGÓCIOS ver PN — PUBLICIDADE & NEGÓCIOS

PUBLICINORTE

Agência fundada nos anos 1960, no Ceará. Deu origem a outras agências, que conquistaram importantes posições no mercado publicitário do estado, como a Terraço Comunicação e Marketing e a SG Propag. Chegou a ter uma carteira com quase 500 clientes. Segundo Braz Theophilo, seu "poder de fogo era tão violento que seus grupos de contato saíam às ruas divididos em zonas e seus redatores criavam as peças escrevendo diretamente no papel timbrado, com as devidas vias e carbono". O lema era "Pau na máquina". Mais tarde, a agência fechou as portas, ressurgindo como T & E e depois como TT/LM, sempre sob o comando de Tarcísio Tavares. Por seu peso e importância, a Publicinorte fez escola, tendo concentrado em seus quadros funcionais boa parte dos profissionais que até hoje atuam no ramo no estado.

André Dantas

FONTES: THEOPHILO, Braz H. M. Ceará: prática de sobrevivência no deserto. In: CASTELO BRANCO, Renato; MARTENSEN, Rodolfo Lima; REIS, Fernando (planej. e coord.). *História da propaganda no Brasil*. São Paulo: T. A. Queiroz, 1990. (Coleção Coroa Vermelha. Estudos Brasileiros, 21.). p. 391-397; *O Povo — Jornal do Ceará*. Disponível em: <http://www.noolhar.com/opovo/fortaleza/376224.html>, acesso em 4-1-2004.

PUBLICIS NORTON *ver* **NORTON**

PUBLICIS SALLES NORTON *ver* **NORTON**

PUBLICIS SALLES NORTON *ver* **SALLES/INTERAMERICANA**

PUBLITEC *ver* **FUTURA/SCALI, MCCABE, SLOVES PROPAGANDA**

PUBLIVENDAS *ver* **MORYA COMUNICANDO CONSCIÊNCIA**

QUADRANT *ver* **MCCANN ERICKSON**

QUEIROZ, JOSÉ FRANCISCO

José Francisco Queiroz nasceu em Ribeirão Bonito, interior de São Paulo, em 16 de agosto de 1945. Formou-se na Escola Superior de Propaganda e Marketing (ESPM), especializando-se em mídia, criação e promoção.

Iniciou-se na propaganda na Companhia de Incremento de Negócios (CIN), como assistente de mídia, em 1964. No ano seguinte, foi para a J. Walter Thompson para ocupar o mesmo cargo, mas ao longo dos 14 anos em que permaneceu na empresa chegou a diretor de mídia e a supervisor sênior de atendimento. Em 1977, ganhou o I Prêmio de Mídia Gazeta Mercantil.

Deixou a Thompson para assumir a gerência de marketing na Bloch Editores, indo logo em seguida para a GTM&C Marketing e Comunicação S.A., como diretor de mídia e atendimento. Em 1980, já na Norton Publicidade, assumiu o cargo de diretor adjunto de mídia, tornando-se mais tarde vice-presidente de mídia e promoção e, em 1989, vice-presidente de operações. Durante a década de 1980, Queiroz foi membro do Conselho Nacional de Auto-Regulamentação Publicitária (Conar), além de conselheiro da Associação Paulista de Propaganda (APP), do Instituto Verificador de Circulação (IVC) e do Grupo de Mídia de São Paulo. Também atuou como expositor no II Simpósio Internacional de Publicidade e Mídia, realizado em 1985, recebeu o título de Profissional de Propaganda do Ano no Prêmio Colunistas de 1988 e foi premiado na categoria Profissional de Mídia no Prêmio Caboré de 1989.

Nos anos 1990, presidiu a APP de 1995 a 1997 e voltou a trabalhar em um cliente, a Editora Globo, como diretor comercial. Em 2001, passou a trabalhar num veículo, o Sistema Brasileiro de Televisão (SBT), como diretor de marketing, transferindo-se para a diretoria de relações com o mercado no final de 2003. Ocupou tal lugar somente por alguns meses, deixando a emissora no início de 2004. No mesmo ano, ingressou na Agnelo Pacheco Criação & Propaganda, como vice-presidente, e lançou o livro *Humor de placa — 25 anos de humor na propaganda*, em co-autoria com o cartunista Dorinho.

José Francisco Queiroz exerceu ainda outras funções associativas, como conselheiro da Associação Brasileira de Emissoras de Rádio e Televisão (Abert) e da Associação de Marketing Promocional (Ampro), além de compor a diretoria executiva do Conselho Executivo de Normas-Padrão (Cenp).

José Márcio Batista Rangel

FONTES: CASTELO BRANCO, Renato; MARTENSEN, Rodolfo Lima; REIS, Fernando (planej. e coord.). *História da propaganda no Brasil.* São Paulo: T. A. Queiroz, 1990. (Coleção Coroa Vermelha. Estudos Brasileiros, 21.). p. 54, 146 e 339; REIS, Fernando. *Cobrões da propaganda 91/92.* São Paulo:

Referência, 1991. p. 122; <http://www.mmmkt.com.br/RHMC/PaginaRCRHMC/destaquebrasil.htm>, acesso em 4-2-2005; Editora Globo inicia processo de demissão. *O Estado de S. Paulo*, 17 out. 1998. Disponível em: <http://www.observatorio.ultimosegundo.ig.com.br/aspas/ent201098.htm>, acesso em 4-2-2005; <http://www.ampro.com.br/ampro/cod_etica/codigo_14.asp>, acesso em 4-2-2005; <http://www.cenp.com.br/np.doc>, acesso em 4-2-2005; <http://www.terra.com.br/istoe/1618/1618cartas_2.htm>, acesso em 4-2-2005; <http://www2.uol.com.br/penultimas/mais1203.html>, acesso em 4-2-2005; <http://www.stopper.blogger.com.br/2004_03_01_archive.html>, acesso em 4-2-2005.

QUEIROZ, PAULO CESAR

Nasceu em 24 de outubro de 1961, filho do publicitário João Gilberto Queiroz, que trabalhou na JWT e no Sistema Globo de Rádio. Sua mãe foi professora da Prefeitura de São Paulo e diretora de escola municipal.

A influência familiar o levou para a propaganda, sua primeira experiência foi um breve estágio na GTM&C, uma pequena agência. Logo em seguida, foi trabalhar na CBBA, na pesquisa de mídia. Dois anos mais tarde, transferiu-se para a McCann Erickson, também em pesquisa de mídia. Em 1982, tornou-se coordenador de pesquisa de mídia dessa agência, em uma época em que não havia computadores. Em 1985, participou da informatização da pesquisa de mídia da McCann. No final desse ano, foi trabalhar na Salles/Inter-Americana na gerência do grupo de mídia da Ford. Nessa agência tornou-se também planejador e comprador de mídia da Ford.

Em abril de 1991, passou a ocupar o cargo de gerente de mídia da recém-criada DM9, atendendo quase todas as contas. Em 1994 assumiu a direção de mídia e, no ano seguinte, conquistou o Prêmio Caboré, um dos mais representativos do meio publicitário brasileiro. Em 2000, integrou o júri do Festival de Cannes.

Membro do Conselho do Grupo Mídia de São Paulo, atuou na entidade desde o início da sua carreira.

FONTE: *curriculum vitae*.

QUEIROZ, SEVERINO

Severino Queiroz nasceu em 10 de setembro de 1922 no interior de Pernambuco. Começou a vida profissional em 1938, no Armazém Vitória. Depois trabalhou na Malharia Imperatriz e também na Gráfica Arte Comercial. A ligação com o amigo Mário Leão Ramos e com a empresa Abaeté Propaganda incentivou Queiroz a tornar-se publicitário em 1956.

Fundou a Ampla Comunicação em 1976, que se consolidou ao longo do tempo como uma das principais agências de Pernambuco. Fundou também o Sindicato das Agências de Propaganda de Pernambuco, que presidiu entre 1994–97. Foi agraciado pela Federação das Indústrias do Estado de Pernambuco com o título de Destaque em Comunicação. A Associação Latino-Americana de Agências de Publicidade (Alap) lhe concedeu o título de Publicitário Latino-Americano.

Ana Flávia Vaz

FONTES:<http://jc.uol.com.br/comercial/ler.php?canal=5&codigo=235>, acesso em 10-2-2005; <http://www.pernambuco.com/diario/2001/05/24/politica3_0.html>, acesso em 10-2-2005; <http://www.ampla.com.br>, acesso em 10-2-2005.

RABELO, GENIVAL DE MOURA

Genival de Moura Rabelo nasceu em Natal (RN), em 26 de fevereiro de 1920. Formou-se bacharel em direito pela Faculdade Nacional de Direito da antiga Universidade do Brasil.

Começou a vida profissional em 1939, escrevendo contos e artigos, traduzindo textos para as revistas *A Noite Ilustrada*, *Vamos Ler* e *Carioca*, do grupo A Noite. Foi repórter do *Diário Carioca*, de 1940 a 1942, ocupando-se de seu suplemento dominical. Entre 1942 e 1964 esteve, juntamente com Manoel Maria de Vasconcelos, à frente da Empresa Jornalística PN S.A., onde teve a oportunidade de fundar e dirigir, em 1940, a revista *Publicidade*, que em 1947 passou a se chamar *PN — Publicidade & Negócio* e em 1959, *Política e Negócios*. Em 1944, fundou o *Anuário de Publicidade*, em 1946, o *Anuário Brasileiro de Imprensa* e, em 1947, o *Anuário Brasileiro de Rádio*.

Em 1953, publicou seu primeiro livro: *Os tempos heróicos da propaganda*. Dois anos depois assumiu a presidência da Associação Brasileira de Propaganda (ABP), cargo que deixou em 1957, quando passou a integrar a Campanha Brasileira de Educação. Durante sua gestão na ABP, lançou a idéia de realização do I Congresso Brasileiro de Propaganda, que se concretizou em outubro de 1957 no Rio de Janeiro. Em 1959, participou da I Convenção do Comércio Lojista, no Rio de Janeiro, e fundou e dirigiu a *VV — Vendas & Varejo*. Em 1961, criou a *IM — Indústria e Mercado* e deu início a uma campanha-denúncia sobre a infiltração do capital estrangeiro na imprensa brasileira, na revista *PN — Política e Negócios*, que se estendeu até 1964, quando ocorreu a derrubada do governo João Goulart e os militares assumiram o poder. Nesse momento, a revista *PN* desapareceu. Rabelo voltou a escrever sobre o tema entre janeiro e maio de 1966, no jornal *Tribuna da Imprensa*. Esses artigos foram depois reunidos e publicados no livro *O capital estrangeiro na imprensa brasileira*, lançado em 1966.

Ainda no ano de 1961, criou o *Guia promocional do comércio lojista*. Em 1965, trabalhou como redator na JMM Publicidade e, posteriormente, na Mural Propaganda, onde permaneceu até 1968. De 1975 a 1985 dirigiu a revista *Portos e Navios*. Em 1986, fundou com a filha Cibele Rabelo e Pedro Magalhães a revista *Navegação*, em função da qual criou o Clube de Navegação.

É também autor dos seguintes livros: *No outro lado do mundo* (1967), *Cartilha do dólar* e *Ocupação da Amazônia* (1968), *Onde o vento junta o cisco* (1969), *A batalha da opinião pública* (1970), *A nova sociedade* (1972), *Petróleo, fome e interesses nacionais* (1975), *Brasil — país das oportunidades perdidas* (1977) e *Mãe Dindinha* (1990).

Alzira Alves de Abreu

FONTES: *Propaganda*, v. 40, n. 515, abr. 1995; FERNANDO, Reis. *Cobrões da propaganda 91/92*. São Paulo: Referência, 1991; <http://legis.senado.gov.

br/pls/prodasen/prodasen.layout_disc_detalhe.show_discurso?p_cod_disc=196475&p_form_name=rpt_apartes>, acesso em 28-12-2004.

RAMOS, ALMÉRIO

Almério Ramos nasceu em Macaé (RJ) em 1893. Contava 17 anos quando foi trabalhar na Leopoldina Railway. Em 1911 transferiu-se para o Rio de Janeiro e conseguiu emprego no vespertino carioca *A Noite*, onde ficou por 37 anos ocupando os cargos de caixa, chefe de publicidade e gerente-geral. Em 1937, foi um dos fundadores da Associação Brasileira de Propaganda (ABP), sendo seu presidente em 1938/39.

Em 1940, quando Licurgo Costa fundou, no Rio de Janeiro, a revista *Publicidade*, Almério Ramos integrava, como sócio, a editora responsável por sua publicação. Voltou a presidir a ABP no período 1943-45 e, durante essa sua segunda gestão, criou o *Boletim ABP*, que circulou de novembro de 1944 até junho de 1945. Em 1946, a revista teve seu nome alterado para *PN — Publicidade & Negócios*.

Faleceu em 25 de janeiro de 1953 e, em homenagem a sua memória, o salão nobre da ABP recebeu o nome de Almério Ramos.

Alzira Alves de Abreu

FONTES: *Propaganda*, v. 26, n. 308, fev. 1982; *Propaganda*, 20 jul. 1953; *PN — Publicidade & Negócios*, v. 13, n. 178, 5 fev. 1953; *PN — Publicidade & Negócios*, v. 13, n. 179, 20 fev. 1953; *PN — Publicidade & Negócios*, v. 17, n. 271, 20 dez. 1956.

RAMOS, JOÃO ALFREDO DE SOUZA

João Alfredo de Souza Ramos nasceu na capital paulista em 24 de junho de 1903, filho de Alfredo Alves de Oliveira Ramos e Laura Guedes de Souza Ramos. Estudou no Ginásio Oswaldo Cruz, no Colégio Arquidiocesano e na Escola Eletrotécnica de São Paulo.

Entre os cargos executivos que exerceu, figuram os de diretor do Departamento de Materiais das Empresas Elétricas, diretor da Rádio Bandeirantes e diretor-gerente da Editora Edanée.

Desde meados da década de 1920, mantinha com Pery de Campos o Studio P.C. Em 1932, os dois decidiram fundir o estúdio com a Empresa de Propaganda Standard, mais tarde Standard Propaganda S.A., associando-se a Cícero Leuenroth. Souza Ramos passou a atuar como diretor-gerente do escritório paulista da agência, mas deixou a função antes de a agência completar seu quinto ano de existência.

Em 1938, fundou a Panam Propaganda S.A., agência que funcionava sob o *slogan* "Casa de Amigos". Foi a responsável pela realização do primeiro comercial colorido da televisão brasileira, transmitido em 1964, aproveitando a iniciativa da TV Tupi de transmitir uma ou outra matéria em cores. Tratava-se de uma animação da já famosa família de esquimós que estrelavam os anúncios das geladeiras e fogões Brastemp. A agência foi desativada na década de 1970.

Ao longo da década de 1940, Souza Ramos também manteve expressiva atuação associativa, fundou o Sindicato das Agências de Propaganda do Estado de São Paulo — Sapesp (1943) e presidiu a Associação Paulista de Propaganda (APP) em 1946/47. Também teve importante participação na vida política paulista da época, desempenhando funções tais como membro do Conselho Econômico do Governo do Estado de São Paulo, presidente do Conselho de Câmaras Estrangeiras e diretor da Associação Comercial de São Paulo. Além disso, João Alfredo de Souza Ramos defendia em artigos e publicações a eficiência e o baixo custo da publicidade radiofônica, que viu surgir.

Em 1952, publicou *A propaganda no Brasil* e foi um dos que batalharam pela criação da Escola de Propaganda do Museu de Arte de São Paulo (Masp).

Faleceu em 1954 e teve seu nome atribuído à comenda conferida pela Escola de Propaganda, o Prêmio Souza Ramos.

José Márcio Batista Rangel

FONTES: CASTELO BRANCO, Renato; MARTENSEN, Rodolfo Lima; REIS, Fernando (planej. e coord.). *História da propaganda no Brasil*. São Paulo: T. A. Queiroz, 1990. (Coleção Coroa Vermelha. Estudos Brasileiros, 21.). p. 11, 35, 327-328; *Quem é quem no Brasil: biografias contemporâneas*. São Paulo: Sociedade Brasileira de Expansão Comercial, 1948. v. 1, p. 586; <http://

www.sapesp.org.br/sindica/pagina.htm>, acesso em 10-2-2005; <http://www.revistapronews.com.br/30/historia.shtml>, acesso em 10-2-2005; <http://www.tribuna.inf.br/anteriores/2004/marco/12/intervalo.asp>, acesso em 10-2-2005; <http://www.faap.br/revista_faap/revista_facom/artigos_tv5.htm>, acesso em 10-2-2005.

RAMOS, RICARDO

Ricardo de Medeiros Ramos nasceu em Palmeira dos Índios (AL), em 4 de janeiro de 1929, filho de Graciliano Ramos e de Heloísa de Medeiros Ramos. Seu pai foi um escritor renomado e membro do Partido Comunista Brasileiro (PCB).

Aos seis anos, Ricardo Ramos foi morar com o avô materno em Maceió, por causa da prisão do pai. Aos 14, transferiu-se para o Rio de Janeiro, então capital federal, onde estudava à noite e, em 1944, iniciou-se no jornalismo. Bacharel em direito pela Faculdade de Direito do Rio de Janeiro em 1952, nunca exerceria a profissão.

Ingressou na propaganda em 1951 como redator na multinacional J. Walter Thompson do Rio de Janeiro, líder do mercado publicitário, e teve como chefe de redação Orígenes Lessa, considerado por Ricardo Ramos seu mestre e guia. Cinco anos depois, assumiu a chefia de redação da Standard carioca. Ainda na década de 1950, foi transferido para a filial paulista da Standard. De volta à Thompson, agora na filial paulista, deixou a criação e foi para o atendimento, assumindo a chefia do grupo de contas. Mais tarde, transferiu-se para a P. A. Nascimento, onde permaneceu aproximadamente um ano.

Nos primeiros anos da década de 1960, integrou a equipe da Multi Propaganda, que chegou a ser conhecida como o "Real Madrid" da criação brasileira. Naquele tempo, a criação da Multi era constituída por Jorge Medauar, Sérgio Andrade (Arapuá), Benedito Ruy Barbosa (o novelista) e José Bonifácio de Oliveira Sobrinho, o Boni.

Em dezembro de 1964, Ricardo Ramos voltou para o Rio de Janeiro e fez uma incursão na área de clientes, trabalhando como gerente de marketing, primeiro na Colgate-Palmolive, depois na Sydnei Ross e novamente na Colgate-Palmolive.

Em 1966 e 1967 ocupou a primeira-secretaria da Associação Brasileira de Agências de Propaganda (Abap, atual Associação Brasileira de Agências de Publicidade). Em 1969, assumiu o cargo de subgerente da McCann em São Paulo. Integrou o Comitê de Operações da McCann, criado com a saída de Emil Farhat da presidência da agência.

Em 1975, Ricardo Ramos, diretor de planejamento; Francisco Gracioso, gerente-geral e vice-presidente, e Geraldo Tassinari, diretor de mídia, todos funcionários da McCann, associaram-se e fundaram a Tempo de Publicidade, que seria vendida em 1982 para a multinacional Foote Cone & Belding (FCB).

Nos anos 1990 foi diretor de cursos da Escola Superior de Propaganda e Marketing (ESPM). Foi também redator-chefe da revista *Propaganda*; diretor da Abap; diretor e professor da Escola de Comunicação Social Anhembi-Morumbi, da Fundação Cásper Líbero e da ESPM.

Publicou vários livros de ficção, tanto "juvenis" quanto "para adultos", novelas, romances, memórias e, principalmente, contos, além de três livros técnicos sobre propaganda. Escreveu seu primeiro livro com 24 anos, em 1954, *Tempo de espera*, um livro de contos. E com Pyr Marcondes publicou *200 anos de propaganda no Brasil; do reclame ao cyber-anúncio*. A qualidade de seus textos rendeu-lhe vários prêmios, entre os quais o Jabuti, da Câmara Brasileira do Livro (por três vezes); o Guimarães Rosa, no IV Concurso Nacional de Contos do Paraná; o da Câmara Municipal de São Paulo; o Afonso Arinos; o Coelho Neto e o da Associação Paulista dos Críticos de Arte.

Ricardo Ramos foi também membro do Conselho Estadual de Cultura de São Paulo, presidente da União Brasileira de Escritores e organizador e primeiro diretor do Museu de Literatura de São Paulo.

Faleceu em São Paulo em 20 de março de 1992, no mesmo dia e mês de seu pai.

Christiane Jalles de Paula

FONTES: VARÓN CADENA, Nelson. *Brasil, 100 anos de propaganda*. São Paulo: Referência, 2001; CASTELO BRANCO, Renato; MARTENSEN, Rodolfo

Lima; REIS, Fernando (planej. e coord.). *História da propaganda no Brasil.* São Paulo: T. A. Queiroz, 1990. (Coleção Coroa Vermelha. Estudos Brasileiros, 21.); PENTEADO, J. Roberto Whitaker. Entrevista com Francisco Gracioso. *Revista da ESPM*, v. 6, n. 3, maio/jun. 1999; *Propaganda*, abr. 1969; *Propaganda*, v. 25, n. 288, jul. 1980; <http://www.ricardoramos.org.br/biografia_autor/index.htm>, acesso em 5-11-2004; <http://www.dpto.com.br/especial/mm/pais/ricardo.htm>, acesso em 5-11-2004; VARÓN CADENA, Nelson. *Propaganda e mercado.* Disponível em: <http://www.correiodabahia.com.br/2003/06/05/noticia.asp?link=not000076981.xml>, acesso em 5-11-2004.

RANGAN, LIVIO

Nas décadas de 1950 e 60, Livio Rangan atuava como redator publicitário, mas ganhou destaque na promoção de eventos. Foi diretor do Departamento de Propaganda e Relações Públicas da Rhodia por 13 anos e produziu shows-desfiles para promover os produtos têxteis da empresa. Utilizando como palco a Feira Nacional da Indústria Têxtil (Fenit), concebeu um formato publicitário à moda brasileira, que estimulou o aparecimento de uma imprensa especializada, como as revistas *Cláudia* e *Manequim*, da Editora Abril. Além disso, produziu programas de televisão para as emissoras Tupi e Record, como *La revue chic* e *Momento 68*.

Em 1970, Rangan fundou a Gang Propaganda, que atendia a parte da conta da própria Rhodia, à Ducal, à Editora Abril e à Shell. Seu trabalho no comando da Gang rendeu-lhe o título de Publicitário do Ano, do Prêmio Colunistas de 1975, ano em que produziu "Natal brasileiro", anúncio de TV que utilizava imagens do folclore alagoano e rompia com o arquétipo tradicional do Natal na publicidade.

Livio Rangan faleceu em 1984 e sua agência foi absorvida no mesmo ano pela Standard, Ogilvy & Mather. Em 2002, foi homenageado na São Paulo Fashion Week com uma exposição de fragmentos de sua obra.

José Márcio Batista Rangel

FONTES: CASTELO BRANCO, Renato; MARTENSEN, Rodolfo Lima; REIS, Fernando (planej. e coord.). *História da propaganda no Brasil.* São Paulo: T. A. Queiroz, 1990. (Coleção Coroa Vermelha. Estudos Brasileiros, 21.); p. 121, 370-371; *Propaganda*, v. 21, n. 236, mar. 1976; <http://www.revistadoseventos.com.br/bn_conteudo.asp?cod=985>, acesso em 15-2-2005; <http://cliquemusic.uol.com.br/br/Resgate/Resgate.asp?Nu_materia=1181>, acesso em 28-2-2005; <http://www.abracom.org.br/noticias/clipping_not.asp?cod=1179>, acesso em 28-2-2005.

REIS, GILBERTO DOS

Gilberto dos Reis nasceu na cidade de São Paulo em 4 de julho de 1950, filho do médico Gustavo dos Reis e da professora Noemia Monteiro dos Reis.

Cursou engenharia na Fundação Armando Álvares Penteado (FAAP) entre 1969 e 1974 e estudou na Escola Superior de Propaganda nos anos de 1970 e 1971.

Em 1974 obteve seu primeiro emprego, como estagiário, na Casabranca Publicidade, de Júlio Ribeiro, Sérgio Graciotti e Armando Mihanovich, chegando a redator júnior e a revisor de textos. Em 1977, foi trabalhar na Denison, mas retornou no mesmo ano à Casabranca, que já havia sido incorporada à MPM, e onde passou a ocupar o cargo de supervisor de criação a partir de 1980.

De 1982 a 1985, trabalhou na Alcântara Machado, Periscinoto (Almap) dividindo a direção de criação com Ercílio Tranjan e Vinícius Gagliardi. Em 1985, retornou à MPM como diretor de criação e, cinco anos depois, passou a diretor nacional de criação. Em 1992, ainda como diretor de criação, teve outra passagem pela Almap, então já integrada à BBDO, e, no ano seguinte, tornou-se sócio da GRP, antiga Companhia Paulista de Publicidade.

Em 1995, ingressou na Nort/West, como diretor associado de criação, e lá permaneceu por três anos, até ir para a Publicis Norton, onde ocupou o cargo de vice-presidente de criação. Também foi VP de criação da Silvana Tinelli Publicidade, do Grupo WPP, por onde já havia passado seis anos antes.

Em 2001, tornou-se sócio e diretor de criação da P&M Publicidade e Propaganda Ltda. Paralelamente a essa função, assumiu o cargo de diretor executivo do Clube de Criação de São Paulo, entidade que já dirigira por três vezes e que presidira de 1987 a 1989.

Gilberto dos Reis, ou "Giba", é um dos publicitários mais premiados no anuário do CCSP, além de já ter sido contemplado com o Prêmio Colunistas, Profissionais do Ano (Rede Globo) e Meio & Mensagem. Internacionalmente, é ganhador do Clio Award e de cinco Leões no Festival de Cannes.

José Márcio Batista Rangel

FONTES: AlaVip — 1º portal catarinense de publicidade e propaganda. Disponível em: <http://www.alavip.com.br/cases_delicia.htm>, acesso em 29-9-2004; Portal da propaganda. Disponível em: <http://www.portaldapropaganda.com.br/>, acesso em 3-11-2003; Bandeirantes — a rádio que briga por você. Disponível em: <http://www.radiobandeirantes.com.br/artigos/interna.asp?idartigo=1974>, acesso em 29-9-2004; *About*, v. 10, n. 489, 14 jul. 1998.

RESENDE, ÁLVARO COSTA

Álvaro Costa Resende nasceu em São Gotardo (MG) em 2 de abril de 1937, filho do fazendeiro Adolfo Resende e de Rosina Costa. Sua família transferiu-se para Dores do Indaiá, onde passou a infância e a juventude.

Em 1956, ao visitar em Belo Horizonte o irmão, que era chefe de locutores da TV Itacolomi, conseguiu o emprego de *cameraman*. Nessa emissora, dedicou-se ao setor comercial e mercadológico, chegando ao cargo de diretor comercial. Essa experiência o levou a comprar uma empresa de prestação de serviços a agências de propaganda que englobava *silkscreen*, estúdio de gravação, corpo de modelos e marcenaria para a confecção de cenários.

Deixou a empresa para trabalhar na Força Total de Comunicação, proprietária da Rádio Itatiaia, TV Vila Rica e jornal *Diário de Minas*. Mais tarde, transferiu-se como autônomo para a TV Belo Horizonte, hoje TV Globo.

Em 1973 criou a agência RC Comunicação, que se destacou na publicidade em Minas Gerais e tornou-se uma das mais premiadas pelo Clube de Criação de Minas Gerais.

Álvaro Costa Resende fundou o Sindicato das Agências de Propaganda de Minas Gerais (Sindapro-MG), entidade que dirigiu por três vezes e que tem por objetivo valorizar as agências locais de propaganda. Foi vice-presidente da Federação Nacional das Agências de Propaganda (Fenapro), no período 1982-89, e membro da diretoria da Associação Latino-Americana de Agências de Propaganda, recebendo dessa entidade o título de Publicitário Latino-Americano.

Alzira Alves de Abreu

FONTES: ABAP — Associação Brasileira de Agências de Propaganda. *História da propaganda no Brasil*. São Paulo: Talento, 2005; *curriculum vitae*.

RIBEIRO, JÚLIO

Júlio César Ribeiro nasceu na capital paulista no dia 1º de dezembro de 1933, filho único do publicitário, João Ribeiro, e de uma cantora de rádio. Seus estudos iniciais foram realizados no Colégio São Luís e no Liceu Eduardo Prado. Iniciou sua formação superior cursando dois anos de sociologia. Posteriormente, formou-se na Faculdade de Direito do Largo de São Francisco, vinculada à Universidade de São Paulo (USP). Também cursou planejamento e marketing na Harvard Business School e criatividade na State University of New York, em Bufallo.

Sua vida profissional começou no comércio, enquanto ainda cursava direito, passando a estagiário do departamento jurídico de um banco. Recém-formado, abriu um escritório de advocacia na capital paulista. Em 1958, seu pai apresentou-o a David Augusto Monteiro, que lhe ofereceu vaga de estagiário no departamento de mídia da McCann Erickson. Durante um curto período, dividiu seu tempo entre o escritório de advocacia e o estágio na McCann. Optando pela publicidade, trabalhou sucessivamente na área de pesquisa, onde foi chefiado por Alfredo Carmo, e na criação como redator.

Em 1960, decidiu que precisava de uma experiência em um cliente e foi para a Caterpillar Tratores, na qual foi gerente de propaganda, mesmo cargo que seu pai ocupava na Goodyear na época. Neste período, teve a oportunidade de morar nos EUA por seis meses, fazendo um estágio pela empresa.

Dois anos mais tarde, voltou à McCann como profissional de atendimento, ingressando, pouco depois, na Denison Propaganda como diretor desse setor, além de ser responsável pelo planejamento. Na Denison, trabalhou com publicitários como Rony Lage e sob a supervisão de Hélio Silveira da Motta. Convidado por José de Alcântara Machado e Alex Periscinoto a trabalhar na Almap, deixou a Denison em 1965. Permaneceu na Almap até 1967, na qual ocupou o cargo de diretor de planejamento. Paralelamente, ministrou aulas de mídia na Escola Superior de Propaganda, atual Escola Superior de Propaganda e Marketing (ESPM). Ainda em 1967, fundou, em parceria com Armando Mihanovich, a JRM — Júlio Ribeiro Mihanovich Publicidade.

Em 1970, foi agraciado com o Prêmio Publicitário do Ano pelo Colunistas. Entretanto, devido à falta de experiência empresarial, ele, Mihanovich e seu novo sócio Edro de Carvalho precisaram se associar à Lince Propaganda, iniciando a Casabranca. Em 1975, após conquistar a conta da Fiat no Brasil, a Casabranca foi incorporada à filial paulista da MPM. A nova agência, a MPM-Casabranca, era presidida por Petrônio e os demais sócios — entre eles, Ribeiro — atuavam como diretores.

Júlio Ribeiro recebeu o Prêmio Caboré como Profissional de Planejamento em 1980. Neste mesmo ano, desfez sua sociedade com a MPM e abriu a Talent, inicialmente chamada Uniwork.

Júlio Ribeiro foi agraciado com o Caboré mais duas vezes, na categoria Empresário do Ano de 1985 e 1989. Ainda em 1989, Ribeiro inaugurou outro módulo da agência, dando início ao Grupo Talent.

Em 1994, lançou o livro *Fazer acontecer*. Em 1998, ampliou o grupo com a incorporação da agência QG e, dois anos depois, da Lage'Magy.

José Márcio Batista Rangel

FONTES: REIS, Fernando. *Cobrões da propaganda 91/92*. São Paulo: Referência, 1991. p. 123-124; <http://www.monitormercantil.com.br/scripts/materia.cfm?Doc_id=1677>, acesso em 28-2-2005; *About*, ano 10, n. 510, 8-12-1998.

RIBEIRO NETO, JÚLIO

Júlio Ribeiro Neto trabalhou na McCann Erickson, atendendo a conta da Goodyear. Presidiu a Associação Brasileira de Agências de Propaganda (Abap, atual Associação Brasileira de Agências de Publicidade) em 1968/69. Faleceu neste último ano.

FONTE: SIMÕES, Roberto. História da propaganda brasileira. *Propaganda*, v. 26, n. 308, fev. 1982.

RIGHI, CARLOS

Carlos Righi nasceu em Bauru (SP) em 12 de abril de 1962, filho de Nelson Righi, securitário, e da dona-de-casa Nilce Salmen Righi.

Concluiu o curso de publicidade e propaganda na Fundação Armando Álvarez Penteado (Faap) em 1983, ano em que conseguiu seu primeiro estágio na maior agência de propaganda da época, a MPM. Em janeiro de 1984, foi contratado como redator júnior e, em 1986, ganhou o prêmio máximo do Clube de Criação de São Paulo (CCSP), com a peça "Tradutor" para a Aliança Francesa. Desenvolveu também campanhas para a Walita e a Fiat. Deixou a MPM, então MPM Lintas, em 1994, quando ocupava o cargo de supervisor de criação, e se transferiu para a Young & Rubicam, onde permaneceu até 1995. Nesse ano assumiu a função de redator na DPZ e criou campanhas para a Cerveja Kaiser.

Em 1999, foi trabalhar na Carillo Pastore Euro ESCG como diretor de criação. Durante o tempo em que esteve nessa agência, foi responsável pela campanha do refrigerante Sukita. Dois anos mais tarde, assumiu a direção de criação da QG Comunicação, agência pertencente ao grupo Talent, onde permaneceu por um ano e realizou peças para a campanha GRAACC.

Em novembro de 2001 foi eleito para a presidência do CCSP. Em sua gestão, foi lançado o site do clube e contratado o diretor executivo, Gilberto dos Reis, para comandar o dia-a-dia do CCSP. Em 2002, aceitou a direção de criação da Giacometti. Durante sua passagem por essa agência, fez campanha para as Lojas Marisa.

Em 2003, foi reeleito presidente do CCSP. Deixou a Giacometti em 2004 e tornou-se sócio-diretor da produtora de filmes e filmes publicitários TvZero.

Foi também jurado brasileiro no Festival de Filmes Publicitários de San Sebastian, da Fiap, do Chile e do Equador. Ganhou vários prêmios nacionais e internacionais, entre os quais se destacam: CCSP, Fiap, Colunistas, CCRJ, Clio e Festival do Rio.

Christiane Jalles de Paula

FONTES: *curriculum vitae*; *Meio & Mensagem*, 15 dez. 2003 e 30 jun. 2004; <http://www.ami.org.br/bn_conteudo_secao.asp?op=82&opr=80>, acesso em 5-11-2004; Entrevista de Carlos Righi. Disponível em: <http://www.ccsp.com.br/index_ie.htm>, acesso em 5-11-2004.

RINO PUBLICIDADE

Agência fundada em 1962, na cidade de São Paulo, por Rino Ferrari e Lair Antônio de Souza. Com certo destaque no meio publicitário, tem entre seus clientes empresas de renome como BIC (desde 1963), Osram, Pfizer (desde 1963), ABN-Amro Bank, AGF Seguros e Scania. De suas campanhas mais importantes, vale lembrar a do isqueiro BIC Chama — "Acende 3 mil vezes ou mais" —, criada em 1982 e veiculada até 1998, na qual um amontoado crescente de palitos de fósforo queimados fornecia a medida da durabilidade dos isqueiros BIC. Vencedora do Clio em 1983, com o primeiro comercial brasileiro a fazer parte do *Hall of Fame* do *Clio Awards*, a partir de 1990. Através da Rino World, que integra a International Communications Agencies Network (Icom) — rede mundial de agências independentes, fundada em 1952, e que reúne mais de 70 empresas —, a Rino Publicidade mantém relações operacionais em 50 países. Com a saída de Rino Ferrari da linha de frente da agência, mantendo-se, porém, na presidência de seu Conselho Consultivo, coube a Rino Ferrari Filho dirigir a empresa.

André Dantas

FONTES: ARP – Associação Riograndense de Propaganda. *Ranking das agências de todo o Brasil do Ibope Monitor*. Disponível em: <http://www.arpnet.com.br/materias_anteriores/materias_ant8.htm>, acesso em 18-11-2004; CASTELO BRANCO, Renato; MARTENSEN, Rodolfo Lima; REIS, Fernando (planej. e coord.). *História da propaganda no Brasil*. São Paulo: T. A. Queiroz, 1990. (Coleção Coroa Vermelha. Estudos Brasileiros, 21.). p. 360-361; material de divulgação fornecido pela Rino Publicidade Ltda.; <http://www.rino.com.br>, acesso em 3-10-2004.

RODRIGUES, JORGE MARTINS

Jorge Martins Rodrigues ingressou no jornalismo em 1925 e por sete anos exerceu a função de cronista cinematográfico para o *Diário da Noite*. Como sabia ler inglês, foi contratado como tradutor técnico da General Motors. Pouco depois, passou para o Departamento de Propaganda, então dirigido por Francisco Teixeira Orlandi. Paralelamente, continuou atuando como jornalista. Após a compra do *Diário da Noite* por Assis Chateaubriand, este o convidou a acumular mais uma função: a de organizador de uma página automobilística para o *Diário de São Paulo*, que seria seu terceiro emprego concomitante.

No Departamento de Propaganda da GM, passou a redator e trabalhou com Orígenes Lessa, Charles Dulley, Aldo Xavier e Oscar Fernandes, entre outros. Mas seus três empregos entraram em conflito quando se recusou a atender à imposição de seu chefe na GM de não fazer referência a marcas concorrentes no caderno automobilístico, e Rodrigues decidiu deixar a multinacional.

Foi convocado a lutar na Revolução de 1930, mas não se apresentou e teve que se esconder, o que lhe custou a oportunidade de um novo emprego. Em 1932, novamente contrário à luta armada, acabou perdendo o emprego num jornal vespertino dirigido por Oswaldo Chateaubriand, que defendia ponto de vista diverso do seu. Devido à instabilidade em que vivia, mantinha um escritório, o Bureau Atlas, pioneiro na distribuição de artigos para jornais do interior, mas que já não andava bem devido à crise cafeeira.

Em 1933, então, aceitou o convite da J. Walter Thompson para ser o contato da agência com a GM e, no ano seguinte, retornou à multinacional como assistente do gerente de promoção de vendas. Quando assumiu a presidência da Associação Paulista de Propaganda (APP, atual Associação dos Profissionais de Propaganda), da qual foi fundador, já dirigia a propaganda da multinacional automobilística, sendo um dos primeiros diretores de relações públicas paulista. Em 1941, foi enviado à matriz da GM, nos Estados Unidos, para um estágio, no qual adquiriu conhecimentos mais aprofundados sobre relações públicas que geraram uma série de artigos para os jornais *Folha da Manhã* e *Folha da Noite*. Entretanto, sabia que, quando voltasse ao Brasil, seu novo chefe na filial brasileira seria um americano 10 anos mais jovem e desconhecedor da língua local, fato que o estimulou a deixar definitivamente a empresa.

Ao fim de seu mandato na APP, em 1942, já não trabalhava mais na GM e havia se tornado secretário-geral das *Folhas*. No entanto, não ficaria mais de um ano no posto, novamente devido a divergências com um diretor. Resolveu, então, dedicar-se à profissão na qual se formara, a advocacia, e se afastou da propaganda, tornando-se um colaborador eventual dos jornais. Em 1950, foi pioneiro ao coordenar uma pesquisa mercadológica — feito raro para a época — sobre o perfil das leitoras do veículo *Shopping News*, que demonstrou a viabilidade de sua manutenção no mercado. Participou também da produção de dois filmes da série *O Brasil através do pára-brisa*, que mostravam as belezas de estradas do Rio de Janeiro e foram remetidos para os Estados Unidos.

No início dos anos 1960 dirigia uma empresa de engenharia.

José Márcio Batista Rangel

FONTES: *Propaganda*, v. 23, n. 266, set. 1978; ASSOCIAÇÃO PAULISTA DE PROPAGANDA. *Depoimentos*. São Paulo: Hamburg, s. d. p. 29-34.

RODRIGUES, JOSÉ ANTONIO CALAZANS ver CALAZANS, JOSÉ ANTONIO

RODRIGUES, JOSÉ LUIZ

José Luiz Rodrigues foi presidente da Associação Paulista de Propaganda (APP) em 1968/69. Durante sua gestão, foi realizado em São Paulo o II Congresso Brasileiro de Propaganda, em fevereiro de 1969, do qual foi primeiro vice-presidente, além de coordenador da Comissão do Ensino da Propaganda, que compunha o evento.

José Márcio Batista Rangel

FONTES: *Propaganda*, v. 14, n. 154, p. 63-75, mar. 1969; ASSOCIAÇÃO PAULISTA DE PROPAGANDA. *Depoimentos*. São Paulo: Hamburg, s. d. (Série Documentos da Propaganda, 1.). p. 147-150.

ROSA NETO, ANTÔNIO

Antônio Rosa Neto nasceu em São Paulo em 27 de dezembro de 1952, filho de Paulo da Silva Rosa, farmacêutico, e de Wanda da Silva Rosa.

Formou-se em comunicação social pela Faculdade Objetivo em 1978 e iniciou sua vida profissional na propaganda em 1974, na então Salles/Inter-Americana de Publicidade, como assistente de mídia.

Em 1977, deixou a Salles e foi ser supervisor de mídia na CBBA, onde permaneceu até 1980, ano em que se transferiu para a McCann Erickson, como diretor associado de mídia. Deixou essa agência em 1985, para se tornar diretor-geral de mídia na Unidade Inter-Americana de Publicidade. Em 1987, voltou à Salles, como diretor de atendimento, e em 1991 tornou-se vice-presidente da agência.

Em 1994, ao se transferir para a Dainet Multimídia e Comunicações, primeira empresa especializada em mídia do Brasil, assumiu o posto de presidente da agência.

Dedicou-se também ao magistério, sendo professor de mídia, entre 1980 e 2000, da Escola Superior de Propaganda e Marketing (ESPM), onde criou o MediaLab.

Foi agraciado com o Prêmio Caboré de Melhor Profissional de Mídia em 1992.

Alzira Alves de Abreu

FONTE: *curriculum vitae*.

SALÃO NACIONAL DE PROPAGANDA, I

Ocorreu em dezembro de 1950, na capital paulista, e foi organizado por Gerhard Wilda. Durante o salão é que surgiu a idéia de criar uma escola de propaganda. Menos de um ano depois, em 27 de outubro de 1951, com o apoio de Napoleão de Carvalho, Assis Chateaubriand e Pietro Maria Bardi, a idéia foi posta em prática, sendo fundada a Escola de Propaganda do Museu de Arte de São Paulo, atual Escola Superior de Propaganda e Marketing (ESPM).

FONTE: SIMÕES, Roberto. História da propaganda brasileira. *Propaganda*, v. 26, n. 308, fev. 1982.

SALES, ALMIR

Almir Rodrigues Sales nasceu em Petrolândia (PE), em 10 de outubro de 1937, filho do desenhista técnico Álvaro José Cavalcanti Sales e de Alda Rodrigues Sales.

Graduou-se na Faculdade de Comunicação da Pontifícia Universidade Católica de Minas Gerais e cursou administração de marketing no Centro de Desenvolvimento em Administração da Fundação João Pinheiro, em conjunto com a Graduate School of Business, da Columbia University, em 1972; relações públicas e especialização em *marketing management* na Graduate School of Business da New York University em 1974; e introdução ao marketing de varejo na Miami University em 1975.

Iniciou sua vida profissional na agência Flama Propaganda, onde exerceu a função de contato e diretor-geral entre 1965 e 1968. Deixou a empresa para criar a Meta Propaganda Ltda., onde foi diretor-proprietário entre 1969 e 1974. Em agosto deste último ano, com a fusão da Meta — fundada em 1969 por Almir Sales — com a Starlight — constituída em 1953 por Orlando Junqueira —, surgiu em Belo Horizonte a Skema Comunicação, da qual se tornou sócio-diretor. A Skema progrediu rapidamente, tendo as contas da Loteria do Estado de Minas Gerais, da União Brasileira Distribuidora de Tecidos e da Organização Manoel Bernardes, comerciante de pedras preciosas e jóias, do Grupo Petronorte, de tratores e implementos agrícolas, entre outras.

Em 1976, Almir Sales deixou a Skema, juntamente com David Paiva, Daniel Freitas e José Reis, para fundar a Setembro Propaganda Ltda. Apesar de Almir Sales ser um profissional de atendimento e planejamento, essa nova agência deu grande apoio à criação e contratou os mais conceituados profissionais de criação de Minas Gerais, o que lhe valeu inúmeros prêmios. A Setembro dedicou-se ao marketing político, através da Setembro Comunicação Mercadológica, merecendo destaque a campanha eleitoral de Francelino Pereira, do PDS, a governador de Minas Gerais em 1982; a campanha de Tancredo Neves à presidência da República em 1984 via Colégio Eleitoral, em colaboração com outras agências de publicidade; e a campanha que elegeu Fernando Collor de Mello para a presidência da República em 1989. A Setembro foi a responsável pelos *slogans* da campanha "Vamos collorir o Brasil" e "Collor é o progresso". A agência também atuou nas campanhas de 204 candidatos a prefeitos de municípios de Minas Gerais. A Setembro transformou-se em agência nacional, com a abertura de unidades em Brasília e no Rio de Janeiro. Em 1995, Almir Sales criou a agência Casablanca Comunicação, da qual foi diretor.

Sales atuou também na área acadêmica, lecionando propaganda na Faculdade de Comunicação da PUC-MG em 1974, e marketing, no curso de comunicação da Faculdade de Filosofia de Belo Horizonte, em 1975. Foi ainda secretário e presidente da Associação Mineira de Propaganda (AMP), em 1970-75; secretário-geral da Federação Nacional das Agências de Propaganda (Fenapro) em 1986/87; presidente do capítulo Minas Gerais da Associação Brasileira de Agências de Publicidade (Abap); e presidente do Sindicato das Agências de Propaganda do Estado de Minas Gerais, em 1989.

Foi escolhido Publicitário do Ano entre os melhores da propaganda mineira pela AMP por três anos consecutivos — 1982, 1983 e 1984 — e Publicitário do Ano pelo Prêmio Colunistas Regional em 1983 e 1989.

Alzira Alves de Abreu

FONTES: informações prestadas pelo biografado; REIS, Fernando. *Cobrões da propaganda 91/92*. São Paulo: Referência, 1991; CASTELO BRANCO, Renato; MARTENSEN, Rodolfo Lima; REIS, Fernando. *História da propaganda no Brasil*. São Paulo: T. A. Queiroz, 1990. (Coleção Coroa Vermelha. Estudos Brasileiros, 21.); *Propaganda*, n. 431, mar. 1990.

SALLES, LUÍS

Luís Marcelo Dias Salles nasceu em Recife (PE) em 21 de junho de 1934, filho de Apolônio Salles — engenheiro agrônomo e ministro da Agricultura durante o Estado Novo (1942-45) e no segundo governo Vargas (1954), e duas vezes senador pelo estado de Pernambuco (1947-54 e 1954-59) — e de Isabel Irene Dias Salles. Seu irmão Mauro Salles e seu sobrinho Paulo Salles se destacaram na publicidade.

Formou-se pela Escola Nacional de Agronomia do Rio de Janeiro em 1956 e exerceu, por longo tempo, a atividade de agrônomo, dedicando-se inclusive ao magistério. Passou quatro meses estudando economia e técnicas de desenvolvimento regional em Israel, vivendo em um *kibutz*.

Sua trajetória profissional na publicidade teve início em 1965, quando desempenhou a função de diretor administrativo do Grupo Técnico Propaganda, cargo que deixou em 1966. Nesse ano, tornou-se diretor administrativo-financeiro da Mauro Salles Publicidade. Tornou-se vice-presidente da Salles/Inter-Americana e, mais tarde, presidente, cargo que exerceria de 1985 a 1994.

Fundador presidente, em 1981, da Federação Nacional das Agências de Propaganda (Fenapro). Foi seqüestrado em 31 de julho de 1989 em São Paulo, permanecendo em cativeiro durante 65 dias.

Em 1994, criou a LMS Serviços Empresariais Ltda., onde permaneceu como sócio-gerente até 2003, quando a agência se fundiu com outras, dando origem à Sales, Periscinoto, Guerreiro & Associados, da qual foi sócio-diretor. A partir de 1995, exerceu os cargos de consultor comercial e de marketing da TV Manchete, em São Paulo, do Grupo Pão de Açúcar, do Bradesco e da Febraban.

Foi membro dos conselhos do Grupo Pão de Açúcar e da Andersen Consulting, e do Conselho Cultural da Petrobras Distribuidora e da Bienal de São Paulo. Presidente do Conselho de Administração da Escola Superior de Propaganda e Marketing (ESPM) e primeiro-vice-presidente de seu Conselho Deliberativo. Foi também presidente do Sindicato das Agências de Propaganda do Estado de São Paulo e vice-presidente nacional da Associação Brasileira de Agências de Propaganda (Abap). Foi eleito primeiro-vice-presidente da Bienal de São Paulo em 28 de agosto de 2000, cargo que ocupou até 15 de julho de 2002, data em que foi eleito segundo-vice-presidente.

Recebeu o Prêmio Caboré como Empresário Dirigente em 1985.

Alzira Alves de Abreu

FONTES: *curriculum vitae*; *Propaganda*, n. 426, nov. 1989; <http://meiomensagem.locaweb.com.br/maximidia/english/internas.asp?secaonome=semi_p1c>, acesso em 10-12-2004.

SALLES *ver* **SALLES/INTER-AMERICANA**

SALLES D'ARCY *ver* **SALLES/INTER-AMERICANA**

SALLES DMB&B *ver* **SALLES/INTER-AMERICANA**

SALLES/INTER-AMERICANA

A agência Mauro Salles Publicidade foi fundada em São Paulo, em 1966, pelo jornalista e radialista Mauro Salles e seus irmãos Luís Salles e Apolônio Salles Filho, como conseqüência da evolução do Grupo Técnico de Propaganda, criado por eles no ano anterior. Sua primeira diretoria era assim constituída: presidente — Mauro Salles, diretor-geral — Manuel L. Leite, diretor de planejamento — Oscar Hue de Carvalho, diretor de criação e produção — Fernando Almada, diretor de veiculação — Bias E. de Faria, diretor administrativo — Luís Salles, assistente da diretoria — José Affonso Correa Neto, gerente do escritório do Rio de Janeiro, então estado da Guanabara — Herculano M. Siqueira.

O primeiro cliente da agência foi a Willys Overland do Brasil, para a qual desenvolveu a campanha de lançamento do automóvel modelo Itamaraty. Com um ano de funcionamento já se encontrava entre as 20 maiores do país pelo critério de faturamento, e no seu segundo ano de existência já subira para a 11ª posição desse *ranking*. Em 1967, fundiu-se com a Inter-Americana, de Armando D'Almeida, dando origem à Mauro Salles/Inter-Americana de Publicidade.

Em abril de 1969 iniciou seu processo de internacionalização, ao firmar acordos operacionais com duas agências: a Kenion & Eckard, dos Estados Unidos; e a CPV, da Inglaterra. Em 1973 foi criada a Salles/Ultra Publicidade e Promoções S.A., mais tarde transformada em Unidade Inter-Americana de Publicidade S.A.

Em 1977, Mauro Salles deixou a direção da agência, sendo substituído por Luís Salles. Esse fato provocou a alteração da razão social da agência, que a partir de então passou a se chamar Salles/Inter-Americana de Publicidade S.A. Em 1982, a agência fez um acordo operacional com a D'Arcy Masius Benton & Bowles.

O seu ciclo expansionista começou em 1984, quando adquiriu 40% do capital social da ASA Criação de Publicidade, de Belo Horizonte. No ano seguinte, a agência incorporou, no Rio de Janeiro, pessoal e contas da UEB Publicidade, uma *house agency* do Grupo Bemoreira Ducal. Em 1986, ao completar 20 anos, a Salles/Inter-Americana já fazia parte do Grupo Salles, composto ainda pela Unidade Inter-Americana de Publicidade, em São Paulo; a Merchand-Promoções e Merchandising, no Rio de Janeiro; a ASA Criação de Publicidade, na capital mineira, e a Synergie Kenyon & Eckardt, em Paris. Tinha escritórios instalados em São Paulo, no Rio de Janeiro e em Brasília.

A Salles/Inter-Americana inaugurou sede própria de 10,5 mil metros quadrados na capital paulista em 1987. Nesse mesmo ano anunciou um aporte de capital da Vendex do Brasil, uma subsidiária do grupo holandês de investimentos Vendex, que passou a deter 40% do capital da agência. Ainda em 1987 adquiriu 60% das ações da GTM&C — Grupo de Trabalho de Marketing e Comunicação, e a Unidade Inter-Americana, da qual já era a maior acionista, foi integrada operacionalmente à agência. Mais tarde houve a incorporação jurídica.

A Salles/Inter-Americana sempre teve em seu portfólio contas de clientes muito importantes, como Ford, Texaco, Furnas, Souza Cruz, Brastemp, Copa, LPC-Danone, Refinações de Milho Brasil, Ultralar, Banco América do Sul, Bradesco, Honda, Editora Abril, 3M, Aços Villares, Sony, Copersúcar, Alpargatas, Sears, IBM, Carrefour, entre outras grandes empresas.

Em agosto de 1990, a Salles/Inter-Americana incorporou a GTM&C. Com isso, mais 10 contas importantes passaram a ser atendidas, entre as quais a do Bob's, da Braspérola, da Maguary, da Probel, da Rhodia e da Toga. Em 1992, Paulo Salles foi nomeado presidente da agência em substituição a Luís Salles. Dois anos depois, sua parceria com a D'Arcy Masius Benton & Bowles (DMB&B) deu lugar a uma sociedade, e a agência passou a se chamar Salles DMB&B.

Em 2000, acompanhando as mudanças havidas no nome do seu parceiro internacional, a agência passou a Salles D'Arcy Publicidade e assumiu a 5ª posição no *ranking* das agências de publicidade no Brasil, tendo em seu portfólio cerca de 40 clientes. Em 2001 e 2002 ocupou a 7ª colocação no *ranking* das 50 maiores agências por investimento em mídia.

Foi premiada no Festival de Cannes de 2003. Nesse mesmo ano, a Salles fundiu-se com a Publicis Norton, do Publicis Group. Dessa fusão surgiu a Publicis Salles Norton, segundo o *Ibope Monitor* daquele ano, a terceira maior agência do país.

Passaram pela agência nomes que se consagraram no mercado publicitário brasileiro, como Paulo Roberto Lavrille de Carvalho, Domingos Logullo, Eric Nice, Neil Ferreira, Edeson Coelho, Abelardo Cid, Nemércio Nogueira, Milton Claro, Nestor Vergeiro, entre outros.

Em 2004 a agência contava em seu portfólio com 46 clientes, entre os quais a Agência Nacional do Petróleo (ANP), Bradesco, Brasil Telecom, Embraer, Fundação Roberto Marinho, Ibeu, Klabin, Madureira Shopping, Ministério da Saúde, Nestlé, Rio Sul Shopping Center, *Valor Econômico* e Varig.

Alan Carneiro

FONTES: ABAP — Associação Brasileira de Agências de Propaganda. *História da propaganda no Brasil*. São Paulo: Talento, 2005; *Anuário de Propaganda 2004 (Meio & Mensagem)*; CASTELO BRANCO, Renato; MARTENSEN, Rodolfo Lima; REIS, Fernando (planej. e coord.). *História da propaganda no Brasil*. São Paulo: T. A. Queiroz, 1990. (Coleção Coroa Vermelha. Estudos Brasileiros, 21.); <http://www.publicissallesnorton.com.br>, acesso em 27-9-2004.

SALLES, MAURO

Mauro Bento Dias Salles nasceu em Recife (PE), em 6 de agosto de 1932, filho de Isabel Irene Dias Salles e do engenheiro agrônomo Apolônio Jorge de Faria Salles, ministro da Agricultura entre 1942 e 1945, durante o Estado Novo; senador por Pernambuco em 1947; novamente ministro da Agricultura em 1954, durante o segundo governo de Getulio Vargas, e senador por Pernambuco em 1954-59. Seu irmão Luís Salles e seu filho Paulo Salles se destacaram na publicidade.

Bacharel em direito pela Pontifícia Universidade Católica do Rio de Janeiro e com curso de especialização em jornalismo da mesma universidade, fez concurso e, aprovado, assumiu o cargo de procurador do Instituto de Seguros.

Trabalhou como jornalista em *O Mundo* e na revista *Mundo Ilustrado*. Nos anos 1950 foi convidado a trabalhar no jornal *O Globo*, como subchefe de reportagem. Assinava também no jornal uma coluna sobre automóveis e aviões. Nesse período, foi convidado por José de Alcântara Machado a preparar a publicidade institucional da Volkswagen. A agência Alcântara Machado, que só tinha 15% da conta da Volkswagen, passou a ter 85%.

Foi secretário do Conselho de Ministros em 1961/62, durante o regime parlamentarista, quando Tancredo Neves exercia o cargo de primeiro-ministro, e ministro interino da Indústria e Comércio em 1963.

Em 1964 tornou-se chefe de redação de *O Globo* e, no ano seguinte, quando inaugurada a TV Globo, assumiu o cargo de diretor da nova empresa. Em 1965, foi procurado pelo presidente da montadora Willys para conhecer o novo carro da empresa: o Aero Willys Luxo. Salles não gostou do nome e o batizou de Itamaraty. Convidado a criar a campanha para seu lançamento, fundou o Grupo Técnico de Propaganda. Utilizou como estratégia o *merchandising*, uma novidade no Brasil, com as mais belas e conhecidas mulheres do país em fotos em que o automóvel aparece ao fundo ou em posição discreta. Mauro Salles acordou com a Willys que, se a estratégia fosse bem-sucedida, a empresa passaria a ser sócia de sua agência — que ainda nem existia —, com 20% do capital. Em 1966, fundou com seu irmão Luís a agência Mauro Salles Publicidade, tendo a Willys como cliente. Em seguida, recebeu como clientes a Associação Brasileira de Cimento Portland, a Castrol do Brasil, a Companhia Comércio e Navegação (Estaleiros Mauá), a Companhia Guanabara de Crédito, Financiamento e Investimento, a Metalon Indústria e Comércio S.A., entre outras.

Em 1967, a Mauro Salles Publicidade S.A. uniu-se à Inter-Americana de Publicidade, esta de propriedade de Armando D'Almeida. Da união surgiu a Mauro Salles/Inter-Americana de Publicidade S.A. Na nova empresa, Mauro Salles e Armando D'Almeida tornaram-se vice-presidentes. Apolônio Salles, pai de Mauro, assumiu a presidência. Ainda em 1967, Mauro Salles passou a dirigir a revista *Propaganda* e foi eleito presidente da Federação Brasileira de Publicidade e da Associação Brasileira de Propaganda (ABP), cargos que ocupou até 1969. Salles foi o responsável pela realização do II Congresso Brasileiro de Propaganda, ocorrido em São Paulo em 1969.

Em 1970, foi eleito Homem de Propaganda e, em 1972, agraciado com o Prêmio Publicitário do Ano. Em 1973, foi criada a Salles/Ultra Publicidade e Promoções S.A. Em 1977, Salles deixou a direção da agência, sendo substituído por seu irmão Luís Salles, para se dedicar ao setor de consultoria. Nessa ocasião, a agência teve sua razão social alterada para Salles/Inter-Americana de Publicidade S.A.

Em 1977, o governo federal ameaçou sancionar um projeto de lei que, na prática, estabeleceria a censura prévia na propaganda brasileira. Mauro Salles e outras lideranças do setor organizaram a Comissão Interassociativa da Publicidade Brasileira, que viria a elaborar um documento de auto-regulamentação denominado Código Brasileiro de Auto-Regulamentação Publicitária. Salles foi seu primeiro relator. Todavia, poucos meses após o início dos trabalhos, Salles deixou a publicidade e assumiu a direção geral dos Diários e Emissoras Associados, função que exerceu por poucos meses. Em 1978, o código foi aprovado no III Congresso Brasileiro de Propaganda, realizado em São Paulo.

Mauro Salles foi ainda presidente do capítulo brasileiro da International Advertising Association (IAA) e, em 1980, escolhido presidente mundial da IAA, cargo que ocuparia até 1982. Dada a sua atuação na propaganda brasileira, em 1981 recebeu o título de Publicitário da Década 1971-80, dos colunistas publicitários. Em 1982, no XXVIII Congresso Mundial de Publicidade, foi eleito "presidente mundial emérito" (*world president emeritus*).

Mauro Salles se destacou como publicitário nas eleições indiretas para a presidência da República de 1985, que tiveram Tancredo Neves como candidato do MDB, partido de oposição ao regime militar, e Paulo Maluf como candidato pela Arena, partido do governo. Antes mesmo do lançamento da candidatura de Tancredo Neves, as agências de publicidade já traçavam uma estratégia para a propaganda do candidato. Foi organizado um *pool* empresarial incluindo a Salles/Inter-Americana, entre outras agências. O Comitê Nacional Publicitário Pró-Tancredo Neves foi coordenado por Mauro Salles. Os *slogans* criados para a campanha foram "Muda Brasil. Tancredo Neves presidente" e "Muda Brasil. Tancredo Neves já". Ao final, 19 agências de publicidade de todo o país integravam a campanha.

Em 1994, a Salles/Inter-Americana associou-se à D'Arcy Masius Benton & Bowles (DMB&B), e a agência passou a se chamar Salles DMB&B, tendo Mauro Salles na presidência do conselho. Em 2000, acompanhando as mudanças havidas no nome do seu parceiro internacional, a agência adotou o nome de Salles D'Arcy Publicidade. No ano de 2001, Mauro Salles assumiu a presidência da empresa de consultoria Inter-Americana Ltda. Em março de 2003, o Grupo D'Arcy foi comprado pelo grupo francês Publicis, o que resultou na fusão da Salles D'Arcy com a Publicis Norton, dando origem à Publicis Salles Norton, da qual Mauro Salles tornou-se o *vice-chairman*. Ainda em 2003, a ABP lhe prestou uma homenagem especial, por seu trabalho em prol da propaganda brasileira. Mauro Salles foi também presidente da Câmara Brasil-Israel de Comércio e Indústria (Cambici) e membro do Conselho Curador da Fundação Getulio Vargas.

Publicou *Coisas de crianças* (1991), *O gesto* (1993), *50 Poemas escolhidos pelo autor* (2003), *Tilápia Galiléia: uma peregrinação poética* e *Recomeço* (2004).

Alzira Alves de Abreu

FONTES: VARÓN CADENA, Nelson. *Brasil, 100 anos de propaganda*. São Paulo: Referência, 2001; CASTELO BRANCO, Renato; MARTENSEN, Rodolfo Lima; REIS, Fernando (planej. e coord.). *História da propaganda no Brasil*. São Paulo: T. A. Queiroz, 1990. (Coleção Coroa Vermelha. Estudos Brasileiros, 21.); REIS, Fernando. *Cobrões da propaganda 91/92*. São Paulo: Referência, 1991; *Propaganda*, v. 10, n. 128, dez. 1966, *Propaganda*, v. 12, n. 138, nov. 1967, *Propaganda*, v. 14, n. 154, mar. 1969, *Propaganda*, v. 14, n. 166, 1970; *About*, n. 732, 4 ago. 2003; <http://www.adnews.com.br/News.asp?Cod_Noticia=5066>, acesso em 22-7-2004; *Idade Mídia*, São Paulo, v. 1, n. 2, p. 134, nov. 2002; *IstoÉ Dinheiro*, 30 nov. 2001 e 31 mar. 2004; <http://www.cambici.com.br/html/camara/camara_mauro_salles.htm>, acesso em 22-7-2004; <http://www.tudosobretv.com.br>, acesso em 22-7-2004.

SALLES, PAULO

Paulo César Antunes Salles nasceu no Rio de Janeiro, em 8 de março de 1956, filho do jornalista e publicitário Mauro Salles e da psicóloga Maria Thereza Antunes Salles. Seu avô, Apolônio Salles, foi ministro da Agricultura de Getulio Vargas em dois períodos. Seu tio Luís Salles também se destacou na publicidade.

Paulo Salles cursou economia na Pontifícia Universidade Católica de São Paulo, mas não concluiu o curso.

Começou trabalhando na Sonoplan, loja de som, onde era operador de som de festas. Em 1973, trabalhou em um estúdio de fotografia. No ano seguinte, iniciou sua trajetória na propaganda brasileira ao ingressar na Salles/Inter-Americana, agência fundada em 1966 por seu pai. Paulo Salles exerceu funções nas áreas de atendimento, administração, finanças, planejamento e operações. Em 1982, a Salles/Inter-Americana estabeleceu acordo com a D'Arcy Masius Benton & Bowles, Inc.

Em 1990, sob o comando de Paulo Salles, a Salles D'Arcy negociou a incorporação da agência GTM&C — Grupo de Trabalho de Marketing e Comunicação. Com a concretização da operação, Paulo Salles assumiu a presidência do Conselho Administrativo do grupo e, em 1997, a presidência das operações latino-americanas da D'Arcy.

Por acordo de fusão assinado em 12 de março de 2003, surgiu a Publicis Salles Norton. Nesse mesmo ano, Paulo Salles tomou assento no *board* do grupo francês Publicis Groupe, terceiro maior conglomerado de publicidade do mundo. Tornou-se depois *chairman* da agência Publicis Worldwide e Salles D'Arcy.

Foi também membro da International Advertising Association (IAA) e da Associação Brasileira de Agências de Publicidade (Abap).

Alzira Alves de Abreu

FONTES: *curriculum vitae*; *About*, v. 5, n. 198, 16 jun. 1992; *Dinheiro*, mar. 2003.

SAMPAIO, RAFAEL

Rafael Sampaio nasceu em 3 de maio de 1953, em Paris, filho do publicitário e cenógrafo Italo Bianchi e da *designer* Tereza Sampaio Neuville. Teve uma formação acadêmica nada convencional. Estudou desenho arquitetônico livremente, o que lhe propiciou um início de vida profissional como assistente do superintendente de engenharia da Companhia Metropolitana de Água de São Paulo (Comasp).

Em meados da década de 1970, após estudar no Centro de Estudos de Propaganda Aplicada, trabalhou por seis meses como contato na Rede Globo de Televisão. A partir daí, passou a atuar como autônomo para agências e anunciantes nas áreas de planejamento, organização e desenvolvimento de negócios.

No princípio dos anos 1980, Sampaio começou a trabalhar como jornalista no segmento de comunicação e marketing. Foi subeditor da revista *Briefing*, adquirindo-a em 1983; fundador e presidente do Prêmio Voto Popular desde 1984; editor do suplemento "Asterisco's" do jornal *Diário Popular*; e autor da coluna "Panorama publicitário" em *O Globo*. Em 1988, reformulou a *Briefing* — que já estava quase totalmente desativada —, lançando a *About* e tornando-se seu diretor-geral e editorial.

Na área associativa, iniciou sua trajetória em 1985, como vice-presidente executivo da Associação Brasileira de Anunciantes (ABA), participando da criação do capítulo Rio de Janeiro da entidade e lançando a *Revista do Anunciante*. Também ajudou a fundar, e compôs, o Conselho Executivo das Normas-Padrão, além de ser membro fundador e conselheiro do "braço" brasileiro da Point of Purchase Advertising International (Popai), multinacional que estuda a propaganda em pontos-de-compra. No setor editorial, Sampaio já lançou duas obras: *Propaganda de A a Z* (1996) e *Marcas de A a Z* (2002). Como consultor, passou a atuar em duas redes: a Agência de Marketing e o Instituto Brasileiro de Marketing e Inteligência de Negócios (Ibmin).

José Márcio Batista Rangel

FONTES: *curriculum vitae*; REIS, Fernando. *Cobrões da propaganda 91/92*. São Paulo: Referência, 1991. p. 241; <http://www.popaibrasil.com.br>, acesso em 17-1-2005.

SANGIRARDI JÚNIOR

Ângelo Sangirardi Júnior nasceu em São Paulo, em 16 de setembro de 1912.

Em 1935, começou a trabalhar na *Folha da Noite*, onde foi jornalista, redator e cronista. Colaborou nos jornais *O Estado de S. Paulo*, *Diário de São Paulo* e *Planalto*. No meio radiofônico, atuou na Difusora, na Cultura e na Piratinga, todas de São Paulo.

Regressando à capital paulista, ingressou na propaganda em 1939, como redator da N. W. Ayer & Son. Pouco depois, transferiu-se para o departamento de rádio, assumindo sua direção. Bacharelou-se em ciências jurídicas e sociais pela Faculdade de Direito de São Paulo em 1940, mas nunca exerceu a profissão. Em 1942, deixou a Ayer e foi trabalhar na J. Walter Thompson, como diretor do departamento de rádio. Pouco depois, foi deslocado para a Thompson carioca, no mesmo cargo. Foi então responsável pela elaboração de vários *jingles*, além de filmes para a TV, e chefe do setor de criação e planificação de mídia impressa.

Durante a II Guerra Mundial, produziu programas para o Coordinator of American Affairs e para a embaixada britânica. Em 1945, ingressou na Standard, onde permaneceu até 1948. No ano seguinte, passou a trabalhar na Grant Advertising. Nessa agência foi responsável pela produção do primeiro *show* de TV da América Latina — um vídeo de cerca de uma hora para ser exibido em um congresso de gastroenterologia. Deixou a Grant em 1952 e retornou à matriz da Standard, no Rio de Janeiro, onde permaneceu até 1963 como diretor do departamento de rádio. Em 1968, esteve na SGB Promoções, de onde saiu em 1972.

Ângelo Sangirardi Júnior foi diretor das revistas *Diretrizes* e *Problema* e colaborador da revista *PN — Publicidade & Negócios*, trabalhou na Rádio Tupi carioca, e publicou vários livros, entre os quais, *Sexobotânica* (1978), *Plantas eróticas* (1981), *O índio e as plantas alucinóginas* (1983), *Botânica fantástica — as plantas da mitologia, da religião e da magia* (1984), *Deuses da África e do Brasil — candomblé e umbanda* (1988).

Ana Flávia Vaz

FONTES: *PN — Publicidade & Negócios*, v. 12, n. 166, 1 ago. 1952; *PN — Publicidade & Negócios*, v. 20, n. 288, set. 1955; REIS, Fernando. *Cobrões da propaganda 91/92*. São Paulo: Referência, 1991. p. 288.

SANTOS & SANTOS *ver* **SANTOS, CARLOS ALBERTO**; *ver também* **SANTOS, ROBERTO**

SANTOS, CARLOS ALBERTO

Carlos Alberto Santos ingressou na propaganda em 1939, como sócio-proprietário da agência Santos & Santos, junto com o irmão Roberto Santos. Em 1943,

José Teixeira Siqueira se associou à agência e esta tornou-se uma sociedade anônima.

Santos foi presidente da Associação Paulista de Propaganda (APP, atual Associação dos Profissionais de Propaganda), entre 1951 e 1953. Durante sua gestão, em 1952, foi criada a Escola de Propaganda de São Paulo, atual Escola Superior de Propaganda e Marketing (ESPM). Ainda nesse período, Carlos Alberto Santos submeteu à apreciação da Câmara dos Deputados um anteprojeto de regulamentação profissional, a APP foi reconhecida como entidade de utilidade pública e, por ocasião do IV Centenário da Cidade de São Paulo, Santos integrou a comissão que planejou e executou as comemorações. Foi também presidente do Serviço de Informação para o Exterior, que constituía um conselho para divulgação do país no exterior, criado pelo governador paulista Lucas Nogueira Garcez.

Christiane Jalles de Paula

FONTES: CASTELO BRANCO, Renato; MARTENSEN, Rodolfo Lima; REIS, Fernando (planej. e coord.). *História da propaganda no Brasil.* São Paulo: T. A. Queiroz, 1990. (Coleção Coroa Vermelha. Estudos Brasileiros, 21.); SIMÕES, Roberto. História da propaganda brasileira. *Propaganda*, v. 26, n. 308, fev. 1982; ASSOCIAÇÃO PAULISTA DE PROPAGANDA. *Depoimentos.* São Paulo: Hamburg, s. d. (Série Documentos da Propaganda, 1.).

SANTOS, GERALDO

Geraldo E. Santos, como muitos redatores publicitários a ele contemporâneos, também era escritor. Atuava como articulista na revista *Propaganda*, que ajudara a fundar em 1956. Seu primeiro romance, *Loucos, poetas, amantes*, de 1957, já foi publicado com uma premiação, sendo sucedido por *O vento do mar aberto*, de 1958, agraciado com o Prêmio Monteiro Lobato e adaptado para a televisão em 1981, pela TV Cultura.

Passou por grandes agências, como a Lintas e a Grant Advertising, cujo escritório carioca foi gerenciado por ele. Posteriormente, chefiou a área de criação da McCann Erickson em São Paulo, onde integrou a equipe liderada por Robert Merrick. Em 1951, foi um dos fundadores da Escola de Propaganda do Museu de Arte de São Paulo, tornou-se responsável pelos cursos que a entidade oferecia e seu trabalho contribuiu significativamente para que o governo federal reconhecesse a escola como curso superior em 1964. Então, a Escola Superior de Propaganda de São Paulo já se desvinculara do Masp e caminhava para o que depois configurou a Escola Superior de Propaganda e Marketing (ESPM).

Foi também um dos fundadores da revista *Propaganda*.

José Márcio Batista Rangel

FONTES:<http://www.geocities.com/marcosamatucci/espmy50.htm>, acesso em 27-1-2005; PENTEADO, José Roberto Whitaker. Entrevista com Francisco Gracioso. *Revista da ESPM*. maio 1999, p. 63-75; <http://www.marioprataonline.com.br/obra/tv/menu_tv.htm>, acesso em 27-1-2005; CASTELO BRANCO, Renato; MARTENSEN, Rodolfo Lima; REIS, Fernando (planej. e coord.). *História da propaganda no Brasil.* São Paulo: T. A. Queiroz, 1990. (Coleção Coroa Vermelha. Estudos Brasileiros, 21.). p. 9, 17, 323, 325 e 332.

SANTOS, ROBERTO

Roberto Santos fundou um pequeno jornal em Botucatu, onde travou contato com as dificuldades do trabalho jornalístico e publicitário. Em 1938, mudou-se para São Paulo, a fim de terminar os estudos e, no ano seguinte, fundou com o irmão Carlos Alberto a agência de propaganda Santos & Santos. Em 1943, José Teixeira Siqueira se associou à empresa, que se tornou uma sociedade anônima, com dois departamentos distintos: a agência de propaganda e uma representação de jornais do interior, hoje Consórcio Brasileiro de Imprensa.

Em 1945, Santos fundou, com outros colegas, o Sindicato das Empresas de Publicidade Comercial, onde ocupou a função de secretário. No ano seguinte, assumiu a presidência da Associação Paulista de Propaganda (APP, atual Associação dos Profissionais de Propaganda). Durante seu mandato, implementou o primeiro curso de propaganda do Brasil, que serviu de estímulo para a fundação de uma escola superior de propaganda, quatro anos mais tarde.

Ana Flávia Vaz

FONTES: CASTELO BRANCO, Renato; MARTENSEN, Rodolfo Lima; REIS, Fernando (planej. e coord.). *História da propaganda no Brasil*. São Paulo: T. A. Queiroz, 1990. (Coleção Coroa Vermelha. Estudos Brasileiros, 21.); SIMÕES, Roberto. História da propaganda brasileira. *Propaganda*, v. 26, n. 308, fev. 1982; ASSOCIAÇÃO PAULISTA DE PROPAGANDA. *Depoimentos*. São Paulo: Hamburg, s. d. (Série Documentos da Propaganda, 1.).

SARMENTO, ARMANDO DE MORAES

Armando de Moraes Sarmento nasceu no Rio de Janeiro em 1913, filho de João Antonio de Moraes Sarmento e de Diamantina Madruga Sarmento. Seu pai era português, proprietário de um bar conhecido, o Café Lamas, no largo do Machado, no Rio de Janeiro.

Formou-se em contabilidade pela Academia Superior de Comércio. Oriundo de família da classe média carioca, viajou para a Inglaterra com um grupo de escoteiros e lá aprendeu inglês. Como já estava na Europa, foi até a França, onde também aprendeu o idioma local. Seu primeiro emprego foi no negócio de laticínios do pai de Altino João de Barros, que logo seria seu colega na McCann Erickson do Brasil.

Em 1930, Armando Sarmento trabalhou como vendedor numa firma de tecidos. Em seguida, ainda no mesmo ano, deu início a sua vida profissional dedicada à propaganda. Trabalhou no setor de promoções das Empresas Elétricas Brasileiras, pertencentes à American Foreign Power, controladora e acionista de várias empresas de serviços públicos do país, entre elas as do Rio Grande do Sul, da Bahia, de Pernambuco, e de empresas de várias cidades do interior de São Paulo. Muitas dessas empresas operavam telefones e bondes, além da eletricidade. O trabalho de Armando Sarmento na empresa era criar demanda para o aumento do consumo de energia elétrica. Para tanto, Sarmento empregava vários meios: os jornais locais, vitrines, mala direta e folhetos anexados às contas mensais dos usuários — uma das primeiras ações de marketing direto de que se tem notícia no país.

Em fins de 1932, deixou as Empresas Elétricas Brasileiras para abrir sua própria agência. Tinha, então, como clientes no Rio de Janeiro a Mesbla, o Mate Leão e a Alfaiataria Guanabara. Em 1934, candidatou-se a um emprego na J. W. Thompson e na N. W. Ayer & Son, como forma de ampliar seus conhecimentos na área de publicidade. Foi chamado pelas duas empresas, mas escolheu a Ayer porque o emprego era no Rio de Janeiro.

O ano de 1935 marcou o início das atividades da McCann Erickson no Brasil. Armando Sarmento contava 22 anos quando foi escolhido para abrir o escritório da agência e comandá-la até a contratação de um gerente-geral. Iniciou suas atividades como gerente executivo da conta da Esso — uma das mais importantes da McCann mundial e o motivo pelo qual a agência fora implantada no Brasil. Seis meses depois, tornou-se gerente-geral. Sarmento foi responsável pela aprovação do *slogan* de lançamento do *Repórter Esso*, "O primeiro a dar as últimas", de Emil Farhat.

Em 1937, participou ativamente da institucionalização da propaganda no Brasil. Integrou a comissão organizadora responsável pelos preparativos da fundação da Associação Brasileira de Propaganda (ABP) e redigiu seu estatuto.

Em 1950, já havia transformado a McCann do Brasil na maior agência do país, com quatro escritórios regionais — Rio de Janeiro, São Paulo, Porto Alegre e Belo Horizonte —, além do instituto de pesquisa Marplan e a agência Multi Propaganda. Foi no Brasil, com Sarmento, que a McCann se aproximou da Coca-Cola, até hoje um de seus maiores clientes globais.

A participação de Sarmento nos meios associativos levou-o a presidir a Associação Brasileira de Agências de Propaganda (Abap, atual Associação Brasileira de Agências de Publicidade) entre 1955 e 1956. No ano seguinte, assumiu a presidência da ABP, onde permaneceria até 1959. Em 1958, foi agraciado pela ABP com o Prêmio Publicitário do Ano.

Ainda em 1959, assumiu a presidência da McCann norte-americana. Em 1964, foi novamente eleito Publicitário do Ano. Além disso, recebeu o título de Homem do Ano Internacional pela International Advertising

Association (IAA). Em 1968, já era *vice-chairman* da Interpublic International, responsável por todas as outras companhias do grupo. Quando o convidaram, porém, a voltar a presidir a McCann norte-americana, recusou e decidiu se aposentar e voltar ao Brasil, o que fez em junho de 1975. Um ano antes, em 1974, recebera o título de Personalidade Global, da Rede Globo de Televisão.

Sarmento acabou voltando à ativa, como presidente da Heublein, proprietária da Drury's e dos vinhos Dreher. Posteriormente, dirigiu a fábrica da Coca-Cola em Nova Iguaçu, adquirida pela Cia. Mineira de Refrescos, de Juiz de Fora, propriedade da família Sarmento e dirigida por seus filhos Carlos Eduardo e Guilherme. Foi também presidente da Kaiser para o Rio de Janeiro e, depois, para o Brasil.

Faleceu em 21 de abril de 1989.

Alzira Alves de Abreu

FONTES: OLESEN, Jens; BARROS, Altino João de. *Cinqüenta anos em dois vividos e contados.* São Paulo: Siciliano, 1995; CASTELO BRANCO, Renato; MARTENSEN, Rodolfo Lima; REIS, Fernando (planej. e coord.). *História da propaganda no Brasil.* São Paulo: T. A. Queiroz, 1990. (Coleção Coroa Vermelha. Estudos Brasileiros, 21.); RAMOS, Ricardo. *Do reclame à comunicação — pequena história da propaganda no Brasil.* São Paulo: Atual, 1985; FARHAT, Emil. O meteoro Armando de Moraes Sarmento. *Revista da ESPM*, v. 2, n. 1, p. 89-91, abr. 1995; Câmara Americana de Comércio. Disponível em: <http://www.amcham.com.br/revista/revista2002-12-09a/materia2002-12-10e/pagina 2002-12-10f>, acesso em 28-9-2004.

SCALA

Agência fundada na cidade de Fortaleza (CE), em 1965, por Barroso Damasceno. Surgiu em reação ao padrão de propaganda instituído pela Publicinorte. Manteve distância do varejo, enfrentou dificuldades para se estabelecer, mas, por fim, acabou atraindo clientes de diferentes regiões do país, incluindo multinacionais instaladas no Brasil, como a Singer e o Laboratório De Angelis. Tendo se instalado em parte da região Nordeste, a agência manteve escritórios em cidades como Salvador, Recife, Teresina, João Pessoa, Aracaju e São Luís.

André Dantas

FONTES: SIMÕES, Roberto. História da propaganda brasileira. *Propaganda*, v. 26, n. 308, p. 116, fev. 1982; THEOPHILO, Braz H. M. Ceará: prática de sobrevivência no deserto. In: CASTELO BRANCO, Renato; MARTENSEN, Rodolfo Lima; REIS, Fernando (planej. e coord.). *História da propaganda no Brasil.* São Paulo: T. A. Queiroz, 1990. (Coleção Coroa Vermelha. Estudos Brasileiros, 21.), p. 391-397.

SCATENA, JOSÉ

José Alliados Brasil Italo Scatena nasceu na cidade de São Paulo em 18 de março de 1918. Graduou-se em comunicação, direito e psicologia, e pós-graduou-se em comunicações.

Começou sua carreira em 1939, como radioator, na Rádio Difusora de São Paulo. No ano seguinte, ingressou na Standard Propaganda, onde permaneceu por oito anos. Ao sair, fundou o primeiro estúdio de gravação de comerciais do país, a RGE — Rádio Gravações Especializadas Ltda. —, em sociedade com Cícero Leuenroth. Em 1967, vendeu o estúdio para a Fermata Brasil e montou com a filha e o irmão a Movie Center Cinematográfica, uma empresa de locação de equipamentos para a produção de filmes. Em 1973, foi o primeiro professor de rádio da Escola Superior de Propaganda e Marketing (ESPM).

Ana Flávia Vaz

FONTES: REIS, Fernando. *Cobrões da propaganda 91/92.* São Paulo: Referência, 1991. p. 210; <http://www.aomestrecomcarinho.com.br/cmp/11c_02.htm>, acesso em 22-10-2004.

SCHERB, OTTO

Otto Hugo Scherb nasceu em Viena, Áustria, em 18 de julho de 1922, filho do engenheiro Otto Scherb e da atriz de teatro Margareth Scherb. Convocado pelas forças alemãs na II Guerra Mundial (1939-45), lutou na frente russa. Com o fim da guerra tornou-se jornalista em sua cidade natal.

Em 1947, mudou-se para o Brasil, devido às dificuldades do pós-guerra na Europa e à presença do pai no país por alguns anos no cargo de um dos diretores da indústria mecânica Bardella. Em 1948 ingressou na Johnson & Johnson como assistente da gerência de produtos. Entre 1951 e 1955 foi o diretor de propaganda da Minessola Mining and Manufacturing (3-M). Nesse período, concluiu em 1953 o curso de economia pela Faculdade de Ciências Econômicas da Universidade de São Paulo (USP).

Em 1955, iniciou sua carreira no magistério, com os cursos de estatística e economia da Escola de Propaganda de São Paulo, criados em 1952. Scherb ingressou na agência de propaganda multinacional J. Walter Thompson em 1956 como representante de várias contas, entre as quais São Paulo Alpargatas, Dupont e Vidraçaria Santa Marina. Deixou a Thompson em agosto de 1960 e se associou à Denison de São Paulo, no cargo de chefe de grupo e diretor de planejamento. Ainda nesse ano, ingressou na Alcântara Machado Publicidade (Almap) como sócio, diretor de planejamento e principal responsável pela conta da Volkswagen. A par das atividades na Almap, Scherb continuou participando intensamente da vida da Escola de Propaganda e, ainda em 1960, assumiu a diretoria de cursos, função que ocuparia até 1964. Nesse ano, a escola assumiu o nome de Escola Superior de Propaganda de São Paulo.

Otto Scherb realizou vários estágios no exterior, entre os quais se destaca o que obtive na agência norte-americana Doyle, Dane e Bernbach (DDB), considerada a mais criativa do mundo, em 1962. Em setembro desse ano, deixou a Almap e, em sociedade com os irmãos Plínio e Sérgio Toni, Laerte Agnelli e José Bonifácio de Oliveira Sobrinho, o Boni, fundou a Proeme — Agência de Propaganda e Mercadologia. Scherb levou para a Proeme, além da conta da Volkswagen, vários profissionais da Almap e ocupou sua presidência até 1965, quando vendeu sua participação e retornou à Thompson, onde permaneceu por pouco tempo.

No ano seguinte, Scherb se afastou do trabalho em agências de propaganda e voltou a ser cliente. Assumiu a direção da Divisão de Produtos Populares da Pfizer, onde ocupou a gerência da Companhia Coty de produtos de beleza. Mais tarde assumiu o cargo de diretor-gerente. Em 1969, foi trabalhar na empresa Pond's.

Em 1971, assumiu o cargo de diretor do conselho da Escola Superior de Propaganda e abandonou a vida empresarial. Ainda nesse ano, a direção executiva da escola, tendo à frente Rodolfo Lima Martensen, renunciou para que uma nova geração de publicitários pudesse implementar mudanças que enfatizassem o ensino do marketing. Scherb foi o escolhido para dirigir a escola na nova fase e assumiu a direção executiva. À frente da Escola Superior de Propaganda, Scherb foi responsável por sua modernização, ampliação e reconhecimento. Uma de suas primeiras medidas foi implantar uma nova orientação para a escola: o ensino do marketing, até então pouco valorizado pelas escolas de propaganda do país. Esse novo enfoque levou à mudança do nome da escola para Escola Superior de Propaganda e Marketing (ESPM).

Em 1974, Scherb expandiu o raio de ação da ESPM e abriu a primeira unidade fora da capital paulista, na cidade do Rio de Janeiro. Nesse mesmo ano, continuando sua carreira acadêmica, doutorou-se em ciências econômicas pela USP. Três anos depois obteve o título de livre-docente na USP com a tese "Os efeitos mensuráveis da propaganda comercial".

Em 1978, Scherb esteve na linha de frente para que a ESPM fosse habilitada pelo Ministério da Educação e Cultura como curso superior de comunicação social. E, no ano seguinte, fundou o primeiro curso de pós-graduação *lato sensu* sobre gestão publicitária e mercadológica na ESPM.

Otto Scherb também atuou como consultor das agências AD-AG e Tempo, e foi membro da International Advertising Association (IAA). Publicou *Introdução à teoria dos números* (1950) e vários artigos em revistas especializadas.

Faleceu em São Paulo em 5 de junho de 1981, sendo substituído na direção da ESPM por Francisco Gracioso.

Christiane Jalles de Paula

FONTES: CASTELO BRANCO, Renato; MARTENSEN, Rodolfo Lima; REIS, Fernando (planej. e coord.). *História da propaganda no Brasil*. São Paulo: T. A. Queiroz, 1990. (Coleção Coroa Vermelha. Estudos Brasileiros, 21.); MARTENSEN, Rodolfo Lima. Uma escola de devoção. In: GRACIOSO, F.; PENTEADO, J. Roberto Whitaker (orgs.). *50 anos de vida e propaganda brasileiras*. São Paulo: Mauro Ivan Marketing Editorial, 2001; *Propaganda*, out. 1965, jul. 1966, out. 1971, set. 1972 e nov. 1981; informações fornecidas pela viúva do biografado, sra. Malena Scherb; <http://www.geocities.com/marcosamatucci/espmy50.htm>, acesso em 13-10-2004; <http://www.acontecendoaqui.com.br/co_penteado31.php>, acesso em 13-10-2004.

SCHUTZER, HILDA

Hilda Schutzer nasceu em São Paulo em 5 de agosto de 1928. Seu pai era contador. Ela também estudou contabilidade e fez curso de inglês, o que lhe abriu a possibilidade de trabalhar como secretária e na área contábil na empresa norte-americana Grant Anúncios S.A., que se instalou em São Paulo em 1950 como filial da Grant Advertisement.

Schutzer participou da criação da empresa, ajudando em sua estruturação. A empresa cresceu rapidamente e obteve grandes clientes, como a Johnson & Johnson e a Souza Cruz. Além de fazer todo o trabalho administrativo, Hilda Schutzer também era responsável pelo contato com os clientes e pela intermediação entre os vários setores da agência. Fazendo o atendimento, nos quatro anos em que trabalhou na Grant aprendeu publicidade na prática.

Caio Domingues, seu colega na Grant, a convidou para trabalhar na J. Walter Thompson, para onde ele havia se transferido. Na Thompson, Hilda Schutzer exerceu o cargo de assistente de publicidade de Donald Arvold, que era o contato da empresa Ford do Brasil. Em 1958, foi enviada pela Thompson aos Estados Unidos, para um estágio de três meses. Sua função na Thompson na parte de atendimento incluía o planejamento de todo o processo de montagem e estruturação da publicidade de determinado produto, o veículo de divulgação e o espaço que lhe seria destinado no rádio, televisão, jornal ou revista. Fazia também a intermediação entre os setores de redação e de arte.

Quando a direção da Thompson de São Paulo sofreu mudanças com a chegada de Robert Denison, vindo do Rio de Janeiro, Hilda Schutzer se desentendeu com o novo diretor, devido em parte ao fato de ele ter contratado alguns norte-americanos com salários muito mais altos do que os pagos aos brasileiros, além de uma série de outras vantagens. Hilda era uma das quatro chefes de grupo e ganhava menos que os outros chefes, todos homens, e muito menos que os americanos; por isso resolveu entrar com uma ação na Justiça, exigindo remuneração e tratamento iguais aos dispensados aos americanos, provocando com isso a demissão de Denison da Thompson.

Depois de trabalhar 19 anos na Thompson ao lado dos mais importantes nomes da publicidade, como Renato Castelo Branco, resolveu criar a própria agência, junto com outros colegas. Assim surgiu a Castelo Branco, Borges e Associados (CBBA) em 1971. Compunham a nova agência Renato Castelo Branco (presidente), Hilda Schutzer (administração), Dirceu de Azevedo Borges (redação), Geri Garcia (gráfica), Wanderlei Saldiva (contato), Roberto Palmares (audiovisual).

Em 1973, o grupo vendeu 20% das ações para a agência norte-americana BBBO, que até então estava ligada à Salles, e três anos depois as recomprou da BBBO. Hilda Schutzer chegou à presidência da empresa em 1978, algo excepcional para a época, pois era a primeira mulher a presidir uma agência de publicidade. A CBBA obteve contas de publicidade do governo do estado de São Paulo, na gestão de Franco Montoro, e foi uma das empresas envolvidas na campanha das Diretas Já. Em 1985, o grupo vendeu a CBBA para a Thompson, que, a princípio, manteve a agência em separado, mas a incorporou em 1987, e Hilda Schutzer se aposentou.

Mais tarde voltou a trabalhar, agora numa empresa de recursos humanos, a Saad Vilipendi, de propriedade de duas amigas sem experiência comercial. Hilda Schutzer as ajudou a reformular a empresa e ampliou suas atividades introduzindo novas divisões, entre as quais uma de treinamento para recolocação de executivos.

Foi também presidente da Associação de Mulheres de Negócios e Profissionais de São Paulo.

Alzira Alves de Abreu

FONTE: SCHUTZER, Hilda. *Hilda Schutzer (depoimento, 2004)*. Rio de Janeiro, Cpdoc-ABP, 2005.

SERPA, MARCELLO

Marcello Cavalcanti de Albuquerque Serpa nasceu em São Paulo, em 3 de dezembro de 1962. Fez os primeiros estudos no Colégio Andrews e graduou-se em artes gráficas e visuais pelo Lehr Institut für Graphische Gestaltung, de Munique, na Alemanha.

Morou por sete anos nesse país, onde, de 1982 a 1984, trabalhou como assistente de arte na RG Wiesmaier. Em 1985, transferiu-se para a GGK, em Düsseldorf, na qual assumiu as funções de diretor de arte júnior. Retornou ao Brasil em 1987 e foi trabalhar na DPZ do Rio de Janeiro. Pouco depois, transferiu-se para a matriz da DPZ, na capital paulista, no cargo de diretor de arte.

Em 1991, começou a trabalhar na DM9, onde integrou a equipe de Nizan Guanaes. Dois anos depois, Marcello Serpa conquistou o primeiro *Grand Prix* da América Latina no Festival de Cannes, na categoria *Press & Outdoor*, com a direção de arte da campanha para o guaraná *diet* Antarctica. Ainda nesse ano, Marcello Serpa foi contratado pela AlmapBBDO, juntamente com Alexandre Gama e José Luís Madeira, e em agosto foi um dos responsáveis pela campanha da volta do Fusca. Retirado de circulação pela modernidade e recolocado em cena pela administração Itamar Franco, o modelo mais popular da Volkswagen, o Fusca, voltou às ruas tendo como mote das campanhas: "Buracos, voltei" e "De 0 a 100 no tempo suficiente".

No ano seguinte, Marcello Serpa tornou-se um dos sócios da AlmapBBDO. Em 1997, Serpa e José Luís Madeira assumiram a presidência da agência. No ano seguinte, foi o primeiro latino-americano a presidir o júri de Cannes, onde também foi o presidente mais jovem na história do festival. Ainda em 1997 tornou-se o primeiro diretor de arte a receber um Lápis de Ouro e um Gold on Gold no *One Show*. No mesmo ano, foi também o primeiro publicitário brasileiro a presidir o júri do London Festival e, em 1999, fez parte do corpo de jurados do The Art Directors Club of New York. Em 2000, foi o primeiro latino-americano a comandar os júris do Festival de Cannes, nas categorias Filmes e Mídia Impressa. Serpa também presidiu o júri de TV e Rádio do festival norte-americano Clio Awards e o júri da categoria *Non-English Language* do tradicional festival inglês D & AD, de Design e Publicidade, que até 2001 só aceitava trabalhos em inglês. Serpa foi o primeiro publicitário convidado a julgar trabalhos em outro idioma.

Conquistou ao longo de sua carreira troféus e medalhas de ouro, prata e bronze nos principais festivais nacionais e internacionais de publicidade. Por quatro anos consecutivos — 1998, 1999, 2000 e 2001 — foi eleito o Melhor Diretor de Criação da América Latina e do Brasil no El Ojo de Iberoamerica, em Buenos Aires. Em 2002, voltou a ser escolhido o Melhor Diretor de Criação do Brasil e Medalha de Ouro na Iberoamerica. Conquistou também o *Grand Prix* de melhor direção de arte no Festival de Londres e o *Grand Prix* de Nova York.

Christiane Jalles de Paula

FONTES: <http://www.zaz.com.br/istoe/1601/economia/1601eobrasil emcannes.htm>, acesso em 31-1-2005; http://www.almapbbdo.com.br, acesso em 31-1-2005; *Janela Publicitária*, 19 maio 2000. Disponível em: <http://www.janela.com.br>, acesso em 31-1-2005; <http://www.enfato.com.br/v1/sala_imprensadet.asp?cod=445>, acesso em 31-1-2005; <http://festivalgramado.plugin.com.br/espanhol/conferencistas_marcelo.asp>, acesso em 31-1-2005; *Folha de S. Paulo*, 20 maio 1994; <http://www.janela.com.br/anteriores/Janela_2000-01-22.html>, acesso em 25-11-2004; REIS, Fernando. *Cobrões da propaganda 91/92*. São Paulo: Referência, 1991.

SERRA, AFONSO

Afonso Serra nasceu em 22 de outubro de 1959, filho dos empresários Affonso Vieira Serra e Maria Aparecida Pacheco Jordão.

Começou como estagiário no setor de criação na Publitec em 1978/79. Em 1980, foi trabalhar como assistente de planejamento de pesquisa de mídia na Nova Agência e, em seguida, transferiu-se para o setor de atendimento de contas, onde se ocupava das seguintes empresas: C&A, Duratex, SAAB Scania do Brasil e Massey-Fergusson.

Em 1987, transferiu-se para a GFM/Propeg, onde trabalhou no setor de atendimento das contas do Grupo Ultra, Frutap Alimentos da Bahia, Villejack Jeans, Bravox, Koprigan e SKF. Em 1998, tornou-se diretor de atendimento das contas da Brastemp, O Boticário, Posto São Paulo, Gradiente, Telefunken, Valisère e Vulcabrás.

Em 1989, foi para a agência DM9 Publicidade, da qual se tornou sócio e diretor de atendimento, conquistando o Prêmio Caboré de Melhor Profissional de Atendimento em 1992. Na década de 1990, criou o primeiro anúncio personalizado feito no Brasil, para a Itaú Seguros, na revista *Exame*, e a dupla atendimento-mídia, com profissionais das duas áreas trabalhando lado a lado.

Em 2000, passou a presidir a DM9DDB, onde introduziu inovações nas relações entre os clientes e a agência, e foi eleito o Publicitário do Ano pelo Prêmio Colunistas Nacional.

Entre 2000 e 2002 foi membro do *board* internacional da DDB Worldwide, participando das decisões mundiais do grupo, que detém a terceira maior rede de agências de publicidade do mundo, com 206 escritórios em mais de 90 países.

Alzira Alves de Abreu

FONTES: *curriculum vitae*; *Propaganda*, n. 434, jun. 1990.

SETEMBRO PROPAGANDA *ver* SALES, ALMIR

SGB PROPAGANDA E PROMOÇÕES *ver* BETTER COMUNICAÇÃO

SILVA, ALDO XAVIER DA

Aldo Xavier da Silva nasceu em 11 de maio de 1903, na cidade do Rio Grande (RS), filho de Álvaro Alves da Silva e Alice Xavier da Silva.

Bancário de 1917 a 1926, iniciou sua carreira na propaganda em 1927, aos 24 anos, como subchefe de propaganda da General Motors, onde permaneceu por três anos. A atividade de propaganda da General Motors foi absorvida pela agência J. Walter Thompson, que veio para o Brasil com esse objetivo.

Em 1930, Aldo Xavier da Silva mudou-se para São Paulo, onde criou, com Francisco Teixeira Orlandi, a Empresa Nacional de Propaganda, que teve vida curta. Em 1931, abriu, com o major Carson, representante da N. W. Ayer & Son, o escritório da empresa no Brasil. Em 1932, com a Revolução de São Paulo, movimento que defendia a imediata constitucionalização do país, Xavier da Silva trabalhou como tradutor no palácio do governo, engajado na revolução. Ao terminar o conflito, transferiu-se para o Rio de Janeiro, para abrir o escritório da N. W. Ayer, com o objetivo de atender à conta da General Electric. Em 1935, fundou e dirigiu a Empresa de Propaganda Sul Americana, que fechou no ano seguinte. Foi um dos fundadores da Associação Brasileira de Propaganda (ABP), sendo seu primeiro presidente em 1937/38. Nesse período, trabalhou na Casa de São Paulo, onde permaneceu até 1940.

Durante a II Guerra Mundial, desempenhou a função de relações públicas da embaixada norte-americana nas transações comerciais entre Estados Unidos e Brasil. Deixando a embaixada, criou uma agência de propaganda — a Xavier —, com escritórios no Rio de Janeiro e em São Paulo. Fundador da Associação Brasileira de Agências de Propaganda (Abap, atual Associação Brasileira de Agências de Publicidade), foi o primeiro presidente da entidade, ficando no cargo até 1951.

Em viagem aos Estados Unidos, fez contatos com empresas norte-americanas e conseguiu trazer para o Brasil a conta da Philco.

A partir de 1958, passou a escrever sobre propaganda no jornal *O Globo*, mantendo uma coluna intitulada Propaganda à Guisa de Crônica. Saiu do jornal para atender às contas da empresa Caravello e da Tibrás. Voltou na década de 1960, tornando-se assessor da diretoria de *O Globo* e publicando uma coluna que inicialmente se chamou Anunciantes & Agências e, mais tarde, *O Globo* nos Negócios.

Lecionou na Universidade de Porto Alegre e na Universidade Federal do Rio de Janeiro. Foi também fundador e diretor do Sindicato das Empresas de Propaganda Comercial.

Alzira Alves de Abreu

FONTES: Hall da Fama. *Propaganda*, v. 22, n. 255, out. 1977; CASTELO BRANCO, Renato; MARTENSEN, Rodolfo Lima; REIS, Fernando (planej. e coord.). *História da propaganda no Brasil.* São Paulo: T. A. Queiroz, 1990. (Coleção Coroa Vermelha. Estudos Brasileiros, 21.); *Quem é quem no Brasil: biografias contemporâneas.* São Paulo: Sociedade Brasileira de Expansão Comercial, 1955. v. 4.

SILVA, JOMAR PEREIRA DA

Nasceu em 19 de maio de 1941 em Belo Horizonte (MG), filho do engenheiro João Roscoe e Maria Bicalho Pereira da Silva. Seu nome surgiu da união de João com Maria.

Sua mãe, ainda jovem, foi trabalhar no Rio, inicialmente como bailarina do então Cassino da Urca, e criou Jomar no bairro. Cursou o primário no Externato Cristo Redentor, tendo seguido para o internato do Colégio São José, depois para o Anglo-Americano, Juruena e, finalmente, cursou jornalismo e marketing na Pontifícia Universidade Católica. Cursou também especialização em marketing bancário na New York University, em 1975.

Conquistou alguns prêmios individuais, como o de Revelação do Ano (1969), conferido pela Associação Brasileira de Propaganda (ABP), e Publicitário do Ano (1984), Prêmio Colunistas.

Jomar foi o criador do Festival Brasileiro de Filmes Publicitário, criador do VT Búzios — Festival Brasileiro de Video-Tapes Publicitários, criador do Concurso Universitário de Campanhas Publicitárias e criador do Prêmio Grover Chapman de Cidadania.

Participou do júri do New York Festival por diversas vezes, júri do I Ibero Americano de Publicidade, no México, do Seminário sobre América Latina, em Barcelona, representando a Universidade Santa Úrsula, do Seminário de Informática, em Santa Clara, Califórnia, foi jurado diversas vezes do Festival Internacional de Bem Público, em Cuba, participando também por diversas vezes no Festival Internacional de Publicidade em Língua Portuguesa, em Portugal.

Em suas experiências profissionais constam seus oito anos no *Jornal do Brasil*, a direção da Reprenaes — Representação de Jornais e Emissoras, a gerência de marketing do *Correio da Manhã*, a diretoria comercial da *Última Hora* e a diretoria da Superpublicidade. Foi diretor associado do Grupo Denasa por seis anos (então presidido pelo ex-presidente Juscelino Kubitschek), presidente e sócio da CBBA Propaganda por 10 anos, vice-presidente do Fluminense Futebol Clube (1981/82), vice-presidente da Expressão Brasileira de Propaganda (agência da Varig), por cinco anos, fundador e titular durante seis anos da coluna Panorama Publicitário, publicada em *O Globo*, ex-presidente da Associação Brasileira de Marketing e Negócios, ex-presidente interino e vice-presidente da Associação Brasileira de Propaganda, nas gestões de Elysio Pires e Sani Sirotsky, ex-presidente da Associação Brasileira de Executivos de Marketing em Turismo, ex-presidente da Associação Brasileira de Agências de Propaganda, ex-diretor do Instituto Memória da Propaganda, idealizador e apresentador do programa *Contato*, na TV Continental, depois apresentador do programa *Intervalo* (TV Educativa, TV Rio, TV Manchete), ex-secretário do setor de Comunicação do governo Marcello Alencar (1995) e subsecretário de Turismo, no mesmo governo. Foi também responsável pelo marketing da visita do Papa João Paulo II ao Rio de Janeiro (1997).

Atualmente é membro do júri do Marketing Best, e do Marketing Best de Responsabilidade Social, ambos promovidos pela Editora Referência, Madiamundomarketing e Fundação Getulio Vargas.

Membro do júri do Prêmio Colunistas, há mais de 30 anos, editor da página de marketing da revista *Banco Hoje*, conselheiro do Banco da Providência, presidente da Jomarketing, presidente da Associação Latino-Americana de Agências de Publicidade (Alap).

Membro do Conselho de Cultura da Associação Comercial do Rio de Janeiro e membro do Conselho de Turismo da Confederação Nacional do Comércio, membro do Conselho Superior da Associação Brasileira de Marketing e Negócios, assessor de Marketing da Universidade Santa Úrsula. Diretor associado da Giacometti Propaganda e autor do livro *Reclames do coração*.

FONTE: *curriculum vitae*.

SILVA, WALDEMAR AUGUSTO DA

Waldemar Augusto da Silva formou-se em economia e finanças na Columbia University e em propaganda, vendas, pesquisas de mercado e relações públicas na Salesman Training Association, de Chicago, Estados Unidos. Regressou ao Brasil e trabalhou no Citybank, onde em pouco tempo se tornou responsável pela propaganda do banco.

Em 1934, Harry Gordon, gerente da J. Walter Thompson em São Paulo, convidou-o a assumir a subgerência da agência. Em 1937, Waldemar A. da Silva, David Monteiro e Jorge Mathias lançaram as bases da Associação Paulista de Propaganda (APP, atual Associação dos Profissionais de Propaganda). Silva retirou-se da associação pouco tempo depois, por discordar da escolha do presidente, ligado a uma importante agência da época.

De volta à APP, foi seu presidente de dezembro de 1940 a dezembro de 1941. Em sua gestão, esboçou a futura Escola Superior de Propaganda, realizando cursos de mídia e pesquisa de mercado a fim de formar mão-de-obra especializada. Também iniciou os cursos de inglês e italiano nas dependências da APP, realizou várias conferências, criou a biblioteca e o emblema da associação.

Ainda em 1941, realizou um trabalho de pesquisa — com a colaboração de dois professores da Universidade de Princeton e o patrocínio do governo norte-americano —, que durou seis meses, a fim de conhecer a posição da opinião pública brasileira durante a guerra. Jornalista profissional e colaborador de periódicos estrangeiros, Waldemar Augusto da Silva integrava um grupo que defendia a política da boa vizinhança e o pan-americanismo. Ao retornar a São Paulo, foi nomeado *special observer*, cargo de confiança para coletar informações para os americanos durante a II Guerra Mundial. No mesmo período, dirigiu o Departamento de Imprensa e Rádio do escritório do coordenador de assuntos interamericanos.

Estava licenciado da Thompson quando, em abril de 1942, com a demissão coletiva da direção da APP após alterações estatutárias, elegeu-se novamente presidente da entidade, mas deixou o cargo em dezembro do mesmo ano.

Com o fim do conflito mundial, deixou as funções ligadas aos norte-americanos e desligou-se da Thompson. Ainda nessa época foi interventor numa metalúrgica. Em 1952, voltou à propaganda e fundou a Alpha Propaganda — Promoção e Vendas.

Faleceu em 1973.

Christiane Jalles de Paula

FONTES: ASSOCIAÇÃO PAULISTA DE PROPAGANDA. *Depoimentos*. São Paulo: Hamburg, s. d.; SIMÕES, Roberto. História da propaganda brasileira. *Propaganda*, v. 26, n. 308, fev. 1982; MAUAD, Ana Maria. A América é aqui: cultura visual e consumo nas revistas ilustradas cariocas (1930-1960). In: CONGRESSO Latino-americano de Estudos sobre América Latina e Caribe, IX., 2004, Rio de Janeiro. *Anais...* Rio de Janeiro: Uerj, 2004.

SILVEIRA, ÁLVARO GURJÃO DA

Álvaro Neves Gurjão da Silveira nasceu em Campo Grande, então Mato Grosso, em 7 de dezembro de

1936, filho de Leovigildo Antunes Gurjão da Silveira e Clélia Neves da Silveira. Terminou o curso secundário no Colégio Antônio Vieira.

Começou a vida profissional como professor de inglês. Ingressou na publicidade em 1959, na agência multinacional McCann Erickson. Em 1961, transferiu-se para a agência J. Walter Thompson, exercendo as funções de atendente e subgerente. Em 1971, foi eleito presidente da Associação Brasileira de Propaganda (ABP), cargo que ocupou até 1973. Nesse ano, transferido para Portugal, ocupou a presidência da agência que a Thompson criou no país em associação com a agência local Latina. Permaneceu no cargo até 1975, quando irrompeu a Revolução dos Cravos. Entre 1975 e 1978, foi presidente da Thompson do Caribe, com sede em Porto Rico. Voltou ao Brasil em 1978 e, no ano seguinte, pediu demissão da Thompson. Em 1984, criou a agência de propaganda Álvaro Gurjão Comunicação. A agência fez a propaganda de Moreira Franco ao governo do estado do Rio de Janeiro nas eleições de 1986.

Faleceu no Rio de Janeiro em 5 de novembro de 1994.

Alzira Alves de Abreu

FONTE: informações prestadas por Dulce Gurjão da Silveira, viúva do biografado.

SIQUEIRA, HERCULANO

Herculano M. Siqueira estudou no Colégio São Bento, no Rio de Janeiro. Para custear os estudos, começou a trabalhar como revisor para a *Gazeta de Notícias* em 1929, estendendo seu ofício ao *Diário de Notícias*, onde chegou a ser repórter policial. Apesar de estar cursando a Faculdade de Medicina, desistiu de tal carreira quando ingressou no jornal *O Globo*, em 1937. Dois anos depois, já atuava como correspondente internacional para a Associated Press.

Em 1945, Siqueira obtere uma bolsa de estudos para cursar jornalismo e se mudou para os Estados Unidos, especializando-se em relações públicas, publicidade e radialismo. De volta ao Brasil, foi convidado por John B. Walker a abrir uma companhia independente de relações públicas, a J. B. Walker e Cia. Ltda., que não teve vida longa, pois, em 1947, Siqueira ingressou na primeira agência de propaganda de seu currículo: a Grant Advertising, como contato publicitário. Lá permaneceu até 1951, quando já gerenciava o escritório carioca da empresa. Transferiu-se para a J. Walter Thompson, novamente como contato, e lá integrou a equipe liderada por Robert Merrick, da qual também fizeram parte grandes nomes da propaganda, como Hélcio Emerich, Francisco Gracioso, Caio A. Domingues, entre muitos outros.

Posteriormente, elegeu-se presidente da Associação Brasileira de Propaganda (ABP) para o período 1963-65. Logo após o término de sua gestão, migrou para a recém-fundada Mauro Salles Publicidade, onde passou a ser responsável pela gerência do escritório do Rio de Janeiro.

Já na década de 1980, Siqueira teve importante participação na Denison Rio Comunicações, onde atuou como diretor de planejamento e trabalhou com profissionais como Roberto Bahiense de Castro, sob a chefia de Celso Japiassú, Oriovaldo Vargas Löffler e Sérgio Ferreira.

José Márcio Batista Rangel

FONTES: <http://www.abp.com.br/sobre_abp/presidentes.php>, acesso em 31-1-2005; *PN - Publicidade & Negócios*, v. 12, n. 153, 15 jan. 1952; <http://netpropaganda.terra.com.br/materia/index.php?id=200>, acesso em 31-1-2005; REIS, Fernando. *Cobrões da propaganda 91/92*. São Paulo: Referência, 1991. p. 172; CASTELO BRANCO, Renato; MARTENSEN, Rodolfo Lima; REIS, Fernando (planej. e coord.). *História da propaganda no Brasil*. São Paulo: T. A. Queiroz, 1990. (Coleção Coroa Vermelha. Estudos Brasileiros, 21.). p. 313 e 355-356.

SIQUEIRA, VALDIR BATISTA DE

Valdir Batista de Siqueira nasceu na capital paulista, em 27 de julho de 1943, filho de João Nunes de Siqueira e Maria Conceição B. de Siqueira. Formou-se em direito pela Faculdade Braz Cubas, de São Paulo, e em publicidade pela Escola Superior de Propaganda e Marketing (ESPM).

Iniciou sua trajetória na propaganda na agência Selo Azul, que comercializava os cadernos paulistas das revistas *Cláudia* e *Quatro Rodas*, da Editora Abril. Em 1970, foi trabalhar no setor de atendimento da JMM Publicidade. Permaneceu na agência até 1975, quando se transferiu para a filial carioca da SSC&B Lintas Brasil, onde ficou até 1976 na função de supervisor de atendimento. No ano seguinte, começou a trabalhar na multinacional J. Walter Thompson e, nos anos de 1978 e 1979, participou dos seminários internacionais da agência realizados em Lima, no Peru. Deixou a Thompson em 1982 e fundou a VS Escala, juntamente com Lula Vieira, de início em sociedade com a RS Escala de Porto Alegre. Valdir Siqueira e Lula Vieira adquiriram totalmente a agência em 1987, e esta passou a se chamar V&S Propaganda. No ano seguinte, foi escolhido Executivo do Ano, pela Associação Brasileira de Propaganda (ABP), que também o premiou, em 1992, como Publicitário do Ano.

Entre 1995 e 1998 presidiu a Federação Nacional das Agências de Propaganda (Fenapro). Participou também de diversas outras entidades da classe, tendo sido um dos fundadores da ABM, hoje ABMN-Associação Brasileira de Marketing e Negócios, presidente do capítulo carioca da Associação Brasileira de Agências de Publicidade (Abap), vice-presidente do Comitê Executivo de Normas-Padrão (Cenp), presidente do Conselho Fiscal da Associação Latino-americana de Agências de Propaganda (Alap), vice-presidente da Abap nacional e presidente da Confederação de Publicidade dos Países de Língua Portuguesa (Portugal, Brasil, Moçambique e Angola) e membro do Conselho Superior da ABP.

Lecionou publicidade e marketing na Pontifícia Universidade Católica (PUC), na Universidade Federal do Rio de Janeiro (UFRJ) e na ESPM.

Christiane Jalles de Paula

FONTES: <http://www.abp.com.br>, acesso em 1-2-2005; REIS, Fernando. *Cobrões da propaganda 91/92*. São Paulo: Referência, 1991; informações prestadas pela V&S Propaganda; <http://www.janela.com.br/perfis/atendimento/Valdir_Siqueira.html>, acesso em 25-11-2004.

SIROTSKY, SANI

Sani Rubens Sirotsky nasceu no Rio de Janeiro em 24 de junho de 1928.

Iniciou sua carreira no rádio e na imprensa, sendo repórter de *O Globo*, da Rádio Nacional e dos Diários Associados. No jornal *Última Hora*, foi chefe de publicidade, diretor de publicidade, diretor superintendente e vice-presidente. Em 1968, decidiu investir em publicidade e fundou a SGB, agência que se tornou uma das mais importantes da década de 1970, figurando durante vários anos entre as 20 maiores do país.

Sirotsky participou da fundação, em 1974, da Escola Superior de Propaganda e Marketing (ESPM), no Rio de Janeiro. Sua gestão de dois anos como presidente da Associação Brasileira de Propaganda (ABP) terminou em 1975, quando foi realizado o I Festival Brasileiro do Filme Publicitário. Em 1989, fundou a Propaganda Versatta, mas a agência foi desativada dois anos depois por desavença entre os sócios.

Sirotsky ocupou o cargo de vice-presidente do capítulo Rio da Associação Brasileira de Agências de Propaganda (Abap, atual Associação Brasileira de Agências de Publicidade), foi secretário do capítulo brasileiro da International Advertising Association (IAA), presidiu o Conselho Consultivo da Federação Nacional das Agências de Propaganda (Fenapro) e, em 1991, foi eleito membro do Conselho Superior da ABP.

Faleceu em 7 de outubro de 2004 no Rio de Janeiro.

Ana Flávia Vaz

FONTES: REIS, Fernando. *Cobrões da propaganda 91/92*. São Paulo: Referência, 1991. p. 130; <http://www.bluebus.com.br/cgi-bin/show.pl?p=2&id=56047>, acesso em 7-10-2004.

SMP&A *ver* **SMP&B COMUNICAÇÃO**

SMP&B COMUNICAÇÃO

Em 1971, Carlos Monteiro, então gerente da filial mineira da Standard, Ogilvy & Mather, convidou Cristiano Paz para ocupar o cargo de direção de arte da agência que, posteriormente, assumiu a direção de criação. A filial respondia por cerca de 2% do faturamento do total da Standard, Ogilvy & Mather e não podia atender contas públicas, que correspondiam a 70% da publicidade em Minas Gerais. Esta situação fez com que, em 1981, Carlos Monteiro e Cristiano Paz propusessem um acordo ao presidente da agência, pelo qual eles assumiriam o controle da filial mineira e continuariam defendendo os interesses da Standard, Ogilvy & Mather no estado. Flávio Corrêa, então presidente da Standard, Ogilvy & Mather, aceitou e, nesse ano, foi fundada a SMP&A Publicidade, onde o "S" era de Standard (com 10% da empresa), Monteiro (de Carlos Monteiro — com 51%), Paz (de Cristiano Paz — com 20%) & Associados (dos outros sócios que detinham 19%).

No final de 1981, a agência conquistou a conta da Cemig (Centrais Elétricas de Minas Gerais) que era uma das três maiores verbas publicitárias do estado. Em 1983, a agência enfrentou dificuldades financeiras, Cristiano Paz adquiriu a totalidade da empresa e ocorreu o desligamento de Carlos Monteiro. Nesse mesmo período, a SMP&A fundiu-se com a P&B, agência pequena do mercado mineiro comandada por Francisco Bastos e Maurício Moreira. A agência passou a se chamar SMP&B Propaganda. Bastos pouco depois deixou a sociedade e, mais adiante, Ramon Cardoso passou a ser o terceiro sócio.

Em 1988, a SMP&B abriu filial na capital paulista. Em 1995, Maurício Moreira faleceu e no ano seguinte, a agência passou por nova crise financeira. Ainda em 1996, Marcos Valério Fernandes de Souza apresentou a Cristiano Paz um plano de reestruturação que foi aprovado. Desse modo, foi criada uma agência nova: SMP&B Comunicação, com a entrada de dois novos sócios: o próprio Marcos Valério (10%) e o então presidente da Confederação Nacional dos Transportes, Clésio Andrade (40%). Dois anos depois, Clésio Andrade deixou a sociedade para fazer carreira política e Cristiano Paz, Ramon Cardoso e Marcos Valério compraram a parte dele. Nesse processo, a SMP&B associou-se à DNA Propaganda. Em 1998, a filial paulista foi fechada. Nos primeiros anos do século XXI a SMP&B abriu a filial de Brasília.

Ao longo de sua história a agência conquistou inúmeros prêmios em festivais.

André Dantas

FONTES: *Folha de S. Paulo*, 12 jun. 2005; *About*, 30 jul. 2004 — entrevista com Cristiano Paz; <http://www.inema.com.br/mat/idmat029410.htm>, acesso em 9-1-2005; MELO, Edgard de; REIS, Fernando. Minas Gerais: os estúdios de desenho foram os precursores. In: CASTELO BRANCO, Renato; MARTENSEN, Rodolfo Lima; REIS, Fernando (planej. e coord.). *História da propaganda no Brasil*. São Paulo: T. A. Queiroz, 1990. (Coleção Coroa Vermelha. Estudos Brasileiros, 21.). p. 458-459.

SMP&B PROPAGANDA ver SMP&B COMUNICAÇÃO

SOTEL

Agência gaúcha, fundada em 1953, por Antonio Mafuz e Paulo Maia Neto. Em 1955, conquistou a importante conta da Companhia de Petróleo Ipiranga. Pioneira da atividade publicitária no Rio Grande do Sul, foi uma das responsáveis pelo avanço tecnológico do setor na região, tendo revelado também profissionais que posteriormente adquiriram renome nacional, como Vitório Gheno e Armando Kuwer. De sua estrutura — que chegou a comportar cerca de 30 funcionários — e da experiência adquirida, originou-se, em 1957, a agência MPM Propaganda, fundada pelo mesmo Mafuz, em parceria com Petrônio Corrêa e Luiz Vicente Goulart Macedo. Tendo despertado o interesse de várias agências sediadas no eixo Rio–São Paulo, como a Grant Advertising, Standard e Denison, foi mais tarde comprada pela multinacional McCann Erickson.

André Dantas

FONTES: <http://www.coletiva.net/perfil_detalhes.php?codigo=116>, acesso em 12-1-2005; MAFUZ, Antonio. Rio Grande do Sul: a pequena Star foi a pioneira. In: CASTELO BRANCO, Renato; MARTENSEN, Rodolfo Lima; REIS, Fernando (planej. e coord.). *História da propaganda no Brasil*. São Paulo: T. A. Queiroz, 1990. (Coleção Coroa Vermelha. Estudos Brasileiros, 21.). p. 439; RODRIGUES, André Iribure. A contribuição da MPM Propaganda para o mercado publicitário gaúcho. In: CONGRESSO Brasileiro de Ciências da Comunicação, XXIV, Campo Grande, MS: Intercom — Sociedade Brasileira de Estudos Interdisciplinares da Comunicação, [2001]; <http://www.intercom.org.br/papers/xxiv-ci/np03/NP3RODRIGUES.pdf>, acesso em 29-9-2004.

SOUZA, CARLOS MAIA DE ver MAIA, CARLITO

SOUZA, JARBAS JOSÉ DE

Jarbas José de Souza nasceu em Uberaba (MG) em 16 de outubro de 1937, filho do fazendeiro Manoel Gomes de Souza e da dona-de-casa Antonia Borba de Souza. Cresceu entre a cidade e a fazenda, concluiu o ensino fundamental em Minas Gerais, no Colégio Triângulo Mineiro, mas cursou desenho/ilustração e criação em publicidade na Escola de Belas-Artes, de São Paulo.

Em 1958, ingressou na McCann Erickson como assistente de diretor de arte e teve a oportunidade de conviver com grandes profissionais, como Franscesc Petit, Armando Moura e Júlio Cosi. Em 1960, por recomendação de Petit, mudou-se para a Standard Propaganda, como diretor de arte júnior, sendo dois anos depois promovido a diretor de arte. Na Standard, participou da exposição de artes plásticas no salão nobre da Fundação Armando Álvares Penteado (Faap) onde apresentou anúncios como peças de arte.

Por seu trabalho na Standard, em 1966 foi convidado pela Thompson a integrar o grupo de atendimento da Ford e ser o diretor de arte exclusivo da conta. Após um ano e meio, deixou o cargo para trabalhar na Alcântara Machado, onde conviveu com Alex Periscinoto, com quem aprendeu que "é da quantidade que sai a qualidade".

De 1969 a 1972, obteve grande notoriedade ao compor o quinteto "Os Subversivos", na Norton Propaganda, ao lado de Neil Ferreira, José Fontoura da Costa, Aníbal Guastavino e Carlos Wagner de Moraes. Eles modificaram toda a identidade visual da agência e ganharam diversos prêmios. Jarbas José de Souza chegou a trabalhar como diretor de criação por um ano, antes de deixar a Norton para abrir sua própria agência, a Cosi, Jarbas & Sergino Propaganda S.A, em sociedade com Júlio Cosi e Sergino de Souza. A nova empreitada foi bem-sucedida e a agência conquistou vários prêmios, como o Colunistas e o Anuário do Clube de Criação de São Paulo. Após quatro anos, a Cosi, Jarbas & Sergino Propaganda S.A uniu-se à multinacional Young & Rubicam Inc., fusão que durou dois anos, até os três sócios venderem suas ações e se separarem. Em 1979, Jarbas foi para a DPZ, onde permaneceu por um ano e meio, nas funções de diretor de criação e diretor de arte.

Durante esse período — 1968 a 1980 —, Jarbas José de Souza manteve uma empresa de tipos e artes gráficas, a Alltype. Ela fomentou a valorização dos tipos gráficos como forma de criatividade na propaganda. Em sua divisão de publicações eram editados os catálogos de tipos e a revista *Portfolio*. Pela divisão de fotografias passaram fotógrafos de nome, como J. R. Duran, Dalóia, Miro, Du Ribeiro e Luiz Carlos Autuori. A Alltype foi líder absoluta no fornecimento de tipos em São Paulo e no Rio de Janeiro, chegando a ter 250 funcionários. Também presidiu, no triênio 1977-79, o Clube de Criação de São Paulo, que havia ajudado a fundar e para o qual criara o primeiro Anuário. Concomitantemente, foi vice-presidente do III Congresso Brasileiro de Propaganda, em 1978.

Em 1982, inaugurou a Jarbas Propaganda, que prosperou e ganhou mais de 20 prêmios — entre eles o Caboré, o Colunistas, o Profissionais do Ano e o London International Advertising Awards — e chegou a contar com 75 funcionários. Em 2004, foi incluído no Hall da Fama do Anuário do Clube de Criação de São Paulo.

José Márcio Batista Rangel

FONTES: *curriculum vitae*; Propaganda, v. 14, n. 174, nov. 1970.

SOUZA, SERGINO DE

Sergino Augusto de Oliveira e Souza nasceu em São Paulo, em 16 de março de 1934, filho do contador Adalgiso de Oliveira e Souza e da funcionária pública Maria Pimentel de Oliveira e Souza. Cursou por dois anos a Faculdade de Direito da Universidade de São Paulo (USP).

Iniciou sua trajetória na propaganda no começo da década de 1960, na agência Itapetininga Propaganda. Posteriormente, foi contratado pela agência Lintas. Em meados dos anos 1960, ingressou na Alcântara Machado, onde realizou, como redator, grandes campanhas, como "O ônibus do padre", para a Mercedes-Benz. Nessa agência, participou do lançamento da Nycron e foi criador do *slogan* "O bebe-quieto", para o guaraná Antarctica. Em 1968, transferiu-se para a CIN, que foi mais tarde comprada pela Leo Burnett, onde dividiu a direção de criação com Júlio Xavier. Entre seus trabalhos nessa agência, destacam-se a criação da campanha da Vasp e a dos adoçantes Suita, vencedora da Medalha de Ouro do Prêmio Colunista, como melhor cartaz de *outdoor*, com o *slogan* "Você está preparada para...", que criou em parceria com Teodoro Spinoza. Em 1969, retornou à Alcântara Machado.

Em 1972, fundou, em sociedade com Júlio Cosi Júnior e Jarbas José de Souza, a agência Cosi, Jarbas & Sergino Propaganda S.A., onde dividia com Jarbas de Souza a direção de criação. Criou diversas coleções de fascículos para a Abril Cultural, entre as quais "Os Pensadores", "Gênios da Pintura" e "Mitologia". Foi premiado com a Lâmpada de Ouro, entregue por Bill Bernbach, pela peça "Londres sob bombardeio", da série "História do século XX", também da Editora Abril. Em parceria com Cosi Júnior, Jarbas de Souza e Carlos Chiesa, realizou campanhas premiadas para as cadeiras Giroflex, as canetas Bic, a L'Oréal de Paris, o *whisky* Natu Nobilis.

Foi um dos fundadores do Clube de Criação de São Paulo (CCSP), em 1975, do qual foi presidente e diretor do conselho deliberativo.

Em 1978, a Cosi, Jarbas & Sergino Propaganda S.A. foi vendida para a Young & Rubicam. Nesse mesmo ano, Sergino de Souza fundou, em parceria com um grupo, o Colégio Waldorf Micael, de São Paulo, seguidor da pedagogia Waldorf. Após a venda de sua agência, Sergino de Souza passou pela Standard e pela Proeme Campbell Ewald, ocupando a direção de criação. Em meados de 1980, foi contratado por Sérgio Guerreiro para assumir a vice-presidência e a diretoria de criação da Leo Burnett, onde permaneceu até 1988. Em 1990, foi convidado por Júlio Cosi a fundar a Cosi & Sergino, tendo como principais clientes as revistas da Abril e divisões da Eucatex. Ao sair dessa agência, foi para Berg, Duailibi & Cia.

Além de suas atividades publicitárias, Sergino de Souza se dedicou à antroposofia, tendo sido presidente da Sociedade Brasileira de Antroposofia Rudoph Steiner.

Faleceu em 2003 e foi homenageado postumamente no 28º anuário do CCSP.

Joanna Lopes da Hora

FONTES: <http://www.ccsp.com.br>, acesso em 2-2-2005; informações prestadas por Maria Helena Souza em carta datada de 3-1-2005; <http://www.colunistas.com/propaganda/prbr02ata1969.html>, acesso em 4-2-2005; informações prestadas por Júlio Cosi (27-1-2005), Jarbas José de Souza (21-12-2004), Nelo Pimentel (18-1-2005), Sérgio Guerreiro (13-1-2005), Carlos Chiesa (7-1-2005) e Júlio Xavier (10-1-2005); 28º anuário de criação do CCSP.

SOUZA RAMOS, JOÃO ALFREDO DE *ver* RAMOS, JOÃO ALFREDO DE SOUZA

SPERONI, CLOVIS

Nasceu no dia 3 de setembro de 1958. Aos 15 anos de idade teve seu primeiro contato com a publicidade, quando trabalhou no Departamento de Propaganda da rede Lojas CEM, no interior de São Paulo.

Em 1978 transferiu-se para o Rio de Janeiro e ingressou na Faculdade de Publicidade e Propaganda, da Universidade Gama Filho. Ainda nesse ano, começou a trabalhar no atendimento da agência HÁ Propaganda. Em 1982 tornou-se sócio-diretor da HÁ

Propaganda, tendo sido responsável pelos seguintes clientes: LanChile, Imperial Tours, Méson Engenharia, Ebap/FGV, Faculdades Moraes Júnior, Senac, Travel Service Operadora de Turismo, Nacional Turismo, entre outros.

No ano de 1984 fundou a Speroni Comunicação, que atuou nos segmentos de turismo, aviação, hotelaria e companhias de cruzeiros marítimos. Em 1997, associou-se aos sócios da agência Ranking — Cristóvão Martins (Criação) e André Silveira (Planejamento) — e fundou a Speroni & Associados Comunicações, que teve entre seus clientes: SMB Saúde, Marius, Shopping Barra Garden, Alitalia, PUC, Porsche, entre outros.

Nesse mesmo ano, iniciou suas atividades associativas como membro do Conselho Ética do Conselho Nacional de Auto-Regulamentação Publicitária (Conar), que ocuparia até 2002, e do Sindicato das Agências de Propaganda do Rio de Janeiro (Sinap), que ocuparia até 2001. Em 1998, tornou-se diretor do capítulo Rio de Janeiro da Associação Brasileira de Agências de Propaganda (Abap-Rio), que ocupou até 2000.

Em outubro desse ano, Speroni uniu sua agência a mais duas agências cariocas (Ferrari e Gênesis) e criou a Agência 3 Comunicação Integrada — atualmente empresa com mais de 80 profissionais e uma carteira com os mais diversificados clientes nas áreas de shopping centers, construtoras e imobiliárias, turismo, aviação, varejo, educação, saúde e órgãos públicos. Ainda em 2000, foi agraciado com o prêmio de Executivo de Agência do Ano pela ABP.

Em maio de 2005 passou a ocupar a presidência da Abap-Rio. Nesse mês, a Agência 3 recebeu o Prêmio de Agência do Ano da Associação Brasileira de Propaganda (ABP). Atualmente ocupa a vice-presidência executiva da Agência 3.

FONTE: *curriculum vitae.*

SSC&B LINTAS BRASIL *ver* **LINTAS**

STANDARD

Agência de propaganda fundada em 1933, no Rio de Janeiro, então Distrito Federal, por Cícero Leuenroth, com o nome de Empresa de Propaganda Standard. Mais tarde, mudou sua razão social para Standard Propaganda S.A. Para viabilizar a abertura da agência, Cícero Leuenroth vendeu seu automóvel, obtendo 10 contos de réis. Teve como sócios Pery de Campos e João Alfredo de Souza Ramos, donos do Studio P.C., que se fundiu com a nova agência, instalada em duas salas do edifício do jornal *A Noite*, na praça Mauá. Seu primeiro cliente foi a casa lotérica Esquina da Sorte. Depois vieram a Casa Pratt e a Eucalol. Esta última permaneceu muitos anos com a Standard, até ser substituída pela Palmolive.

O escritório de São Paulo foi montado simultaneamente e ficou sob a direção de João Alfredo de Souza Ramos, tendo como redator Antônio Calmasini. Quatro anos após sua fundação, a Standard já contava, no Rio de Janeiro e em São Paulo, com clientes importantes em sua carteira, como Carlos de Brito (fabricante dos produtos da marca Peixe), Atkinsons, Colgate-Palmolive, Fontoura & Serpe, Meias Lupo, Biscoitos Duchen, relógios Dimep, Saponáceo Radium, Hyman Rinder, Loteria Paulista, Pastilhas McCoy e Laboratórios Sanitas.

Pouco antes de a agência completar seu quinto ano de existência, em 1938, João Alfredo de Souza Ramos e Pery de Campos deixaram a sociedade. Mas, nesse período, a Standard já contava com grandes nomes em seu quadro de profissionais, entre os quais o *layoutman* Frederico Kikoler, que contribuiu com seu trabalho para a nova dimensão dada à propaganda no Brasil. No ano seguinte a agência conquistou a conta da Shell, fato que lhe permitiria um sólido desenvolvimento na década de 1940.

Durante essa década, sob a gerência de João A. da Costa Dória, o escritório de São Paulo teve significativo crescimento e seu faturamento dobrou. Aos seus antigos clientes foram acrescentados novos, como a grande cadeia de lojas de varejo Modas A Exposição-

Clipper, a joalheria Casa Castro, a Sabrico, a Vasp, a Alvim & Freitas (creme Rugol e loção Brilhante), o Instituto de Medicamentos Fontoura, a Bristol Myers, a Goodyear, o Vick Vaporub (então Vick-Vap-O-Rub) e a Sheaffer, entre outros.

A Standard foi a primeira agência de publicidade no Brasil a montar um estúdio de gravação. O estúdio não se destinava apenas a gravações de *jingles* e *spots*; dele partiam também as transmissões de programas produzidos pela agência, que comprava espaço nas emissoras de rádio para veicular suas produções. A agência contratava artistas para se apresentarem em seus programas e lhes pagava cachê. Por lá passaram, inclusive, os mais famosos nomes da música brasileira da época, como Francisco Alves. Esses estúdios contribuíram de forma significativa para o crescimento da agência. No seu décimo ano de existência, 1943, os anúncios de rádio eram responsáveis por 65% do faturamento da Standard. A primeira novela brasileira produzida para o rádio foi *Em busca da felicidade*, lançada pela agência em capítulos que iam ao ar três vezes por semana. A novela se estendeu por dois anos e recebeu dos ouvintes mais de meio milhão de cartas. Foram também da Standard os populares programas *O vingador* e *Aventuras de Tarzan*. Mais tarde, o estúdio se transformaria numa empresa coligada: a RGE — Rádio Gravações Especializadas.

A conquista da conta da Colgate-Palmolive exigiu da agência a montagem de dois estúdios de gravação, um no Rio e outro em São Paulo. O entusiasmo desse cliente pelo rádio, que vivia sua era de ouro, proporcionou à agência o desenvolvimento de muitos trabalhos importantes nesse setor. Em março de 1946, em anúncio de autodivulgação, a Standard destacava ter uma equipe de "203 especialistas em propaganda" e atender a uma "linha de quase duas centenas de contas", com escritórios em seis cidades, quatro das quais no exterior: além de Rio e São Paulo, tinha escritórios em Buenos Aires (Argentina), Santiago (Chile), Nova York (EUA) e Toronto (Canadá).

A Standard foi a responsável pelo desenvolvimento de uma campanha institucional, dirigida por João da Costa Dória, apoiada pela Associação Comercial e o Sindicato dos Lojistas, para introdução do Dia das Mães e do Dia dos Namorados na sociedade brasileira como datas promocionais para alavancar as vendas no comércio. A campanha não foi criada sem muita dificuldade. As primeiras cotas foram pagas à Standard pela Modas A Exposição-Clipper e depois pelo Mappin. Mas não eram suficientes para cobrir todos os custos, apenas 10% do total. A campanha acabou sendo salva pela Federação do Comércio de São Paulo, através de Brasílio Machado Neto, e pelo Serviço Social do Comércio (Sesc). O primeiro Dia das Mães aconteceu no segundo domingo de maio de 1948 e o primeiro Dia dos Namorados no dia 12 de junho do ano seguinte. Ainda em 1949 a Standard abriu filial em Belo Horizonte, tendo como principal cliente a Casa Guanabara Ltda.

No ano seguinte, a Standard realizou uma campanha para a venda das cadeiras cativas do estádio do Maracanã, no Rio de Janeiro, recém-construído para a realização da Copa do Mundo de futebol naquele ano. Em 1954, desenvolveu a campanha do IV Centenário da Cidade de São Paulo. Com o advento da televisão no Brasil, a Standard criou seu departamento de rádio e TV, por muitos anos chefiado por Ângelo Sangirardi Júnior. Em 1958 já ocupava o 3º lugar no *ranking* das agências que atuavam no Brasil, superada apenas pelas multinacionais J. W. Thompson e pela McCann Erickson.

Em 1962 a agência ganhou a concorrência aberta pelo Instituto Brasileiro do Café (IBC) para fazer, na Itália, a propaganda do café brasileiro. Nesse mesmo ano, juntamente com a Inter-Americana, a Denison e a MPM, a Standard integrou o *pool* de agências convocado pelo governo federal, com uma verba de Cr$ 1 bilhão, para fazer a campanha em prol do plebiscito, que se realizou no dia 6 de janeiro do ano seguinte.

Ao longo de sua história, passaram pela Standard grandes nomes da publicidade: José Orlando Loponte, que por muitos anos foi diretor de atendimento, de planejamento e imprensa, tendo sido o responsável pelas grandes campanhas desenvolvidas pela agência; Guilherme Quandt de Oliveira; Wilson Velloso; Odila Grottera; Afrânio Correa; Armando Moura; Milton Luz e tantos outros no Rio de Janeiro. Em São Paulo, além de João Dória, podem ser citados Fritz Lessin, Alexandre Periscinoto, Nilo Leuenroth, Enio Mainardi, Hernani Donato, J. Silvestre, Júlio Cosi Júnior, Roberto Duailibi, Said Farhat e Synésio Ascêncio, entre muitos outros.

O declínio da agência teve início no final da década de 1960, quando ela começou a enfrentar grandes dificuldades. Por volta de 1968/69, a disputa pelo comando da Standard acabou causando um verdadeiro motim em seu escritório carioca, com a saída de todos os funcionários, que levaram consigo as contas a que atendiam. Isso contribuiu para que Cícero Leuenroth decidisse pela cessão do controle acionário da agência a terceiros. Após uma acirrada disputa entre a Young & Rubicam e a Ogilvy & Mather — que atendia nos Estados Unidos às contas da Shell e da General Foods e tinha na Kibon o seu braço brasileiro —, esta última levou a melhor. A venda foi iniciada em 1969, com 49% das ações. Dois anos depois, mais um lote foi negociado. O processo de alienação se concretizou em março de 1972, com a absorção completa da agência brasileira. Daí surgiu a Standard, Ogilvy & Mather. Em dezembro desse mesmo ano, Cícero Leuenroth faleceu.

Alan Carneiro

FONTE: CASTELO BRANCO, Renato; MARTENSEN, Rodolfo Lima; REIS, Fernando (planej. e coord.). *História da propaganda no Brasil*. São Paulo: T. A. Queiroz, 1990. (Coleção Coroa Vermelha. Estudos Brasileiros, 21.).

STANDARD, MONTEIRO, PAZ & ASSOCIADOS ver SMP&B COMUNICAÇÃO

STANDARD, OGILVY & MATHER ver OGILVY

STEINBERG, ROGÉRIO

Rogério Steinberg nasceu no Rio de Janeiro, em 17 de julho de 1952, filho dos engenheiros Jacob Steinberg e Clara Perelberg Steinberg, ambos do Grupo Servenco de Engenharia. Rogério ingressou na faculdade de arquitetura mas não concluiu o curso.

Iniciou sua carreira profissional em 1972, na Norton Publicidade. Em 1975, fundou a Propaganda Estrutural, juntamente com Armando Strozenberg. Em 1981, foi eleito Publicitário do Ano, e sua agência foi escolhida a Agência do Ano, em 1982, e Destaque do Ano, em 1983. Foi precursor na utilização do videoteipe em superproduções comerciais e do humor nas peças publicitárias para os setores de imóveis e varejo. Entre suas criações, destaca-se a que colocou Grande Otelo vestido de ET para fazer o lançamento de um prédio.

Em 1985, Rogério Steinberg concebeu a figura do urubu, idealizada por Henfil, como símbolo da torcida do Flamengo, para marcar a campanha do regresso do jogador de futebol Zico para o clube, após dois anos jogando na Itália. A campanha foi desenvolvida pela Propaganda Estrutural. Steinberg também foi o responsável pela campanha de retorno do jogador Sócrates.

Rogério Steinberg recebeu mais de 300 prêmios, nacionais e internacionais.

Faleceu em outubro de 1986, em um acidente de carro. Em sua homenagem, o auditório do Clube de Regatas do Flamengo recebeu seu nome e o Prêmio Colunistas Rio de Janeiro distribui um prêmio especial, que também leva o seu nome, ao melhor redator e diretor de arte de cada ano. Sobre ele, a Editora Index lançou o livro *A publicidade de Rogério Steinberg*, em 1987.

Alzira Alves de Abreu

FONTES: <http://www.irs.org.br/rogerio.htm>, acesso em 28-12-2004; <http://www.idademaior.com.br/areas/anteriores/Nr04/areas/gente.htm>, acesso em 28-12-2004; <http://www.coumiotis.hpg.ig.com.br/uruba.htm>, acesso em 28-12-2004; *VozNews*, 28 maio 2002. Disponível em: <http://www.voxnews.com.br/dados_artigos.asp?CodArt=97>, acesso em 28-12-2004; CASTELO BRANCO, Renato; MARTENSEN, Rodolfo Lima; REIS, Fernando (planej. e coord.). *História da propaganda no Brasil*. São Paulo: T. A. Queiroz, 1990. (Coleção Coroa Vermelha. Estudos Brasileiros, 21.).

STROZENBERG, ARMANDO

Armando Strozenberg nasceu na cidade de São Paulo em 18 de julho de 1944, filho de Nuta Strozenberg, empresário de importação de produtos eletrônicos, e de Minnie Betty Klepfish Strozenberg, ambos de nacionalidade belga e naturalizados brasileiros em 1941.

Ingressou em 1963 em três cursos universitários: jornalismo, na então Faculdade Nacional de Filosofia da Universidade do Brasil, hoje Universidade Federal do Rio de Janeiro; engenharia, na Pontifícia Universidade Católica do Rio de Janeiro (PUC-Rio), e direito, na Faculdade Brasileira de Ciências Jurídicas. Bacharelou-se em 1966 em jornalismo, tendo abandonado os outros dois cursos. Ainda como estudante, em 1965 foi ser redator da editoria Internacional no *Jornal do Brasil*. No ano seguinte, formou-se e mudou-se para Paris para fazer pós-graduação em sociologia da comunicação na Faculté Nationale de Sciences Politiques, da Université de Paris. Permaneceu na capital francesa até 1970, e nesse período de cinco anos foi correspondente do *JB*. De volta ao Brasil exerceu suas funções de jornalista na redação desse jornal com responsabilidade pela pauta. Tornou-se editor de reportagem, chefiou o Caderno Especial e a editoria dos cadernos de Jornalismo e Comunicação, até 1975. Nesse período, dirigiu o jornalismo da Rádio JB e apresentou o programa diário "Música também é Notícia".

Foi o criador, primeiro diretor e professor do Departamento de Comunicação do Centro Unificado Profissional (CUP), hoje UniverCidade (1975).

Nesse mesmo ano, já exercendo as funções de publicitário, fundou, juntamente com Rogério Steinberg, a agência Estrutural, que se transformou numa das agências mais importantes do Rio de Janeiro. A Estrutural, com Strozenberg como sócio-diretor, teve inicialmente como clientes empresas do ramo imobiliário como a Servenco e a MG-500. A agência renovou a publicidade de imóveis e de varejo no Brasil. Obteve outros clientes, como o Barrashopping, Du Loren, Rachel, Sapassso, Adonis, Formiplac, e introduziu inovações na publicidade que lhe garantiram inúmeros prêmios.

Strozenberg permaneceu na Estrutural até o final de 1983, quando criou a Contemporânea, com Mauro Matos e José Antônio Calazans. Hoje, a Contemporânea integra a Interpublic Group of Companies e é uma das 20 maiores agências do país.

Em 1999, Strozenberg foi um dos 21 jurados internacionais do Festival de Publicidade de Cannes, na França. Em 2001, foi eleito presidente da Associação Brasileira de Propaganda (ABP), e reeleito em 2003.

Conquistou vários prêmios ao longo de sua carreira, entre os quais se destacam: Melhor Profissional de Planejamento (ABP 1981) e Publicitário do Ano (ABP, Colunistas 1989 e ABP 1999) e Publicitário da América Latina em 2005 pela Associação Latino-americana de Publicidade (Alap).

É membro do conselho superior do Conselho Nacional de Auto-Regulação Publicitária (Conar), preside sua 3ª câmara de Ética, ex-presidente do capítulo Rio da Associação Brasileira de Agências de Publicidade (Abap), integra o Conselho Municipal de Desenvolvimento da Prefeitura da Cidade do Rio de Janeiro (Comudes), o Conselho Deliberativo do Museu de Arte Moderna (MAM-RJ) e o Conselho Consultivo da Brazil Fondation (Nova York).

Alzira Alves de Abreu

FONTES: *curriculum vitae*; <http://www.abp.com.br>, acesso em 16-12-2004; <http://www. colunistas.com>, acesso em 16-12-2004.

SZTUTMAN, GUILHERME

Guilherme Sztutman nasceu em São Paulo em 24 de novembro de 1943, filho do comerciante Samuel Sztutman e da dona-de-casa Noemia Sztutman. Formou-se em publicidade e propaganda na Faculdade Anhembi em 1973.

Iniciou sua vida profissional na Divisão Atkinson, da Gessy Lever, como vendedor. Sua primeira atividade no campo da publicidade foi na agência Nexus em 1970, como contato de atendimento. Três anos depois, foi para a Itaú Seguradora como gerente de propaganda, cargo que chegou a ocupar nas Instituições Financeiras Itaú, que inclui o banco, em 1975. Exerceu a mesma função na Johnson & Johnson de 1977 a 1986, também assumindo a posição de diretor corporativo de comunicação. Simultaneamente, presidiu a Associação Brasileira de Anunciantes (ABA) de 1978 a 1982 e foi coordenador de comunicação social do Governo do Estado de São Paulo na administração de André Franco Montoro, em 1983.

Como presidente da Associação Paulista de Propaganda (APP, atual Associação dos Profissionais de Propaganda) no período 1986-88, liderou a Campanha pela Liberdade de Expressão. No segundo semestre de 1986, fundou a agência SDM — Sztutman, Désio e Mauger —, da qual foi diretor-geral somente até o final do mesmo ano. Associou-se, então, à Esquire Propaganda, de São Paulo, permanecendo como seu diretor-geral até fevereiro de 1988.

De 1990 a 1992, teve uma breve passagem como diretor-geral de serviços de marketing da Philip Morris do Brasil, antes de assumir o cargo de diretor de marketing dos jornais *O Estado de S. Paulo* e *Jornal da Tarde*. Especialmente no primeiro, foi um dos que contribuíram para que o jornal conseguisse mais do que dobrar sua circulação e receita publicitária. Nesse período, *O Estado de S. Paulo* assumiu o apelido de *Estadão* na assinatura de anúncios e comerciais, e Sztutman encampou projetos como "Estadão Cultura", "Estadão Educação", o Prêmio de Mídia Estadão e o Prêmio Estadão Cultura. Em 1998, dirigiu a Associação Nacional de Jornais (ANJ), onde idealizou a estratégia de comunicação que viabilizou a mudança de largura de todos os jornais do país. Assim, em 2001 — seu último ano à frente do marketing dos jornais — o *Estadão* conquistou o título do Marketing do Século, conferido pela Editora Referência, pela Fundação Getulio Vargas e pela Madia e Associados.

No período 1993-2002, também atuou como membro do Conselho de Auto-Regulamentação Publicitária (Conar) e em 1998 participou das negociações para a fundação do Conselho Executivo de Normas-Padrão (Cenp), que dirigiu.

Em outubro de 2002 criou a Agência de Marketing, empresa de consultoria que coordenou, no ano seguinte, uma pesquisa quantitativa e qualitativa intitulada "Sonhos de consumo em tempos de mudança", patrocinada por diversas grandes empresas, como o Grupo Pão de Açúcar, as Lojas Renner e a cerveja Kaiser. Além disso, foi eleito diretor-secretário da Câmara Brasil-Israel de Comércio e Indústria de São Paulo em 2004.

José Márcio Batista Rangel

FONTES: *curriculum vitae* enviado pelo biografado; <http://www.ultimosegundo.ig.com.br/paginas/cadernoi/materias/159001-159500/159408/159408_1.html>, acesso em 13-12-2004; Agência Estado. Disponível em: <http://www.adoc.com.br/noticias_html.asp?id=2777>, acesso em 14-12-2004; <http://www.sapesp.org.br/noticias/banco/not22.htm>, acesso em 14-12-2004; <http://www.judeusmessianicos.com.br/modules.php?name=News&file=article&sid=1>, acesso em 14-12-2004; <http://www.maxpressnet.com.br/NS/maxdicas-noticia.asp?secao=ma&sq=4932>, acesso em 15-12-2004.

TALENT

Inicialmente chamada Uniwork, a Talent Comunicação Ltda. foi fundada em São Paulo, em 10 de abril de 1980, por Júlio César Ribeiro. Concebida para atender a um número relativamente pequeno de clientes, 12 no máximo, propunha-se oferecer atendimento personalizado a seus clientes ancorada no planejamento e no lema "Fazer acontecer", ou seja, fazer o possível para melhorar a comunicação e o desempenho das marcas sob seus cuidados. Ao mesmo tempo, a Talent abriu mão de contas ligadas aos setores de bebidas destiladas, cigarros e propaganda política e de governo, que representavam a maior fatia da receita das agências.

Seis meses depois, a Talent conseguiu seu primeiro cliente, a Grendene — fabricante da sandália de plástico Melissa. O trabalho diferenciado da agência levou a seu primeiro sucesso e à conquista de contas como Alpargatas, Toshiba e Brastemp, entre outras.

Foi considerada a Agência do Ano três vezes consecutivas —1984, 1985 e 1986 — pelo Prêmio Caboré.

No início de 1989 foi constituído o Grupo Talent, com a abertura de uma segunda agência, a Detroit, mais tarde desativada. Tempos depois foi criada a Talent Biz. Em 1998, foi incorporada ao Grupo Talent a QG. E dois anos depois, a Lage & Magy.

Em 1991, a Talent desenvolveu para a Brastemp o conceito "Não tem comparação", que se tornou uma das mais bem-sucedidas campanhas de crítica e de *recall* da propaganda brasileira. A campanha permaneceu no ar até 2000 e tornou-se um bordão popular, como a campanha "Bonita camisa, Fernandinho!", desenvolvida para as camisas US Top nos anos 1990.

Ao longo de sua história a agência conquistou inúmeros prêmios em festivais nacionais e internacionais, tais como: Cannes, Fiap, Colunistas, Caboré, entre outros.

Alan Carneiro

FONTES: ABAP - Associação Brasileira de Agências de Propaganda. *História da propaganda no Brasil*. São Paulo: Talento, 2005; *Anuário da Propaganda 2004 (Meio & Mensagem)*; CASTELO BRANCO, Renato; MARTENSEN, Rodolfo Lima; REIS, Fernando (planej. e coord.). *História da propaganda no Brasil*. São Paulo: T. A. Queiroz, 1990. (Coleção Coroa Vermelha. Estudos Brasileiros, 21.); MARCONDES, Pyr. *Uma história da propaganda brasileira*. Rio de Janeiro: Ediouro, 2002; <http://www.talent.com.br>, acesso em 29-11-2006; VARÓN CADENA, Nelson. *Brasil, 100 anos de propaganda*. São Paulo: Referência, 2001.

TATERKA, DORIAN

Dorian Taterka nasceu em São Paulo em 10 de junho de 1951, filho do engenheiro Kurt Taterka e da psicopedagoga Ingelott Taterka.

Ingressou na propaganda como assistente de produtor RTVC da Norton em 1969. Dois anos depois, foi trabalhar na Proeme, na função de diretor de RTVC. Dirigiu seus primeiros filmes publicitários e deixou essa agência em 1974. No ano seguinte, acumulou os cargos de diretor de RTVC e diretor de comerciais na Cosi, Jarbas & Sergino, de onde saiu em 1977 para trabalhar como *freelancer* para a J. W. Thompson e a McCann Erickson. Ainda nesse ano foi contratado pela Standard, Ogilvy & Mather, onde ficou responsável pelo departamento de RTVC e foi diretor adjunto de criação.

Em 1980, deixou a Standard, Ogilvy & Mather e, no ano seguinte, abriu a TVC — Televisão e Cinema Ltda., produtora de comerciais, onde ocupa o cargo de diretor sócio-presidente. Na TVC dirigiu comerciais publicitários para grandes empresas anunciantes do Brasil e do exterior. Em 1982, dirigiu os comerciais "Freiras", para a Johnson & Johnson, criado pela DPZ e que recebeu o Leão de Ouro no Festival de Cannes, e "Shell responde", para a Shell do Brasil, concebido pela Standard, Ogilvy & Mather e que ganhou o Leão de Prata no mesmo festival. Em 1982 e 1983 ganhou o Prêmio Profissionais do Ano, da Rede Globo.

Em 1987 dirigiu o comercial "Filme", para a Hering, concebido pela CBBA/Propeg e premiado com o Leão de Bronze em Cannes. Em 1993, Taterka fundou e presidiu a agência de publicidade Taterka Comunicações para cuidar da conta do McDonald's no Brasil. Quatro anos mais tarde, recebeu o International Marketing Achievement Award, conferido pelo McDonald's International, em Chicago, aos profissionais que se destacaram na consolidação da marca no mundo.

Dorian Taterka também dirigiu comerciais que conquistaram prêmios nos festivais de Nova York, no Clio Awards, no Colunistas, no Filme Publicitário do Rio de Janeiro, no Voto Popular da Revista *About* e no Anuário do Clube de Criação de São Paulo, entre outros.

Christiane Jalles de Paula

FONTES: *curriculum vitae*; *Meio & Mensagem*, 18 mar. 2002.

TBWA/BR

Agência multinacional, integrante do grupo Omnicom, chegou ao Brasil em agosto de 2003 e adquiriu 60% do capital da Grottera Comunicação Disciplinar, dando origem à TBWA/BR.

A Grottera surgira no mercado nacional em 1985 com o nome de Grottera & Cia, comandada pelos seguintes profissionais: Luís Grottera; Manuk Masseredjian; Pyr Marcondes; Ricardo Ramos e Roberto Genistretti. O objetivo da Grottera era romper o paradigma de que propaganda seria a alma do negócio. Nesse sentido, os sócios priorizaram o planejamento estratégico e a execução de comunicação de alta excelência. Foi a responsável pela criação da primeira empresa brasileira de serviços de mídia e a primeira agência de promoção voltada exclusivamente para as operações de ponto-de-venda.

Com a incorporação à TBWA, a empresa, que já tinha clientes como as Organizações Globo, a rede Cinemark e o Banco do Brasil, passou a cuidar de contas como as da BIC, da *vodka* Absolut e da Adidas. Também introduziu no país os sistemas e conceitos de comunicação "Connections Planning" e "Disruption".

Luís Grottera seguiu como seu presidente, sendo responsável também pelo planejamento da agência. No final de 2003 fundou a unidade de planejamento, produção e criação de comunicação *no-advertising* chamada Tequila.

FONTES: ABAP — Associação Brasileira de Agências de Propaganda/Pyr Marcondes (autor e coordenador responsável). *História da propaganda Brasileira*. São Paulo:Talento, 2005. p. 212-213; *Istoé Dinheiro*, 13 ago. 2003.

THOMPSON *ver* JWT

TIKHOMIROFF, JOÃO DANIEL

João Daniel Tikhomiroff nasceu em 31 de março de 1953, filho do diretor-geral da Universal Pictures, Daniel Michael Tikhomiroff, e de Glacy Sequeira Tikhomiroff.

Iniciou sua carreira como assistente de direção, e editou e dirigiu diversos curtas-metragens antes de começar a trabalhar com filmes comerciais. Sua produtora, a Jodaf, foi fundada no Rio de Janeiro em

1970, mas Tikhomiroff logo se estabeleceu em São Paulo, onde se encontravam as principais agências do país.

No final da década de 1980, morou por dois anos em Barcelona, onde realizou trabalhos para o mercado espanhol, para Portugal, Suécia e França. Sua atuação alçou a Jodaf ao posto de uma das três maiores produtoras brasileiras, e seu trabalho tornou-se reconhecido internacionalmente, fazendo com que compusesse o júri do Festival Internacional de Publicidade, de Cannes, em 1988 e 1989. Durante esse período, estabeleceu parceria com Washington Olivetto, com quem conquistou inúmeros prêmios ao longo de quase 10 anos.

Tikhomiroff e a Jodaf foram contemplados repetidas vezes com os mais significativos prêmios do mercado publicitário nacional, como o Caboré e o Anuário do Clube de Criação.

João Daniel foi responsável pela realização de comerciais que marcaram época na propaganda, como o primeiro filme de três minutos da televisão brasileira — em 1978, para a Souza Cruz —, e pelos anúncios para os cigarros Hollywood ao longo da década de 1980, em que contava com estrutura de superproduções e locações mundo afora. Também foram emblemáticas a campanha da Brahma para a Copa do Mundo de 1994, que levou o *Grand Prix* do Prêmio Colunistas, e a série para as sandálias Rider, com trilha sonora de várias estrelas da música popular, que ganhou o Prêmio Profissionais do Ano de 1993 no quesito Campanha Nacional. Até 2000, Tikhomiroff era o único a dirigir os filmes da Jodaf.

Foi incluído nas listas dos 10 melhores diretores de comerciais do mundo das revistas *Shots*, em 2000, e *Creativity*, nos dois anos seguintes, além de também constar do *ranking* "World's Top 100 Directors" de 2001, da AdAge. Com sua empresa, conquistou vários prêmios internacionais, entre os quais 39 Leões no Festival de Cannes, o que fez dele o segundo diretor mais premiado do mundo. A Jodaf foi a única produtora latino-americana a figurar entre as 10 melhores do mundo no *ranking* da Palm D'Or.

Em 2003, Tikhomiroff fundou a *holding* Mixer, composta pelas produtoras Jodaf, Radar TV, Pizza e R. Digital e pelo canal pago Travel News Network (TNN). Além de atuar na área de filmes comerciais, a companhia lida com produções para TV e com publicidade varejista e interativa.

José Márcio Batista Rangel

FONTES: *Curriculum vitae*; <http://www.dpto.com.br/especial/mm/pais/joao.htm>, acesso em 29-9-2004; *IstoÉ*, 6 nov. 1996 e 17 mar. 2004; *About*, n. 690, p. 12-15, 26 ago. 2002; *About*, n. 746, p. 10-12, 10 nov. 2003; VARÓN CADENA, Nelson. *Brasil, 100 anos de propaganda*. São Paulo: Referência, 2001. p. 277-279.

TOLEDO, LUIZ

Luiz Toledo nasceu em 23 de novembro de 1956, filho do médico Luiz Augusto Monteiro de Toledo e da funcionária pública Genny Chieregatti de Toledo.

Iniciou sua trajetória na publicidade como redator, em 1977, na Núcleo Propaganda. Em 1978, formou-se em marketing e comunicação na Universidade Anhembi. Em 1983, saiu da Núcleo Propaganda e ingressou na Enio Associados, também como redator. Na mesma função, transferiu-se em 1984 para a DPZ, onde trabalhou por seis anos. No biênio 1991/92, ocupou a função de diretor de criação da Detroit, associada ao Grupo Talent. Foi presidente e diretor de criação da multinacional DDB Needham no período 1992-96.

Presidiu o Clube de Criação (CCSP) de São Paulo em 1995. No ano seguinte, foi eleito Publicitário do Ano pela Associação Brasileira de Colunistas de Marketing e Propaganda. Em 1997, tornou-se sócio e diretor da agência Toledo Taterka. Nesse mesmo ano, foi reeleito presidente do CCSP com um mandato de dois anos. Fundou a Touché Propaganda, agência da qual é sócio e diretor desde 1998.

Conquistou diversos prêmios nacionais e internacionais, entre eles o Profissionais do Ano, da Rede Globo; o do Clube de Criação de São Paulo, o Clio Awards e os da Sawa, New York Art Directors Club, New York

Festival, London Festival e Festival Brasileiro de Propaganda, promovido pela ABP.

Joanna Lopes da Hora

FONTES: *curriculum vitae*; <http://www.touchepropaganda.com.br/atouche/index.html>, acesso em 26-1-2005.

TRANJAN, ERCÍLIO

Ercílio Faria Tranjan nasceu em Santos (SP) em 6 de julho de 1944, filho do médico Aniz Tranjan e da professora Ruth Faria Tranjan. Fez o curso de ciências sociais na Faculdade de Filosofia, Ciências e Letras da Universidade de São Paulo, saindo em 1963.

Iniciou sua vida profissional na publicidade em 1964, no setor de atendimento da agência Alcântara Machado Publicidade (Almap) e, em seguida, ingressou na J. Walter Thompson como *trainee* de redator júnior.

Em 1965, foi para a Denison Propaganda como redator e ainda nesse mesmo ano foi trabalhar na Fator Publicidade, onde permaneceu até 1966, quando se transferiu para a agência Grant.

Em 1967 retornou à Denison Propaganda, mas já como diretor de criação. Deixou a Denison em 1978, quando foi convidado a ser diretor de criação da MPM, cargo que ocuparia até 1982. Foi presidente eleito do Clube de Criação de São Paulo, em 1979/80. Nesse ano, transferiu-se para a Almap, também como diretor de criação. Conquistou o Prêmio Caboré de Profissional de Criação em 1987. Permaneceu na Almap até 1990, quando foi convidado a ser diretor de criação da Lintas, agência em que permaneceu até 1995. Entre 1996 e 1999, tornou-se sócio e vice-presidente de criação da agência Contemporânea, transferindo-se então para a Propeg-Rio.

Em 2003, como sócio e diretor de criação, foi trabalhar na agência Quê/Next. Ainda nesse ano foi eleito pelo *Meio & Mensagem* um dos 25 publicitários mais importantes dos últimos 25 anos.

Várias de suas peças publicitárias obtiveram grande sucesso, como a dos Calçados Vulcabrás, Toalhas Artex, Camisetas Hering, Unibanco, Unilever, Johnson & Johnson. Nos últimos anos destacou-se por trabalhos realizados para a Petrobras, a Eletrobrás e a Telemar.

Ganhou também 11 Leões no Festival de Cannes como redator e diretor de criação, sendo três de Ouro, dois de Prata e seis de Bronze.

Alzira Alves de Abreu

FONTE: *curriculum vitae*.

UNIWORK *ver* **TALENT**

VALENTE FILHO, LUIZ ROBERTO FERREIRA

Luiz Roberto Ferreira Valente Filho nasceu em 31 de maio de 1961, em São Paulo, filho do publicitário Luiz Roberto Ferreira Valente e da dona-de-casa Diney Guimarães Ferreira Valente. Formou-se engenheiro civil em dezembro de 1986, começando a trabalhar nas empresas da família, dedicadas à impressão, à colagem e à exibição de cartazes em *outdoors*. Chegou a desenvolver projetos de estruturas, mas gradativamente migrou para a área comercial.

Em 1995, foi eleito presidente da Central do Outdoor, cargo que ocupou até março de 1998, quando tomou parte nas primeiras conversações para a criação do Conselho Executivo de Normas-Padrão e da Associação Parceria contra as Drogas (APCD). Em 2002, assumiu novamente a presidência da Central do Outdoor, sendo reeleito em 2004 para mais dois anos de mandato.

José Márcio Batista Rangel

FONTE: *curriculum vitae.*

VALLI, CAIO

Caio César Marques Valli nasceu em Rosário do Sul (RS) em 17 de julho de 1945, filho do industrial Antônio Carlos Ramos Valli e da professora Maria Marques Valli.

Iniciou sua vida profissional em 1961 como locutor da Rádio Independente de Lajeado, no Rio Grande do Sul. Ingressou na propaganda dois anos depois, no atendimento da McCann Erickson. Em 1965 foi promovido a diretor de contas.

Em 1968, deixou de trabalhar em agência de propaganda e se transferiu para os Diários e Emissoras Associados, de Assis Chateaubriand. Ocupou os cargos de diretor comercial dos jornais *O Estado de Minas* e *Diário da Tarde*, de superintendente do *Jornal do Commercio*, do Rio de Janeiro, e de diretor de comercialização da Rede Tupi de Televisão.

Bacharelou-se em direito em 1970. Entre 1976 e 1983 trabalhou no Grupo Sílvio Santos, onde assumiu os cargos de diretor da TVS, canal 11, e diretor comercial do SBT.

Retornou à propaganda em 1984 como diretor de atendimento da Artplan, agência na qual ocupou também a vice-presidência de atendimento e de que se tornou um dos sócios. Deixou a agência em 2003.

Caio Valli participou ativamente dos meios associativos da propaganda brasileira. Foi presidente da Associação Brasileira de Propaganda (ABP) entre 1999 e 2001, e conselheiro do Conselho Executivo de Normas-Padrão (Cenp) de 1999 a 2000. Presidiu o capítulo Rio da Associação Brasileira de Agências de Publicidade (Abap) de 2001 a 2003, tendo sido reeleito para novo mandato até 2005. Em suas duas gestões, promoveu a ampliação do número de associados, criou um subcapítulo para as regiões Norte e Noroeste do estado e deu sede própria à entidade. Em

2002, foi conselheiro fiscal do Sindicato das Agências de Publicidade do Estado do Rio de Janeiro, função na qual permaneceu até 2004. Ainda nesse ano, tornou-se membro do conselho de ética do Conselho Nacional de Auto-Regulamentação Publicitária (Conar).

Christiane Jalles de Paula

FONTES: <http://www.abap.com.br/noticias/eleicaoabap.doc.>, acesso em 21-2-2005; *curriculum vitae*.

VASCONCELOS, MANOEL MARIA DE

Manoel Maria de Vasconcelos foi um dos fundadores da revista *PN — Publicidade & Negócios*. Estava à frente da revista em 1955, quando Auricélio Penteado publicou o artigo "Carcamanopéia", visto pelos publicitários paulistas como uma provocação. A revista fechou em 1964. Foi presidente da Associação Brasileira de Propaganda (ABP) entre 1953 e 1955.

FONTE: *Propaganda*, n. 515, abr. 1995.

V&S PROPAGANDA

Agência carioca fundada em 1982 por Luiz Antonio "Lula" Vieira e Valdir Siqueira, inicialmente associada à RS Escala — originária da cidade de Porto Alegre —, que, mais tarde, em 1987, foi integralmente adquirida por Valdir Siqueira e Lula Vieira. De 1991 a 2000, a empresa experimentou um processo de internacionalização, em função do controle, pela Young & Rubicam, de 25% de suas ações. Segundo seus fundadores, à época, esse caminho podia significar melhor condição de sobrevivência em um mundo competitivo e globalizado. Da carteira de clientes da agência já fizeram parte empresas como Leader, Supervia e revista *Veja*, para a qual foi criada a frase: "Veja. Indispensável". Atualmente, além do Ibope, que acompanha a agência desde sua fundação, integram sua clientela, entre outras empresas, a Technos e a Eletrobrás. Ao longo dos seus 24 anos de história, a agência conquistou muitos prêmios nacionais e internacionais.

André Dantas

FONTES: ABAP – Associação Brasileira de Agências de Propaganda. *História da propaganda no Brasil*. São Paulo: Talento, 2005; CASTELO BRANCO, Renato; MARTENSEN, Rodolfo Lima; REIS, Fernando (planej. e coord.). *História da propaganda no Brasil*. São Paulo: T. A. Queiroz, 1990. (Coleção Coroa Vermelha. Estudos Brasileiros, 21.). p. 373 e 441; *Meio & Mensagem*, 18 ago. 1997. p. 25; <http://www.vspropaganda.com.br>, acesso em 13-1-2005.

VIDAL, OTTO DE BARROS

Otto de Barros Vidal Junior nasceu em São Paulo, em 11 de janeiro de 1934, filho do militar e professor de educação física Otto Barros Vidal e da contabilista Dagmar de Souza Barros Vidal.

Em 1954, iniciou carreira na propaganda, na *Folha da Manhã*, como assistente da diretoria de publicidade. Em 1956, transferiu-se para a Real S.A. Transportes Aéreos, onde permaneceu por quatro anos como chefe de propaganda. Formou-se em 1958, na Escola Superior de Propaganda e Marketing (ESPM) e, em 1960, ingressou na Succex Publicidade, na direção de mídia.

Em novembro de 1961, a Associação Brasileira de Propaganda (ABP), sob a presidência de Caio Aurelio Domingues e contando com o apoio do *Jornal do Brasil*, do *Correio da Manhã*, de *O Globo*, da Bloch Editores, *Visão*, *Seleções*, *Mecânica Popular*, Denison Propaganda, J. Walter Thompson Publicidade, McCann Erickson Publicidade, Standart Propaganda e Waldemar Galvão Publicidade, atendeu às recomendações do I Congresso Brasileiro de Propaganda, realizado no Rio de Janeiro, em 1957 e fundou o Instituto Verificador de Circulação (IVC), que passou a funcionar como um departamento da ABP. Otto Vidal foi um dos entusiastas da fundação do instituto, tendo sido seu presidente por vários mandatos.

Em 1964, ingressou na Alcântara Machado Publicidade (Almap), como vice-presidente de mídia e vice-presidente executivo, e promoveu a integração dos departamentos de mídia, até então divididos por tipos de veículos de comunicação.

Em 1968, participou da idealização do Grupo de Mídia, do qual foi fundador e membro do conselho superior. Entre 1968 e 1970, introduziu na mídia brasileira o sistema *gross rating point* (GRP), que mais tarde evoluiu para o sistema *target rating point* (Tarp), ambos métodos de mensuração de audiência. Nesse período, colaborou também para o desenvolvimento do Audi-TV, medição mecânica de audiência em televisão.

Em 1975, coordenou o I Encontro Brasileiro de Mídia e, dois anos mais tarde, integrou a comissão diretora da segunda edição do encontro.

No período 1977-80, lecionou e coordenou a área de mídia da ESPM. Em 1982, foi eleito Profissional de Mídia pelo Prêmio Caboré. Dois anos mais tarde, recebeu o Prêmio Colunistas, como Profissional de Propaganda do Ano.

Em 1989, saiu da AlmapBBDO e, no ano seguinte, tornou-se sócio e diretor da Profissionais de Propaganda Reunidos Ltda. (PPR), uma cisão do Grupo Propeg. Passou então a ocupar as funções de vice-presidente de mídia e relações com o mercado, tendo entre seus clientes as empresas Telemar, Oi e Petrobras.

Membro do conselho superior do IVC desde 1996. Em 2000, recebeu o IV Prêmio Contribuição Nacional em Mídia, da ABP. Dois anos mais tarde, foi eleito Personalidade de Mídia por *O Estado de S. Paulo*. Desde 2002 é membro da Comissão de Mídia e de Ética do Conselho Executivo de Normas-Padrão (Cenp).

Joanna Lopes da Hora

FONTES: *curriculum vitae*; <http://www.gm.org.br/conheca_nos/conheca_historia.asp>, acesso em 26-1-2005.

VIEIRA, LULA

Luis Antônio "Lula" Vieira nasceu em São Paulo, em 7 de março de 1947, filho do contador José Alves Vieira e da economista Maria Rosa Rocco Alves Vieira. Fez o Colégio de Aplicação da Universidade de São Paulo.

Começou a trabalhar aos 17 anos, na redação do jornal *Última Hora*, de São Paulo. Em 1965, foi convidado a ingressar na redação publicitária e, como a remuneração era muito melhor do que a do jornalismo, começou a trabalhar na Silvestre Publicidade, indo em seguida para o Estúdio de Criação VIP, em São Paulo, como redator. Saiu em 1967 para abrir a primeira agência de publicidade de Brasília, o Grupo Jovem, juntamente com Dário Miotto, Ataíde Rodrigues Lopes e Marcelo Martinez Lopes. Três anos depois, mudou-se para o Rio de Janeiro para abrir uma filial do Grupo Jovem, mas a agência não teve sucesso e foi fechada.

No Rio de Janeiro, foi contratado pela JMM Publicidade, onde permaneceu como redator de criação até 1970, sendo responsável por campanhas para o Banco Nacional, a Kodak, a revista *Veja*, o Ministério da Saúde, os cigarros Minister e Charm, entre outros. Transferiu-se para a SSC&B Lintas Brasil, onde trabalhou até 1975, quando foi para a J. Walter Thompson.

Em 1982, fundou com Valdir Siqueira, seu colega na Thompson, a V&S Escala, inicialmente associada à RS Escala, de Porto Alegre, mas em 1987 totalmente adquirida por Valdir e Lula, passando a se chamar V&S Propaganda.

Lula Vieira também foi apresentador de vários programas de televisão e de rádio, como *Primeiro Time*, na TV Educativa; *Intervalo*, especializado em propaganda, na TV Educativa; *Jingles inesquecíveis*, na Rádio CBN; *Baú do Lula*, sobre rádio, no Sistema Globo de Rádio AM, e *Comunicação*, na TV Estácio.

Professor na Escola Superior de Propaganda e Marketing (ESPM), na Universidade Estácio de Sá e na Cândido Mendes, tendo ministrado palestras e seminários em várias universidades públicas e privadas. Cronista do *Jornal do Commercio* e do Caderno Propaganda e Marketing.

Tem vários livros publicados, como *Loucuras de um publicitário* (1999); *Marcas de valor no mercado brasileiro*, em co-autoria com Anna Accioly, Rafael Cardoso e Joaquim Marçal Ferreira de Andrade (2000).

Conquistou inúmeros prêmios, entre os quais: Leão de Ouro, no Festival de Cannes; Clio Awards; Festival de Nova York; Festival do Canadá; Publicitário do Ano, no Prêmio Colunistas (1990 e 1991); Publicitário do Ano, pela ABP (1992, 1994 e 2004); Profissionais do Ano, da Rede Globo de Televisão (1992). Membro da 3ª Câmara de Ética do Conar.

Alzira Alves de Abreu

FONTES: *curriculum vitae*; REIS, Fernando. *Cobrões da propaganda 91/92*. São Paulo: Referência, 1991; <http://www.mixdecomunicaçao.com.br/pg-curriculum.lula.htm>, acesso em 25-11-2004; <http://oriente-se.globo.com/profissões/perfil/lulavieira/index.asp>, acesso em 25-11-2004; <http://www.promark.com.br>, acesso em 25-11-2004; <http://www.estácio.br/letras e mídias/programa 23/currículo.asp>, acesso em 25-11-2004; <http://infoglobo.com.br/happyhour.asp>, acesso em 25-11-2004; <http://www.vscom.br/textoequipe.htm>, acesso em 25-11-2004.

VITULLI, ARNALDO

Arnaldo Vitulli nasceu na capital paulista, em 2 de março de 1924, filho de Luiz Vitulli e Josefina Vitulli. Formado em ciências econômicas pela Escola de Comércio Álvares Penteado, também estudou marketing na Associação dos Diretores de Vendas do Brasil e vendas e gerência executiva no Management Center do Brasil. Começou a trabalhar como *office-boy* do Departamento de Publicidade dos Diários Associados, quando ainda cursava o Ginásio Oswaldo Cruz.

Deixou os Diários Associados em 1946 e passou a ocupar a gerência de vendas do Departamento de Publicidade do *Jornal de Notícias* e do *Deutsche Nachrichten*. No ano seguinte, ingressou na Norton Publicidade, a convite de Geraldo Alonso, e, quando este se afastou da agência, ocupou a direção da Norton, juntamente com Ary Alonso e José De Mingo.

Entre 1951 e 1953 trabalhou para os jornais *Folha da Manhã* e *Folha da Tarde*. Dois anos depois, em 1955, convidado a retornar à publicidade, Vitulli ingressou na Publitec Propaganda, onde ficou responsável pelo atendimento. Nessa agência teve sua primeira experiência como redator. Mais tarde, voltou a trabalhar nas *Folhas*, onde permaneceu pouco tempo, pois recebeu convite de Geraldo Alonso para retornar à Norton.

Na campanha para a presidência do Sindicato dos Trabalhadores em Empresas de Publicidade, de 1954, atuou na eleição de Geraldo Alonso. No ano seguinte, envolveu-se na campanha vitoriosa de Alonso para a Associação Paulista de Propaganda (APP, atual Associação dos Profissionais de Propaganda).

Cinco anos depois, retornou à Publitec, onde permaneceu até dezembro de 1966, quando ingressou no Departamento de Publicidade da Bloch Editores, tornando-se diretor-geral da sucursal de São Paulo.

Presidiu a APP de 1969 a outubro de 1971. Foi também um dos fundadores da Associação Brasileira das Agências de Propaganda de São Paulo e membro do Conselho Nacional de Auto-Regulamentação Publicitária (Conar).

Christiane Jalles de Paula

FONTES: ASSOCIAÇÃO PAULISTA DE PROPAGANDA. *Depoimentos*. São Paulo: Hamburg, s. d. (Série Documentos da Propaganda, 1.); CASTELO BRANCO, Renato; MARTENSEN, Rodolfo Lima; REIS, Fernando (planej. e coord.). *História da propaganda no Brasil*. São Paulo: T. A. Queiroz, 1990. (Coleção Coroa Vermelha. Estudos Brasileiros, 21.); *Who's who in Brazil — Who's who in Brazil editorial*. São Paulo, [s. ed.], 1972. v. 2.

VOGA PUBLICIDADE

A Voga Publicidade foi fundada no Rio de Janeiro, em 1943, por Walter Rocha, quando a cidade ainda era a capital federal. Na década de 1950 teve em seu portfólio contas de importantes clientes, como a Philips, as Casas Olga, os Calçados Fox, e dois grandes empresários do ramo imobiliário: Orlando Macedo e Santos Bahdur. Com a morte do seu fundador em 1965, a agência passou ao comando de Edson Grado. Posteriormente, Jorge Motta e Elysio Pires ingressaram na agência como sócios. Em 1974 a Voga foi adquirida pela MPM.

Alan Carneiro

FONTE: CASTELO BRANCO, Renato; MARTENSEN, Rodolfo Lima; REIS, Fernando (planej. e coord.). *História da propaganda no Brasil*. São Paulo: T. A. Queiroz, 1990. (Coleção Coroa Vermelha. Estudos Brasileiros, 21.).

W/BRASIL

Agência de propaganda fundada em 1989, na capital paulista, por Washington Olivetto, Javier Llussá Ciuret e Gabriel Zellmeister com a compra das ações da W/GGK.

Em 1986, a agência suíça GGK, no Brasil desde 1973, associou-se a Llussá Ciuret e a Olivetto, que deixavam a DPZ, para fundar a W/GGK. Olivetto levou consigo a conta da Bombril e nomes que despontavam no cenário da propaganda brasileira, como Nizan Guanaes, Camila Franco e Gabriel Zellmeister. A W/GGK foi estruturada como uma agência de criação onde não existiam paredes internas, só eram aceitas contas privadas e, principalmente, era dirigida pela criação e não pelo departamento financeiro. As contas que pertenciam à GGK no Brasil foram os primeiros clientes da nova agência. Em apenas um ano, a W/GGK cresceu significativamente e tornou-se a agência mais premiada do país. Realizou campanhas como os comerciais antológicos "Primeiro sutiã", para a Valisère, e "Hitler", para a *Folha de S. Paulo*, selecionado para o livro *Os 100 melhores comerciais do mundo em todos os tempos*, de Bernice Kanner.

Em 1989, Olivetto, Llussá Ciuret e Zellmeister compraram as ações que pertenciam à GGK e a W/GGK passou a se chamar W/Brasil. No ano seguinte, na festa comemorativa de seu aniversário, Jorge Benjor, que fora contratado para o show, lançou a música *W/Brasil*, em homenagem à agência que se tornou ícone da cultura pop.

A W/Brasil realizou várias campanhas com o garoto Bombril que foram escolhidas pela *CB News* como algumas das melhores do século. A W/Brasil também criou vários outros personagens que entraram para a história da propaganda, como o casal Unibanco, o cachorrinho da Cofap, a zebra dos Postos São Paulo, o ratinho da *Folha de S. Paulo* e os garotos DDD da Embratel, entre outros.

Em junho de 1998, os sócios da W/Brasil montaram a Prax Holding. Do grupo participam as seguintes empresas: Propaganda Registrada; Lew, Lara Propaganda; Guimarães Profissionais de Propaganda; Made in Brazil; Corpore Sano; Pop Com; Parra Comunicação Promocional e a Sharp Trader Interest Based e-Marketing.

Ao longo de sua história, a W/Brasil conquistou uma infinidade de prêmios nos festivais nacionais e internacionais de Cannes, Fiap, Clio, Colunistas, Profissionais, Caboré, entre outros. Em 2001, conquistou o primeiro *Grand Prix* de filmes da propaganda brasileira no Clio Awards com o comercial "Semana" para a revista *Época*. Essa premiação quebrou uma tradição, mantida ao longo dos 42 anos de história do Clio Awards, pois o *Grand Prix* só era conquistado por filmes anglo-saxões. Em 2003, a W/Brasil foi eleita a Melhor Agência de Publicidade pelo site Comunique-se.

Alan Carneiro

FONTES: *Anuário da Propaganda 2004 (Meio & Mensagem)*; CASTELO BRANCO, Renato; MARTENSEN, Rodolfo Lima; REIS, Fernando (planej. e coord.). *História da propaganda no Brasil*. São Paulo: T. A. Queiroz, 1990. (Coleção Coroa Vermelha. Estudos Brasileiros, 21.); MARCONDES, Pyr. *Uma história da propaganda brasileira*. Rio de Janeiro: Ediouro, 2002. p. 104-106; VARÓN CADENA, Nelson. *Brasil, 100 anos de propaganda*. São Paulo: Referência, 2001; GRACIOSO, F.; PENTEADO, J. Roberto Whitaker (orgs.). *50 anos de vida e propaganda brasileiras*. São Paulo: Mauro Ivan Marketing, 2001; <http://www.dtcom.com.br/artigos/le_artigos.asp?id=51>, acesso em 15-12-2004; <http://www.brasileirinho.mus.br/arquivomistura/75-151104.htm>, acesso em 15-12-2004; <http://www.wbrasil.com.br/index2.asp>, acesso em 15-12-2004.

W/GGK *ver* **W/BRASIL**

WILDA, GERHARD

Gerhard Wilda nasceu em Hamburgo, Alemanha, em 1915.

Em 1931, começou como estagiário na agência de propaganda alemã Rudolf Mosse, onde seu tio dirigia uma das filiais. Permaneceu como estagiário durante três anos e, em seguida, foi trabalhar no semanário *Familienblatt*, como responsável pelo departamento de assinantes e de promoção.

Em 1936, com a política de perseguição aos judeus na Alemanha, Wilda decidiu partir para a Inglaterra. Foi trabalhar na British-Continental Press Ltd., uma agência especializada em propaganda têxtil. No mesmo ano, veio para o Brasil, onde a família mantinha ligações com outros judeus alemães que se haviam estabelecido em São Paulo.

Chegando ao Brasil, Wilda começou a trabalhar como vendedor de chocolates em domicílio, em São Paulo. Ao deixar a fábrica de chocolates Vally, foi contratado pela N. W. Ayer & Son, filial da empresa norte-americana, com sede na Filadélfia. Foi nessa empresa que aprendeu as bases da propaganda, segundo relatou em entrevistas concedidas à revista *Propaganda*.

Em 1937, Wilda foi um dos fundadores da Associação Paulista de Propaganda (APP, atual Associação dos Profissionais de Propaganda).

A N. W. Ayer & Son tinha como clientes a Ford, a General Electric, a Parker Pen, a Kibon e a Gessy. Wilda chegou ao cargo de assistente de produção e trabalhou ao lado de Renato Castelo Branco e Orígenes Lessa. Na empresa, desenvolveu o primeiro logotipo da Kibon. Quando a agência encerrou suas atividades no Brasil, em 1943, foi contratado pela Lintas, que desenvolvia projetos para a Lever. Foi na Lintas que criou as campanhas dos sabonetes Lifebuoy, Lever e Carnaval, e do dentifrício Lever SR.

Em 1945, transferiu-se para a McCann Erickson, agência que tinha como clientes a Coca-Cola, Goodyear, General Motors, Admiral, Du Pont, ICI, Guarany, Matarazzo e Vulcan. Foi nessa empresa que, segundo ele, alargou seus horizontes na publicidade, porque, na Ayer, a maioria dos clientes eram empresas multinacionais que enviavam as peças publicitárias da matriz na Filadélfia. Na McCann, ao contrário, todas as peças publicitárias eram realizadas no Brasil.

Wilda organizou, em 1951, o I Salão Nacional de Propaganda, em São Paulo, a convite de Pietro Maria Bardi. Era uma exposição com cunho didático para mostrar os processos de criação e produção. Foi nesse salão que surgiu a idéia de organizar a Escola de Propaganda, onde Wilda foi professor durante várias décadas.

Voltou a trabalhar na Lintas em 1952 e, em 1965, foi integrar a equipe da P. A. Nascimento-Acar, na qualidade de diretor de criação. Foi nesse período que fez campanhas para a Acel, Sambra, Móbil, Sudameris, Martini & Rossi, Erickson, Chrysler e Copersucar. Permaneceu na agência até 1971, quando se transferiu para uma subsidiária da P. A. Nascimento-Acar, a Designo/Plus, da qual se tornou sócio e diretor. Era uma empresa especializada em comunicação visual e em *merchandising*, que tinha como clientes Lafer, Macisa, Martini & Rossi, Ello, Peg-Pag, Copersucar e Wallig. Viajou para a Alemanha, a Inglaterra, a Argentina e os Estados Unidos para verificar como era a propaganda nesses países, e estagiou em Nova

York, com Jack Tinker, que mantinha uma espécie de butique de criação e com quem aprendeu novas técnicas de ilustração. Em 1973 começou a trabalhar como autônomo.

Alzira Alves de Abreu

FONTES: *curriculum vitae*; *Propaganda*, n. 307, jan. 1982; *Propaganda*, n. 509, dez. 1994.

XAVIER, ADILSON

Adilson Xavier nasceu em São João de Meriti (RJ) em 8 de dezembro de 1954, filho de Aprígio Lopes Xavier, economista, diretor das Casas Sendas, e da professora Anax Leão Flores Xavier.

Estudou direito na Universidade Gama Filho entre 1973 e 1977, e cursou também administração de empresas na mesma universidade entre 1976 e 1978.

Ainda era estudante quando decidiu fazer trilha sonora para comerciais. Um de seus anúncios foi a campanha institucional comemorativa dos 20 anos das Casas Sendas. Em 1981, obteve um estágio na MPM, na época a maior agência do país. Quando a MPM resolveu abrir uma segunda agência — a Casa da Propaganda —, Adilson Xavier foi contratado pela nova empresa como redator sênior em 1982. Ainda exercia a carreira de advogado, mas resolveu abrir mão da advocacia pela propaganda. Em 1983 foi apontado Redator do Ano pela Associação Brasileira de Propaganda (ABP).

Em 1986, deixou a Casa da Propaganda e foi trabalhar na Giovanni, onde permaneceu por quatro anos como diretor de criação. Em 1990, foi contratado pela Contemporânea, onde trabalhou por quatro anos e meio como redator e diretor de criação. De volta à Giovanni, em 1994, ocupou o cargo de vice-presidente e diretor de criação. Dois anos depois, recebia o título de Profissional de Propaganda do Ano e o Troféu Rogério Steinberg, por ser o redator mais premiado pelos colunistas do Rio de Janeiro. Em 1998, com a fusão da Giovanni e Associados com a multinacional FCB Worldwide, passou a integrar o Creative Council e o Creative Board da FCB. Nesse mesmo ano, participou como jurado do Festival de Cannes, na França.

Em 2002 foi indicado para o Prêmio Caboré, na categoria como melhor profissional de criação do Brasil. Foi eleito por duas vezes Publicitário do Ano pelo Prêmio Colunistas — Rio de Janeiro, em 2000 e 2004.

Alzira Alves de Abreu

FONTES: *curriculum vitae*; <http://www.giovannifcb.com/index.htm.>, acesso em 5-10-2004.

XAVIER, JÚLIO

Júlio Xavier nasceu em Osasco, na Grande São Paulo, em 26 de dezembro de 1940, filho do fiscal aduaneiro Noemio Xavier da Silveira e da escritora e poeta Isaura Fernandes da Silveira.

Em 1956, teve seu primeiro contato com a publicidade, como *office-boy* da Lintas Propaganda. No entanto, formou-se em química industrial pelo Liceu Eduardo Prado, em 1958, e trabalhou no laboratório de controle de qualidade do Frigorífico Wilson e na Ford. Retornou ao ramo da propaganda como estagiário na produtora de filmes Linx Film em 1962. Dois anos depois, ainda como estagiário, foi para o departamento de RTV da Denison Propaganda. Logo passou a assistente de RTV e redator publicitário da agência, começando a dirigir seus filmes em 1966. No mesmo ano, transferiu-se para a Alcântara Machado Publicidade, nas mesmas funções que exercia na Denison — RTV, redator e diretor. Já no ano seguinte foi para a CIN Propaganda — que mais tarde passou a se chamar Leo Burnett —, acrescentando o cargo de diretor de criação ao de diretor de comerciais.

No início da década de 1970, fez nova incursão pelo mercado de produtoras como diretor da Criason e de comerciais na Blimp Filmes. Em 1973, regressou à Alcântara Machado como diretor de RTV e diretor associado de criação. Simultaneamente a esses trabalhos, filmou um longa-metragem intitulado *Alguém*, com os atores Nuno Leal Maia e Ewerton de Castro, finalizado em 1978.

Em 1979, tornou-se diretor exclusivo da DPZ Propaganda, agência então em franca ascensão, que contava com talentos como Washington Olivetto. Em 1985, passou a dirigir comerciais para a produtora Espiral Filmes. Foi lá que dirigiu o filme publicitário considerado um marco da propaganda brasileira — *Primeiro sutiã* —, de 1987, para a marca Valisère, cliente da W/GGK. O comercial de TV conquistou os mais importantes prêmios do mercado publicitário nacional e internacional, como o *Grand Prix* do IX Festival do Filme Publicitário do Rio de Janeiro, o GP do Prêmio Colunistas Nacional, o Ouro no XIII Anuário do Clube de Criação de São Paulo e, finalmente, o Leão de Ouro no Festival de Cannes.

Em seguida, Xavier ingressou nos quadros da recém-criada W/Brasil, onde dirigiu outros filmes premiados, como *Gordinha*, para a Staroup Jeans, que participou do *short-list* em Cannes, e *Marina*, para O Boticário, ganhadora do Prêmio Profissionais do Ano da Rede Globo em 1990, ano em que deixou a agência. Nesse período, foi responsável pela realização de outras campanhas inesquecíveis da propaganda brasileira, como a dos "cachorrinhos" para a marca de amortecedores Cofap, premiada pelo CCSP em 1989 e em 1992, e a do "Baixinho" para a cervejaria Kaiser.

Durante um ano dirigiu os comerciais da produtora Frame, antes de abrir a Júlio Xavier Filmes, em parceria com o diretor de fotografia Walter Carvalho. A empresa produziu, além de publicidade, longas e curtas-metragens, programas de TV e videoclipes, e passou a se chamar JX Plural em 1997, com a entrada de Paula Trabulsi na sociedade. Nessa produtora, seu trabalho recebeu diversos prêmios, como duas Lâmpadas de Ouro e duas Lâmpadas de Prata no Festival do Filme Publicitário do Rio (1992 e 1995), um Profissionais do Ano (1999) e Ouro no Prêmio Voto Popular da revista *About* (2002).

José Márcio Batista Rangel

FONTES: *curriculum vitae*; <http://www.jxplural.com.br>, acesso em 23-12-2004.

Y&R

A Young & Rubicam Comunicações Ltda. foi fundada em 1923, na Filadélfia, por John Orr Young e Raymond Rubicam. Ao longo de sua extensa trajetória, expandiu-se para várias partes do mundo, marcando presença também na Europa e na América Latina. Líder do mercado norte-americano, no Brasil passou a atuar no ano de 1973, sediada em São Paulo e presidida por Jonh David Paré.

Teve como primeiros clientes empresas como Gradiente, Johnson & Johnson e Crysler. Mais tarde, outras contas importantes foram sendo conquistadas pela empresa — que arriscara a vinda para o Brasil sem o suporte de uma fusão ou a aquisição de uma marca já estabelecida no mercado —, como as da Anakol (Detefon), Kodak, Levi's e BankBoston. Já na segunda metade dos anos 1970, Paré, transferido para a Ásia, foi substituído no comando da agência por Nadim Saffouri. Em 1975 a Young & Rubicam comprou parte do controle acionário da Cosi, Jarbas, Sergino Propaganda S.A. Dois anos depois a Young & Rubicam assumiu a totalidade das ações da Cosi, Jarbas, Sergino Propaganda. Em 1978, Ugo Castellano assumiu o controle da empresa e iniciou um processo de reformulação de sua imagem externa e de sua estrutura interna, com vistas à consolidação definitiva da marca no mercado publicitário brasileiro.

Em 1985, a Young & Rubicam iniciou negociações com Eduardo Fischer e Roberto Justus para associar-se à Fischer & Justus. No ano seguinte, o grupo norte-americano comprou parte das ações de Fischer e Justus e surgiu a Fischer, Justus, Young & Rubicam Comunicações S.A. Em 1989, devido a desentendimentos entre os parceiros a sociedade com a Fischer & Justus foi desfeita. Ainda no mesmo ano, Maria Christina Carvalho Pinto assumiu a presidência da empresa no Brasil e levou a agência a conquistar o Prêmio Campanha do Ano dos Colunistas, com a campanha "Tire seu homem de circulação".

Em 1996, Alexandre Gama assumiu a Young & Rubicam como presidente e membro do *board* mundial. A agência conheceu grande sucesso nesse período. Gama deixou a Young & Rubicam em 1999. Em 2004 a agência fundiu-se com a Bates Brasil e surgiu a agência Y&R.

A Y&R pertence ao Grupo Newcomm — *holding* formada pela associação de Roberto Justus com o Grupo WPP — juntamente com as empresas Ação Produção Gráficas, Dez Brasil, Long Play Comunicação 360°, Pepper e Wunderman.

Em 2005, a Y&R era presidida por Roberto Justus. A Y&R Propaganda Ltda. agrega clientes de peso, como Casas Bahia, Bradesco, Vivo, Telefônica, Mercedez-Benz e Texaco.

Muitas vezes premiada por suas campanhas, figura entre as cinco maiores agências do país, segundo o *Ibope Monitor*.

André Dantas

FONTES: ABAP — Associação Brasileira de Agências de Propaganda. *História da propaganda no Brasil*. São Paulo: Talento, 2005; ARP — Associação Riograndense de Propaganda. *Ranking das agências de todo o Brasil do Ibope Monitor*. Disponível em: http://www.arpnet.com.br/materias_anteriores/materias_ant8.htm, acesso em 18-11-2004; CASTELO BRANCO, Renato; MARTENSEN, Rodolfo Lima; REIS, Fernando (planej. e coord.). *História da propaganda no Brasil*. São Paulo: T. A. Queiroz, 1990. (Coleção Coroa Vermelha. Estudos Brasileiros, 21.) p. 363-364; *IstoÉ Dinheiro*. Disponível em: <http://www.terra.com.br/istoedinheiro/332/midia/>, acesso em 23-11-2004; *Propaganda*, v. 26, n. 300, p. 20-33, set. 1981.

YOUNG & RUBICAM *ver* Y&R

ZARAGOZA, JOSÉ

José Zaragoza nasceu em Alicante, na Espanha, em 14 de julho de 1930, filho do contador Vicente Martinez e da dona-de-casa Concepción Zaragoza.

Em 1947, participou do Salão de Jovens Artistas da Escola de Artes e Ofícios de Badalona. No ano seguinte, foi trabalhar na Gráfica Manen, localizada em Barcelona, como ilustrador de livros e cartazes. Em 1950, formou-se na Escola de Belas-Artes de Barcelona.

Em 1952, mudou-se para o Brasil e trabalhou algum tempo como fotógrafo. Iniciou sua trajetória na propaganda em 1953, ao ser contratado pela J. Walter Thompson como assistente do diretor de arte de Eric Nice. Mais tarde, foi promovido por Nice a *layoutman* e chegou a diretor de arte da Thompson. Criou campanhas para clientes como Alpargatas, Ford, Firestone, 3M, Johnson & Johnson, entre outros. Deixou o Brasil em 1956 para trabalhar na J. Walter Thompson de Nova York. Ainda nesse ano, realizou um estágio de três meses na NBC, em Hollywood. Em 1958, viajou para a Europa, onde realizou várias pesquisas sobre arte. Voltou ao Brasil, e por essa época consolidava-se a idéia de integrar redator e diretor de arte, sendo o texto muitas vezes escrito a partir da fotografia ou do desenho e não mais o contrário. Essa nova perspectiva levou Zaragoza, juntamente com o também diretor de arte Francesc Petit e o especialista em artes gráficas Ronald Persichetti a fundarem, em 1962, o Metro 3, estúdio de comunicação visual que uniu *design* gráfico e criatividade publicitária e tornou-se reconhecido nacional e internacionalmente, trabalhando para as mais importantes agências da época, como a Thompson, a McCann Erickson e a Standard.

Zaragoza foi um dos fundadores do Clube de Diretores de Arte do Brasil em 1965. Em 1968, os sócios do Metro 3 associaram-se a Roberto Duailibi e transformaram o estúdio na Duailibi, Petit, Zaragoza Propaganda Ltda. — a DPZ. Comandada por esses profissionais de criação, a DPZ passou a integrar a vanguarda da propaganda brasileira e tornou-se uma das principais agências do país. Zaragoza foi o representante brasileiro no júri do XVII International Advertising Film Festival, realizado em Veneza, em 1970, fato que se repetiria em 1974.

Em 1972, conquistou o Leão de Bronze no Festival de Cannes com a campanha "Toc, toc", para a Duratex. No ano seguinte, ganhou o Leão de Prata no mesmo festival com a peça "Menino sorrindo", para a Seagrams.

Durante os anos 1970, em pleno regime militar, Zaragoza teve várias criações censuradas, entre as quais a dos preservativos Johntex, da Johnson & Johnson. Com o título "Bonitinho pero sifilítico", a peça teve sua veiculação proibida a pedido da Igreja Católica, que não aceitava a recomendação do produto. Foi também nessa década que Zaragoza inovou com a peça criada para os eletrodomésticos da Walita com o ator Cláudio Marzo, o primeiro homem a anunciar eletrodomésticos numa ação publicitária.

Em 1975, Zaragoza concedeu entrevista à coluna "Asterisco's", do *Diário Popular*, questionando os rumos da propaganda brasileira no período. Simultaneamente, lançou a idéia, em conjunto com Jarbas José de Souza, de um anuário de criação nos moldes do Anuário dos Diretores de Arte de Nova York, idéia amplamente aceita pelo meio publicitário. Esses dois acontecimentos culminaram, ainda nesse ano, na fundação do Clube de Criação de São Paulo (CCSP), do qual Zaragoza foi um dos fundadores e primeiro presidente. Em sua gestão lançou a primeira edição do *Anuário do CCSP*.

De 1977 a 1988 e, novamente, de 1992 a 1996, Zaragoza formou com o redator Neil Ferreira uma das mais importantes duplas de criação da propaganda brasileira, responsável pela criação de personagens como o "Leão" da Receita Federal e o "Baixinho" da Kaiser. Além disso, conquistou dois Leões de Ouro, em Cannes, com as campanhas "A morte do orelhão", feita para a Telesp em 1980, e "Banheiro", feita para a Kaiser em 1987.

Como artista plástico, Zaragoza participou da Bienal de São Paulo e fez exposições internacionais e em várias cidades brasileiras. Além dos prêmios citados, conquistou inúmeros outros em festivais nacionais e internacionais. E publicou, em 2003, *Layout man*, em comemoração aos seus 50 anos de carreira.

Christiane Jalles de Paula

FONTES: *O Estado de S. Paulo*, 2-4-2003; CASTELO BRANCO, Renato; MARTENSEN, Rodolfo Lima; REIS, Fernando (planej. e coord.). *História da propaganda no Brasil*. São Paulo: T. A. Queiroz, 1990. (Coleção Coroa Vermelha. Estudos Brasileiros, 21.); VARÓN CADENA, Nelson. *Brasil, 100 anos de propaganda*. São Paulo: Referência, 2001; REIS, Fernando. *Cobrões da propaganda 91/92*. São Paulo: Referência, 1991; ZARAGOZA, José. *Layout man*. São Paulo: DPZ, 2003; *curriculum vitae*; <http://www.espmrio.br/ESPM/pt/Home/Outros/SalaImprensa/Press-Releases/Edicao/Release+Zaragoza+Dia+05-08.htm>, acesso em 13-1-2005

ZELLMEISTER, GABRIEL

Gabriel Zellmeister nasceu em 27 de outubro de 1950 em São Paulo, filho de Sigmundo e Ruth Zellmeister. Iniciou sua vida profissional em 1966, em uma editora de livros didáticos. Dois anos mais tarde, ingressou no mercado publicitário como aprendiz de estúdio na Delta Propaganda e, em 1969, já trabalhava como desenhista para a Lotus Propaganda. Também esteve na Hot Shop, exercendo a mesma função, durante pouco menos de um ano.

Chegou a diretor de arte da Casabranca Publicidade — antes Júlio Ribeiro, Mihanovich —, onde permaneceu até 1975. Quando deixou a agência, passou um período trabalhando com consultoria de marketing, embalagens e promoções, tendo como clientes empresas como Johnson & Johnson, Anderson Clayton, Warner & Lambert e AC Nielsen.

Em 1982, voltou a trabalhar como diretor de arte, então na DPZ, onde permaneceu até o início de 1986. Em outubro desse ano, associou-se a Washington Olivetto e a Javier Llussá Ciuret e criou a W/GGK, em parceria com um grupo suíço. Em 1989, tornou-se vice-presidente, além de diretor de criação, da W/Brasil.

Foi autor de campanhas históricas, como "Saia da sociedade anônima: use terbrim da Santista", "Se não for colorex, não é colorex", para a Santa Marina, e "Bom marido dá presente de amante", para o Karmann Ghia, da Volkswagen. E de momentos revolucionários da publicidade, como a campanha para a Dropgal da Rhodia — inspirada em Gauguin — e o primeiro *outdoor* de 32 folhas do Jockey Club de São Paulo. Participou como diretor de criação nas campanhas do cachorro da Cofap, do garoto Bombril e em todas que tiveram destaque na W/Brasil.

José Márcio Batista Rangel

FONTE: *curriculum vitae*, fornecido pelo biografado em 13-10-2004.

BIBLIOGRAFIA

LIVROS E ARTIGOS

ABAP – Associação Brasileira de Agências de Propaganda/Pyr Marcondes (autor e coordenador responsável). *História da propaganda no Brasil*. São Paulo: Talento, 2005.

ABP. *Anais do I Congresso de Propaganda*. (documentos dispersos.)

ABREU, Alzira Alves de; BELOCH, Israel; LATTMANN-WELTMAN, Fernando; LAMARÃO, Sérgio Tadeu Niemeyer. (coord. geral). *Dicionário histórico-biográfico brasileiro pós-30*. Rio de Janeiro: FGV, 2001. 5v.

ABRIL CULTURAL. *100 anos de propaganda*. São Paulo: Abril Cultural, 1982.

ANUÁRIO BRASILEIRO DE IMPRENSA. Rio de Janeiro: Empresa Jornalística PN, 1952.

ANUÁRIO DE CRIAÇÃO, 28. São Paulo: CCSP, 2003.

ANUÁRIO DE PROPAGANDA. São Paulo: Meio & Mensagem, 2004.

ARRUDA, Maria Arminda do Nascimento. *A embalagem do sistema. A publicidade no capitalismo brasileiro*. Bauru, SP: Edusc, 2004.

ASSOCIAÇÃO PAULISTA DE PROPAGANDA. *Depoimentos*. São Paulo: Hamburg, s.d. (Série Documentos da Propaganda, 1.).

BARATA, Carlos Eduardo de Almeida; BUENO, Antônio Henrique da Cunha (orgs.). *Dicionário das famílias brasileiras*. Rio de Janeiro: Ibero América, 2000/01. v. 2.

BARRETO, Aldo Paes. Pernambuco: até os anos 60, os corretores dominaram o mercado. In: CASTELO BRANCO, Renato; MARTENSEN, Rodolfo Lima; REIS, Fernando (planej. e coord.). *História da propaganda no Brasil*. São Paulo: T. A. Queiroz, 1990. (Coleção Coroa Vermelha. Estudos Brasileiros, 21.).

BITELLI, Marcos Sant'Anna (org.). *Constituição Federal: coletânea de legislação de comunicação social*. 3. ed. ver. atual. amp. São Paulo: Revista dos Tribunais, 2003.

CARILLO, João. Parece que foi ontem. *Propaganda*, v. 25, n. 294, jan. 1981.

CASTELO BRANCO, Renato; MARTENSEN, Rodolfo Lima; REIS, Fernando (planej. e coord.). *História da propaganda no Brasil*. São Paulo: T. A. Queiroz, 1990. (Coleção Coroa Vermelha. Estudos Brasileiros, 21.).

COUTINHO, Afrânio (org.). *Brasil e brasileiros de hoje*. Rio de Janeiro: Sul Americana, 1961. v. 2.

DPZ: Duailibi, Petit, Zaragoza Propaganda S.A. São Paulo: DPZ, s.d.

DPZ: uma empresa especializada em comunicação. Sao Paulo: DPZ, [199-?].

DREIFUSS, René Armand. *1964: a conquista do Estado; ação política, poder e golpe de classe*. Petrópolis: Vozes, 1981.

DUPONT, Waldir. *Geraldo Alonso: o homem e o mito*. São Paulo: Globo, 1991.

FAHRAT, Emil. O meteoro Armando de Morais Sarmento. *Revista da ESPM*, São Paulo, v. 2, n. 1, p. 89-91, abr. 1995.

_____. *Histórias ouvidas e vividas: memórias*. São Paulo: Scrinium, 1999.

FICO, Carlos. *Reinventando o otimismo; ditadura, propaganda e imaginário social no Brasil*. Rio de Janeiro: FGV, 1997.

GRACIOSO, F.; PENTEADO, J. Roberto Whitaker (orgs.). *50 anos de vida e propaganda brasileiras*. São Paulo: Mauro Ivan Marketing, 2001.

GRANDE ENCICLOPÉDIA DELTA LAROUSSE. Rio de Janeiro: Delta, 1970.

MAFUZ, Antonio. Rio Grande do Sul: a pequena Star foi a pioneira. In: CASTELO BRANCO, Renato; MARTENSEN, Rodolfo Lima; REIS, Fernando (planej. e coord.). *História da propaganda no Brasil*. São Paulo: T. A. Queiroz, 1990. (Coleção Coroa Vermelha. Estudos Brasileiros, 21.).

MARCONDES, Pyr. *Uma história da propaganda brasileira*. Rio de Janeiro: Ediouro, 2002.

MARTENSEN, Rodolfo Lima. *O desafio de Quatro Santos: memórias*. São Paulo: LR, 1983

_____. Uma escola de devoção. In: GRACIOSO, F.; PENTEADO, J. Roberto Whitaker (orgs.). *50 anos de vida e propaganda brasileiras*. São Paulo: Mauro Ivan Marketing, 2001.

MARTINHO, Erazê. *Carlito Maia - a irreverência equilibrista*. São Paulo: Boitempo, 2003. (Coleção Paulicéia.).

MAUAD, Ana Maria. A América é aqui: cultura visual e consumo nas revistas ilustradas cariocas (1930-1960). In: CONGRESSO Latino-americano de Estudos sobre América Latina e Caribe, IX., 2004, Rio de Janeiro. *Anais...* Rio de Janeiro: Uerj, 2004.

MELIANI, Marisa. *Rádios livres, o outro lado da "Voz do Brasil"*. 1995. Dissertação (Mestrado) — ECA/USP, São Paulo, 1995.

MELO, Edgard de; FONSECA, Marta. ASA: vocação para trabalho noturno. *Propaganda*, v. 19, n. 219, p. 19-22, out. 1974.

_____; REIS, Fernando. Minas Gerais: os estúdios de desenho foram os precursores. In: CASTELO BRANCO, Renato; MARTENSEN, Rodolfo Lima; REIS, Fernando (planej. e coord.). *História da propaganda no Brasil*. São Paulo: T. A. Queiroz, 1990. (Coleção Coroa Vermelha. Estudos Brasileiros, 21.).

MENDES, Oswaldo. Pará e Amazonas: o sonho da Madison Avenue em plena selva amazônica. In: CASTELO BRANCO, Renato; MARTENSEN, Rodolfo Lima; REIS, Fernando (planej. e coord.). *História da propaganda no Brasil*. São Paulo: T. A. Queiroz, 1990. (Coleção Coroa Vermelha. Estudos Brasileiros, 21.).

OBERLAENDER, Ricardo. *História da propaganda no Brasil.* Rio de Janeiro: Shogun Arte, 1984.

OLESEN, Jens; BARROS, Altino João de. *McCann — cinqüenta anos em dois vividos e contados.* São Paulo: Siciliano, 1995.

PETIT, Francesc. *Cara de fome.* São Paulo: Siciliano, 1992.

PINTO, Antonio Luiz de Toledo; WINDT, Márcia Cristina Vaz dos Santos; CÉSPEDES, Livia (orgs.). *Código de Proteção e Defesa do Consumidor.* 13. ed. São Paulo: Saraiva, 2002. 265p.

QUEM É QUEM no Brasil: biografias contemporâneas. São Paulo: Sociedade Brasileira de Expansão Comercial, 1955. v. 4.

RAMOS, Ricardo. Orígenes Lessa. *Propaganda,* 1977.

_____. *Do reclame à comunicação: pequena história da propaganda no Brasil.* São Paulo: Atual, 1985.

_____; MARCONDES, Pyr. *200 anos de propaganda no Brasil. Do reclame ao cyber-anúncio.* São Paulo: Meio & Mensagem, 1995.

REIS, Fernando. *Cobrões da propaganda 91/92.* São Paulo: Referência, 1991.

SEVERO, Eurides Antunes. Santa Catarina: a primeira agência nasceu em Joinville. In: CASTELO BRANCO, Renato; MARTENSEN, Rodolfo Lima; REIS, Fernando (planej. e coord.). *História da propaganda no Brasil.* São Paulo: T. A. Queiroz, 1990. (Coleção Coroa Vermelha. Estudos Brasileiros, 21.).

SILVA, Zander Campos da. Centro-Oeste, Brasília, Maranhão. In: CASTELO BRANCO, Renato; MARTENSEN, Rodolfo Lima; REIS, Fernando (planej. e coord.). *História da propaganda no Brasil.* São Paulo: T. A. Queiroz, 1990. (Coleção Coroa Vermelha. Estudos Brasileiros, 21.).

SIMÕES, Roberto. Ritmo firme. Velocidade constante. Segurança na rota. Com estes *slogans* a Publivendas chega aos 25 anos. *Propaganda,* v. 26, n. 299, p. 18-30, jun. 1981.

_____. História da propaganda brasileira. *Propaganda,* v. 26, n. 308, fev. 1982.

SOUZA, Ney Alves de. Paraná: as agências começaram com "A Propagandista". In: CASTELO BRANCO, Renato; MARTENSEN, Rodolfo Lima; REIS, Fernando (planej. e coord.). *História da propaganda no Brasil.* São Paulo: T. A. Queiroz, 1990. (Coleção Coroa Vermelha. Estudos Brasileiros, 21.).

THEOPHILO, Braz H. M. Ceará: prática de sobrevivência no deserto. In: CASTELO BRANCO, Renato; MARTENSEN, Rodolfo Lima; REIS, Fernando (planej. e coord.). *História da propaganda no Brasil.* São Paulo: T. A. Queiroz, 1990. (Coleção Coroa Vermelha. Estudos Brasileiros, 21.).

VARÓN CADENA, Nelson. Bahia: é de 1956 a primeira agência instalada em moldes profissionais. In: CASTELO BRANCO, Renato; MARTENSEN, Rodolfo Lima; REIS, Fernando (planej. e coord.). *História da propaganda no Brasil.* São Paulo: T. A. Queiroz, 1990. (Coleção Coroa Vermelha. Estudos Brasileiros, 21.).

_____. Nelson. 45 anos de propaganda. *Propaganda*, n. 598, p. 28-32, mar. 2001.

_____. *Brasil, 100 anos de propaganda*. São Paulo: Referência, 2001.

_____. A explosão das agências do interior. In: GRACIOSO, Francisco; PENTEADO, J. Roberto Whitaker. *Cinqüenta anos de vida e propaganda brasileiras*. São Paulo: Mauro Ivan Marketing, 2001.

VILLALTA, Daniela. O surgimento da revista *Veja* no contexto da modernização brasileira. In: CONGRESSO BRASILEIRO DE CIÊNCIAS DA COMUNICAÇÃO, XXV., 2002, Salvador. *Anais...* Salvador: Sociedade Brasileira de Estudos Interdisciplinares da Comunicação (Intercom), 2002.

WHO'S WHO IN BRAZIL. Who's who in Brazil editorial. São Paulo: [s. ed.], 1972. v. 2.

ZARAGOZA, José. *Zaragoza layoutman*. São Paulo: DPZ, 2003.

PERIÓDICOS

About. São Paulo, 1988-.
O Dia. Rio de Janeiro, Ed. e Imprensa de Jornais e Revistas S. A., 1951-. Diário.
Época. São Paulo: Globo, 1998-. Semanal.
O Estado de S. Paulo. São Paulo, 1875-. Diário.
Folha de S. Paulo. São Paulo, 1925-. Diário.
Imprensa. São Paulo, 1987-.
Istoé. São Paulo: Encontro Editorial, 1976-.
Istoé Gente: São Paulo, Encontro Editorial, 1999-.
Jornal de Brasília. Brasília, 1972-. Diário.
Jornal do Brasil. Rio de Janeiro, 1891-. Diário.
Jornal do Commercio. Rio de Janeiro, 1827-. Diário.
Marketing. São Paulo: Editora Referência, s.d.
Meio & Mensagem. São Paulo: Editora Meio & Mensagem, 1978-. Semanal.
PN — Publicidade & Negócios. Rio de Janeiro: Empresa Jornalística PN., 1892-1963.
Propaganda. São Paulo: Referência. 1956-.
Revista da Escola Superior de Propaganda e Marketing. São Paulo: ESPM, 2000-. Bimestral.
A Tarde. Salvador, 1912-.
Valor Econômico. São Paulo, 2000-. Diário.
Veja. São Paulo: Abril, 1968-. Semanal.

ENTREVISTAS

ABREU, Alzira Alves de. Entrevista com José Monserrat Filho, realizada em Cuiabá, em 19-7-2004.

BARROS, Altino João de. *Altino João de Barros (depoimento, 2004)*. Rio de Janeiro, Cpdoc-ABP, 2005.

CHAROUX, Mônica; SAMPAIO, Rafael. Entrevista Altino João de Barros, co-autor da história. *About*, v. 15, n. 725, 16 jun. 2003.

COELHO, Edeson E. *Edeson E. Coelho (depoimento, 2004)*. Rio de Janeiro, Cpdoc-ABP, 2005.

CORRÊA, Petrônio. *Petrônio Corrêa (depoimento, 2004)*. Rio de Janeiro, Cpdoc-ABP, 2005.

DUAILIBI, Roberto. *Roberto Duailibi (depoimento, 2004)*. Rio de Janeiro, Cpdoc-ABP, 2005.

FERREIRA, Sérgio. *Sérgio Ferreira (depoimento, 2004)*. Rio de Janeiro, Cpdoc-ABP, 2005.

GRACIOTTI, Sérgio. *Sérgio Graciotti (depoimento, 2004)*. Rio de Janeiro, Cpdoc-ABP, 2005

MACEDO, Luiz Vicente Goulart. *Luiz Vicente Goulart Macedo (depoimento, 2004)*. Rio de Janeiro, Cpdoc-ABP, 2005.

MEDEIROS, João Moacir de. *João Moacir de Medeiros (depoimento, 2004)*. Rio de Janeiro, Cpdoc-ABP, 2005.

MELO, Mozart dos Santos. *Mozart dos Santos Melo (depoimento, 2004)*. Rio de Janeiro, Cpdoc-ABP, 2005.

PENTEADO, José Roberto Whitaker. Entrevista com Francisco Gracioso. *Revista da ESPM*, maio 1999.

PERISCINOTO, Alex. *Alex Periscinoto (depoimento, 2004)*. Rio de Janeiro, Cpdoc-ABP, 2005.

SCHUTZER, Hilda. *Hilda Schutzer (depoimento, 2004)*. Rio de Janeiro, Cpdoc-ABP, 2005.

INTERNET

Academia Brasileira de Letras. <http://www.academia.org.br/>

Acontecendo Aqui. <http://www.acontecendoaqui.com.br/co_penteado06.php>

Adag. <http://www.adag.com.br>

Adnews. <http://www.adnews.com.br/>

Africa. <http://www.africa.com.br/>

Agência de Publicidade da ESPM. <http://www.agespm.com.br/>

Agência Estado. <www.adoc.com.br/>

Agnelo Pacheco. <http://www.agnelo.com.br>

AlaVip. <http://www.alavip.com.br/>

Almanaque Folha Online. <http://www1.folha.uol.com.br/folha/almanaque/>

Almap/BBDO. <http://www.almapbbdo.com.br>

AN Capital. <http://an.uol.com.br/ancapital/>

Ao Mestre com carinho. <http://www.aomestrecomcarinho.com.br/>

Arquivo Edgard Leuenroth. <http://www.arquivo.ael.ifch.unicamp.br/edgard/>

ASA Comunicação. <http://www.asacomunicacao.com.br>

Associação Brasileira das Agências de Comunicação. <http://www.abracom.org.br>

Associação Brasileira de Agências de Publicidade. <http://www.abap.com.br/

Associação Brasileira de Marketing & Negócios. <http://www.abmn.com.br/>

Associação Brasileira de Propaganda. <http://www.abp.com.br>

Associação de Marketing Promocional. <http://www.ampro.com.br/>

Associação de Mídia Interativa. <http://www.ami.org.br/>

Associação dos Dirigentes de Vendas e Marketing do Brasil. <http://www.advbfbm.org.br>

Associação dos Profissionais de Propaganda. <http://www.appnet.com.br>

Associação dos Profissionais de Propaganda do Pará. <http://www.app-para.com.br/>

Associação Latino-Americana de Agências de Publicidade. <http://www.alap.poa.terra.com.br/>

Associação Riograndense de Propaganda. <http://www.arpnet.com.br/>

Blocos. Portal de Literatura e Cultura. <http://www.blocosonline.com.br/home/index.php>

Bluebus. <http://www.bluebus.com.br>

Boletins Servir. <http://www.rotarysp.org.br/>

Booklink. O portal do livro. <http://www.booklink.com.br/>

Brasileirinh. <http://www.brasileirinho.mus.br>

Câmara Americana de Comércio. <http://www.amcham.com.br/>

Câmara Brasil-Israel de Indústria e Comércio. <http://www.cambici.com.br>

Canal da Imprensa. <http://www.canaldaimprensa.com.br/>

Canal Executivo. <http://www2.uol.com.br/canalexecutivo/>

Carillo Pastore. <http://www.carillopastore.com.br>

Carlito Maia. <http://www.carlitomaia.etc.br/publicidade.html#93>

Central do Outdoor. <http://www.outdoor.com.br/>

Centro de Ensino Superior de Catalão. <http://www.cesuc.br/ posgrad/artigos/criatividade.pdf>

Clube de Criação de São Paulo. <http://www.ccsp.com.br/>

Clube de Criação do Paraná. <http://www.criativospr.com.br/>

Clube de Criação do Rio de Janeiro. <http://www.ccrj.com.br/>

Coca-Cola no Brasil. <http://www.cocacolabrasil.com.br/>

Uma coisa e outra. <www.umacoisaeoutra.com.br/marketing/ armando2.htm>

Coletiva. Net. <http://www.coletiva.net/>

Coluna de Sebastião Nery. <http://www.pernambuco.com/diario/>

Conselho Executivo das Normas-Padrão. <http://www.cenp.com.br/>

Consultores. <http://www.consultores.com.br/>

Contemporânea. <http://www.contemporanea.com.br>

Correio Braziliense Online. <http://www2.correioweb.com.br/>

Correio da Bahia. <http://www.correiodabahia. com.br>

Diário de Notícias. <http://www.diariodenoticias.com.br/>

DM9DDB. <http://www.dm9.com.br>

Dória Associados. <http://www.doriassociados.com.br/#>

Economia em dia. <http://www.economiaemdia.com.br/>

Editora Elevação. <http://www.elevacao.com.br/>

Editora Europa. <http://www.europanet.com.br/euro2003/>

Enfato Comunicação Empresarial. <http://www.enfato.com.br/>

ESPM. <http://www.espm.br/>

ESPM-RJ.<http://www.espm.br/ESPM/pt/Unidades/RJ/>

Estação da Propaganda. < http://www.dpto.com.br/especial/mm/20anos/20anos.htm>

Estácio de Sá. <htpp://www.estacio.br/>

Exclam Propaganda. <http://www.exclam.com.br>

Faap. <http://www.faap.br/>

Faculdade Cásper Líbero. <http://www.facasper.com.br/>

Fadel. <http://www.fadelcursos.com.br/>

FARHAT, Saïd. <http://www. politicaecidadania.com.br/>

Federação das Associações Comerciais e de Serviços do Rio Grande do Sul. <http://www.federasul.com.br/>

Federação Nacional das Agências de Propaganda. <http://www.fenapro.org.br>

Festival Gramado. <http://www.festivalgramado.plugin.com.br/>

Fischer América. <http://www.fischeramerica.com.br/#>

F/Nazca. <http://www.fnazca. com.br/>

Forbes Online. <http://www.forbesonline.com.br/edicoes/98/artigo3236-3.asp>

Full Jazz Propaganda. <http://www.fulljazz.com.br>

Fundação Getulio Vargas – São Paulo. <http://www.fgvsp.br/>

O garoto Bombril. <http://sampa3. prodam.sp.gov.br/ccsp/linha/dart/revista2/bombril.htm>

Gazeta Online. <http://gazetaonline.globo.com/>

Gibindex. <http://www.gibindex.com/enciclopedia/br/b/58>

Giovanni, FCB. <http://www.giovannifcb.com/index.htm>

Governo Federal. <http://www.clipping.planejamento.gov.br/noticias.asp?notcod=158581>

Groterra. <http://www.grottera.com.br>

Grupo de Mídia de São Paulo. <http://www.gm.org.br>

Gruponove Comunicação. <http://www.gruponove.com.br>

Grupos.com.Br.< http://www.grupos.com.br/>

Guia Paraná. <http://www.guiaparana.com.br/noticias/1049889837.shtml>

Home Page dos Amigos de Canavieiras. <http://www.canavieirasacac.hpg.ig.com.br/ medauar.htm>

Idade Maior. <http://www.idademaior.com.br/>

Idade Mídia Comunicações. <http://www.idademidia.com.br/>

Idéia 3. <http://www.ideia3.com.br>

IG. Ultimo Segundo. <http://ultimosegundo.ig.com.br/>

InfoGlobo. <htpp://www.infoglobo.com.br/>

Instituto Brasileiro de Geografia e Estatística. <http://www.ibge.gov.br.html>

Instituto para o Desenvolvimento do Investimento Social. <http://www.idis.org.br/>

Instituto Rogério Steinberg. <http://www.irs.org.br/rogerio.htm>

Instituto Verificador de Circulação. <http://www.ivc.org.br>

IstoÉ Dinheiro Online. <http://www.terra.com.br/istoedinheiro/>

IstoÉ Online. <http://www.terra.com.br/istoe/>

Italo Bianchi Comunicação. <http://www.italobianchi.com.br>

Janela Publicitária. <http://www.janela.com.br>

Jornal da Mídia. <http://www.jornaldamidia.com.br/>

Judeus Messiânicos. <http://www.judeusmessianicos.com.br/>

Jxplural. <http://www.jxplural.com.br>

Lage & Magy. <http://www.lagemagy.com.br>

LewLara. <http://www.lewlara.com.br>

LMS Counseling. <http://www.lmscounseling.com.br/teste/quemsomos.htm>

Loducca 22. <http://www.loducca22.com.br>

Mario Prata. <www.marioprataonline.com.br/obra/tv/menu_tv.htm>

Marketing. <http://revistamarketing.terra.com.br/>

Master. <http://www.master.com.br>

MaxPressNet. <http://www.maxpressnet.com.br/>

McCann Erickson. <http://www.mccann.com.br>

Meio & Mensagem Online. <http://www.mmonline.com.br>

Meios & Publicidade. < http://www.meiosepublicidade.pt/?id=6349)>

MG Comunicação. <http://www.mgcomunicação.com.br>

A Minha Rádio. <http://www.aminharadio.com/>

Mix de Comunicação. < http://www.mixdecomunicaçao.com.br/>

MORAIS, Denis. <http://www.uff.br/mestcii/denis2.htm>

Museu da Comunicação. <http://www.museudacomunicacao.com.br/>

Neogama. <http://www.neogama.com.br>

Nextel. <http://www.nextel.com.br/w_imprensa1_br.asp?codigo=97>

Norton. <http://www.norton.com.br/>

Norton Propaganda. <http://www.norton.com.br/port/equipe/geraldo.htm>

Oana. <http://www.oana.com.br>

Observatório da Imprensa. <http://observatorio.ultimosegundo.ig.com.br/>

Ogilvy. <http://www.ogilvy.com/company/>

Opús Multipla. <http://www.opusmultipla.com.br>

Oriente-se. <htpp://www.oriente-se.globo.com/>

Papel & Virtual. <http://www.papelvirtual.com.br/sitenovo/index2.asp>

Papel jornal. <http://www.sjsc.org.br/ pj_online/>

Pejota. <http://www.pejota.com>

Pernambuco. Com. <http://www.pernambuco.com/>

Playboy. <http://www.playboy.abril.com.br/revista/>

Popai. <http://www.popaibrasil.com.br>

Portal Aliança Cooperativista Nacional Unimed. <http://www.aliancaunimed.com.br/uafpo11207me.htm>

Portal da Propaganda. <http://www.portaldapropaganda.com/>

Portal Flex. <http://www.flexeventos. com.br/cases_lowelintas.asp>

Portal ORM. <http://www.oliberal.com.br/>

Portal Unimeds. <http://www.unimeds.com.br/layouts/materia/materia_portal.asp?cod= 1715>

O Povo Online. <http://www.noolhar.com/opovo/ fortaleza/376224.html>

Prêmio Caboré. <http://www.cabore.com.br/cabore/index.htm>

Prêmio Colunistas. <http://www.colunistas.com/>

Professor Marcos Amatucci. <http://www.geocities.com/marcosamatucci/>

Projeto Vozes do Rádio. <www.pucrs.br/famecos/ vozesrad/hiramentre.html>

Pronews. <http://www.revistapronews.com.br/>

Propaganda & Marketing Online. <http://www.propmark.terra.com.br>

Propaganda Online. <http://www.netpropaganda.terra. com.br/>

PublicisSallesNorton. <http://www.publicissallesnorton.com.br>

Rádio Bandeirantes. <http://www.radiobandeirantes.com.br/>

Rádio Eldorado. <http://www.radioeldoradoam.com.br/>

Rádio Sentinela. <http:// www.sentineladovale.com.br/historias.htm>

Recall. O blog da Propaganda brasileira. <http://www.biranet.com.br/biranet/index.html>

Rede Dtcom. <http://www.dtcom.com.br/artigos/le_artigos.asp?id=51>

Rede Record. <http://www.rederecord. com.br/programas/oaprendiz/r_justus.asp>

Rede Record. <http://www.rederecord.com.br/>

Releituras. <http://www. releituras.com/carlitomaia_voltabaixo.asp>

Revista Advertising Online. <http://www.adonline.com.br/>

Revista dos Eventos. <www.revistadoseventos.com.br>

Revista Época. <http://epoca.globo.com/>

Ricardo Ramos. <http://www.ricardoramos.org.br/>

RIC.com.br. <http://www.ric.com.br/>

Rino. <http://www.rino.com.br>

RODRIGUES, André Iribure. A contribuição da MPM Propaganda para o mercado publicitário gaúcho. In: CONGRESSO Brasileiro de Ciências da Comunicação, XXIV, Campo Grande, MS: Intercom – Sociedade Brasileira de Estudos Interdisciplinares da Comunicação, [?]; <http://www.intercom.org.br/papers/xxiv-ci/np03/NP3RODRIGUES.pdf>, acesso em 29-9-2004.

Rotary Club de São Paulo. <http://www.rotarysp.org.br/>

Sabão em Pó OMO. <http://www.omo.com.br/50anos/index.shtml>

Saia justa com Luiz Lara. <http://www.adonline.com.br/noticias/saia_justa33.asp>

SBN. Século XXI – Cultura. <http://www.sbn-net.com.br/seculoxxi/index.html>

SecrelNet. <http://www.secrel.com.br/>

Semana Castelo Branco. <http://www.espm.br/semanacastelobranco/>

Senado Federal. <http://www.legis.senado.gov.br>

Senhor F – A revista do rock. <http://www.abordo.com.br/senhorf/>

Sérgio Mattos. <http://www.sergiomattos.com.br/ liv_perfil05.html>

Sindicato das Agências de Propaganda do Estado de São Paulo. <http://www.sapesp.org.br/>

Sindicato dos Profissionais Liberais de Relações Públicas no Estado de São Paulo. <http://www.sinprorp.org.br/clipping/2002/147.htm>

Sisnema. <http://inema.com.br/>

Tela Viva. <http://200.157.161.15/telaviva/revista/125/figuras.htm>

Topmagazine. <http://www.bonde.com.br/topmagazine/top34/alvaronovaes.htm>

Touché. <http://www.touchepropaganda.com.br/atouche/index.html>

Tribuna da Imprensa Online. <http://www.tribuna.inf.br>

Tudo sobre TV. <http://www.tudosobretv.com.br>

Unicentro – Belas Artes de São Paulo. <http://www.belasartes.br/acontecimento/ imprensa>

UNI-Rio. <http://www.prograd.unirio.br/graduacao/arquivos/atos.pdf>

Universo Qualidade. <http://www.universoqualidade.com.br>

Uruba, anti-herói. <http://www.coumiotis.hpg.ig.com.br/uruba.htm>

Veraz Comunicação. <http://www.veraz.com.br/artigo19.htm>

Vox News. <http://www.voxnews.com.br/dados_artigos.asp?CodArt=97>

VS Propaganda. <htpp://www.vscom.br/>

VS Propaganda. <http://www.vspropaganda.com.br>

VTINetwork. <http://www.vtinetwork.com/>

W/Brasil. <http://www.wbrasil.com.br/>

Esta obra foi impressa pela
Sermograf Artes Gráficas e Editora Ltda.
em papel Pólen Bold Natural 90gr. para a Editora FGV
em março de 2007.